고려시대의 농업생산과 권농정책

고려시대의 농업생산과 권농정책

이 정 호

景仁文化社

책을 내면서

   필자는 대학원 석·박사과정 재학중 韓國中世史, 특히 高麗時代 社會經濟史를 연구하여 학위를 취득하였다. 주된 관심사는 고려사회를 유지·운영하는 기본 요소를 규명하는 데 있었다. 이러한 고민 속에서 학위논문 주제로 고려시대 勸農政策을 연구대상으로 선택하게 되었다. 農業이야말로 고려 중세사회의 구조를 재생산해 내고 사회구성원의 삶을 충족시키는 기본적인 생산부분이었다. 따라서 이러한 農業生産活動에 대한 國家의 政策을 고찰할 경우 당시 사회구조의 유지·운영방식을 규명하는데 도움을 얻을 수 있지 않을까 하는 생각에서였다. 박사학위논문인 『高麗時代 勸農政策 研究』를 통해 다음의 사실을 규명할 수 있었다. 권농정책이 농업현실에 조응하여 추진방향과 내용이 결정되는 가운데 각 시기별 상황을 반영하고 있었다는 점, 권농정책의 운영은 政治圈의 동향 및 政局運營과도 밀접한 관련을 지니고 있었다는 점, 社會變化의 調整過程에 권농정책이 매개가 되어 결국 社會構造를 재생산해 내고 있었다는 점 등을 확인할 수 있었다.

   이러한 연구는 고려사회의 구조와 특징을 제대로 파악하기 위해서는 農業生産活動에 대한 고찰이 선행되어야 한다는 문제의식으로부터 출발했다. 한편 연구 진행과정에서 기존처럼 토지제도에 대한 검토만으로는 社會經濟像을 파악하는 데 한계가 있다는 생각도 가지게 되었다. 이에 학위논문과는 별도로, 농업의 실상과 당시 사람들의 대응양상에 주목한 결과, 自然災害와 勸農政策의 관계, 穀物의 종류, 農法, 農村現實觀과 農業振興論 등을 주제로 논문을 발표하였다.

v

이 책은 이와 같은 연구결과를 「<제1부> 고려시대의 농업생산」에 수록하고, 박사학위논문을 수정·보완하여 「<제2부> 고려시대의 권농정책」으로 구성한 것이다.

출간을 앞두고 과연 처음의 관심사와 문제의식이 얼마나 충족되었을까 되짚어 보니, 많은 부분에서 부족함을 다시금 깨닫게 될 따름이다. 더욱 분발하는 반성의 계기로 삼아야 겠다고 다짐해 본다.

부족하나마 이러한 성과가 나오게 된 데에는 여러 선생님들과 선배, 동학, 후배의 도움이 컸다. 무엇보다도 학부는 물론 대학원과정의 은사이신 朴龍雲 선생님의 가르침이 없었으면 불가능한 일이었다. 선생님은 존경의 대상이자 제자들에 앞서 몸소 모범을 보여 주시며 올바른 연구자세를 인도해 주신 분이셨다. 학문적으로나 인간적으로나 엄격하고 귀감이 되셨다는 점에서 존경의 대상이셨고, 공부하는 제자들이 더 열심히 연구해야 할텐데 부끄럽게도 언제나 선생님이 앞에 계셨고 지금도 그러하시다. 李相瑄 선생님, 尹漢宅 선생님, 李貞信 선생님, 金甲童 선생님, 李鎭漢 선생님의 따끔한 훈계와 충고 역시 잊을 수 없다. 숫기 없고 소심한 필자에게 "말을 못하는 것이 아니라 안하는 것이다" "무식한 것은 빨리 깨는 게 좋다"는 지적은 솔직히 처음엔 커다란 충격이었지만 지금까지도 감사의 마음을 깊이 간직하고 있다. 학위논문 심사과정에서 오류를 지적해 주시고 부족한 점을 채워주신 閔賢九 선생님, 崔光植 선생님, 金泰永 선생님, 蔡雄錫 선생님께도 이 자리를 빌어 감사의 말씀을 올린다. 공부에서나 생활에서나 동고동락하며 함께 해왔던 고려시대사 연구팀의 선배, 동학, 후배에게 필자는 언제나 받기만 하고 준 것은 없어 미안하기만 할 뿐이다.

워낙 무뚝뚝한 성격에 어눌한 편이라 그동안 따뜻한 말 한마디 못한 아내 金慶淑과 바쁘다는 핑계로 많은 시간 같이해 주지 못했음에도 탈없이 잘 자라준 恩周, 恩抒 두 딸들에게도 이 기회에 감사의 말을 전한다. 그리고 편찮으심에도 불구하고 오히려 항상 자식을 걱정해 주시는 아버지, 어머니께 이 책을 바치며, 그 큰 은혜에 조금이나마 감사의 말씀을 올릴 수 있었으면 좋겠다. 마지막으로 부족한 필자의 글을 소중한 책으로 간행해 준 경인문화사 관계자 여러분들께도 감사의 말씀을 드리고 싶다.

2009년 2월

李 正 浩

목 차

제2부 고려시대의 권농정책

표 목차

도표 목차

제1부
고려시대의 농업생산

제1장 자연재해의 발생과 권농정책

1. 머리말

『高麗史』天文志와 五行志에는 日變, 星變을 비롯해 旱災, 水災, 虫災 등 수많은 天災地變 기록이 남아 있다. 世家 기록에도 이러한 천재지변이 발생할 경우 國王의 責己修德과 消災를 위한 각종 儀式이 거행되고 있는 것을 다수 살펴볼 수 있다. 그만큼 당시로서는 천재지변의 발생과 이에 대한 대응을 중요하게 여기고 있었다는 사정을 반영한다.

기존의 연구에서도, 이처럼 天災地變이 중요시 되었던 이유에 대해 주목하여, 대체로 사상과 정치운영의 측면에서 그 원인을 규명해 왔다. 당시의 災異觀과 自然觀은 儒敎政治思想에서 강조하는 天人感應論的 인식에 토대를 두고 있었고, 이에 따라 천재지변의 발생은 국왕의 失政에 대한 天譴으로 간주되었다는 것이다. 국왕의 責己修德과 국가적 消災儀式은 이와같은 관념을 현실정치에 반영하는 과정에서 나타나게 된 결과로 보았다.[1]

---

1) 李熙德, 1984, 『高麗儒敎政治思想의 研究－高麗時代 天文·五行說과 孝思想을 中心으로－』, 一潮閣 ; 1999, 『韓國古代 自然觀과 王道政治』, 혜안 ; 2000, 『高麗時代 天文思想과 五行說 研究』, 一潮閣 ; 秦榮一, 1986, 「高麗前期의 災異思想에 관한 一考」『高麗史의 諸問題』, 三英社 ; 1989, 「『高麗史』五行·天文志를 통해 본 儒家秩序槪念의 分析」『國史館論叢』6 ; 金海榮, 1986, 「『高麗史』天文志의 檢討」『慶尙史學』2 ; 金永炫, 1987, 「高麗時代의 五行思想에 관한 一

그리고 천재지변 가운데 특히 氣候와 관련한 기록을 정리 분석하여, 氣候變化의 추이를 고찰하는 한편 그 변화의 원인에 대해 규명해 보려는 노력도 진행되었다.[2] 寒溫, 濕潤의 정도를 파악할 수 있는 기후현상을 분석하여寒溫指數와 濕潤指數를 계산함으로써, 고려초기의 溫暖乾燥한 기후가 12세기와 1350년대에 이르러 寒冷濕潤한 기후로 변화되었던 것으로 보았다.[3]『高麗史』에 기록된 천재지변 발생의 빈도를 연구 분석한 결과도 1101~1150년과 1351~1392년의 시기가 다른 시기보다 높은 것으로 나타났다.[4] 이처럼12세기의 한랭한 기후는 같은 시기 유럽과 북아메리카 지역, 특히 北大西洋地域이 '中世溫暖期(Medieval Climate Optimum Period)' 혹은 '小暖期(Little Climate Optimum Period)'로 불리울 만큼 온난한 상황이었던 점과는 차이가나는 것으로 파악되었다.[5] 고려시대 기후변화의 원인으로는 流星의 낙하를비롯한 천문 재변의 총체적 결과[6] 혹은 火山 폭발로 인한 기온저하의 가능성[7] 등이 주목되기도 하였다. 기후변화는 天譴의 의미로 인식되어 국왕의自省이 요구되었고, 경우에 따라 특히 社會變動時期의 경우 그것이 政治狀況에도 크게 영향을 미치고 있었던 것으로 보았다.[8]

考察」『忠南史學』 2 ; 韓政洙, 2003, 「高麗前期 天變災異와 儒教政治思想」『韓國思想史學』 21 ; 2006, 「고려후기 天災地變과 王權」『歷史教育』 99.

2) 朴星來, 1979, 「韓國史上에 나타난 天災地變의 記錄」『韓國科學史學會志』 1-1 ;
   2005, 「천(天)·재(災)·지(地)·변(變)」『한국 과학 사상사』, 유스북 ; 金蓮玉,
   1984, 「高麗時代의 氣候環境－史料分析을 中心으로－」『韓國文化研究院 論叢』
   44 ; 1985, 『한국의 기후와 문화－한국 기후의 문화 역사적 연구－』, 梨花女大
   出版部 재수록 ; 1992, 「中世 溫暖期의 氣候史的 研究」『문화역사지리』 4 ;
   1998, 『기후 변화－한국을 중심으로－』, 민음사 재수록 ; 須長泰一, 1986, 「高
   麗後期の異常氣象に關する一試考」『朝鮮學報』 119·120 ; 李泰鎭, 1997, 「고려~
   조선 중기 天災地變과 天觀의 변천」『韓國思想史方法論』, 小花.
3) 金蓮玉, 1984, 앞의 논문, 129~132쪽.
4) 李泰鎭, 앞의 논문, 96~98쪽.
5) 金蓮玉, 1992, 앞의 논문, 286쪽.
6) 李泰鎭, 앞의 논문, 108쪽.
7) 須長泰一, 앞의 논문, 314~320쪽.
8) 李泰鎭, 앞의 논문, 109~115쪽.

　이처럼 기존 연구를 통해 고려시대 氣候變化를 포함한 自然災害 발생의
추세와 특징에 대해 파악할 수 있게 되었다. 그러나 한편 기존 연구의 경우,
史料의 수집 분석에 보완을 필요로 하는 부분이 있고,[9] 또 자연재해의 발생
과 社會現象의 관계에 대해서는 보다 깊이 있는 천착이 필요할 것으로 생
각된다. 天災地變에 대한 대응은 관념상 혹은 정치운영상 중요한 문제로 부
각되었을 뿐만 아니라, 그것이 農業生產活動에 직접 영향을 미친다는 점에
서 농업생산을 토대로 국가·사회 운영이 좌우되는 현실상, 관심이 집중되고
또 대책마련이 시급한 부분이었다. 특히 사료상 검출되는 旱災·水災를 비
롯한 자연재해, 기후현상의 불규칙성과 기온저하 현상 등은 농업생산에 피
해를 초래하였을 것이고, 이것은 또한 재해에 대한 대비책의 마련과 함께
농업을 보호하고 대처하는 노력, 즉 勸農政策의 실시로 연결되었던 것이 아
닌가 한다.[10]
　본고에서는 이러한 측면을 주목하면서, 高麗時代 농업에 피해를 야기한
自然災害의 발생 추세에 대해 고찰하고, 이에 대응하여 農民과 農業을 보
호함으로써 농업생산활동을 진작시켜 나간 勸農政策의 내용과 특징에 대해
살펴보고자 한다.

---

9) 기존의 연구는 대체로『高麗史』天文志와 五行志 기록을 토대로 왕대별 在位
　기간과 災異 발생 수치를 비교하여, 왕대별 재이 발생의 빈도를 고찰하고 있다
　(대표적인 경우로는 金永炫, 앞의 논문 참조). 그러나 이와 같은 기존의 연구방
　법은 몇가지 문제점이 있어 보완이 필요할 것으로 생각된다. 먼저『高麗史』天
　文志와 五行志의 기록에는 後代의 평가가 영향을 미치고 있었다는 점을 고려
　해야 한다는 점이다. 기존 연구의 분석 결과에 따르면, 고려시대 가운데 獻宗
　代의 災異 발생 빈도가 가장 높게 나타나고 있는데, 獻宗은 11세의 어린 나이
　에 즉위하여 재위기간 약 1년 5개월만에 왕위를 숙부인 鷄林公 熙, 즉 肅宗에
　게 양위한 왕이었다. 이러한 헌종대에 재이 발생 수치가 최고로 기록되고 있다
　는 점은, 그 기록이 후대의 평가 혹은 정치적으로나 심리적으로나 당대인들의
　불안감을 반영하여 기재되었을 가능성이 높기 때문인 것으로 생각되는 것이다.
　이러한 문제점은『高麗史』天文志와 五行志 기록만을 분석한 결과 나타나게
　된 것으로 생각되는데, 이를 보완하기 위해서는『高麗史』世家·志·列傳,『高
　麗史節要』등의 기록을 모두 포함하여 분석이 이뤄질 필요가 있다.
10) 高麗時代 勸農政策의 내용과 성격에 대해서는 본서의 <제2부> 참조.

2. 자연재해 발생의 추세

農業生産活動은 농작물의 재배·수확이 순환하여 이뤄지는 특성상 그 再
生産을 위한 조건이 마련되는 것을 전제로 하고 있다. 그러나 고려시대 농
업생산활동은 예기치 않은 자연재해로 말미암아 재생산구조가 파괴되는 경
우가 자주 발생하는 등 취약성을 드러내고 있었다. 고려시대 農業生産活動
에 피해를 주었던 대표적인 자연재해로는 旱災, 水災, 雨雹·서리, 雪災, 風
災, 虫災, 雷震·雨雷, 地震·崩壞, 안개·雨土·黃霧 등을 들 수 있다. 飢饉·
疾病·傳染病은 바로 자연재해로 간주하기는 힘들지만, 대체로 자연재해의
피해 결과 나타난 현상인 까닭에 분석 대상에 포함하여 살펴보도록 하겠다.
먼저 사료상 나타나는 고려시대 자연재해의 발생에 대한 기록을 정리해
보면 다음의 <표A-1>과 같다.[11]

〈표A-1〉 고려시대 自然災害 발생 기록수

자연재해 연도	旱災	水災	雨雹, 서리	雪災	風災	虫災	雷震, 雨雷	地震, 崩壞	안개, 雨土, 黃霧	飢饉, 疾病, 傳染病	합계
918~920										4	4
921~930								1			1
931~940			1		1						2
941~950					1		1				2
951~960											
961~970		1									1
971~980								2			2
981~990					1	1				1	3
991~1000	1										1

---

11) <표A-1>은 자연재해 발생의 추세를 고찰하기 위해 10년 단위로 작성하였다.
<표A-1>을 작성함에 있어서는 『高麗史』 卷53, 五行志 1 ; 卷54, 五行志 2 ; 卷
55, 五行志 3 ; 卷80, 食貨志 3 賑恤 災免之制·水旱疫癘賑貸之制, 『高麗史』 世
家·列傳, 『高麗史節要』의 기사 내용을 중심으로 하고, 李泰鎭, 앞의 논문, 97쪽
및 金永炫, 앞의 논문, 13쪽·17쪽·21쪽·25쪽·31쪽·41쪽을 참고하여 작성하였다.

										합계
1001~1010					2	1	1	3	1	1	9
1011~1020	9	1	4	1	4	6	11	14	7	5	62
1021~1030	10	4	4			1	5	11	2	1	38
1031~1040	14	9	5		1		9	13	5	4	60
1041~1050	13	5	3		1	1	3	3	1	8	38
1051~1060	19	7	4				8	2		13	53
1061~1070	12	4	1				2	1	2	7	29
1071~1080	7	3	1	1			3	2	2	1	20
1081~1090	25	6	4	5	5		5	3	1	1	55
1091~1100	12	7	8	2	2	2	4	5	1	2	45
1101~1110	37	6	8	7		9	8	4	4	13	96
1111~1120	20	5	8	6	5		14	2	2	4	66
1121~1130	35	5	6	3	14	2	10	3	16	3	97
1131~1140	47	9	12	3	17	3	18	4	19	4	136
1141~1150	5	6	12	3	5	4	15	1	8	1	60
1151~1160	35	8	6	1	2	1		6	8	3	70
1161~1170	26	1	5		3		6	1	2	5	49
1171~1180	9	2	7	1	7	1	10	6	15	3	61
1181~1190	11	7	11	0	5	3	7	5	13	1	63
1191~1200	8	3	3	0	3	2	11	6	9	3	48
1201~1210	3	1	3	1	0	0	3	1	4	0	16
1211~1220	8	2	5	3	5	0	9	7	1	0	40
1221~1230	8	6	10	1	1	3	18	14	9	7	77
1231~1240	4	0	2	0	2	0	2	2	1	1	14
1241~1250	14	2	0	2	2	1	9	1	4	1	36
1251~1260	11	3	12	1	6	2	14	8	19	16	92
1261~1270	4	2	4	1	1	1	7	6	2	6	34
1271~1280	15	2	15	3	5	2	11	7	3	10	73
1281~1290	29	1	13	0	5	0	11	5	2	7	73
1291~1300	3	5	13	0	5	1	11	5	1	11	55
1301~1310	11	5	8	0	2	0	16	1	2	1	46
1311~1320	22	11	2	1	7	0	7	3	2	2	57
1321~1330	13	2	18	1	2	0	8	4	8	1	57
1331~1340	8	1	0		2	0	7	15	3	0	36
1341~1350	16	5	11	0	6	1	12	14	6	6	77
1351~1360	16	7	8	1	16	4	9	9	7	16	93
1361~1370	15	9	11	3	12	4	24	24	26	15	143
1371~1380	34	17	20	1	7	1	14	14	35	16	159
1381~1392	32	25	16	3	8	12	15	15	22	14	162
합계	621	205	283	56	172	69	359	253	275	218	2511

〈도표 1〉 고려시대 自然災害 발생 기록수

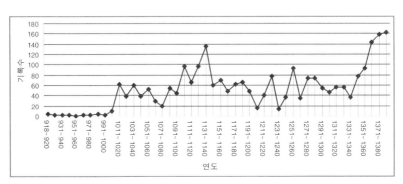

<표A-1>에 따르면 고려 건국 이후 1010년까지의 初期 기록이 매우 소략한 것을 살펴볼 수 있는데, 이 점은 고려초기의 기록이 거란과의 전쟁 과정에서 소실되어 顯宗代에 재작성된 때문이라고 생각된다. 따라서 고려시대 자연재해 발생 기록에 대한 분석은 자세한 기록이 나타나기 시작하는 11세기, 즉 왕대로는 顯宗代(1009~1031)로부터 살펴볼 수 밖에 없다.

현종대 이후 자연재해의 발생 상황을 살펴보면 高麗의 경우 자연재해는 全時期에 걸쳐 발생하고 있었지만, 다른 시기에 비해 11세기부터 발생 빈도가 늘기 시작해 12세기 전반기와 14세기 후반기에 증가의 추세가 두드러지게 나타나고 있었다. <표A-1>과 <도표 1>을 통해 살펴볼 수 있듯이, 고려시대 전기간 가운데 자연재해 발생 빈도가 가장 높았던 시기는 12세기 전반기·13세기 후반기·14세기 후반기였다.

그 가운데 특히 1101~1140년과 1341~1392년에 기후변화를 비롯해 자연재해의 발생이 가장 빈번하게 나타나고 있었다. 고려시대 자연재해 기록 전체 가운데 약 38%가 이 시기에 집중되어 있다.[12) 이것은 곧 당시 농업환

---

12) 이 가운데 飢饉·疾病·傳染病의 발생은 여타 자연재해의 결과로 나타나게 된 현상인 것으로 여겨져, 자연재해로 인한 피해 정도를 고찰하는데 도움을 준다. 12세기 전반기와 14세기 후반기, 기근·질병·전염병의 발생 혹은 이를 추정할 수 있는 기록이 남아 있는 해는 다음과 같다.

경이 가장 열악하였던 것을 뜻한다고 할 수 있다.

　이러한 점은 이 시기 기후가 다른 시기에 비해 상대적으로 寒冷해 졌던 점과도 관련하여 파악할 수 있는 부분이다.

〈도표 2〉 고려시대 氣候 寒冷現象 기록수

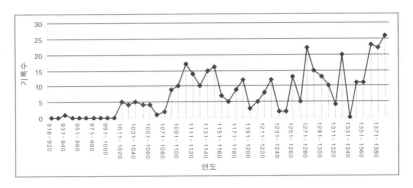

　<도표 2>는 고려시대 史書 내용 가운데 氣候 寒冷現象을 반영하는 기록들, 즉 雨雹·霜·때 아닌 눈·大雪·異常低溫 등에 대한 記錄數를 10년 단위로 합산하여 정리한 것이다.

　기후 한랭 현상은 1081~1150년, 1171~1190년, 1221~1230년, 1251~1260년, 1271~1310년, 1321~1330년, 1341~1392년 등의 시기에 다수 기록되어 있다. 반대로 기록수가 적은 시기는, 몽고와의 전쟁으로 기록이 누락되었을 가능성이 높은 1231~1250년을 제외한다면, 1011~1080년, 1161~1170년, 1191~1210년, 1261~1270년, 1311~1320년, 1331~1340년 등으로 나타난다.

　고려시대의 기후는 11세기말부터 시작해 12세기 전반기에 한랭하게 변화

　‣ 12세기 전반기 – 肅宗代: 6·7년, 睿宗代: 원년·4·5·12·15·17년, 仁宗代:
　　　5·6·9·10년
　‣ 14세기 후반기 – 忠穆王代: 4년, 恭愍王代: 3·6·7·8·9·10·11·13·22년,
　　　禑王代: 원년·2·3·4·5·6·7·8·9·11년, 恭讓王代: 2년

된 것을 알 수 있다. 그 후 온난-한랭-온난-한랭 등 기후가 등락하기도 했지만, 다시 특히 13세기 후반기와 14세기 후반기에 한랭한 기후로 변화되었음을 살펴볼 수 있다. 결국 고려의 경우 12세기 전반기, 13세기 후반기, 14세기 후반기의 세 시기에 기후가 가장 한랭한 상황이었다는 것을 살펴볼 수 있다.

또한 이러한 추세는 高麗에 이웃한 中國과 日本의 氣候 상황을 연구한 결과와도 대체로 합치되는 점이기도 하여, 이를 다시 한번 더 확인해 볼 수 있다.[13]

중국의 경우 11세기경부터 기후가 한랭하게 바뀌기 시작해, 12세기경에 이르러 그 정도가 더욱 심해진 것으로 보고 있다. 13세기에 들어와 일시적으로 온난한 경향을 보이지만, 곧 다시 14세기에 한랭한 기후로 변화되었다는 연구결과를 내놓고 있다. 온난한 기후의 시기는 南宋 後期의 1192~1277년이고, 한랭한 시기는 元代의 1277~1367년과 明代 初期인 것으로 분석하였다.[14]

일본의 경우 역시 기후변화의 추세는, 대체로 9~10세기 온난한 기후가 11세기부터 변화되기 시작해, 1100년경을 전후하여 한랭하게 변화되며 특히 鎌倉後期 이후(13세기 후반~14세기 전반)에 한랭기를 맞이하였고, 이후 14세기 후반과 같은 일시적인 온난기를 거쳐, 다시 한랭화 추세가 이어진 것으로 보고 있다.[15]

---

13) 10~14세기 高麗·중국·일본 등 동북아시아 3국의 기후변화에 대해서는, Lee Jung-ho, 2008, 「Climate Change in East Asia and Agricultural Production Activities in Koryŏ and Japan during the 12th~13th centuries」『International Journal of Korean History』 Vol. 12, pp. 136~140 참조.

14) 중국 古氣候의 변화추세와 관련해서는 쓰可楨과 劉昭民의 연구결과가 잘 알려져 있다. 쓰可楨, 1974, 「中國の氣候-5000年らいの變化」『人民中國』1974-2 : 1975, 「中國の氣候-5000年來の變化」『地理』第20卷 第3號 재수록 ; 劉昭民, 1982, 『中國歷史上的氣候變遷』, 商務印書館 ; 朴基水/車瓊愛 譯, 2005, 『기후의 반역』, 성균관대학교출판부.

15) 日本의 古氣候 변화추세를 정리한 연구로는 다음의 논고 참조. 山本武夫, 1976, 『氣候の語る日本の歷史』, そしえて文庫 ; 高橋浩一郎, 1980, 『氣候が變わる』, 中央公論社 ; 磯貝富士男, 1994, 「日本中世史研究と氣候變動論」『日本史研究』388 ; 峰岸純夫, 1995, 「自然環境と生產力からみた中世史の時代區分」『日本

한편 고려시대에 異常高溫 현상을 살펴볼 수 있는 자료 또한 대체로 동
일한 결과가 나타나(<표A-2> 참조), 기후의 불규칙한 변화 또한 이 시기에
나타나고 있었음을 알 수 있다.

<표A-2> 고려시대의 異常高溫 현상

연도	왕대 연월일	사료	전거[16]
1121	睿宗 16年 11月	無冰	史53(火)
1131	仁宗 9年 12月 壬辰	大雨 溝渠解凍 如三月時	史53(火)
1150	毅宗 4年 10月	恒燠	史53(火)
1157	毅宗 11年 10月	溫 無雪	史53(火)
1157	毅宗 11年 12月	無冰	史53(火)
1255	高宗 42年	是歲 冬無雪 京城大疫(史24), 冬無雪(史53火)	史24, 史53(火)
1256	高宗 43年	冬無雪 飢疫相仍 僵屍蔽路 銀一斤直米二斛	史24, 史53(火)
1321	忠肅王 8年 11月 癸未	溫暖如春	史53(火)
1348	忠穆王 4年 11月 甲辰	大霧 暖如春	史55(土)
1357	恭愍王 6年 11月 丙辰	暖如三月	史53(火)
1362	恭愍王 11年 10月 癸未	大雨震電 淸州城內 水漲有死 蛇漂出 蝸上樹梢 氣候如夏	史53(水)
1362	恭愍王 11年 11月	無冰 氣暖如春 至有田中遺豆生葉者	史53(火)
1366	恭愍王 15年	冬無冰	史53(火)
1366	恭愍王 15年 12月 癸酉	無冰	史41
1367	恭愍王 16年 12月 丁未	山嵐如春	史53(火)
1367	恭愍王 16年 12月 戊申	亦如之	史53(火)
1369	恭愍王 18年 10月 戊子	亦如之	史53(火)
1369	恭愍王 18年 10月 丁亥	暖如春	史53(火)
1372	恭愍王 21年	冬無雪 山崩 井泉皆渴 布一匹 直米一斗五升	史53(火)
1372	恭愍王 21年 11月 乙亥	無雪	史43
1373	恭愍王 22年 11月	氣候如春	史53(火)
1374	恭愍王 23年 11月 戊辰	溫暖如春	史53(火)
1374	恭愍王 23年 11月 丁亥	霧 氣如春	史53(火)
1378	禑王 4年 12月	無冰	史133, 史53(火)

史研究』 400.

16) 이하 <표>의 典據를 표기함에 있어, 『高麗史』 卷1'·'『高麗史節要』 卷1'은 각
각 '史1'·'節1'로 略稱하고, 『高麗史』 五行志의 경우 '『高麗史』 卷53, 五行二

아울러 이와 같은 고려시대 자연재해 발생의 추세는, 이 시기 천문현상에 대한 기록 추세와도 유사한 점을 살펴볼 수 있기도 하다.

〈도표 3〉 고려시대 천문현상과 자연재해의 비교

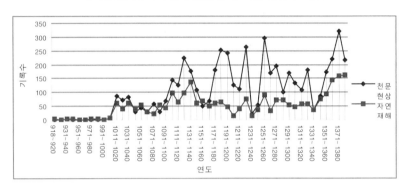

위의 <도표 3>은 사료 상 나타나는 천문현상에 대한 기록을 시기별로 정리한 후, 이를 자연재해 기록과 비교해 본 것인데,[17] 兩者의 추세가 상당히 유사하게 나타나고 있는 것을 살펴볼 수 있다.[18] 특히 고려시대 가운데 12세기 전반기·14세기 후반기는 자연재해, 천문현상 등 여러 가지 면에서 이전과 다른 변화의 모습이 나타나고 있던 시기였다고 여겨진다.

日火'는 '史53(火)'로 略稱하였다.

17) <도표 3>의 천문현상은 사료에 기재된 流星, 有色天氣, 彗星·飛星·客星, 日食, 月食, 日暈, 月暈, 太白晝見 등 日變, 星變에 대한 기록을 정리한 것이다. 『高麗史』卷47, 天文志 1 ; 卷48, 天文志 2 ; 卷49, 天文志 3, 『高麗史』世家, 『高麗史節要』 등의 기사 내용을 중심으로 정리하였다.

18) 이러한 점은 12세기 전반기와 14세기 후반기에 빈번하게 발생한 자연재해의 원인으로 천문현상을 염두에 두어야 한다는 점을 생각하게 한다. 그러나 그 정확한 관련성과 내용에 대해서는 아직 파악하기 힘들고, 앞으로 보다 깊이 있게 규명해 나가야 할 연구과제 가운데 하나라고 생각된다. 천문현상과 자연재해의 관련에 대해서는, 다음의 논고를 참고할 수 있다. 李泰鎭, 1996, 「小氷期(1500-1750) 천변재이 연구와 ≪朝鮮王朝實錄≫ -global history의 한 章-」『歷史學報』 149 ; 1999, 「외계충격 대재난설(Neo-Catastrophism)과 인류역사의 새로운 해석」『歷史學報』 164.

이상에서 살펴본 바와 같이 고려시대에 자연재해는 특히 12세기 전반기, 13세기 후반기, 14세기 후반기에 다수 발생하고 있었던 것으로 나타난다. 당시로서는 자연재해뿐만 아니라 기후 한랭화 현상이 나타나고 있었고, 기후의 불규칙한 변화가 나타나는 등 농업생산 활동에 많은 지장을 초래하고 있었던 것으로 여겨진다.

3. 자연재해 요소별 분석과 피해 상황

앞서 살펴본 고려시대 자연재해 가운데 가장 많은 기록을 남기고 있는 것은 旱災였다. 이어서 雷震·雨雷, 안개·雨土·黃霧, 雨雹·서리, 地震·崩壞, 水災, 風災, 虫災, 雪災 등의 순서로 발생 빈도가 나타난다. 특히 농업생산 활동에 피해를 초래한 자연재해를 중심으로 그 발생의 현황과 특징에 대해 살펴보도록 하겠다.

1) 旱 災

고려시대 자연재해로 인한 피해 가운데 가장 대표적인 것은 旱災로 인한 것이었다.

〈도표 4〉旱災

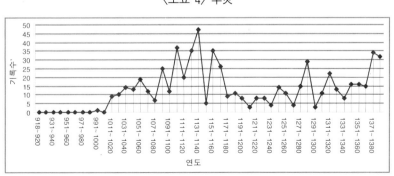

<도표 4>를 통해 살펴볼 수 있듯이, 旱災는 1011~1060년, 1081~1140년, 1151~1170년, 1241~1250년, 1271~1290년, 1301~1330년, 1341~1392년 등의 시기에 자주 발생하고 있었다. 특히 12세기 전반기·13세기 후반기·14세기 후반기에 발생 빈도가 높게 나타나, 앞서 살펴본 전체 자연재해의 발생 추세와도 부합되는 모습을 보여 준다.

고려시대 한재는 각 왕대에 빠짐없이 발생한 것으로 나타날 정도로 발생 빈도가 높았다. 한재가 발생한 숫자만을 단순히 계산하여 따진다면 고려시대 동안 1년에 약 1.3번 한재가 발생하였던 것으로 계산된다. 그러나 한재로 인한 피해는 이와 같은 평균치만으로 추정할 수는 없는 것으로, 더욱이 3~4년은 물론 심지어 9년간 해를 거르지 않고 연속적으로 발생하기도 하여, 이로 말미암은 피해는 훨씬 더 가중되고 있었다.

사료상 3년 이상에 걸쳐 연속하여 한재가 발생한 시기를 살펴보면 다음과 같다.

〈표A-3〉 3년 이상 長期間에 걸친 旱災의 발생 시기

왕대	연도	연속기간	왕대	연도	연속기간
顯宗	1019년(顯宗 10)~1025년(顯宗 16)	7년간	忠烈王	1279년(忠烈王 5)~1287년(忠烈王 13)	9년간
靖宗	1039년(靖宗 5)~1043년(靖宗 9)	5년간		1289년(忠烈王 15)~1291년(忠烈王 17)	3년간
文宗	1068년(文宗 22)~1071년(文宗 25)	4년간	忠宣王	1311년(忠宣王 3)~1313년(忠宣王 5)	3년간
宣宗	1085년(宣宗 2)~1091년(宣宗 8)	7년간	忠惠王 복위·忠穆王	1343년(忠惠王 복위 4)~1347년(忠穆王 3)	5년간
肅宗	1098년(肅宗 3)~1101년(肅宗 6)	4년간	恭愍王	1358(恭愍王 7)~1361년(恭愍王 10)	4년간
睿宗	1106년(睿宗 원)~1109년(睿宗 4)	4년간		1367년(恭愍王 16)~1369년(恭愍王 18)	3년간
	1111년(睿宗 6)~1114년(睿宗 9)	4년간	禑王	1375년(禑王 원)~1379년(禑王 5)	5년간
明宗	1194년(明宗 24)~1196년(明宗 26)	3년간		1381년(禑王 7)~1384년(禑王 10)	4년간

高宗	1229년(高宗 16)~ 1232년(高宗 19)	4년간	昌王	1389년(昌王 원)~ 1391년(恭讓王 3)	3년간
	1250(高宗 37)~ 1252(高宗 39)	3년간			

<표A-3>은 3년 이상 연속하여 한재의 피해가 있었던 시기를 나타낸 것으로, 그 가운데서도 왕대별로는 특히 顯宗, 宣宗, 睿宗, 高宗, 忠烈王, 恭愍王, 禑王 때에 장기간 한재가 발생하였다. 더욱이 顯宗 10~16년과 宣宗 2~8년의 경우 7년간 연이어 한재가 발생하였고, 심지어 忠烈王 5년부터 17년까지의 경우 한해(충렬왕 14)를 제외하고는 해마다 발생하여 사실상 무려 13년간 한재의 영향을 받았다. 禑王代 역시 비슷한 경우로, 한해(우왕 6)를 제외하고 우왕 원년부터 10년까지 10년간 한재로 큰 피해를 입었다.

한재로 인한 피해는 농업생산활동에 지장을 초래함은 물론 凶年, 飢饉, 傳染病의 발생으로까지 연계되어 피해가 확산되어 나가는 경우가 많았다. 예를 들어, 심한 한재가 든 顯宗代의 경우 농사의 凶作을 초래함은 물론, 이로 인해 飢饉·疾病에 시달리다 못해 길가에서 굶어 죽는 사례가 빈번히 발생하였다.[19] 연이어 한재가 발생한 睿宗代에는 심할 경우 생존을 위해 '人相食'하는 지경에 이른 경우도 나타난다.[20] 일반 농민들이 자연재해로 인해 입은 피해는 葬禮를 스스로 치를 수도 없을 만큼 극심한 것이었기 때문에, 이들에 대해 국가에서는 대신 시신을 수습하여 묻어 주기도 하고 장례에 필요한 경비를 지급해 주기도 하였다.[21]

明宗 3년 4월의 경우 질병·기근이 발생하고 심지어 '人肉'을 시장에서 판매할 정도로 극심한 피해가 발생하였다.[22] 이는 무신정권초기 반란의 발

---

19) 『高麗史』 卷4, 顯宗 3年 2月 乙卯
20) "簽書樞密院事金黃元卒 … 後出爲京山府使 有惠政 … 及王卽位 以中書舍人奉使于遼 道見北鄙大饑 人相食 馳驛上書 請發倉 賑之 及還 百姓見之曰 此活我相公也"(『高麗史節要』 卷8, 睿宗 12年 8月)
21) 『高麗史』 卷6, 靖宗 2年 5月 辛卯 ; 卷16, 仁宗 11年 6月 乙巳
22) "是時 自正月 不雨 川井皆渴 禾麥枯槁 疾疫並興 人多餓死 至有市人肉者"(『高麗史』 卷19, 明宗 3年 4月 丙子)

생 등 사회동요 현상에 기인한 점도 있었겠지만, 또한 이에 앞서 1~4월까지의 가뭄으로 농작물의 피해가 발생한데 직접적인 원인이 있었다.

특히 한재가 장기간 지속된 시기의 피해가 컸다. 忠烈王 5~17년 계속된 한재로 흉년이 들어 기근으로 고통받고 있었던 것은 물론이고 질병·전염병의 발생 등 피해가 막대하였다.[23] 충렬왕 13년의 경우 기근으로 굶주리다 못해 자식의 人肉을 먹었다는 기사까지 있을 정도이니,[24] 그 피해의 정도를 충분히 짐작할 수 있다.

忠惠王 복위 4~忠穆王 3년(1343~1347) 또한 한재가 이어진 결과 그 다음해인 忠穆王 4년에 西海道·楊廣道를 비롯해 京城에서 大飢饉이 발생하였다.[25] 이 시기 중앙정부가 자연재해의 피해에 대응하여 취한 각종 조처 가운데는 이처럼 극심한 한재의 피해로부터 직접 말미암은 것들도 많았다. 예를 들어 충혜왕 복위 4년의 東西大悲院을 통한 진료 활동,[26] 충목왕 3년의 민생안정을 위한 관료의 지방 파견[27]과 孩兒都監의 설치[28] 등은 한재가 연속된 시기에 이뤄진 일이어서, 상호 연관하여 파악할 수 있다.

恭愍王 7~10년(1358~1361)의 연속된 한재는, 8년과 10년에 발생한 紅巾賊의 침입 시기와도 겹쳐지면서 피해를 가중시켰다. 앞서 공민왕 6년에 東北面 지역에서 大飢饉이 발생하였는데,[29] 이 무렵 자주 발생한 흉년과 기근은 高麗뿐만 아니라 元에서도 이어지고 있어, 동북아시아에 공통된 피해 현상이기도 하였다.[30] 이 시기의 피해는 旱災와 飢饉, 外侵 등을 연관하

---

23) 충렬왕 5~17년에 발생한 기근, 질병, 전염병 등 피해상황에 대해서는 뒤의 <표A-16> 참조.
24) "全羅道饑 人或有食其子者"(『高麗史』卷55, 五行志 3 五行五曰土 忠烈王 13年 3月)
25) 『高麗史』卷37, 忠穆王 4年 4月
26) 『高麗史』卷36, 忠惠王 復位 4年 3月 丙子
27) 『高麗史』卷37, 忠穆王 3年 2月 辛卯
28) 『高麗史』卷37, 忠穆王 3年 10月 癸未
29) 『高麗史』卷39, 恭愍王 6年 10月 庚子
30) 元 順帝가 즉위한 이래 거의 매년 흉년으로 길에 餓死者가 가득하고 사람을 서로 잡아먹기에 이르러, 심지어 혈육간인 父子가 서로 잡아먹었다고 기록할 정도로 큰 피해가 발생하고 있었다. "京師大饑 有父子相食者"(『新元史』卷25, 至

여 파악해야 한다는 것을 알려준다.

禑王 원년~10년(1375~1384)의 기간 또한 장기간의 한재로 인한 피해에 外侵으로 가중된 고통을 치른 시기였다. 西北面, 全羅道, 江陵道, 慶尙道 등 전국에 걸쳐 기근의 피해가 있었다.[31] 우왕 7년에 全羅道에서 굶어죽은 사람이 다수 발생하고,[32] 慶尙道 高靈郡의 경우 棄兒가 길에 가득차고 굶어죽은 사람을 셀 수 없을 정도로[33] 남부지역에 큰 피해가 발생하였다. 開京 역시 예외가 아니어서 우왕 4·6·7년에 物價가 급등하였고, 우왕 7년 5월에는 布 1匹에 米 1斗에 이를 정도로 物價가 최고의 폭등세를 보였다.[34] 이러한 피해는 이 시기 잦아든 倭寇의 침입 등 여러 가지 원인이 함께 영향을 주어 나타나게 된 것으로 보아야 할 것이지만, 연이은 한재가 발생하는 상황 속에서 가중된 피해였다고 이해해야 할 것이다. 왜구의 침입과 한재, 흉년이 연이어 발생해 군량이 부족해지자 功臣田·社寺田·科斂 등에서 군수 용도를 추렴한 것이나,[35] 燃燈會·營作 등을 정지하고 있었던 것[36] 역시

正 14年[=1354, 공민왕 3년] 12月 己酉) ; "十八年(=1358, 공민왕 7)春 莒州 蒙陰縣大饑 斗米金一斤 冬 京師大饑 人相食 彰德·山東亦如之 十九年(=1359, 공민왕 8)正月 至五月 京師大饑 銀一錠得米僅八斗 死者無算 通州民劉五 殺其 子而食之 保定路 莩死盈道 軍士掠屛弱以爲食 濟南及益都之高苑·莒之蒙陰·河 南之孟津·新安·吧池等縣 皆大饑 人相食 二十一年(1361, 공민왕 10) 州饑 民多 莩死"(『元史』 卷51, 五行志 2 稼穡不成)

31) 『高麗史』 卷80, 食貨志 3 賑恤 水旱疫癘賑貸之制 禑王 2年 4月·8年 2月 ; 卷 134, 禑王 7年 2月·3月

32) 『高麗史』 卷134, 禑王 7年 3月

33) 『高麗史』 卷134, 禑王 7年 5月

34) 禑王 원년~10년 기간 중 物價의 상승 상황을 살펴볼 수 있는 자료는 다음과 같다.

〈표A-4〉 禑王 4~8년의 物價 변화

연도	왕대 연월	내용	지역	원인	전거
1378	禑王 4年 5月	布 1匹 = 米 3~4升	京城	기근	史55(土)
1380	禑王 6年 6月	布 1匹 = 米 5升	京城	기근	史134
1381	禑王 7年 5月	布 1匹 = 米 1斗	京城	기근	史55(土)
1381	禑王 7年 8月	京城物價踴貴	京城		史79 貨幣 市估
1382	禑王 8年 7月	布 1匹 = 米 3~4升	京城	기근	史55(土)

35) 『高麗史』 卷78, 食貨志 1 租稅 禑王 2年 9月

당시 한재와 왜구 침입 등 내우외환에 말미암은 피해 때문이었다.

2) 水 災

한재와 더불어 고려시대에 큰 피해를 준 자연재해는 水災였다. 고려시대
水災의 발생은 旱災의 경우처럼 빈번히 나타나고 있지는 않았지만, 수재가 발
생하면 한해 농사를 모두 그르치고 飢饉과 疾病을 초래할 정도로 피해가 컸
다. 수재는 농작물에 피해를 주어 凶年을 야기한 것은 물론37) 이에 수반하여
山岳 붕괴,38) 溺死者와 民家 표몰39) 등 인명과 재산에 직접 피해를 주었다.
　　水災로 인한 피해를 기록한 경우, 祈晴祭를 거행한 사례, 大雨, 大雨雷로
표현된 경우를 정리하면 다음의 <도표 5>와 같다.

<도표 5> 水災

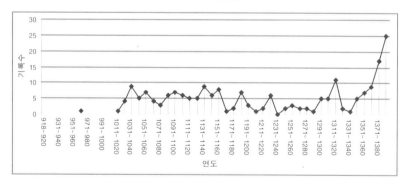

---

36) 『高麗史』卷133, 禑王 4年 2月·5年 2月
37) “制曰 去年東方大水 損傷禾稼 民多失業 流亡相繼”(『高麗史』卷80, 食貨志 3
　　賑恤 水旱疫癘賑貸之制 高宗 12年 3月)
38) “漢陽府大雨 三角山國望峯崩”(『高麗史』卷54, 五行志 2 五行三曰木 禑王 元年
　　6月 丙午) ; “自四月 至是月 恒雨 水湧山崩”(『高麗史』卷54, 五行志 2 五行三
　　曰木 恭讓王 元年 8月)
39) “大雨 人有溺死者”(『高麗史』卷54, 五行志 2 五行三曰木 忠肅王 16年 7月 戊辰) ;
　　“大雨 人家漂没者多”(『高麗史』卷54, 五行志 2 五行三曰木 恭愍王 5年 7月 壬辰)

수재로 인한 피해 기록은 11세기 중후반기, 12세기 중후반기, 13세기말기~14세기 초기, 14세기 중후반기 등에 빈번하게 나타나고 있었다. 특히 1031~1040년, 1131~1140년, 1151~1160년, 1181~1190년, 1221~1230년, 1291~1320년, 1341~1392년 등의 시기에 많이 나타나는 가운데, 1311~1320년과 1361~1392년의 기록 빈도가 가장 높아, 수재로 인한 피해가 14세기 초기와 후반기에 많이 발생했음을 알 수 있다.[40)]

이러한 기록을 月別로 정리해 보면 대체로 5~8月에 집중되어 있고, 특히 6月의 기록이 가장 많다.[41)] 수재로 인한 피해 역시 이 시기에 집중하여 발생되고 있었다.

계속된 호우로 禾稼가 손상된 까닭에 백성들이 失業하여 流亡하게 되었다는 기록을 비롯해 수재로 인한 農作物의 피해 기사를 살펴볼 수 있다.[42)]

---

40) 한편 당시 기록 가운데는 단순히 '大雨', '大雨雷'라 표기되어 있거나, 장기간 비가 온 것은 사실이지만 營作을 위해 '祈晴' 제의를 올린 경우가 있어(대표적인 사례로 『高麗史』卷42, 恭愍王 19년 5月 己酉·20년 5月 壬申 기사 참조), 水災인지의 여부가 불명확한 경우도 있다. 피해 내용이 직접 기록되어 있어 水災가 분명한 사례는 다음과 같다. 光宗代: 12년, 顯宗代: 2·17년, 靖宗代: 2·4·5·6년, 文宗代: 2·7·8·10·12·14·17·30·35년, 宣宗代: 3·5·10년, 肅宗代: 원년·6년, 睿宗代: 원년·8·9년, 仁宗代: 2·9·10·14·15·23년, 毅宗代: 원년·2·10·19년, 明宗代: 10·16·18·21년, 神宗代: 6년, 高宗代: 12·41·43년, 元宗代: 14년, 忠烈王代: 즉위·15·18·21·22·29년, 忠宣王代: 복위2년, 忠肅王代: 즉위·5·16년, 忠穆王代: 4년, 忠定王代: 2년, 恭愍王代: 원년·5·7·9·11년.

41) 수재 기록을 월별로 정리해 보면, 다음과 같다. 단, 月을 알 수 없는 사료(4개)는 제외하였고, 閏月(윤5월·윤6월·윤7월 각각 1개)은 前月에 합산하여 파악하였다.

〈표A-5〉 고려시대 水災의 月別 기록수

月	1월	2월	3월	4월	5월	6월	7월	8월	9월	10월	11월	12월
기록수	3	1	3	2	16	24	15	14	8	16	8	3

이에 따르면 5~8월과 10월의 기록이 많은 것을 볼 수 있는데, 이중 10월 기록의 대부분은 단순히 雷雨, 大雷雨 기록이어서 수재로 인한 피해 여부는 명확하지 않다. 이로 보아 고려후기 수재는 5~8월에 다수 발생한 것으로 보아야할 것이다.

집중 호우가 태풍과 같은 風災와 동반하여 내림으로써 농작물에 큰 피해를 주기도 하였다.[43) 이틀간 비가 내려 水深 7~8尺에 이르렀다거나[44) 호우로 수심이 丈餘에 이르는[45) 등 갑작스런 강우로 피해가 발생되기도 하였다.

큰 피해를 야기한 水災의 사례 몇 가지를 살펴보면, 顯宗 17年 수재로 京城 民家의 피해를 비롯해 西京에서 民家 80餘戶가 피해를 입었고,[46) 宣宗 5年에는 밤중의 폭우로 禮成江邊을 비롯해 江邊 居民의 廬舍와 舟楫이 떠내려간 것을 셀 수 없을 만큼 많았던 것으로 기록되어 있다.[47) 특히 文宗代에 피해가 자주 발생해, 문종 7~8년 東北路 文州·湧州 등의 지역,[48) 문종 10년 密城郡 관내 昌寧郡 등 17개 지역,[49) 문종 14년 鳳州가 수재로 큰 피해를 입었다.[50) 仁宗 10年에도 수재로 피해를 입은 人家가 셀 수 없

42)

〈표A-6〉水災에 의한 농작물의 피해 기록 사례

연도	왕대 연월일	사료	전거
1225	高宗 12年	夏 恒雨傷禾稼	史54(木)
1225	高宗 12年 3月	制曰 去年東方大水 損傷禾稼 民多失業 流亡相繼 其令東北面兵馬使諸道按察使 開倉賑貸	史80(水旱疫癘賑貸之制)
1254	高宗 41年 7月 乙巳	大雨 傷稼 多漂民戶	史54(木)
1273	元宗 14年 潤6月 庚申	大雨傷稼	史54(木)
1296	忠烈王 22年 8月 癸丑	大水傷稼	史53(水)
1301	忠烈王 27年 6月 戊申	大雨傷稼	史54(木)
1303	忠烈王 29年 閏5月	大雨 漂人家 傷禾穀	史53(水)
1318	忠肅王 5年 8月 甲午	大風雨 禾偃木拔 凡二日	史54(木)

43) 『高麗史』卷54, 五行志 2 五行三曰木 忠肅王 5年 8月 甲午
44) 『高麗史』卷53, 五行志 1 五行一曰水 高宗 12年 5月 丁丑
45) 『高麗史』卷53, 五行志 1 五行一曰水 恭讓王 2年 5月 戊午
46) 『高麗史』卷53, 五行志 1 五行一曰水 顯宗 17年 7月 丁未 ; 『高麗史節要』卷3, 顯宗 17年 9月 己酉
47) 『高麗史』卷53, 五行志 1 五行一曰水 宣宗 5年 5月 甲戌
48) 『高麗史』卷7, 文宗 7年 閏7月 癸未 ; 卷80, 食貨志 3 賑恤 災免之制 文宗 8年 11月
49) 『高麗史』卷53, 五行志 1 五行一曰水 文宗 10年 5月
50) 『高麗史』卷8, 文宗 14年 8月 戊午 ; "戶部奏 廣州牧 自春至秋 久旱不雨 重以雨雹 闔境禾穀 一無所收 又鳳州 曾於庚子年(문종 14년 : 필자 주)大水 廬舍禾稼 漂蕩幾盡 民無定居 請停兩官轄下發使量田 從之"(『高麗史』卷8, 文宗 18年 11月 壬午)

을 만큼 많았고,[51] 인종 14년 淸州에서는 평지의 물이 솟아나 떠내려간 人家가 180에 달했으며,[52] 毅宗 19年에도 떠내려간 民家가 60餘로 기록되고 있다.[53]

明宗 10년 大雨로 東京 符仁寺의 건물 80餘間이 표몰되는 피해가 있었다.[54] 특히 명종 16과 18년에는 東北界 지역의 피해가 컸는데, 명종 16년 安邊府에 大水로 백성의 家屋 100餘가 표몰하고 사망자가 1,000餘人에 이르렀다.[55] 명종 18년에는 황해도의 洞州·鳳州에서 백성의 가옥이 다수 표몰되었을 뿐만 아니라[56] 다시 동북계의 定州·長州·宣州·預州·高州·和州 등 6州에서 大水로 성곽이 붕괴되고 표류한 백성의 가옥을 셀 수 없었다.[57] 또 登州·文州·宜州 3州와 鎭溟·龍津·寧仁 등의 여러 城에서도 농작물의 피해와 성곽 붕괴를 비롯해 많은 사상자를 발생시켰다.[58] 이와 같은 동북면 지역에서의 수재 피해로 말미암아 飢饉이 발생했고, 명종 18년 8월에 이 지역에 開京 내 東西大悲院의 예를 따라 食接濟를 설치하고 곡식을 옮겨 진휼했던 것도 이 때문이었다.[59]

高宗 11~12년은 연이은 수재 때문에 농작물에 피해를 입었던 경우로, 11년 東北面에 大水로 禾稼가 손상하고 백성들이 유망하는 피해를 입었고,[60] 이듬해 12년에도 이틀 동안 水深 7~8尺에 달하는 많은 비가 내린 것을 비롯해 여름에 계속 비가 내려 농작물에 피해가 발생하였다.[61]

---

51) 『高麗史』 卷53, 五行志 1 五行一曰水 仁宗 10年 8月 戊子
52) 『高麗史』 卷53, 五行志 1 五行一曰水 仁宗 14年 6月 丁酉
53) 『高麗史』 卷53, 五行志 1 五行一曰水 毅宗 19年 6月 丁未
54) 『高麗史』 卷53, 五行志 1 五行一曰水 明宗 10年 6月 乙酉
55) 『高麗史』 卷53, 五行志 1 五行一曰水 明宗 16年 閏7月 壬子
56) 『高麗史』 卷53, 五行志 1 五行一曰水 明宗 18年 6月
57) 『高麗史』 卷53, 五行志 1 五行一曰水 明宗 18年 7月 戊申
58) 『高麗史』 卷53, 五行志 1 五行一曰水 明宗 18年 8月 辛未
59) 『高麗史』 卷80, 食貨志 3 賑恤 水旱疫癘賑貸之制 明宗 18年 8月
60) 『高麗史』 卷80, 食貨志 3 賑恤 水旱疫癘賑貸之制 高宗 12年 3月
61) 『高麗史』 卷53, 五行志 1 五行一曰水 高宗 12年 5月 丁丑 ; 卷54, 五行志 2
　　五行三曰木 高宗 12年

　앞서 살펴보았듯이 충렬왕 전반·중반기(5~13년·15~17년)는 한재로 큰 피해를 입은 시기였지만, 그 와중인 충렬왕 15년에는 수재로 麻田縣·積城縣·興義驛의 民戶가 다수 漂沒되는 피해를 입었다.[62] 그나마 연이은 한재가 그친 후인 충렬왕 18년에도 大雨로 天磨山 朴淵의 물이 불어 人家가 漂沒되는 등[63] 이 시기는 한재뿐만 아니라 수재 또한 큰 피해를 주었다.

　특히 수재는 14세기 중후반기에 해당하는 충목왕~공양왕 때 이로 말미암아 큰 피해가 자주 발생하였다. 충목왕 4년(1348) 2월과 4월에는 이에 앞서 충혜왕 복위 4년(1343)부터의 연속된 한재에 영향을 받아 飢饉과 傳染病이 발생한 데다가,[64] 5월에는 수재까지 입어 큰비로 松嶽이 붕괴되고 城 안에 물이 범람하여 人家가 다수 漂沒하는 피해를 입었다.[65]

　恭愍王代의 경우 수재에 의한 피해 사례를 다수 살펴볼 수 있는데, 이를 정리해 보면 다음과 같다.

〈표A-7〉 恭愍王代의 水災 피해

연도	왕대 연월일	지역	사료	전거
1352	恭愍王 元年 5月 乙未	京城	雨雷震人家 京城大水 漂流民戶及橋梁 溺死者頗多	史53(水)
1356	恭愍王 5年 7月 壬辰		大雨 人家漂沒者多	史54(木)
1358	恭愍王 7年 5月	慶尙道	慶尙道大水 禾穀皆漂沒	史53(水)
1360	恭愍王 9年 6月 丁亥	城中	城中大水 漂沒廬舍 人多死者	史53(水)
1362	恭愍王 11年 8月 戊子	元岩驛	駕次元岩驛 大雨 扈從諸司帳幕漂流 或有死者	史40
1362	恭愍王 11年 10月 癸未	淸州	大雨震電 淸州城內 水漲 有死蛇漂出 蝸上樹梢 氣候如夏	史53(水)

　공민왕 19~23년의 경우에는 구체적인 피해 여부는 알 수 없지만, 大水로 寬刑을 베풀고 祈晴祭를 거행하는 일이 자주 있었고, 때마침 공민왕에 의해 시도된 影殿 공사에 지장을 초래한 것도 이로 말미암은 것이었다.[66]

---

62) 『高麗史』 卷53, 五行志 1 五行一曰水 忠烈王 15年 8月 甲子
63) 『高麗史』 卷53, 五行志 1 五行一曰水 忠烈王 18年 6月 己巳
64) 『高麗史』 卷37, 忠穆王 4年 2月 辛未·4月
65) 『高麗史』 卷37, 忠穆王 4年 5月 乙丑

더욱이 이 시기는 후술하듯이 수재뿐만 아니라 한재와 왜구의 침입으로 피해가 가중되고 있던 시기였다.

禑王 14~恭讓王 3년(1388~1391)의 4년간 또한 장기간 수재로 피해를 입었다.

〈표A-9〉 禑王 14~恭讓王 3년의 水災

연도	왕대 연월일	사료	전거
1388	禑王 14年 6月 壬戌	京城大水	史53(水)
1389	昌王 元年 8月	楊廣道都觀察使成石璘啓 道內之民 因水旱 不得耕耨 種食俱乏 今後請於州郡 置義倉 從之	史80 (常平義倉)
1389	恭讓王 元年 8月	自四月 至是月 恒雨 水湧 山崩	史54(木)
1389	恭讓王 元年 10月 丁酉	大雨 震電	史137, 史54(木)
1389	恭讓王 元年 12月	大司憲趙浚等 上疏曰 … 今年又被水災 東南州郡 蕭然赤立 救荒之策 不可不慮也	史80 (常平義倉)
1390	恭讓王 2年 5月 戊午	淸州忽雷雨大作 前川暴漲 毁城南門 直衝北門 城中水深丈餘 漂沒官舍 民居殆盡	史53(水)
1390	恭讓王 2年 5月 乙卯	以陰雨 連日不開 故設祈晴法席于順天寺	史54(木)
1390	恭讓王 2年 6月 丁卯	命禳淫雨及蝗蟲之災	史54(木)
1390	恭讓王 2年 8月	都堂啓 東西兩界 境連上國 且因水旱 民生艱難 請減塩稅 從之	史79(塩法)

66) 〈표A-8〉 恭愍王 19~23년의 水災

연도	왕대 연월일	사료	전거
1370	恭愍王 19年 5月 庚戌	以久雨 放囚	史42
1370	恭愍王 19年 5月 己酉	祈晴于宗廟社稷山川佛宇神祠　王謂辛旽曰 今年恒雨 深思厥咎 必刑獄不平 使陰陽失和 予若親諭 法官恐其煩也 卿以予意諭之 自今其務平允	史42
1370	恭愍王 19年 5月 己丑	朔 雨 王恐防影殿之役 祈晴于佛宇神祠	史42
1371	恭愍王 20年 5月 壬申	王以久雨妨影殿役 祈晴于順天寺	史43
1372	恭愍王 21年 5月 甲戌	大雨 王慮影殿漏濕 親往觀之	史43
1372	恭愍王 21年 6月 戊寅	大雨 王爲影殿之役 祈晴	史43
1373	恭愍王 22年 7月 丙辰	大雨	史54(木)
1374	恭愍王 23年 正月 戊子	雨大雷電 有魚墮落	史54(木)
1374	恭愍王 23年 6月 丁酉	影殿因暴雨有漏處 王大怒 下董役官贊成事韓方信·評理盧稹獄杖之 時影殿役久 勞費不資 役夫死者 相望於道 宰執言官 莫敢論奏	史44

1390	恭讓王 2年 9月 丙午	大雨震電 人畜有凍死者	史54(木)
1390	恭讓王 2年 9月 壬辰	大雨雷電雨雹	史54(木)
1391	恭讓王 3年 4月 庚午	大雨	史54(木)
1391	恭讓王 3年 6月	教諸道 有水旱霜雹蝗灾州郡 驗覆免租	史80 (災免之制)
1391	恭讓王 3年 7月 辛亥	大水	史53(水)
1391	恭讓王 3年 10月 丙寅	大雨震電	史54(木)

昌王 원년 楊廣道에서 농사에 지장을 초래하고, 恭讓王 원년에는 4~8월까지 비가 내려 山이 붕괴되기에 이르렀다. 공양왕 2년에는 淸州에서 갑작스레 내린 비로 강물이 불어나 넘쳐 城의 南門을 허물어 뜨리고 北門을 곧바로 마주 쳤는데, 성안에서 물이 한 길 이상 불었으며 官舍와 民居가 거의 모두 물에 잠기고 떠내려가는 피해를 입었다.

한편 淸州 지역에 명종 21·공민왕 11·공양왕 2년 등 수재가 자주 발생한 점도 특이한 점 가운데 하나이다.

3) 雨雹·서리

雨雹과 서리 역시 농작물에 피해를 주는 경우가 자주 발생하고 있었다. 우박·서리에 의한 농작물의 피해가 직접 기록된 경우[67]를 비롯해 열매 등에 비유하여 우박의 크기를 묘사한 기사[68] 등을 살펴볼 수 있다. 한편 고려시대 기록 가운데 우박·서리 기사를 비교적 다수 찾아볼 수 있지만, 단순히 季節의 변화 혹은 節氣의 시작을 묘사한 내용인 경우도 많아, 이러한 모든 기사를 재해로 간주하기는 힘들 것으로 생각된다. 그러나 농사철에 내리는 우박과 서리가 농작물에 피해를 주었다는 언급 등을 자주 살펴볼 수 있고,[69] 租稅 감면의 이유로 수재·한재와 더불어 우박·서리에 의한 피해를

---

67) "公州隕霜殺苗"(『高麗史節要』 卷3, 顯宗 18年 5月) ; "雨雹傷禾"(『高麗史』 卷 9, 文宗 35年 8月 己巳)
68) "雨雹 大如李梅"(『高麗史』 卷53, 五行志 1 五行一曰水 仁宗 17年 5月 乙巳)
69) "制曰 自春而夏 農事方興 霜雹爲災 言念獄囚 慮有冤滯 內外罪囚 宜從寬典 凡

거론하고 있는 것을 보더라도,[70] 우박·서리가 농작물의 수확을 저해하는 원인 가운데 하나였음은 분명하다고 하겠다.

우박은 경우에 따라 크기가 杏子, 梅, 栗, 彈丸, 사람의 주먹 등에 비유될 정도로 커다란 우박이 내리기도 하였다.[71] 심지어 우박 1개가 워낙 커서 사람이 들 수 없을 정도였다고 표현한 경우도 있다.[72] 이에 농작물은 물론 가옥의 지붕 파손, 烏鵲과 같은 동물이 맞아 죽는 경우도 발생하였다.[73] 충렬왕 12년에는 우박이 무려 8일 동안 장기간 내린 적도 있었다.[74]

〈도표 6〉雨雹·서리

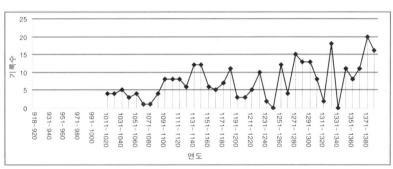

<도표 6>를 살펴보면 1131~1150년, 1181~1190년, 1221~1230년, 1251~1260년, 1271~1310년, 1321~1330년, 1341~1392년 등의 시기에

內外土木之役 悉令停罷"(『高麗史』卷9, 文宗 37年 4月 癸酉) ; "御宣政殿 聽朝 至日旲 中書省奏 時當長養萬物 三月以來 時令舛違 水結爲冰 降霜殺物 夜雹暴至"(『高麗史』卷11, 肅宗 元年 4月 癸酉)

70) "敎 諸道有水旱霜雹蝗灾州郡 驗覆免租"(『高麗史』卷80, 食貨志 3 賑恤 災免之制 恭讓王 3年 6月)

71) 『高麗史』卷20, 明宗 13年 4月 戊午 ; 卷133, 禑王 元年 3月 甲申 ; 卷135, 禑王 11年 4月 壬辰

72) "慶尙道安東界 大雨雹 麋鹿鳥雀中者皆死 有雹一枚 數人不能擧"(『高麗史』卷53, 五行志 1 五行一曰水 忠烈王 27年 5月)

73) 『高麗史』卷53, 五行志 1 五行一曰水 明宗 16年 8月·高宗 23年 4月 己亥

74) 『高麗史』卷30, 忠烈王 12年 4月 丁酉

높은 수치를 기록하고 있다. 특히 12세기 중기, 13세기 말기, 14세기 초기, 14세기 중후기 등에 많은 기록을 살펴볼 수 있다. 우박·서리에 대한 기록 가운데 농작물에 피해를 준 사례 또한 대체로 이 시기에 나타나고 있었다.

<표A-10> 雨雹·서리에 의한 農作物의 피해

연도	왕대 연월일	사료	전거
1179	明宗 9年 4月 壬辰	隕霜殺草	史20, 史53(水)
1280	忠烈王 6年 4월 癸未	隕霜殺禾苗(史29), 隕霜殺禾(史53水)	史29, 史53(水)
1280	忠烈王 6年 4月 甲申	亦如之	史29
1295	忠烈王 21年 4月 乙酉	隕霜殺麻麥四日	史31, 史53(水)
1296	忠烈王 22年 3月 戊子	隕霜三日 殺麻麥	史53(水)
1350	忠定王 2年 4月 戊戌	雨雹 大如李梅 殺禾	史37, 史53(水)
1366	恭愍王 15年 8月 丁卯	隕霜殺菽	史53(水)
1368	恭愍王 17年 閏7月 壬戌	隕霜殺菽	史41, 史53(水)
1379	禑王 5年 8月 庚午	始霜 草葉皆槁 終日北風	史53(水)
1385	禑王 11年 7月	江陵道 隕霜殺禾	史53(水)

우박·서리가 농작물에 준 피해는 우박처럼 직접 타격을 주기도 하고, 3~4일 연속된 서리, 때 이른 서리 혹은 늦서리 등은 경우에 따라 장기적으로 기온저하를 가져와[75] 냉해로 인한 수확량의 감소를 초래하였을 것으로 추정된다. 기후 한랭 현상을 살펴볼 수 있는 기사와 비교해 볼 때[76] 적어도 1271~1290년, 1321~1330년, 1351~1392년 등의 경우 우박·서리 기사도 많다. 이러한 13세기말, 14세기초, 14세기 중후반은 한랭기였을 가능성이 높고, 이로 말미암아 농작물에도 피해가 있었던 것으로 여겨진다.

4) 기타 자연재해

이 이외에 雪災, 風災, 虫災, 雷震·雨雷, 안개·雨土·黃霧 등의 경우를 도

---

75) "雨雹雪 人有凍死者"(『高麗史』 卷35, 忠肅王 11年 4月 戊辰) ; "隕霜最寒"(『高麗史』 卷53, 五行志 1 五行一曰水 恭讓王 4年 7月 辛卯)

76) 앞의 <도표 2> 참조.

표로 정리해 보면 다음과 같다.

〈도표 7〉 기타 자연재해[77)]

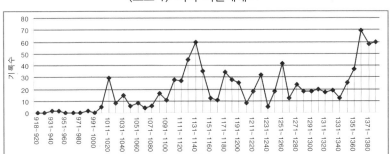

<도표 7>에서 살펴볼 수 있듯이 雪災, 風災, 虫災, 雷震·雨雷, 안개·雨土·黃霧 등의 자연재해 역시 그 발생추세가 앞서 살펴본 한재·수재 등의 경우와 유사하게 나타난다. 각 자연재해의 발생 추세에 다소 차이는 있지만,[78)] 전체적인 추세는 유사하게 나타나고 있다. 1121~1150년, 1251~1260년, 1351~1392년 등의 기록 빈도가 높게 나타나, 12세기 전반기·13세기 후반기·14세기 후반기에 높은 발생 빈도를 살펴볼 수 있다.

이들 자연재해 역시 농작물에 직·간접적으로 피해를 주었던 것으로 여겨지는데, 구체적으로는 颱風, 蝗蟲으로 말미암아 농작물에 직접 피해가 발생한 사례를 살펴볼 수 있다.

---

77) 雪災, 風災, 虫災, 雷震·雨雷, 안개·雨土·黃霧 등의 자연재해는 그 각각의 발생 추세가 대체로 유사하게 나타나, 이를 함께 정리하였다.
78) 이들 자연재해의 발생 빈도가 높았던 시기만을 비교해 보면 다음과 같다.
   雪災: 1210, 1240, 1270, 1360년대, 1380~1390년대
   風災: 1170년대, 1350~1390년대
   虫災: 1180, 1220년대, 1350~1360년대, 1380~1390년대
   雷震·雨雷: 1220, 1250, 1300년대, 1360~1390년대
   안개·雨土·黃霧: 1250년대, 1360~1390년대

〈표A-11〉風災·虫災에 의한 農作物의 피해

연도	왕대 연월일	재해	지역	사료	전거
1179	明宗 9年 7月 乙酉	風災		大風傷穀	史55(土)
1215	高宗 2年 8月 庚寅	風災		大風拔木傷禾	史55(土)
1280	忠烈王 6年 8月	風災	全羅道	全羅道大風七日 川溢損禾	史55(土)
1288	忠烈王 14年 8月 己未	風災		大風傷禾	史55(土)
1293	忠烈王 19年 4月 乙未	風災		暴風雨傷禾麻	史55(土)
1318	忠肅王 5年 8月 甲午	風災		大風雨 禾偃木拔 凡二日	史54(木)
1338	忠肅王 復位 7年 7月 庚戌	風災		大風雨 拔木偃禾	史35, 史55(土)
1350	忠定王 2年 6月 丙戌	風災		暴風疾雨 拔木損禾	史55(土)
1188	明宗 18年 7年 戊申	虫災	東界 鎮溟	東界鎮溟境內 黃虫黃鼠 隨雨而下 大損禾稼	史55(土)
1191	明宗 21年 8月	虫災	西海道	西海道蝗 大傷禾稼	史54(金)
1228	高宗 15年 5月 辛丑	虫災	北界	北界兵馬使馳報 境上有賊變 又蝗害稼 王分遣內侍 禱于中外神祠 又設般若道場于宣慶殿二七日	史22, 史54(金)
1255	高宗 42年 7月	虫災	江陽郡	江陽郡蝗 食桑葉 成繭	史54(金)
1390	恭讓王 2年 6月 戊辰	虫災	江陵道, 交州道	江陵交州 蝗蟲食苗	史54(金)

한편 飢饉·疾病·傳染病의 발생 시기를 살펴보면 본고에서 검토하는 바 자연재해의 발생 추세를 고찰하는데 도움을 얻을 수 있다. 이들이 전쟁을 비롯해 다른 원인에 말미암아 발생하기도 하였지만, 대체로 자연재해의 결과로 나타나는 경우가 많았기 때문이다.

〈도표 8〉飢饉·疾病·傳染病

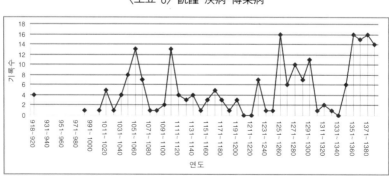

<도표 8>에 따르면 기근·질병·전염병의 발생 추세 또한 이상에서 살펴본 자연재해의 발생 추세와 대체로 부합되는 모습을 보여주고 있다. 발생 추세가 높은 시기 가운데 전쟁에 기인한 것으로 여겨지는 시기를 제외한다면, 11세기 중반·12세기 전반·13세기 후반·14세기 중후반에 자연재해로 인한 피해가 가장 컸던 것으로 정리할 수 있겠다.

다만 다음의 <도표 9>를 통해 살펴볼 수 있듯이, 地震·崩壞의 경우, 14세기 중후반뿐만 아니라 특히 11세기 전반기에 발생빈도가 높게 나타나 차이를 보이고 있는데, 이와 관련해 이 시기에 커다란 지각 변동이 발생했던 것은 아닌가 생각되기도 한다.

〈도표 9〉 地震·崩壞

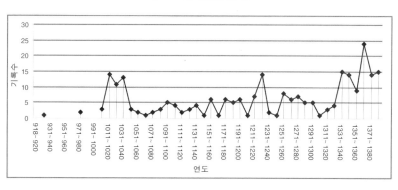

가. 이해에 中原府 長淵縣의 水田 3結이 밑으로 꺼져들어가 못[池]이 되었는데, 깊이를 알 수 없었다.(『高麗史節要』 卷2, 穆宗 4年)
나. 耽羅山에서 4군데에 구멍이 뚫리고 붉은 빛깔의 물이 5일 동안 솟아나오다가 그쳤는데, 그 물이 모두 기와나 돌이 되었다.(『高麗史節要』 卷2, 穆宗 5年 6月)
다. 耽羅에서 아뢰기를, "상서로운 山이 바다 가운데서 솟아 나왔습니다"라고 하니, 大學博士 田拱之를 파견하여 가서 보도록 하였다. 耽羅 사람들이 말하기를, "산이 처음 솟아나올 때에 구름과 안개가 끼어 어둡고 땅이 움직여 우뢰소리가 나는 듯하기를 무릇 7일 밤낮 동안 하다가 비로소 걷혔습니다. 산의 높이는 100여 丈이나 되고 둘레는 40여 里나 되며, 풀과 나무는 없고 연기가 산 위에 덮여 있었으며, 이를 멀리서 바라보면 石硫黃

과 같아 사람들이 두려워 감히 가까이 갈 수 없었습니다"라고 하였다. 田拱之가 몸소 山 아래에 가서 그 형상을 그림으로 그려서 바쳤다.(『高麗史節要』卷2, 穆宗 10年)

가 사료에 따르면, 목종 4년(1001)에 中原府 長淵縣에서 水田이 갑자기 함몰하여 못[池]이 되는 현상이 일어나고, 나·다 사료의 경우 耽羅에서 목종 5년(1002)에 화산이 폭발하고, 또 10년(1007)에는 바다에서 산이 솟아 나오는 등 커다란 지각 변동이 있었음을 기록하고 있다. 이와 같은 목종대의 지각 변동이 11세기 전반기에 빈번히 발생하는 地震·崩壞 현상과 직접 관련이 있는지에 대해서는 명확하지 않다. 그러나, 이 시기에 한반도 지역에 커다란 지각 변동이 있었던 것은 어느 정도 분명한 사실인 것 같고, 아마도 그러한 상황 속에서 지진·붕괴가 자주 발생하였던 것이 아닌가 생각된다.[79]

이상에서 살펴본 바와 같이, 고려시대에 자연재해는 대체로 12세기 전반기, 13세기 후반기, 14세기 후반기에 높은 발생빈도를 보이고 있었다. 旱災, 水災, 雨雹·서리 등 각각의 자연재해에서 그러한 모습을 잘 살펴볼 수 있다. 또한 이러한 자연재해로 인한 피해 결과로 발생한 것으로 여겨지는 飢饉·疾病·傳染病의 발생 시기 또한 부합된 결과를 보여주고 있어, 이를 다시 한번더 확인해 볼 수 있다. 이 시기에는 이와 같은 잦은 자연재해의 발생과 아울러 氣候寒冷·異常高溫 현상 등 불규칙한 기온변화까지도 나타나, 당시로서는 農業生産活動에 많은 지장을 초래하고 있었다고 여겨진다.

---

79) 이와 관련해서는, 비록 본고에서 논하는 11세기 전반기의 상황에 대한 설명은 아니지만, 12세기 기후변화의 원인에 대해 火山 폭발의 영향 가능성을 언급한 견해가 있어 참고할 수 있다(須長泰一, 앞의 논문, 316~320쪽). 이에 따르면 火山 폭발로 인한 噴煙이 成層圈에 도달하여 太陽의 日射를 방해함에 따라 기후의 寒冷化를 초래할 수 있는데, 12세기 전반기의 기온저하 현상은 당시 한국의 白頭山과 일본의 淺間山에서 발생한 화산 폭발의 영향일 가능성이 있다고 언급하고 있다.

4. 자연재해에 대응한 권농정책의 전개

1) 고려전기

　고려시대 旱災·水災 등 자연재해로 인한 피해는 한해 농사의 凶作을 초래함은 물론, 이로 인해 飢饉·疾病에 시달리다 못해 길가에서 굶어 죽는 사례가 빈번히 발생하는[80] 등 많은 피해를 야기하고 있었다. 한재·수재 등으로 인한 피해는 농민의 定住處마저 잃게 만들었고,[81] 농민의 流亡 현상[82] 역시 이러한 상황 속에서 나타난 농민층의 자구책이었다. 그러면 이러한 자연재해로 피해가 발생할 경우, 당시 사람들은 어떠한 對應을 하고 있었는지, 勸農政策의 내용을 중심으로 살펴보도록 하겠다.

　자연재해로 인해 농업생산활동에 피해가 발생할 경우, 국가의 입장에서 우선 수행해야 할 조처는, 이러한 農家의 피해를 복구하여 농업생산활동이 지속적으로 이뤄질 수 있도록 여건을 조성하는 일이었다. 이에 따라 중앙정부에서는 피해 농가에 糧種을 지급하는 조처를 취하고 있었는데, 糧種의 지급은 賑貸機構인 義倉으로부터의 지급뿐 아니라 때로는 주변 지역의 곡식을 피해지역으로 보냄으로써 이뤄지기도 하였다.[83] 지급된 물품은 米·粟의 지급뿐 아니라 鹽·醬 등도 또한 지급되었다.[84]

　재해가 발생할 경우 농사의 凶豊을 보고하도록 하되, 禾穀이 부실한 州縣을 開京으로부터의 거리를 감안하여 近道·中道·遠道의 세지역으로 구분하면서, 보고 시한에 차등을 두어 그 피해상황을 戶部에 보고하도록 하였다.[85] 水災·旱災·虫災·霜災 등으로 피해를 입은 농가에 대해 피해정도에

---

80) 『高麗史』 卷4, 顯宗 3年 2月 乙卯
81) 『高麗史』 卷8, 文宗 18年 11月 壬午
82) 『高麗史』 卷12, 睿宗 卽位年 12월 甲申 ; 睿宗 元年 4月 庚寅
83) 『高麗史節要』 卷3, 顯宗 7年 正月 ; 卷4, 文宗 8年 4月
84) 『高麗史節要』 卷3, 顯宗 9年 正月 ; 卷4, 靖宗 5年 4月
85) 『高麗史』 卷78, 食貨志 1 田制 踏驗損實 成宗 7年 2月

따라 차등을 두어 租·布·役을 감면하는 규정을 마련하고,[86] 자연재해로 피해를 입은 지역에 租稅를 견면해 주는 조처를 취하고 있었다.[87]

勸農의 내용을 포함한 중앙정부의 조처는 대체로 자연재해 혹은 兵亂 등으로 농사에 피해가 발생했을 때 이에 뒤이어 내려지는 경우가 많았다. 먼저 고려전기에 이러한 모습을 잘 살펴볼 수 있는 대표적인 사례로서 顯宗代, 文宗代의 경우를 검토해 보도록 하겠다.

顯宗代의 경우, 元年에 거란의 침입을 겪은 데다가 2년 4월 旱災와 水災의 피해를 입었다.[88] 이 영향으로 3년에는 穀價가 등귀하고 백성들이 困乏해진 데다가 다시 旱災를 비롯해 地震, 서리 등 天災地變이 자주 발생하여 피해가 가중되고 있었다(<표A-12> 참조).

<표A-12> 顯宗 3년 2~12월의 天災地變

연월일	사료	내용	전거
顯宗 3年 2月 乙卯	松岳大石頹	붕괴	史55(土)
顯宗 3年 3月 庚午	慶州地震	지진	史55(土)
顯宗 3年 4月	霜	서리	史53(水)
顯宗 3年 5月	敎曰 去年 西京水旱爲災 穀價騰踊 民用困乏 朕夙興夜寐 念之惻然 其令所司 發倉賑之	穀價 등귀, 기근	節3
顯宗 3年 6月	高州城西大石自行十餘步	이변현상	史54(金)
顯宗 3年 6月	以旱 命有司 治寃獄 放輕繫 禱祀山川	한재	史54(金)
顯宗 3年 6月 癸卯	龍津鎭三百四十餘戶火	화재	史53(火)
顯宗 3年 7月 庚辰	月食	월식	史47
顯宗 3年 8月 丙申	日食	일식	史47
顯宗 3年 10月 丙申	月食	월식	史47
顯宗 3年 10月 己未	雷	뇌전	史53(水)
顯宗 3年 10月 己亥	大雷雨	뇌우	史54(木)
顯宗 3年 10月 辛酉	亦如之	뇌우	史53(水)
顯宗 3年 12月 己卯	月食	월식	史47
顯宗 3年 12月 丁丑	慶州地震	지진	史55(土)

---

86) 『高麗史』 卷80, 食貨志 3 賑恤 災免之制 成宗 7年 12月
87) 『高麗史節要』 卷4, 靖宗 2年 6月·12月
88) 『高麗史』 卷4, 顯宗 2年 4月 丁未·辛酉 ; 『高麗史節要』 卷3 顯宗 3年 5月

이와 같은 피해에 대해 현종 3년 2월과 3월에는 피해농가에 糧種을 지급하고, 국왕 스스로 減常膳하며, 工匠의 歸農을 지시하는 등의 조처를 취하고 있었다.[89]

장기간에 걸쳐 자연재해가 발생한 경우로는 顯宗 10~18년의 기간이 대표적인 사례에 속한다.

〈표A-13〉 顯宗 10~18년의 자연재해

연월일	사료	내용	전거
顯宗 10年 4月 癸卯	旱 癸卯 禱雨于神祠	한재	史54(金)
顯宗 10年 5月 辛巳	以旱 慮囚	한재	史54(金)
顯宗 11年 6月	西北界蝗	충재	史54(金)
顯宗 11年 7月 乙丑	以久旱 慮囚 大雨	한재	史54(金)
顯宗 11年 11月 戊申	大風	풍재	史55(土)
顯宗 12年 4月 庚午	旱 庚午 禱雨	한재	史54(金)
顯宗 12年 5月 庚辰	造土龍於南省庭中 集巫覡 禱雨	한재	史4
顯宗 13年 5月 庚午	旱 庚午 禱雨于群望	한재	史54(金)
顯宗 13年 10月 庚戌	大雨 暴風折木 是日以霖雨不止 祈晴于群望	수재	史54(木)
顯宗 14年 6月 戊戌	以旱 慮囚	한재	史54(金)
顯宗 15年 4月 己卯	旱 己卯 禱雨于群廟	한재	史54(金)
顯宗 15年 5月 癸巳	癸巳雨 自春旱甚 民有團聚 籲天祈禱 時日 王晨起 聞其聲 因輟膳 齋沐焚香 立于殿庭 仰天祝曰 寡人有過 請卽降罰 萬民有過 寡人亦當之 乞垂膏澤 以救元元 大雨	한재	史5
顯宗 16年 4月 甲子	教日 農事方殷 亢陽爲沴 恐乏蒸民之食 軫予宵旰之懷 是宜避正殿 減常膳 禁屠宰 輟樂懸 審冤獄 禱群望 匪惟寡德深合責躬 凡百官僚 亦當自勖	한재	史5
顯宗 17年 7月 丁未	大雨凡四日 京城民家 漂毀者甚多	수재	史5
顯宗 17年 9月 己酉	西京大水 漂毀民家八十餘戶	수재	節3
顯宗 18年 4月 甲戌	隕霜	서리	史53(水)
顯宗 18年 5月	公州隕霜 殺苗	서리	史53(水)
顯宗 18年 5月 庚子	禱雨于群望	한재	史54(金)
顯宗 18年 5月 甲寅	以旱 避正殿 減常膳 疏決獄囚	한재	史54(金)
顯宗 18年 5月 乙卯	再雩	한재	史54(金)
顯宗 18年 5月 丁巳	公州隕霜 殺苗	서리	史5

---

89) 『高麗史』卷79, 食貨志 2 農桑 顯宗 3年 2月·3月 ; 卷4, 顯宗 3年 2月 乙卯

　<표A-13>을 살펴보면, 旱災가 현종 10년 이래 16년까지 해를 거르지
않고 이어졌고, 이 기간은 물론 이후 현종 18년까지 虫災, 水災, 때이른 서
리의 피해, 風災 등이 발생하고 있었다. 이 시기 旱災 해소를 위해 祈雨祭
를 거행하고, 土龍을 제작하거나 巫를 소집해 비를 기원할 뿐만 아니라,[90]
이와 같은 국가 차원의 祈雨 행사 이외에 民間에서도 기우 행사를 벌이기
도 하여,[91] 가뭄의 해소를 위한 열망이 매우 컸던 사정을 엿볼 수 있다.

　아울러 이처럼 자연재해가 거듭 발생하는 가운데 국가에서는 농사철에 농
사 인력이 집중되도록 조처를 취하기도 하였다. 농사철인 3월에 모든 營作을
정지하여 농민을 돌려보내고, 지방 사람으로 開京에 와 소송하는 자를 歸農
시키며, 內史門下省과 官司들에 月令에 준하여 업무를 진행하도록 지시를 내
리고 있었다.[92] 국왕은 스스로 避正殿·減常膳·禁屠宰·輟樂懸·審冤獄하는
등 責己修德하고, 이러한 自省의 자세를 官僚들에게 요구하기도 하였다.[93]

　文宗代의 경우, 즉위·2·3년에 발생한 旱災·水災·虫災, 그리고 5년의 旱
災로 심한 凶作과 飢饉이 문종 6년에 발생했다.[94] 이로 인한 피해는 傳染
病의 발생으로까지 이어진 듯한데, 이에 따라 疾病·飢餓者를 東西大悲院에
불러모아 진휼하고, 또 피해 지역의 租稅 감면·貢役 중단·米粟塩豉 지급
등의 조처를 내렸다.[95]

　문종대에는 특히 水災로 인한 피해가 자주 발생했는데, 문종대 水災 발
생 상황을 정리해 보면 <표A-14>와 같다.

---

90) 『高麗史』 卷4, 顯宗 12年 5月 庚辰
91) 『高麗史』 卷5, 顯宗 15年 5月 癸巳
92) 『高麗史節要』 卷3, 顯宗 16年 3月·6月 ; 『高麗史』 卷79, 食貨志 2 農桑 顯宗
　　16年 3月
93) 『高麗史』 卷5, 顯宗 16年 4月 甲子
94) 『高麗史節要』 卷4, 文宗 元年 5月 ; 『高麗史』 卷80, 食貨志 3 賑恤 水旱疫癘賑貸
　　之制 文宗 3年 4月 ; 卷80, 食貨志 3 賑恤 災免之制 文宗 4年 2月 ; 卷7, 文宗
　　5年 3月 壬戌 ; 卷80, 食貨志 3 賑恤 水旱疫癘賑貸之制 文宗 6年 2月·3月
95) 『高麗史』 卷80, 食貨志 3 賑恤 水旱疫癘賑貸之制 文宗 3年 6月·6年 4月 ; 卷80,
　　食貨志 3 賑恤 災免之制 文宗 4年 2月 ; 『高麗史節要』 卷4, 文宗 4年 11月 ;
　　『高麗史』 卷7, 文宗 5年 4月 庚子

〈표A-14〉 文宗代의 水災

연월일	발생 지역	사료	전거
文宗 2年		制曰 去歲霖雨損禾 民食不周 遣使 賑恤 務要全活	史80(水旱疫癘賑貸之制) 文宗 3年 4月
文宗 7年 閏7月 癸未	文州 湧州	東北路文·湧二州 大水 漂没民戶百餘 遣使宣慰	史7
文宗 8年	文州 湧州	(文宗)八年十一月　東北路兵馬使奏 文湧二州 連年大水 損傷禾穀 乞省減賦役 從之	史80(災免之制) 文宗 8年 11月
文宗 10年 5月	密城郡管內昌寧郡等十七所	密城郡管內昌寧郡等十七所大水傷禾	史53
文宗 10年 6月 己卯		制 今當禾穀垂成 淫雨不止 將來可慮 其令祈晴于上下神祇	史54(木)
文宗 12年 7月 庚寅		制曰 數年以來 水旱不調 災變屢見 是皆刑政所失 怨懼所招 若欲仰答天譴 俯慰人望 宜宥罪寬刑 反身修德 其兩京文武南班員吏 有犯當降黜者 及諸州府郡鎭長吏將校 有罪受黜者 主司 酌其輕重 依舊敍用 其詔曲奸邪 再犯私罪者 不在此例 公徒私杖以下 原之	史8
文宗 14年 8月 戊午	鳳州	制曰 自夏涉秋 霖雨不止 慮有寃枉 以傷和氣 令御史中承朴忠左·副承宣 姜源廣·左拾遺崔錫·神虎衛大將軍曹玉 慮囚	史8
		又鳳州　曾於庚子年大水 廬舍禾稼 漂蕩幾盡 民無定居 請停兩官轄下發 使量田 從之	史8 文宗 18年 11月 壬午
文宗 17年		(文宗十八年)三月 制曰 去歲 水潦暴溢 損害秋稼 言念黎元 宜急救恤 其令太僕卿閔昌素 自今月至五月 於開國寺南 設食以施窮民	節5 文宗 18年 3月
文宗 30年 4月	鳳州	有司奏 黃州牧管內鳳州 比因水災 遷徙新創公廨民廬 民業未復 請蠲今年租稅徭役 從之	史80(災免之制)
文宗 35년 7月 丁酉		制曰 霖雨不時 恐傷禾稼 有司 其擇日祈晴	史9

문종 14년과 17년에 겪은 수재로 그 이듬해인 문종 15년과 18년 기근에 시달려야 했다. 이에 정부에서는 義倉 등의 곡식으로 진휼하고, 식사·粥水·蔬菜 등을 窮民과 行旅에게 제공하였다.[96] 한편 이 과정에서는, 勸農 업무 수행에 따른 地方官의 포상과 지방관의 勸農使 겸대[97] 등 권농 업무를 추진하는 지방관의 업무를 강조하는 조처가 함께 내려지기도 하였다.

이상에서 살펴본 顯宗代, 文宗代 권농정책의 내용은 성격상 대체로 자연재해 발생으로 인한 농업의 피해를 복구하여 正常的인 營農狀態로 復歸하고자 하는 경향이 강했던 것으로 여겨진다. 한편 후술하듯이 자연재해 발생이 빈번했던 12세기의 경우에는 권농정책이 이처럼 피해를 복구하는 차원을 벗어나, 그 내용이 보다 진전되어 나가는 모습 또한 엿보인다는 점에서 주목된다.

2) 고려중기

앞서 살펴보았듯이, 고려시대에 자연재해의 발생이 가장 빈번하였던 시기 가운데 하나는 12세기 전반기, 구체적으로는 1101~1140년이었다. 왕대로는 肅宗 후반기 이후 睿宗, 仁宗代에 걸친 시기에 해당된다. 水災, 旱災, 虫災, 雨雹·서리에 의한 피해, 飢饉·疾病·傳染病 등이 빈번하게 발생하고 있었다. 이 가운데 飢饉·疾病·傳染病의 발생은 여타 자연재해의 결과로 나타나게 된 현상인 것으로 여겨져, 자연재해로 인한 피해 정도를 고찰하는데 도움을 준다. 12세기 전반기 가운데, 특히 睿宗 4~5년과 12년, 15년에 기근·질병·전염병 등이 크게 발생한 것으로 나타나,[98] 이 시기를 전후하여 자

---

96) 『高麗史』卷80, 食貨志 3 賑恤 水旱疫癘賑貸之制 文宗 15年 2月·9月 ; 文宗 18年 3月·5月

97) 『高麗史』卷7, 文宗 元年 2月 丙午 ; 文宗 3年 3月 癸巳 ; 卷79, 食貨志 2 農桑 文宗 3年 12月 ; 文宗 20年 4月

98) 『高麗史』卷80, 食貨志 3 賑恤 水旱疫癘賑貸之制 睿宗 4年 正月·5月·12月 ;

연재해로 인한 피해가 컸던 것으로 짐작된다.

睿宗代의 경우, 자연재해가 연이어 발생하고 전염병 등의 만연으로까지 이어지면서, 백성들의 피해와 고통이 극한 상황에 이르고 있었다.[99] 한편 이 시기는 농민의 대규모 流亡 현상[100] 등 당시 社會의 變化와 연결된 動搖의 조짐이 나타나고 있던 시기이기도 했다.[101]

이에 대하여 중앙정부에서는 自然災害로 인한 피해, 農民流亡 등을 비롯해 당시 社會變化에 대처하기 위해 여러 가지 시책들을 실시하고 있었다. 먼저 문제가 되고 있는 社會制度를 개선하기 위한 노력이 진행되었는데, 監務의 파견,[102] 族徵·隣徵 등 租稅 징렴 폐단의 단속,[103] 貢役 부담의 불공정 개선[104] 등 地方行政·租稅·貢役 등 제도의 정비 조처가 내려졌다. 아울러 같은 시기에 勸農政策의 일환으로 陳田 개발의 장려,[105] 軍人田 경작 독

卷13, 睿宗 5年 4月 甲戌 ;『高麗史節要』卷8, 睿宗 12年 8月 ;『高麗史』卷14, 睿宗 15年 8月

99) 예종대 전반기 자연재해의 발생 상황을 엿볼 수 있는 대표적인 사료 몇가지를 들면 다음과 같다. "詔曰 是月以來 亢旱尤甚 盖由否德所致 日夜焦勞 省躬謝過 禱佛祈神 無不盡心 然未蒙報應 朕嗣位以後 施爲政敎 多所乖戾 天其或者 譴告朕躬 宜令兩府近臣 及臺省諫官·諸司·知製誥 各上封事 直言時弊"(『高麗史』卷12, 睿宗 元年 6月 丙戌) ; "詔曰 朕謬以眇躬 紹御三韓 萬機至廣 不能視聽 刑政不中 節候不調 三四年間 田穀凶荒 人民飢病 宵旰憂勞 未嘗暫已 況 又乾文變怪 無日不見 夏月以來 凄風雨雹 此乃涼德所致 恐懼增深 意欲推恩 上答天譴 下慰民心 召集和氣 以報平安"(『高麗史』卷13, 睿宗 5年 6月 丙子) ; "簽書樞密院事金黃元卒 … 後出爲京山府使 有惠政 … 及王卽位 以中書舍人 奉使于遼 道見北鄙大饑 人相食 馳驛上書 請發倉 賑之 及還 百姓見之曰 此活我相公也"(『高麗史節要』卷8, 睿宗 12年 8月)

100)『高麗史』卷12, 睿宗 卽位年 12月 丙申

101) 12세기 사회변화의 양상과 그 의미에 대해서는 다음의 논고 참조. 朴宗基, 1990,「12, 13세기 農民抗爭의 原因에 대한 考察」『東方學志』69 ; 蔡雄錫, 1990,「12, 13세기 향촌사회의 변동과 '민'의 대응」『역사와 현실』3.

102)『高麗史』卷13, 睿宗 元年 4月 庚寅

103)『高麗史』卷78, 食貨志 1 田制 租稅 睿宗 3年 2月

104)『高麗史』卷78, 食貨志 1 田制 貢賦 睿宗 3年 2月

105) "判 三年以上陳田墾耕所收 兩年全給佃戶 第三年則與田主分半 二年陳田 四

려106) 등의 조처가 내려지고 있었던 점이 주목된다. 이러한 조처들은 대체
로 사회변화에 따라 발생된 문제점들에 대응하여 취해진 국가의 시책이라
는 공통점을 지니고 있었다.107)

또 이를 위해 특히 地方官의 책임과 역할이 점차 중요하게 부각되어 나
타나고 있었다는 점도 주목된다. 이러한 점은 이 시기에 여러 가지 면에서
農業技術의 발달이 진전되는 모습이 엿보이고,108) 그 과정에서 地方官의
勸農 활동이 크게 작용하고 있었다는 사실과도 연관지어 고찰해 볼 필요가
있다. 地方官의 勸農 業務에 대해서는 비교적 이른 시기부터 강조되어 왔던
것이지만,109) 12세기 이래 주목되는 것은 地方官 주도로 水利施設이 조성
되는 등 이들에 의해 농업생산활동의 개선을 위한 독자적인 활동이 점차 활
발하게 나타나기 시작한다는 점이다. 예를 들어, 숙종~예종대에 관직을 역
임한 張文緯의 경우110) 지방관으로 樹州에 부임하고 있던 시절, 泉濕한 그
지역의 사정을 감안하여 掘地하여 하천수 범람을 방지하는 등 수리시설의
개선을 위한 조처를 취하여 효과를 거두고 있었다.111)

分爲率 一分田主 三分佃戶 一年陳田 三分爲率 一分田主 二分佃戶"(『高麗史』
卷78, 食貨志 1 田制 租稅 睿宗 6年 8月) ; "行西京 … 沿路田地 有不墾者
必召守令 責之"(『高麗史』卷14, 睿宗 11年 3月)

106) "制 近來州縣官 祇以宮院朝家田 令人耕種 其軍人田 雖膏腴之壤 不用心勸稼
亦不令養戶輸粮 因此 軍人飢寒逃散 自今先以軍人田 各定佃戶 勸稼輸粮之事
所司委曲奏裁"(『高麗史』卷79, 食貨志 2 農桑 睿宗 3年 2月)

107) 이에 대해서는 본서의 <제2부> 제3장 2절 참조.

108) 12세기 농업기술의 발달에 대해서는, 본서의 <제2부> 서론 1절 2) 항목 참조.

109) 『高麗史』卷79, 食貨志 2 農桑 成宗 5年 5月

110) 張文緯의 관직 활동 시기에 대해서는, 숙종대에 內侍를 역임한 것으로 보기도
하는데(鄭修芽, 1988, 「尹瓘勢力의 形成－尹瓘의 女眞征伐과 관련한 몇 가지
問題의 檢討를 중심으로－」『震檀學報』66, 12쪽), 묘지명상 그가 掖庭內謁
者로 재직하고 있던 시기는 예종대인 것으로 나타난다. 이에 대해서는 서성호,
1993, 「숙종대 정국의 추이와 정치세력」『역사와 현실』9, 31쪽 참조.

111) "授試閣門祇候知樹州 時州民飢荒 公省力役 使民服公 田不闢者 斬菱苑播 厥
穀連歲大攘 以充賦貢 又州之東郊 厥土泉濕 江水或決 農失歲功 公乃掘地二
千五百許步 以等水行 民不受其害矣"(『韓國金石文追補』張文緯墓誌銘)

仁宗代 역시 다수의 자연재해가 발생한 시기였는데, 특히 仁宗 5~6년에
는 질병과 기근이 발생하는 등 피해가 심했던 것으로 나타난다.[112] 이 시기
역시 5년과 6년에 각각 勸農의 내용이 포함된 교서가 내려지고 있었다.[113]
아울러 인종 23년에는 地品이 낮아 농경지로 사용하기 힘든 토지에 桑·栗·
漆·楮를 심도록 하는 조처를 취하고 있었다.[114] 농경지의 활용도를 높여 일
종의 '영농 다각화'를 도모하는, 이전과 달리 권농의 내용이 보다 진전되어
나타나는 모습이라고 여겨진다.

이처럼 자연재해가 이전 시기에 비해 증가하고 있던 睿宗代와 仁宗代의
경우, 다른 시기와 마찬가지로 이를 극복하기 위해 勸農政策이 실시되고 있
었지만, 또 한편으로는 이전과 달리 農業技術의 발달 혹은 권농정책의 내용
이 보다 진전되어 나가는 모습이 점차 엿보이는 등 새로운 양상도 나타나고

112) 『高麗史』 卷80, 食貨志 3 賑恤 水旱疫癘賑貸之制 仁宗 5年 3月 ; 仁宗 6年.
   仁宗 5~6년의 질병과 기근은 이에 앞서 발생한 旱災·水災·風災·雪災·雨雹
   등 잦은 자연재해 때문이었던 것으로 여겨진다.

〈표A-15〉 仁宗 즉위~4년의 자연재해

자연재해	연월일
旱災	원년 5월 갑자·기사·정사, 3년 4월 무진·정축, 3년 5월 정축, 3년 6월 을사, 4년 5월 병인
水災	2년 7월 기해
風災	원년 10월 임오, 2년 3월 병인, 2년 윤3월 임진, 2년 8월 기미·무오·신유
雪災	2년 9월 을유, 3년 2월 을사
雨雹	4년 5월 을해

113) "詔曰 … 一 勸農力田 以給民食 一 務儲官穀 以待救民 一 取民有制 常租調
   外 毋得橫斂 一 撫民安土 無使逃流 一 濟危鋪·大悲院 厚畜積 以救疾病 一
   無以官庫陳穀 抑配貧民 强取其息 又無以陳朽之穀 强民春米 一 山澤之利 與
   民共之 毋得侵车"(『高麗史』 卷15, 仁宗 5年 12月 戊午) ; "詔曰 勸農桑 足衣
   食 聖王之所急務也 今守令多以聚斂爲利 鮮有勤儉撫民 倉庾空虛 黎庶窮匱
   加之以力役 民無所措手足 起而相聚 爲盜賊 甚非富國安民之意 其令州郡 停
   無用之事 罷不急之務 蹐民安富 副朕憂勤"(『高麗史』 卷79, 食貨志 2 農桑 仁
   宗 6年 3月)
114) "輸養都監奏 令諸道州縣 地品不成田畝 桑栗漆楮 隨地之性 勸課栽植 從之"
   (『高麗史』 卷79, 食貨志 2 農桑 仁宗 23年 5月)

있었다는 점이 주목된다. 12세기의 경우처럼 자연재해의 발생 빈도가 높아
질수록 이를 극복하려는 인간의 노력이 또한 증가되어 나타나고 있었음을
살펴볼 수 있게 해주는 것이라고 생각된다.

이러한 점은 명종대의 권농정책을 통해서도 살펴볼 수 있다.

명종대의 경우 무신정권 초창기의 변란 이외에 대체로 12세경부터 시작
된 大土地兼併 현상, 지방 在地勢力의 동요, 農民抗爭 등 사회변화 현상이
나타나고 있었다.[115] 여기에 한재, 수재, 충재 등 자연재해까지 겹쳐 일어나
면서 피해가 가중되고 있었다. 자연재해 발생시 祈雨祭·寬刑·賑恤 등의 조
처와 함께 勸農과 관련한 교서가 내려지곤 했다. 대부분 자연재해가 직접
원인이 되어 내려진 것이었지만, 경우에 따라서는 사회변화에 대처하여 취
한 조처의 성격을 지닌 것도 있었다.

즉 명종 3년(1173) 조정에서는 宰樞로 하여금 기우제를 올리게 하는 한편
그 비용을 文武 3品으로부터 祿을 거둬 충당케 하였는데,[116] 이것은 이 해
에 한재로 기근이 들어 人肉을 팔 정도로 피해가 심했기 때문이었다.[117] 16
년(1186) 東北面에 수재로 1,000여명이 사망하는 대규모 피해가 발생하였
고,[118] 이로부터 3일후 교서를 내려 민생안정을 위해 地方官의 탐학을 단속
하도록 지시하였다.[119] 18년에는 한재[120]에 이어 특히 여름철에 동북면의
여러 지역이 수재의 큰 피해를 입어, 구제기관으로 食接濟를 설치하였
다.[121] 19년과 21년에 한재·수재·충재·지진 등이 발생한데 이어,[122] 23년

---

115) 박종기, 1990, 앞의 논문 ; 박종진, 1995, 「고려무인집권기의 토지지배와 경제
    시책」『역사와 현실』17 ; 申安湜, 1997, 「高麗 明宗代 地方社會의 動向」『建
    大史學』9.
116) 『高麗史』卷19, 明宗 3年 4月 庚辰·戊子 ; 5月 甲辰
117) 『高麗史』卷19, 明宗 3年 4月 丙子
118) 『高麗史』卷53, 五行志 1 五行一曰水 明宗 16年 閏7月 壬子
119) "制曰 民惟邦本 本固邦寧 比來守令 刻剝其民 無所畏忌 人不堪苦 流離日多
    予甚悼焉 惟爾有司 痛懲貪吏 以戒後來 如有誅求於民 招受賄賂者 所受雖微
    皆從重論"(『高麗史』卷20, 明宗 16年 閏7月 乙卯)
120) 『高麗史』卷20, 明宗 18年 5月 癸卯
121) 『高麗史』卷80, 食貨志 3 賑恤 水旱疫癘賑貸之制 明宗 18年 8月

에 慶尙道·全羅道·楊廣道와 京城에서 기근이 발생하자 창고를 열어 진휼하였다.123) 24~26년 연이은 한재가 발생한 가운데 26년 기근이 발생하자, 25년에 권농 교서를 내려 鄕吏의 업무를 단속하여 농사에 방해되는 일이 없도록 지시를 내리는 한편124) 26년 역시 교서를 내려 흉년·기근·한재와 같은 天譴에 대한 조처로 관형을 베풀었다.125)

앞서 필자는 자연재해 발생이 빈번해 질수록 권농정책의 내용이 보다 진전되어 나타나는 모습이 엿보인다고 고찰한 바 있다. 이러한 점은 이처럼 재해 발생이 빈번했던 明宗代에서도 살펴볼 수 있는데, 이와 관련해 특히 명종 18년의 勸農 조처가 주목된다. 즉 교서를 내려 堤堰의 수축과 貯水의 중요성을 강조하고, 뽕나무·유실수 등을 심어 이익을 도모하도록 지시하고 있었다.126) 이러한 勸農 조처는 당시 사회의 변화에 대한 대책으로서 의미를 가진 것이었지만,127) 한편으로 이것이 앞서 한재·수재로 커다란 피해를 경험한 직후에 나온 것이란 점을 감안한다면 自然災害에 대한 대응과도 밀접한 관련이 있었다고 여겨진다. 민생안정을 도모하는 교서는 자연재해로

---

122) 『高麗史』 卷54, 五行志 2 五行四曰金 明宗 19年 閏5月 丙寅 ; 卷20, 明宗 19年 閏5月 辛未·癸酉·丁丑 ; 明宗 21年 7月 己酉·8月 ; 卷54, 五行志 2 五行四曰金 明宗 21年 8月 ; 卷55, 五行志 3 五行五曰土 明宗 21年 8月

123) 『高麗史』 卷80, 食貨志 3 賑恤 水旱疫癘賑貸之制 明宗 23年 3月·9月

124) "詔曰 比年旱災 禾稼不稔 而民不足食 吏猶徇私 戶歛尤繁 或以不急發郵 所至侵擾 又勢家 日益侵民 妨農害穀 朕甚憂之 自今諸道使臣等 察吏臧否 問民疾苦 具狀以聞 脫有不勤 則有司存"(『高麗史』 卷20, 明宗 25年 3月 癸巳)

125) "詔曰 盖聞君道得 則風雨時 否則反是 近者歲不登稔 飢饉荐臻 今又久旱 朕甚懼焉 庶幾除苛政 恤冤枉 以荅天譴 惟爾有司 体朕此意 凡繫囚罪 非殊死 悉原之"(『高麗史』 卷20, 明宗 26年 3月 己丑)

126) "下制 以時勸農 務修堤堰 貯水流潤 無令荒耗 以給民食 亦以桑苗 隨節栽植 至於漆楮栗栢梨棗菓木 各當其時 栽以興利"(『高麗史』 卷79, 食貨志 2 農桑 明宗 18年 3月)

127) 명종 18년 3월에는 勸農 조처 이외에도 土地兼倂으로 인한 농민의 流亡, 고리대에 의한 農地의 침탈, 지방관의 과다한 科斂 징렴, 倉穀 관리 부실로 인한 失農 등 농민층의 피해를 지적하면서 이에 대한 개선을 지시하는 교서들이 내려졌다. 명종 18년 3월 교서의 내용과 성격에 대해서는, 박종기, 1990, 앞의 논문, 142~146쪽 및 본서의 <제2부> 제3장 2절 참조.

인한 피해로 더욱 곤궁해진 민생에 대한 조처였을 가능성이 있다. 명종 25년 권농 교서를 내려 鄕吏의 업무를 단속하여 농사에 방해되는 일이 없도록 지시를 내리고 있었던 것[128] 또한 한재의 피해상황[129] 속에 나온 것임과 동시에 지방사회에서의 향리 단속과 같은 사회변화에 대한 대응책에서 나온 조처라 볼 수 있겠다.

이어서 고종대의 경우를 살펴보면 이 시기에는 거란·몽골 등 외적의 침입으로 농업생산활동에 입은 피해도 컸지만, 여기에 자연재해가 겹쳐 상황을 더욱 악화시킨 측면이 있었다. 고종 11의 수재로 이듬해 12년에 흉년이 들어 유망민이 발생한데다가[130] 13년에도 기근이 발생하자 賑恤·租稅 감면·營作 중지 등의 조처를 취하였다.[131] 이후 피해가 가중되는 상황을 맞이하게 되는데, 이는 고종 16~19 연이은 한재로 피해를 입었을 뿐만 아니라 몽고 등 외적의 침입이 겹쳐 일어났기 때문이었다.

고종 16년 4~5월의 한재로[132] 그해 12월에 崔瑀의 건의에 따라 年末에 踏驗損實할 정도로 농작물 수확에 피해가 발생하였다.[133] 이러한 상황은 이듬해에도 영향을 미쳐 고종 17년 정월에 대규모 기근이 발생함에 따라[134] 윤2월에는 太倉의 곡식으로 진휼하기도 하였다.[135] 이처럼 곤경에 처한 고려의 처지에서 곧 이어진 몽고와의 전쟁은 피해를 더욱 가중시켰다.

---

128) 『高麗史』 卷20, 明宗 25年 3月 癸巳
129) 명종 25년 권농 교서가 내려진 배경으로 한재의 발생 상황은 그 전해인 명종 24년 다음의 사료를 통해 살펴볼 수 있다. "諫官奏 旱暵日久 亦由祈禱未早 請治太史之罪 王曰 咎在寡人 太史何罪 勿問"(『高麗史』 卷20, 明宗 24年 6月 庚寅) ; "太史奏 … 今旱魃爲灾 乾文屢變 請依舊制 側身修行 以荅天心"(『高麗史』 卷20, 明宗 24年 6月 丁酉)
130) 『高麗史』 卷80, 食貨志 3 賑恤 水旱疫癘賑貸之制 高宗 12年 3月
131) 『高麗史』 卷80, 食貨志 3 賑恤 水旱疫癘賑貸之制 高宗 13年 3月 ; 卷22, 高宗 13年 4月 己丑
132) 『高麗史』 卷22, 高宗 16年 4月 辛亥 ; 5月 甲戌·戊子·乙未
133) 『高麗史』 卷78, 食貨志 1 田制 踏驗損實 高宗 16年 12月
134) 『高麗史』 卷22, 高宗 17年 正月
135) 『高麗史』 卷80, 食貨志 3 賑恤 水旱疫癘賑貸之制 高宗 17年 閏2月

예를 들어 몽고 침입으로 인한 피해가 가장 컸던 고종 41년[136)의 경우만 살펴보더라도, 한재·수재 등이 겹쳐 발생하고 있어[137) 그 피해의 정도를 어렵지 않게 짐작해 볼 수 있다.[138) 42년 租稅 감면·賑恤·勸農使 파견 등의 조처가 내려졌는데,[139) 이것은 무엇보다 전쟁으로 인한 피해에 말미암은 것이었겠지만, 자연재해가 더욱 상황을 악화시켰던 때문이라고 여겨진다.

3) 고려후기

그러면 몽고와의 終戰 이후 자연재해로부터의 피해에 대응하여 권농정책은 어떤 방향으로 추진되고 있었던 것일까.

앞서 살펴보았듯이 충렬왕 초기·중기(5~13년·14~17년)의 경우, 旱災가 무려 12년이라는, 고려시대 가운데서도 가장 장기간 지속되고 그 와중에 수재로 인한 피해도 발생하고 있었다. 뿐만 아니라 이 시기에는 虫災[140)·霜災[141)·風災[142) 등 또한 발생하여 피해가 더욱 가중되었고, 그 결과 충렬왕 3년부터 기근·질병·전염병이 발생하였다.

---

136) "是歲 蒙兵所虜男女 無慮二十萬六千八百餘人 殺戮者 不可勝計 所經州郡 皆爲煨燼 自有蒙兵之亂 未有甚於此時也"(『高麗史』卷24, 高宗 41年) ; "合祀山川神祇曰 … 今年荐加大兵 蠧我腹心 父子不相恤 妻子不相保 餓莩相望 國勢岌岌"(『高麗史節要』卷17, 高宗 41年 12月)

137)『高麗史』卷24, 高宗 41年 4月 ; 卷54, 五行志 2 五行三曰木 高宗 41年 7月 乙巳

138) 高宗 41年 전쟁과 자연재해로 피해가 컸던 상황은, 전쟁으로 사망자·포로가 속출하는 가운데 災害까지 겹쳐 더욱 어렵게 되었다는 다음의 글을 통해서도 잘 살펴볼 수 있다. "命宰臣 祈告太廟曰 … 死者暴形骸 生者爲奴虜 父子不相聊 妻孥不相保 加以比日已來 乾文示變"(『高麗史節要』卷17, 高宗 41年 10月)

139)『高麗史』卷80, 食貨志 3 賑恤 水旱疫癘賑貸之制 高宗 42年 3月 ; 災免之制 高宗 42年 3月 ; 卷24, 高宗 42年 4月 ; 卷79, 食貨志 2 農桑 高宗 42年 5月 甲寅

140)『高麗史』卷54, 五行志 2 五行四曰金 忠烈王 6年 3月

141)『高麗史』卷29, 忠烈王 6年 4月 癸未·甲申

142)『高麗史』卷55, 五行志 3 五行五曰土 忠烈王 6年 8月

〈표A-16〉忠烈王 3~18년의 飢饉·疾病·傳染病

연월일	내용	지역	사료	전거
忠烈王 3年 3月 乙卯	기근	耽羅	耽羅大饑 民有闔戶而死者 遣崔碩 巡視	史28, 史55(土)
忠烈王 3年 11月 甲寅	흉년, 기근	慶尙道	以慶尙道饑 減租稅(史28), 以慶尙道禾穀不稔 減租稅(史80災免之制)	史28,史80 (災免之制)
忠烈王 5年 9月	기근		分遣計點使於諸道 初都評議使司言 太祖奠五道州郡 經野賦民 皆有恒制 近來兵饉相仍 倉儲懸罄 橫歛重於常貢 逋戶累其遺黎 是宜計戶口 更賦稅 以革姑息之弊 由是累發計點使 而未見成効 及東征之役 發民爲兵 故復有是命	史79(戶口)
忠烈王 5年 12月	전염병	慶尙道	慶尙道牛疫 屠者爛手而死	史55(土)
忠烈王 6年 4月	기근	全羅道, 慶尙道	發兵粮二萬石 賑全羅道飢民 又遣將軍金允富 如元 告糴中書省 借兵粮二萬石 賑慶尙全羅道 至秋償之	史80(水旱疫癘賑貸之制)
忠烈王 6年 4月	기근	全羅道	全羅道饑	史55(土)
忠烈王 7年	전염병		是年 自春至冬 中外疫癘大興 死者甚衆	史29
忠烈王 7年 5月	기근	京城	京城饑民 菜食無塩 限九月 蠲塩稅	史80 (災免之制)
忠烈王 8年 4月	전염병	京城	京城泥岾佛腹藏里 有盲兒 其父母俱疫死 兒獨與一白狗居 兒執狗尾出于路 人施以飯 狗不敢先舐 兒言渴 狗引至井 令飮復引還 兒曰 我失父母 賴狗以活 觀者憐之 號爲義犬	史29
忠烈王 12年 5月 丁丑	기근		王獵于西海道 宰相伏閤諫曰 不麛不卵 聖人之訓 又値久旱 飢饉荐臻 實非行樂之時 且農事方殷 民皆歸於南畝 車駕一出 恐妨耘耔 伏望待秋而獮 不從	史30
忠烈王 13年 2月	기근	東界	賑東界飢民	史80(水旱疫癘賑貸之制)
忠烈王 13年 3月	기근	全羅道	全羅道饑 發倉賑之(史80), 全羅道饑 人或有食其子者(史55土)	史80(水旱疫癘賑貸之制), 史55(土)
忠烈王 18年 正月	기근	忠淸道, 西海道	敎曰 忠淸西海二道 民失農業 不止於飢 至於穀種 不會收蓄 難以播種 其以監察史金祥·郞將金良粹 爲二道勸農使 貿易穀種均給	史79(農桑)

忠烈王 18年 4月 丁丑	기근		將軍金延壽 還自元言 世子已於今月四日 上道還國 且以世子言白王曰 聞歲歉民飢 車駕所幸 供億不貲 願上毋出迎境上 況父不可爲子屈也 其宮僚應出迎者 毋得過西普通 王怒曰 世子言不當如是	史30
忠烈王 18年 5月 丁巳	기근		世子設漿街市 施餓者三日	史30
忠烈王 18年 閏6月 辛卯	기근		以天譴民飢 宥二罪以下	史30
忠烈王 18年 7月	기근	全羅道, 忠清道	以全羅忠清道民飢 除朝覲盤纏	史80 (災免之制)

이 시기에 중앙정부에서는 祈雨祭[143]·消災道場[144]·寬刑[145]·放役徒[146]·禁扇笠[147]·不賜花[148]·徙市[149]·求言[150] 등을 거행하였다. 이외에 賑恤[151]·歸農[152] 등의 조처를 취하고, 流亡民의 安着을 도모하는 한편,[153] 기근으로 먹을 것 없어 菜食만 하는 백성들에게 소금을 공급해 주기 위해 기한을 정해 鹽稅를 면제해 주기도 하였다.[154]

그러나 이처럼 무려 12년간 장기간 한재가 지속된 데다가 여타 재해까지 겹쳐 발생하면서 중앙정부로서는 거의 속수무책에 가까운 상황에 이르렀던

---

143) 『高麗史』 卷54, 五行志 2 五行四曰金 忠烈王 10年 5月 丁丑

144) 『高麗史』 卷29, 忠烈王 10年 閏5月 辛巳

145) 『高麗史』 卷29, 忠烈王 5年 4月 乙巳 ; 8年 5月 庚申 ; 11年 3月 己丑

146) 『高麗史』 卷29, 忠烈王 5年 5月 庚午

147) 『高麗史』 卷29, 忠烈王 6年 4月 癸巳 ; 7年 5月 戊申 ; 8年 4月 己酉 ; 卷30, 忠烈王 11年 4月 己未

148) "賜李伯琪等及第 以旱 不賜花"(『高麗史』 卷29, 忠烈王 6年 4月 乙未)

149) 『高麗史』 卷29, 忠烈王 6年 4月 乙未 ; 卷54, 五行志 2 五行四曰金 忠烈王 8年 4月 己酉 ; 10年 5月 癸亥 ; 11年 4月 己未

150) "以旱 命宰樞 各言時政得失"(『高麗史』 卷29, 忠烈王 9年 5月 辛酉)

151) 『高麗史』 卷80, 食貨志 3 賑恤 水旱疫癘賑貸之制 忠烈王 6年 4月 ; 卷29, 忠烈王 9年 3月 戊午

152) 『高麗史』 卷29, 忠烈王 9年 4月 戊子

153) 『高麗史』 卷30, 忠烈王 11年 3月 辛卯

154) 『高麗史』 卷80, 食貨志 3 賑恤 災免之制 忠烈王 7年 5月

것으로 보인다. 元으로부터 救恤米로 이른바 江南米가 고려에 공급된 것도
이 시기였지만, 이 역시 효과를 기대하기는 어려웠다. 江南米는 충렬왕 17년
과 18년 두 차례에 걸쳐 각각 10萬石이 고려에 보내졌지만,[155] 1차의 경우
분배과정에 문제가 있었고 2차의 경우 운송도중 풍랑으로 대부분 소실된 채
겨우 4,200石이 고려에 도착했다. 그 후 충렬왕 20년에는 그나마 고려에 남
아 있던 강남미 가운데 5萬石이 遼瀋 지역의 기근을 구휼하기 위해 보내지
게 되는 등[156] 고려로서는 그것이 제대로 구휼의 효과를 거두기 힘들었다.

더군다나 이 시기에 파견된 勸農使의 활동을 통해서도 잘 살펴볼 수 있듯
이, 이것이 본래 자연재해로 인한 농가의 피해를 극복하기 위해 파견된 것이
었겠지만,[157] 실제로는 이들에 의한 과중한 취렴으로 백성의 피해가 야기되
는 등[158] 오히려 역효과가 나타나고 있었다. 또한 이 시기 元으로부터 日本遠
征을 위한 군량미 부담을 요구받고 있었는데,[159] 이러한 부담 역시 당시 자연

---

155) 『高麗史』 卷80, 食貨志 3 賑恤 水旱疫癘賑貸之制 忠烈王 17年 6月 ; 18年
閏6月 ; 卷30, 忠烈王 18年 閏6月 辛卯. 한편 『元高麗紀事』에는 충렬왕 17년
10월에 기근 때문에 米 20萬斛을 보내온 것으로 되어 있다. "以其國饑 給以米
二十萬斛"(『元高麗紀事』世祖 至元 28年[忠烈王 17年] 10月; 여원관계사연구
팀 편, 2007, 『譯註 元高麗紀事』, 선인, 246~247쪽)
『元高麗紀事』의 사료적 가치에 대해서는, 김보광, 2007, 「高麗·몽골(元) 관계
연구에서 『元高麗紀事』의 활용과 가치」, 『韓國史學報』 29 참조.

156) 『高麗史』 卷31, 忠烈王 20年 12月 庚寅

157) "敎曰 忠淸西海二道 民失農業 不止於飢 至於穀種 不曾收蓄 難以播種 其以監
察史金祥 郎將金良粹 爲二道勸農使 貿易穀種均給"(『高麗史』 卷79, 食貨志 2
農桑 忠烈王 18年 正月)

158) "世子以各道勸農使聚斂爲事 傷民害財 白王 罷之 以按廉使兼其任"(『高麗史節
要』 卷21, 忠烈王 14年 8月) ; "時王別置御庫 名曰內房庫 使黃門一人掌之 分
遣朝臣于各道 稱爲勸農使 擇公私良田 聚民耕種 除其貢賦 又牒郡縣 戶斂銀
紵皮幣油蜜 至於竹木花果 悉皆徵納 輸之內庫 勸農使纔得六品 而往者不數年
間 超拜大官 或登樞府 由是爲勸農使者 爭以掊克聚斂爲事 郡縣日益凋弊"(『高
麗史』 卷79, 食貨志 2 科斂 忠烈王 15年 3月)

159) 元의 일본정벌 시도는 충렬왕 즉위년(1274)과 7년(1281) 두차례의 실패
이후에도 충렬왕 20년까지 지속되었고, 이에 소요되는 제반 부담을 고
려에 요구하였다. 한재로 인한 기근이 심했던 충렬왕 6년에도 고려가

재해로 인한 피해를 복구하는데 큰 지장을 초래하고 있었다. 이러한 사정은 이 시기 농민들의 과중한 부세 부담을 조정하기 위해 計點使의 파견을 시도하였지만, 제대로 효과를 거두지 못하고, 그것이 오히려 일본 정벌로 인해 군인 징발의 수단으로 성격이 변질된 사례를 통해서도 잘 살펴볼 수 있다.[160]

忠穆王 즉위년에는 元에서 高麗에 대해 勸農을 독려하는 경우도 있었다.[161] 원간섭기 고려 국왕에 대한 원의 영향력 행사로 해석할 수 있지만, 이 시기가 연속된 한재로 피해가 발생하고 있던 와중이었음을 감안한다면 勸農의 한 사례로서 원간섭기 속에서 나타난 특이한 사례로 볼 수도 있을 것이다.

한편 충목왕 4년에는 賑濟都監을 설치하고 그 경비를 常膳을 줄여 충당하도록 지시하였고, 有備倉의 米 500석을 진제도감에 내려 굶주린 사람들에게 粥을 공급하였다.[162] 또 宰樞 또한 太史府庫·義成倉·德泉倉·內府常萬庫 등 창고의 米·黃豆·布를 내어 賑濟色에 공급할 것을 논의하였다.[163] 아울러 상대적으로 피해정도가 덜한 지역의 漕運米를 피해지역으로 보내 진휼하기도 하였다.[164] 이러한 일련의 조처들은 이에 앞서 연이은 한재 등으로 대기근과 전염병의 피해가 발생한 데[165] 따른 대응책으로 마련된 것이었다. 이 시기에 征東行省에서 '入粟補官' 실시를 제안했을 때도, 당시 발생한 자연재해로 흉

부담한 군량미가 漢石으로 계산할 때 11萬石에 달했다(『高麗史』 卷29, 忠烈王 6年 11月 己酉).

160) "分遣計點使於諸道 初都評議使司言 太祖奠五道州郡 經野賦民 皆有恒制 近來兵饉相仍 倉儲懸罄 橫歛重於常貢 逋戶累其遺黎 是宜計戶口 更賦稅 以革姑息之弊 由是累發計點使 而未見成效 及東征之役 發民爲兵 故復有是命"(『高麗史』 卷79, 食貨志 2 戶口 忠烈王 5年 9月)

161) "元遣桑哥來 頒詔曰 … 其寶塔實里所行虐政 並從釐革 人民逃避山林 亟令有司 剋日招撫 勸農興學"(『高麗史』 卷37, 忠穆王 卽位年 4月 丙戌)

162) 『高麗史』 卷80, 食貨志 3 賑恤 水旱疫癘賑貸之制 忠穆王 4年 2月

163) 『高麗史』 卷80, 食貨志 3 賑恤 水旱疫癘賑貸之制 忠穆王 4年 3月

164) 『高麗史』 卷80, 食貨志 3 賑恤 水旱疫癘賑貸之制 忠穆王 4年 4月

165) 충목왕 4년의 대기근과 전염병 발생은 특히 그 전해까지의 旱災, 水災, 霜災 등에 기인한 것이었다. 이에 대해서는 앞의 <표A-3> 및 『高麗史』 卷80, 食貨志 3 賑恤 水旱疫癘賑貸之制 忠穆王 4年 3月 ; 卷37, 忠穆王 4年 4月 기사 참조.

년이 들어 고통 받고 있는 기민을 진휼한다는 명분을 내세우고 있었다.166)

恭愍王代의 경우 자연재해는 물론 왜구·홍건적의 침입 등 내우외환으로 농업생산활동에 크게 지장을 받는 일이 많았고, 이에 따른 기근·질병·전염병의 발생 또한 자주 있었다. 이러한 상황은 이전부터 진행되고 있던 권세가에 의한 土地奪占167) 등으로 고통 받고 있던 농민층의 처지를 더욱 곤궁하게 만들었다.

공민왕 3년 왜구의 피해168)를 입은 데다가 旱災169)와 異常低溫 기후170)로 농작물의 피해가 컸던 것으로 여겨진다. 이에 따라 飢饉이 발생하고 米價가 등귀하자,171) 기우제·禁酒·減常膳·巷市 등의 조처를 취하는 한편172) 有備倉의 곡식을 減價하여 백성들에게 공급하고, 賑濟色을 설치하고, 유비창의 쌀 500석을 내어 飢民에게 미음과 粥으로 제공하였다.173)

공민왕 6~13년은 한재로 연속하여 기근이 들었던 데다가 이전부터의 왜구 이외에 홍건적의 침입까지 있게 되면서 상황이 극도로 악화되었던 시기였다.

---

166) 『高麗史』 卷80, 賑恤 納粟補官之制 忠穆王 4年 2月

167) 『高麗史』 卷39, 恭愍王 5年 7月 戊申 ; 6年 8月 癸卯

168) 『高麗史』 卷38, 恭愍王 3年 4月 己酉

169) 특히 공민왕 3년 5월에 한재가 심했는데, 이것은 며칠 간격으로 계속된 기우 행사가 이어지고 있었던 사실을 통해 잘 알 수 있다. 이를 살펴보기 위해 [ ]에 날짜를 병기하였다.
"以旱 禁酒減膳"(『高麗史』 卷38, 恭愍王 3年 5月 辛未[9日]) ; "聚巫禱雨"(『高麗史』 卷54, 五行志 2 五行四曰金 恭愍王 3年 5月 丙子[14日]) ; "設雲雨道場于康安殿 又禱于群望佛宇"(『高麗史』 卷38, 恭愍王 3年 5月 丁丑[15日]) ; "雩"(『高麗史』 卷38, 恭愍王 3年 5月 庚辰[18日]) ; "巷市"(『高麗史』 卷38, 恭愍王 3年 5月 辛巳[19日]) ; "祈雨於白蓮堂"(『高麗史』 卷54, 五行志 2 五行四曰金 恭愍王 3年 5月 壬午[20日]) ; "再雩"(『高麗史』 卷38, 恭愍王 3年 5月 丁亥[25日])

170) "自五月 至六月 氣候如秋"(『高麗史』 卷53, 五行志 1 五行一曰水 恭愍王 3年)

171) "饑 布一匹 直米斗三升"(『高麗史』 卷55, 五行志 3 五行五曰土 恭愍王 3年 6月) ; "以年饑 … 時米貴 二斗直布匹"(『高麗史』 卷38, 恭愍王 3年 6月 甲午)

172) 앞의 주 169) 참조.

173) 『高麗史』 卷80, 食貨志 3 賑恤 水旱疫癘賑貸之制 恭愍王 3年 6月

〈표A-17〉恭愍王 6~13년의 飢饉[174]

연도	연월일	지역	사료	전거
1357	恭愍王 6年 10月 庚子	東北面	東北面大飢	史39, 史55(土)
1358	恭愍王 7年 4月	東北面	東北面饑	史55(土)
1358	恭愍王 7年 5月	交州道, 江陵道	交州江陵道饑	史55(土)
1359	恭愍王 8年		是歲 大饑	史39, 史55(土)
1360	恭愍王 9年 4月		除各道塩稅(史79塩法), 敎曰 今玆百姓 勞於兵革 困於飢饉 其除各道塩稅(史80災免之制)	史79(塩法), 史80(災免之制)
1360	恭愍王 9年 4月 丙戌		敎曰 今玆百姓 勞於兵革 困於飢饉 予甚憫焉 而又獄囚久 在縲紲 或有冤抑 以傷和氣 其宥二罪以下	史39
1360	恭愍王 9年 4月 丙戌	慶尙道, 全羅道	慶尙全羅道大飢 民多餓死(史39), 慶尙全羅道饑 死者過半 棄道路者 不可勝數(史55土)	史39, 史55(土)
1360	恭愍王 9年 6月	京城	京城饑 布一匹 纔直米五升	史55(土)
1360	恭愍王 9年 6月 丁亥	京城	京城饑(史39), 京城饑 大布一匹 纔直米五升 王發廩二千石 令民納大布一匹 受米一斗(史80水旱疫癘賑貸之制)	史39, 史80 (水旱疫癘賑貸之制)
1361	恭愍王 10年 2月 辛卯		敎曰 … 干戈迭興 灾異屢見 予爲此懼 用道詵言 于胥斯原 盖將續大命于無窮也 … 近因 兵荒 民不聊生 又遼藩流民 歸化者衆 並令牧司 優加賑恤	史39
1361	恭愍王 10年 3月	龍州	龍州饑 人相食 發倉賑之	史55(土), 史80 (水旱疫癘賑貸之制)
1361	恭愍王 10年 4月	西北面	西北面大饑 盜賊蜂起	史55(土)
1361	恭愍王 10年 5月 甲戌		都僉議使司啓曰 年凶 餓莩甚多 無以賑活 良人不能自食者 令富人食而役止其身 人有奴婢而不能養 令食之者 永以爲奴婢 王惡其認民爲隷 焚其書	史39
1362	恭愍王 11年 4月	京畿	京畿饑	史55(土)
1364	恭愍王 13年 3月		饑	史55(土)
1364	恭愍王 13年 3月 戊辰		以年饑 禁酒	史40

174) 공민왕 6~13년의 기간 중 유일하게 12년의 기근 사료를 발견할 수 없지만, 이때 홍건적의 2차 침입이 있었음을 감안한다면 기록의 누락이라고 보아야 할 것이다.

공민왕 6년 왜구의 피해로 녹봉 지급시 차질이 생길 정도로 재정상 곤경에 처했던 것은 물론175) 東北面에 대기근이 발생하였고,176) 겨울철 異常高溫 기후현상이 나타났다.177) 피해는 이듬해 7년에도 이어져 2월에 三陟縣의 民家 167戶가 소실되는 화재가 발생178)했을 뿐만 아니라 수재로 慶尙道의 농작물에 피해가 있었고,179) 1월부터 4월까지 이어진 한재180)의 피해로 또다시 동북면은 물론 5월 交州道와 江陵道에서도 기근이 들었다.181) 이러한 상황을 악화시켰던 요소 가운데 하나는 왜구의 계속된 침입이었다.182) 8년에도 楊廣道·全羅道·慶尙道에 크게 한재가 든 것을 비롯해183) 기근이 발생한 데다가184) 이해 12월 홍건적의 침입을 받아 전화에 휩싸이게 되면서185) 피해가 더욱 가중되었던 것은 두말할 필요도 없었다. 이와 같은 상황은 9~11년, 13년에도 이어져 홍건적·한재·수재186) 등의 피해가 기근으로 귀결되었다. 이로 말미암아 米價의 급등187)은 물론 심지어 기근에 시달리다 못해 '人相食'하는 극심한 지경에 이르렀고,188) 이러한 상황이 盜賊의 蜂起

175) "頒祿時 因倭寇 漕運不通 九品祿科不給"(『高麗史』卷80, 食貨志 3 祿俸 諸衙門工匠別賜 恭愍王 6年 9月)
176) 『高麗史』卷39, 恭愍王 6年 10月 更子
177) "暖如三月"(『高麗史』卷53, 五行志 1 五行二曰火 恭愍王 6年 11月 丙辰)
178) 『高麗史』卷53, 五行志 1 五行二曰火 恭愍王 7年 2月 己巳
179) 『高麗史』卷53, 五行志 1 五行一曰水 恭愍王 7年 5月
180) "敎曰 自正月 至今旱氣太甚 其於農民何"(『高麗史』卷39, 恭愍王 7年 4月 丙子)
181) 『高麗史』卷55, 五行志 3 五行五曰土 恭愍王 7年 4月·5月
182) 공민왕대와 우왕대 왜구의 피해에 대해서는 다음의 논고 참조. 신석호, 1959, 「여말 선초의 왜구와 그 대책」『국사상의 제문제』3, 107쪽 ; 羅鍾宇, 1980, 「高麗 末期의 麗·日關係-倭寇를 中心으로-」『全北史學』4, 62쪽 ; 1994, 「홍건적과 왜구」『한국사』20, 국사편찬위원회, 402~407쪽.
183) 『高麗史』卷54, 五行志 2 五行四曰金 恭愍王 8年 6月
184) 是歲 大饑(『高麗史』卷39, 恭愍王 8年)
185) 『高麗史』卷39, 恭愍王 8年 12月 丁卯·戊辰
186) "城中大水 漂沒廬舍 人多死者"(『高麗史』卷53, 五行志 1 五行一曰水 恭愍王 9年 6月 丁亥) ; "以大水 宥獄囚"(『高麗史』卷39, 恭愍王 9年 6月 丁亥)
187) "京城饑 布一匹 纔直米五升"(『高麗史』卷54, 五行志 2 五行四曰金 恭愍王 9年 6月)
188) 『高麗史』卷55, 五行志 3 五行五曰土 恭愍王 10年 3月

로까지 나타나고 있는[189] 등 피해가 심각했다. 더욱이 홍건적의 침입으로
福州에 피난한 공민왕에 대해 민심이반의 조짐까지 나타나는 등[190] 집권정
치세력의 위기감을 조성하기에 족했다.

이와 같은 내우외란 시기에 중앙정부에서는 減膳·撤樂·禁酒,[191] 寬
刑[192] 등의 조처를 비롯해 농사철 營作 금지의 명령을 내렸다.[193] 또 기근
이 발생한 지역 등에 진휼을 베풀고,[194] 鹽稅를 감면하는 조처를 취하였으
며,[195] 米價의 급등을 진정시키고 低價의 米를 공급하기 위해 減價換布를
실시하였다.[196]

아울러 특히 이 시기에는 자연재해의 피해에 대비할 수 있는 농업기술을
보급하려는 시도가 나타났고, 개혁정치를 단행하는 가운데 민생안정을 도모
하고 있기도 하였다. 이러한 노력들은 권농정책의 추진이라는 측면에서 직·
간접적으로 관련되어 있었고, 또한 그 내용상으로도 이전보다 진전된 모습
이 엿보인다는 점에서 주목된다. 예를 들어 공민왕 11년에 白文寶는 箚子를
올려 모두 8조항에 걸쳐 시정 개혁 방안을 건의하고 있었다.[197] 그 내용 중

---

189) "西北面大饑 盜賊蜂起"(『高麗史』卷55, 五行志 3 五行五曰土 恭愍王 10年 4月)

190) "王避紅賊 幸福州 乙未 幸映湖樓 乘舟遊賞 觀者如堵 或有誦識而嘆曰 忽有一
南寇 深入臥牛峯 又云 牛大吼 龍離海 淺水弄淸波 古聞其言 今見其驗"(『高麗
史』卷54, 五行志 2 五行四曰金 恭愍王 10年 11月)

191) 『高麗史』卷54, 五行志 2 五行四曰金 恭愍王 7年 4月 戊寅 ; 卷39, 恭愍王
7年 4月 ; 9年 4月 丙戌

192) 『高麗史』卷39, 恭愍王 7年 4月 丙子 ; 9年 4月 丙戌

193) 『高麗史』卷40, 恭愍王 11年 6月 丙申

194) 『高麗史』卷39, 恭愍王 7年 5月 丁未 ; 卷80, 食貨志 3 賑恤 水旱疫癘賑貸之
制 恭愍王 10年 2月·3月

195) 『高麗史』卷80, 食貨志 3 賑恤 災免之制 恭愍王 9年 4月

196) "京城饑 大布一匹 纔直米五升 王發廩二千石 令民納大布一匹 受米一斗"(『高
麗史』卷80, 食貨志 3 賑恤 水旱疫癘賑貸之制 恭愍王 9年 6月)

197) 백문보의 箚子에 대해서는 다음의 논고 참조. 閔賢九, 1987,「白文寶研究－政
治家로서의 活躍을 中心으로－」『東洋學』17, 259~260쪽 ; 李映珍, 1997,
「고려 후기 恭愍王代 白文寶의 현실인식－白文寶의 時政 8 箚子를 中心으
로－」『于松趙東杰先生停年紀念論叢 韓國史學史硏究』, 나남출판, 210~219
쪽 ; 金仁昊, 1999,「經世論의 내용과 성격」『高麗後期 士大夫의 經世論 硏

에는 대체로 土地奪占·租稅制度·借貸 등으로 고통받고 있는 일반백성을 구제하기 위한 시정 방안이 제시되고 있었지만,[198] 또한 가뭄을 대비하고 곡식 종자를 절약하는 방법으로 水車와 揷秧法의 도입을 통해 농업기술의 발달을 도모하고 있기도 하였다.[199] 또 공민왕 12년에 추진된 개혁정치의 내용에서도 당시 사회의 당면과제 해결과 관련하여 피해 농민의 안정을 도모하는 등 권농정책의 요소 또한 포함하고 있었다.

공민왕 12년 5월의 개혁교서 내용 중 民生安定과 관련된 사항을 정리해 보면 다음과 같다.

〈표A-18〉 恭愍王 12년 5월 개혁교서 내용 중 民生安定 관련 사항

내용	사료	전거
經理, 農時 준수	教曰 田法弊久 國貧民貧 仰都評議使司 當於農隙 遴選官吏 改行經理 以便公私	史78(經理)
鄕吏 비행, 倉庫 奴婢 비행 단속	下教 一 祿轉自量之令 已嘗頒示 州縣之吏 視爲文具 弊復如前 宜令本管官司 務要親臨 毋得縱吏爲奸 京倉交納 亦許外吏自量 一 諸宮司倉庫之奴 收租之弊 主典者屢以爲言 今後各道于撫按廉 照依各項田土元籍 及時收納 州縣之吏 如有容私作弊 隨數倍償 痛行理罪	史78(租稅)
鹽稅 개선	教曰 塩法之設 本以裕國便民 法久弊生 反爲民患 宜令各道于撫按廉使 取勘塩戶 見數給塩 方許納布	史79(鹽法)
借貸 부담 견면	教曰 債負無文契 元借錢人已物故者 斷自辛丑十一月以前 並不許追徵 其質當子女者 計備 令歸父母	史79(借貸)
賦稅 견면, 土地奪占 시정	下教 一 庚子年以前 諸道州縣三稅雜貢 未到官者 並免追徵 一 辛丑年以後 所沒諸家之田 悉充軍需 其所奪田土人民 悉還舊主 一 畿甸之民 因亂流離 田	史80(恩免之制)

究』, 혜안, 259~268쪽.

198) 이에 대해서는 『高麗史』卷78, 食貨志 1 田制 經理·租稅 ; 卷79, 食貨志 3 借貸의 恭愍王 11年 기사 참조.

199) "密直提學白文寶 上箚子 江淮之民 爲農而不憂水旱者 水車之力也 吾東方人治水田者 必引溝澮 不解水車之易注 故田下有渠 曾不足尋丈之深 下瞰而不敢激 是以 汚萊之田 什常八九 宜命界首官 造水車 使效工取樣 可傳於民間 此備旱墾荒第一策也 又民得兼務于下種揷秧 則亦可以備旱 不失穀種"(『高麗史』卷79, 食貨志 2 農桑 恭愍王 11年)

	野多荒 若非寬恤 何以招來 其京畿公私田租 限三年 三分減一		
鰥寡孤獨 진대	下教 鰥寡孤獨癈疾之人 在所當恤 諸人窮乏 不能自 存者 亦宜矜恤 所在官司 務加賑濟		史80(鰥寡孤 獨賑貸之制)

이는 기본적으로 이전부터 추진해 왔던 원간섭기 개혁정치의 연장선에서
이해해야할 것이겠지만,200) 그러나 한편 이것이 자연재해의 피해가 극심했
던 와중에 나타난 것이었다는 점을 감안한다면,201) 자연재해의 피해 역시
그러한 개혁정치를 추진하는데 영향을 미친 요소 가운데 하나라고 보아야
할 것이다. 이를 통해서는 앞서 여러 차례 언급했듯이 자연재해의 피해가
증가할수록 권농정책의 내용상 진전된 모습이 엿보인다는 점을 여기서도

---

200) 공민왕 12년의 개혁정치에 대해서는 다음의 논고 참조. 閔賢九, 1968,「辛旽
   의 執權과 그 政治的 性格(上)」『歷史學報』38, 61~71쪽 ; 黃乙順, 1989,
   『高麗 恭愍王代의 改革과 그 性格에 관한 연구』, 東亞大 博士學位論文,
   36~43쪽.
201) 백문보의 차자가 올려지고 개혁정치가 단행된, 공민왕 11~12년에 발생한 자
   연재해의 피해는 다음과 같다.

〈표A-19〉恭愍王 11~12년의 자연재해

연도	왕대 연월일	성격	지역	사료	전거
1362	恭愍王 11年 3月 庚寅	飢饉	京畿	發龍門倉穀一萬石 賑貸 京畿飢民	史40
1362	恭愍王 11年 4月	飢饉	京畿	京畿饑	史55(土)
1362	恭愍王 11年 8月 戊子	水災	元 岩 驛	駕次元岩驛 大雨 扈從諸 司 帳幕漂流 或有死者	史40
1362	恭愍王 11年 10月 癸未	水災, 異常高 溫氣候	淸州	大雨震電 淸州城內 水 漲 有死蛇漂出 蝸上樹 梢 氣候如夏	史53(水)
1362	恭愍王 11年 11月	異常高 溫氣候		無冰 氣暖如春 至有田 中遺豆生葉者	史53(火)
1363	恭愍王 12年 2月 甲戌	雪災	淸州	淸州大雪 平地深三尺	史53(水)
1363	恭愍王 12年 4月 庚子	旱災		朔 祈雨于毬庭	史54(金)
1363	恭愍王 12年 5月 丁丑	旱災		以旱禁酒	史40
1363	恭愍王 12年 6月 丁未	異常低 溫氣候		風氣如秋三日	史53(水)

다시 한번 더 확인해 볼 수 있을 것이다.

그 후 공민왕 말기~공양왕의 경우를 살펴보면, 우선 恭愍王 19~23년 (1370~1374)의 시기에는 장기간 수재가 발생하고 한재와 왜구 침입으로 가중된 피해를 입게 되면서, 이 사이에 寬刑·祈晴祭·營作 정지 등의 조처가 내려졌다.[202] 한편 그 와중에 공민왕 20년에는 지방관에게 勸農을 독려하는 것은 물론 租稅 견면·常平義倉制 복구·의료시설의 복구 등 대체로 민생안정을 도모하는 개혁 교서를 내리고 있었다.

〈표A-20〉 恭愍王 20년 12월 개혁교서 내용 중 民生安定 관련 사항

내용	사료	전거
地方官의 勸農 업무 강조	敎曰 農桑衣食之本 諸道巡問按廉 考其守令種桑墾田多少 具名申聞 以憑黜陟	史79
戶口 점검, 單丁 從役 금지, 兩界 地方에 糧種과 土地 지급	下敎 一 本國戶口之法 近因播遷 皆失其舊 自壬子年爲始 幷依舊制 良賤生口 分揀成籍 隨其式年 解納民部 以備叅考 一 單丁從役 自丙申已在禁限 官吏不體予意 役使如初 尤可憐憫 須給助役 毋令失業 年滿六十 免役 一 東西兩界 新附人戶 理宜安集 其令都巡問使 給糧與田 無令失業	史79(戶口)
借貸의 폐단 시정	敎曰 債負止於一本一利 貪利之徒 不畏公法 取息無已 重困吾民 仰中外官 取勘元契 果有違犯者 將本錢沒官 利錢還付 貸者貧民 或有賣子女者 計傭償直 令還父母	史79(借貸)
常平義倉制 복구	敎曰 救荒賑飢 王政所急 忠宣王嘗置有備倉 又設烟戶米法 其慮甚遠 比來名存實亡 殊失賑濟之意 其復忠宣王常平義倉之制	史80 (常平義倉)
逋欠賦稅 면제	敎曰 民惟邦本 近來軍國事繁 差發尤重 其免洪武三年以前各道逋欠賦稅	史80 (恩免之制)
鰥寡孤獨 진대	下敎 鰥寡孤獨 仁政所先 宜加矜恤	史80(鰥寡孤獨賑貸之制)
의료시설 복구	下敎 一 東西大悲院 先王本爲惠民而設 近年以來 主者不爲用心 致使貧病流離之人 無所仰給 予甚憫焉 仰都評議使司憲府 常加體察 取勘元屬田民 以瞻醫藥粥飯之資 一 醫藥活人 仁政所先 國初郡縣 皆置醫師 民無夭扎 自今守令 其訪醫人 修合藥物 以濟民命	史80(水旱疫癘賑貸之制)

---

202) 앞의 <표A-8> 참조.

그러나 이처럼 수재·한재·왜구 등 3중고에 시달리는 상황은 이후에도 계속되어, 곧이어 禑王 원년(1375)에 각종 賦稅를 감면하는 조처를 내린 것도 이 때문이었다.[203] 3년에 禁酒令을 지내고,[204] 9년에는 이로 말미암은 백성의 고통을 경감한다는 취지로 당시 대토지겸병 등으로 문란해진 토지제도의 운영을 '一田一主' 방식으로 바로잡으려는 시도도 있었다.[205] 특히 후자의 경우 자연재해로 인한 피해가 발생한 상황에서 土地制度의 운영을 정상화하려는 시도가 엿보여 주목되기도 한다.

마찬가지로 禑王 14～恭讓王 3년 장기간 수재 등 재해가 발생했을 경우에도[206] 기존처럼 기청제 등 제의를 올리거나[207] 부세를 감면하고 있는[208] 모습과 아울러 昌王 원년과 恭讓王 원년에 각각 義倉과 常平倉의 설치를 건의하는 모습을 살펴볼 수 있다.[209]

---

203) "宥旨 各道州郡 屢因倭寇 加以水旱 民生凋瘁 仰都評議司 自癸丑年(공민왕 22년, 1373: 필자)以前祿轉雜貢未收者 一皆蠲免 其沿海州郡 被害尤甚去處 甲寅年(공민왕 23년, 1374: 필자)雜貢 亦行蠲免 已納到官者 准作下年之數延祐甲寅以後加定貢物 量宜蠲除"(『高麗史』 卷80, 食貨志 3 賑恤 災免之制 禑王元年 2月)

204) 『高麗史』 卷133, 禑王 3年 3月

205) "左司議權近等上書曰 傳曰 民者邦之本也 財者民之心也 故失其心則民散 失其本則邦危 比年以來 征戰不息 水旱相仍 民有饑色 野有餓殍 加之一田三兩 其主各徵其租 以割民心 所在官司按廉察 訪不能呵禁 哀此煢獨 誰因誰極 邦本之危 莫此爲甚 臣等每念 至此深爲痛心 願自今一依本國田法 京中版圖司外方按廉使 斷決所爭 勝者收租 一田一主 使民蘇息 如有違者 痛行禁理"(『高麗史』 卷78, 食貨志 1 租稅 禑王 9年 2月)

206) 앞의 <표A-9> 참조.

207) 『高麗史』 卷54, 五行志 2 五行三曰木 恭讓王 2年 5月 乙卯·6月 丁卯

208) 『高麗史』 卷79, 食貨志 2 鹽法 恭讓王 2年 8月 ; 卷80, 食貨志 3 賑恤 災免之制 恭讓王 3年 6月

209) "楊廣道都觀察使成石璘啓 道內之民 因水旱 不得耕耨 種食俱乏 今後請於州郡 置義倉 從之"(『高麗史』 卷80, 食貨志 3 常平義倉 昌王 元年 8月) ; "大司憲趙浚等上疏曰 常平義倉之法 救荒之長策 耿壽昌義倉之奏 長孫平社倉之議 其法盖出於周官委人之職 有國家者 所當先務也 去歲盛夏興師加以倭寇 耕種愆期 收穫失候 今年又被水災 東南州郡 蕭然赤立 救荒之策 不可不慮也 國家

이와 같은 고려말기의 권농정책이 얼마나 실효를 거두었는지에 대해서는 다소 회의적이지만, 어쨌든 이것이 이 시기 재해로 인한 피해가 가중되는 상황 속에서 마련된 대비책의 일환으로 제기된 것으로서, 자연재해의 피해를 극복하기 위한 노력의 소산이었다는 점은 분명한 사실일 것이다.

이상에서 살펴보았듯이 고려후기 자연재해 발생에 대응한 권농정책은 이전 시기와 마찬가지로 피해를 복구하는 차원에서 실시되는 경우가 많았다. 피해 복구적 성격의 권농정책은 자연재해의 피해에 크게 영향을 받고 있던 당시의 농업현실을 반영하는 것이라고 볼 수 있겠다. 한편 이 시기의 경우에도 고려중기와 마찬가지로 14세기 후반기처럼 자연재해 발생이 빈번하게 나타나는 상황 속에서 농업기술의 발달 등 권농정책의 내용상 진전된 모습을 엿볼 수 있다. 또 고려후기의 사회상황과 연관되어, 개혁정치의 일환, 토지제도 문제의 시정 등과도 관련하여 권농정책이 추진되고 있는 모습을 살펴볼 수 있다. 이러한 권농정책이 실효를 거두었는지의 여부는 별도의 고찰이 필요한 문제겠지만, 어쨌든 이것은 이 시기 발생된 자연재해의 피해가 컸던데 따라, 이에 조응한 당시 사람들의 극복 노력이 그만큼 강화된 결과였던 점은 분명할 것이다.

5. 맺음말

農業生産活動은 농작물의 재배·수확이 순환하여 이뤄지는 특성상 그 再生産을 위한 여건이 마련되는 것을 전제로 하고 있다. 그러나 고려시대 농업생산활동은 예기치 않은 自然災害로 말미암아 재생산구조가 파괴되는 경우가 자주 발생하는 등 취약성을 드러내고 있었다. 따라서 국가의 입장에서도 이에 대한 관심을 가지지 않을 수 없었고, 자연재해로 인한 피해를 복

旣革私田 所至皆有蓄積 願自今郡縣 皆置常平倉 其豊凶歛散之法 一依 近日 都評議司所奏 竊聞楊廣道已置常平倉 宜令各道 依此施行 守令有不如法者 罰 之"(『高麗史』 卷80, 食貨志 3 常平義倉 恭讓王 元年 12月)

구·방지하려는 노력이 勸農政策의 차원에서 수립·실시되고 있었다.

　고려시대 農業生産活動에 피해를 주었던 대표적인 자연재해로는 旱災, 水災, 雨雹·서리, 雪災, 風災, 虫災, 雷震·雨雷, 地震·崩壞, 안개·雨土·黃霧, 飢饉·疾病·傳染病 등을 들 수 있다. 자연재해는 고려시대 全時期에 걸쳐 발생하고 있었지만, 다른 시기에 비해 11세기부터 발생 빈도가 늘기 시작해 특히 12세기 전반기·13세기 후반기·14세기 후반기에 증가의 추세가 두드러지게 나타나고 있었다. 旱災, 水災, 雨雹·서리 등 각각의 자연재해에서 그러한 모습을 잘 살펴볼 수 있는데, 한편 11세기 전반기에 자주 발생한 地震·崩壞의 경우 당시 진행된 지각 변동의 영향일 가능성도 있다고 생각된다. 고려시대 자연재해는 특히 12세기 전반기·13세기 후반기·14세기 후반기에 빈번하게 발생하고 있었던 점이 살펴지는데, 이와 같은 잦은 자연재해의 발생과 아울러 이 시기에는 氣候寒冷·異常高溫 현상 등 불규칙한 기온변화까지도 나타나, 당시로서는 農業生産活動에 많은 지장을 초래하고 있었다고 여겨진다.

　高麗時代 勸農政策이 실시됨에 있어서는 自然災害의 발생이 그 배경으로 크게 작용하고 있었다. 水災·旱災 등 잦은 자연재해의 발생은 凶作·飢饉·疾病·傳染病 등의 원인이 되었고, 국가의 입장에서는 이로 인한 農民의 피해와 營農의 정지를 복구하고 農民과 農業을 보호하기 위해 勸農政策을 실시하였다. 고려시대 권농정책은 성격상 자연재해로 인해 農民과 農村의 피해가 발생하는 상황에서 이러한 피해를 복구하여 正常的인 營農狀態로 회복하기 위한 경향이 강하였다. 한편 12세기 전반기·13세기 후반기·14세기 후반기의 경우처럼 자연재해의 발생이 빈번하고 社會變化의 양상도 점차 나타나고 있는 시기에는 地方官 주도의 水利施設 축조, 有實樹 재배 등 이전과 달리 권농정책의 내용 또한 보다 진전된 모습이 나타나기 시작한다는 점이 주목된다. 이것은 勸農政策이 사회·국가를 유지·운영해 나가는 기능뿐만 아니라, 社會變化가 진행되는 시기의 경우 그러한 사회변화에 조응하여 그 변화를 社會·國家 運營에 적응·조정시켜 나가는 기능 또한 수행하

고 있었던 점을 살펴볼 수 있게 해주는 부분이 아닌가 생각된다.

이상에서 高麗時代 自然災害의 발생 상황과 이로 인한 피해를 복구하기 위해 실시한 勸農政策의 내용에 대해 살펴보았다. 이와 같은 勸農政策이 과연 당시에 얼마만큼 실효를 거두었는지에 대해서는 앞으로 보다 깊이 있게 규명해 나가야 할 것이겠지만, 적어도 분명한 사실은 이러한 노력이 自然災害 발생에 대한 당시 사람들의 對應 노력이었다는 점일 것이고, 이러한 노력 속에 당시 社會·國家가 유지·운영되고 또 더 나아가 발전되어 나갔던 것이 아닐까 생각된다.

제2장 곡물의 종류와 생산

1. 머리말

高麗時代 사회의 토대를 이루는 산업은 農業이었다. 농업의 중요성은 우선 대다수 一般民의 생활이 농업생산물에 의존하고 있었다는 점에서 찾을 수 있겠다. 뿐만 아니라 농업생산물은 國用·祿俸·軍需 등 국가재정의 주된 원천으로서 國家·社會 運營의 필수적인 요소로 기능하고 있었다. 그러므로 고려시대 농업에 대한 연구는 당시 사회를 이해하는데 기초작업으로서 중요한 의의를 지닌다고 할 수 있다.

그러나 그동안 한국 전근대 농업에 대한 연구는 대체로 農書가 현존하는 朝鮮時代 특히 朝鮮後期에 집중되어 왔다. 고려시대 농업에 대해서는 農書의 부족 등 무엇보다 史料의 결핍으로 말미암아 연구가 제대로 이뤄지지 못한 편이다. 그나마 최근에 고려시대 耕地利用方式·農業技術·勸農政策 등을 고찰하여 고려시대 농업의 실상을 다소나마 파악해 볼 수 있게 되었다.[1]

---

[1] 기존의 고려시대 농업사 연구성과에 대해서는 다음의 논고 참조. 李炳熙, 1989, 「高麗時代 經濟制度研究의 動向과 國史教科書의 敍述」『歷史教育』44 ; 李昇漢, 1990, 「高麗時代 農業史의 研究現況」『全南史學』4 ; 안병우, 1995, 「농업생산력의 발달과 상공업」『한국역사입문』②, 풀빛 ; 권영국, 1999, 「고려시대 農業生産力 연구사 검토」『史學研究』58·59.

그러나 고려시대 농업의 실상에 대해서는 아직 불명확한 것이 많아, 기본적인 사실의 규명부터 천착이 이뤄져야 할 실정이다. 고려시대 穀物의 種類에 대한 연구 역시 이 시기의 농업생산활동을 이해하기 위해서 우선적으로 규명되어야 할 부분 가운데 하나이다. 아울러 이러한 穀物의 生産이 고려시대 사회운영과 어떠한 관련을 가지는가는 당시 사회구조를 이해하는데 기초적인 작업으로서 중요성을 지닌다고 할 수 있다.[2]

이에 본고에서는 고려시대에 재배된 穀物의 種類에 대해 고찰하는 가운데 그것이 사회운영과 어떠한 관련이 있었는지 살펴보고자 한다. 고려시대에 주로 재배되고 있던 곡물은 어떠한 것이었으며, 또 사회적으로 重要視되던 곡물은 무엇이었는지를 살펴보도록 하겠다. 그리고 이러한 곡물 생산이 고려의 사회운영에서 어떠한 의미를 가지는가를 파악해 보기 위해 租稅收取와 관련하여 살펴보고자 한다. 왜냐하면 곡물 생산과 조세 수취는 밀접한 관련을 가진 것으로, 조세 수취는 곡물 생산을 바탕으로 하면서도 곡물 생산을 유도·촉진하는 측면이 있었다고 생각되기 때문이다.

2. 곡물의 종류

일반적으로 作物은 인간이 이용할 목적으로 경작 또는 재배되는 식물을 지칭한다.[3] 작물은 여러 가지 기준에 따라 분류되기도 하는데,[4] 본고에서

---

2) 고려시대의 곡물에 대한 연구가 중요함에도 불구하고, 이에 대한 연구는 거의 이루어지지 못하고 있다. 다만 다음의 논고는 개설적인 서술에 그친 것이기는 하지만, 고려시대 穀物의 種類를 이해하는데 도움을 준다. 李春寧, 1989, 「고려시대의 농업과 농학」『한국農學史』, 民音社 ; 장국종, 1989, 「고려시기의 농업에 대하여(2)」『력사과학』 1989년 2호.

3) 趙載英·李殷雄 外 共著, 1993,『栽培學汎論』, 鄕文社, 17쪽.

4) 식물학적 분류, 용도에 의한 분류, 수요부분에 따른 분류, 특수성격을 참작한 분류 같은 것이 그 대표적인 例이다. 현재 우리나라에서는 용도를 주로 하고 이에 식물학적인 분류법을 가미하여 분류하는 방법이 이용되고 있다. 이에 의

검토하고자 하는 穀物은 엄밀한 의미에서는 식용작물로서의 穀菽類에 해당
한다고 할 수 있다.

　고려시대에는 어떤 곡물들이 재배되고 있었던가. 고려시대 곡물은 사료
상 일반적으로 穀[5]이나 田穀[6]이라 표현하는 경우가 대부분이지만, 稻·麥·
粟·豆 등 구체적인 作物名이 나타나는 경우도 찾아볼 수 있다. 고려시대에
재배된 곡물로는 벼·보리·밀·조·기장·수수·피·귀리·콩·완두·팥·메밀 등
이 있었다.[7] 그러면 고려시대에 재배된 곡물의 실상이 어떠했는지 살펴보도
록 하겠다.

하면 대체로 식용작물·공예작물·사료작물·녹비작물·관상작물로 분류하고 있
다. 이 중 식용작물은 다음과 같이 분류하고 있다(趙載英·李殷雄 外 共著, 앞의
책, 31~32쪽).

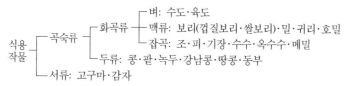

5) “食爲民天 穀由牛出”(『高麗史』卷118, 趙浚傳)
6) “崔沆欲令按察使徵誅流人田穀”(『高麗史』卷105, 俞千遇傳)
7) 고려시대에 재배된 작물은 다음과 같은 종류들이 있었음이 지적되고 있다.
　① 李春寧, 앞의 논문, 59~62쪽.

```
┌ 田穀類 ─ 벼(稻)·맥류·조·기장·수수·귀리·피·두류
├ 채소류 ─ 무·배추·마늘·염괴·부추·오이·가지·순무·아욱·박
├ 果木·林木 ─ 桑木·배·복숭아·대추·밤·잣·옷나무(漆木)·닥나무·소나무
└ 의류원료 ─ 大麻(삼)·苧麻(모시)·蠶絲·목화
```

　② 장국종, 앞의 논문, 27~31쪽

```
┌ 알곡작물 ┬ 벼과알곡작물 ─ 벼·보리·밀·조·기장·피·귀리(귀밀) 등
│         ├ 콩과알곡작물 ─ 콩·완두·너즐콩·팥 등
│         └ 여뀌과알곡작물 ─ 메밀
├ 남새류 ─ 배추·무·부루·물외·가지·동아·마늘·깨·과·부추·아욱 등
├ 과일 ─ 참외·수박·배·복숭아·추리·밤·대추·귤 등
└ 공예작물 ┬ 직물원료작물 ─ 삼·모시·뽕나무·목화 등
          └ 약용작물 ─ 구기자·피마주·생지황
```

1) 五穀·九穀

고려시대 곡물은 대체로 穀 혹은 田穀이라 표현되고 있다. 穀 혹은 田穀이라고 표현한 경우, 이는 百穀이라 표현한 경우[8]와 마찬가지로 대체로 개별곡물을 지칭하기 보다는 모든 곡물의 범칭이라고 보여진다. 아울러 광범위한 곡물을 지칭하면서도 당시에 재배되고 있던 주요 곡물을 가리키는 용어로서 五穀 혹은 九穀이란 표현을 찾을 수 있다.

고대 중국농업에 있어서 主穀作物은 五穀·六穀·九穀이라 일컬어질 만큼 다양하게 표현되고 있었고, 그 구체적인 穀物名도 典籍에 따라 차이가 있었다. 그 공통된 것은 대체로 黍·稷·麻·麥·豆 등이었다.[9] 한국 고대에 있어서도 主穀作物을 지칭하여 五穀이란 표현을 사용하고 있었다.[10]

---

8) "家國恒安 兵戈永息 百穀豊登"(『韓國金石文追補』, 25쪽 「淨兜寺五層石塔造成形止記」) ; "聖壽天長 百穀豊登 錦邑安泰 富貴恒存"(『韓國金石全文』中世 上, 531쪽 「羅州西門內石燈記」)

9) 중국 고대에 있어서 五穀·六穀·九穀은 다음과 같다(諸橋轍次, 『大漢和辭典』에 의함).

〈표 B〉 중국 고대의 五穀·六穀·九穀

	穀物 種類	典據
五穀	麻·黍·稷·麥·豆	『周禮』 天官 疾醫
	稻·稷·麻·麥·菽	『大戴禮』 曾子天圓
	稻·稷·麥·豆·麻	『楚辭』 大招
	黍·稷·菽·麥·稻	『周禮』 夏官 職方氏, 『孟子』 滕文公 上
	粳米·小豆·麥·大豆·黃黍	『素問』 藏氣法時論
	稻穀·大麥·小麥·菉豆·白芥子	『成就妙法蓮華經主瑜伽觀智儀軌』
	大麥·小麥·稻穀·小豆·胡麻	『建立曼荼羅護摩儀軌』
六穀	稌·黍·稷·粱·麥·苽	『周禮』 天官 膳夫
九穀	黍·稷·秫·稻·麻·大豆·小豆·大麥·小麥	『周禮』 天官 太宰, 『束晳』 補亡詩
	黍·稷·麻·麥·稻·粱·苽·大豆·小豆	『炙轂子』
	黍·稷·稻·粱·三豆·二麥	『古今注』 草木

10) 원래 五穀이란 용어는 陰陽五行說에 입각하여 다섯 가지 곡물을 설정한 것이

가-1. 土地宜五穀(『三國志』 卷30, 魏書 東夷傳 夫餘條)

　2. 其土地肥美 背山向海 宜五穀 善田種(『三國志』 卷30, 魏書 東夷傳 東沃沮條)

　3. 土地肥美 宜種五穀及稻(『三國志』 卷30, 魏書 東夷傳 弁韓條)

　4. 土地肥美 宜植五穀(『梁書』 卷54, 列傳 48 東夷傳 新羅條)

　5. 龍朔初 有儋羅者 … 地生五穀 耕不知用牛 以鐵齒杷土(『新唐書』 卷220, 列傳 145 東夷傳 流鬼條)

　가-1~4 사료에 따르면, 夫餘·東沃沮·弁韓·新羅 등의 지역이 '宜(種 혹은 植)五穀'이라 하여 五穀을 재배하기에 적당하였다고 기록하고 있다. 여기서 표현상 이들 지역이 五穀 재배에 '적당하다(宜)'라고만 되어 있어서, 실제로 五穀이 재배되고 있었는지의 여부는 다소 명확하지 않다. 하지만 가-5 사료에서 儋羅에 대해 기록하고 있는 바에 따르면, '地生五穀'이라고 표현하고 있어 실제로 이 지역에서 오곡이 재배되고 있었음을 알 수 있다. 이로 미루어 보아 '宜(種 혹은 植)五穀'이란 표현은 '오곡 재배에 적당하다'는 의미와 함께 '오곡이 잘 재배된다'는 의미도 지니고 있었을 가능성이 있다.

　한국 고대에 있어서 五穀이 구체적으로 무엇을 지칭하는 것인지 역시 명확하지 않다. '五穀百果'라고 할 때의 五穀 즉 모든 재배 곡물을 지칭하는 것일 가능성도 있지만,[11] 구체적인 개별 곡물 다섯 가지를 지칭하는 경우도 있었을 것으로 생각된다. 이와 관련하여 주목되는 것이 가-3의 사료이다. 弁韓에 대해 기록하고 있는 가-3 사료의 경우, 五穀과 稻를 구분하여 기록하고 있다. 따라서 적어도 오곡 중에는 稻가 포함되지 않았음을 알 수 있는 것이고, 더 나아가 여기서 오곡은 旱田作物을 지칭한다고 추측되기도 한

었다(李春寧, 1992, 「韓國 古代의 農業技術과 生産力硏究」『國史館論叢』 31, 27쪽). 따라서 五穀으로 설정된 다섯 가지 곡물은 다분히 觀念的인 所産이라고 볼 여지도 있다. 그러나 다섯 가지 곡물이 五穀으로 설정된 것은 이들 곡물이 당시에 재배되고 있던 주된 곡물이었다는 사실을 바탕으로 가능했을 것이다. 따라서 五穀이 主穀作物을 지칭하는 용어였다고 간주하는 데에는 무리가 없을 것으로 생각된다.

11) 장국종, 앞의 논문, 27쪽.

다.[12] 이처럼 五穀과 개별곡물로서의 稻가 병칭되고 있는 점은 五穀이 곡물 전체를 지칭하는 용어가 아니라 개별곡물로서 다섯 가지 主穀作物을 지칭하는 것이었을 가능성을 높여 준다.

고려시대에 있어서도 主穀作物은 五穀이라 칭해지고 있었다.

> 나-1. 故燒人屋舍蠶箔五穀積聚者 首處死 從者脊杖二十(『高麗史』 卷85, 刑志 2 禁令)
>   2. 自夏不雨 至于是月 五穀不登 疫癘大興(『高麗史』 卷14, 睿宗 15年 8月)
>   3. 五穀皆有之(『雞林類事』)

나-1, 2 사료의 경우 五穀은 곡물전체를 의미하는 것이었을 가능성이 높다. 왜냐하면 고려시대에 생산되고 있던 곡물이 모두 다섯 가지에 불과했다고 보기는 곤란하기 때문이다. 그러나 나-3 사료에서 '五穀이 모두 있다'라고 한 표현을 통해 살펴볼 수 있듯이, 당시에는 오곡이 다섯 가지 개별곡물을 지칭하는 경우도 있었다. 이처럼 五穀은 경우에 따라서는 곡물전체를 의미하는 용어로도, 그리고 다섯 가지 개별곡물을 의미하는 용어로도 쓰여지고 있었다.

주곡작물을 지칭하는 용어로는 五穀뿐만 아니라 九穀이란 표현도 사용되고 있었다.

> 다-1. 敎曰 … 今者 天人合慶 遐邇咸寧 三農共賀於豊穰 九穀皆登於實熟(『高麗史』 卷3, 成宗 9年 9月 己卯)
>   2. 靑箱制 如常箱 不施盖 兩頭設擡擧 飾以靑色 內有九隔 設九穀 覆以靑帊(『高麗史』 卷62, 禮志 4 吉禮中祀 籍田)

다-1 사료에서 '九穀皆登於實熟'이라 할 때의 九穀은 곡물 전체를 의미하는 것으로 생각된다. 한편 다-2 사료의 경우, 籍田禮를 거행하면서 靑箱

---

12) 李平來, 1989, 「高麗前期의 耕地利用에 관한 再檢討」『史學志』 22, 193쪽의 註 144).

에 9間을 나누어 九穀을 준비하고 있었다. 靑箱의 제도가 구체적으로 어떠한 것이었는지는 분명하지 않지만,[13] 靑箱과 관련하여 다음과 같은 사료를 찾을 수 있다.

> 다-3. 司農少卿帥庶人 以次耕于千畝 次奉靑箱官 以靑箱授司農卿 司農卿奉靑箱重穋之種 詣耕所灑之 訖 次司農少卿帥郊社令 檢校(『高麗史』 卷 62, 禮志 4 吉禮中祀 籍田 耕籍)

여기서 적어도 靑箱에 '重穋之種'이 있었음을 알 수 있다. '重穋'은 '穜稑'으로도 쓰여졌는데,[14] 穋 혹은 稑은 早種이고 重 혹은 穜은 晚種으로서, 重穋은 早種과 晚種의 구분을 의미하는 것이었다.[15] 즉 청상에 '重穋之種'이 있었다는 것은 '重穋' 즉 조종과 만종을 구분하고 있었다는 것으로, 이는 농사시기의 早晚을 중시한다는 관념으로부터 나오게 된 것이 아닌가 한다. 이처럼 九穀을 담는 靑箱에 무·晚種의 구분이 있었음을 보아, 靑箱에 담겨진 九穀은 구체적인 곡물 아홉 가지를 지칭하는 것이었다고 여겨진다.[16]

이상에서 살펴보았듯이 五穀 혹은 九穀은 곡물 전체를 통칭하는 경우와 다섯 혹은 아홉 가지 개별곡물을 지칭하는 경우 모두 있었음을 알 수 있다. 아마도 五穀 혹은 九穀은 원래 주된 곡물로서의 다섯 혹은 아홉 가지 곡물을 지칭하는 용어였을 것이지만, 시간이 경과하면서 곡물 전체를 의미하는

---

13) 籍田禮는 國王을 비롯한 官吏가 勸農의 모범을 보임으로써 일반민의 營農을 유도하는 것이었다. 이를 감안할 때, 籍田禮의 일환으로 거행된 靑箱의 제도 역시 하나의 儀禮的인 모범행위였을 것이다. 곡식 種子의 중요함과 아울러 농사에 있어서 適期에 파종하는 것이 중요함을 강조하기 위한 것이 아니었나 추측된다.

14) "左補闕李陽 上疏曰 按月令 立春前 出土牛 以示農事之早晚 請擧故事 以時行之 周禮內宰職 上春 詔王后 率六宮之人 生穜稑之種 而獻之于王 今祈穀耕籍 王后必行獻種之禮"(『高麗史節要』 卷2, 成宗 7年 2月)

15) 韓政洙, 1995, 『高麗前期 勸農政策과 農業技術』, 建國大 碩士學位論文, 59쪽.

16) 宋나라의 경우 靑箱制에 사용되는 九穀은 黍·稷·秫·稻·粱·大豆·小豆·大麥·小麥이었다(『文獻通考』 卷87, 郊社考 20 籍田東郊儀).

것으로 전용되어 쓰이게 된 것으로 보는 것이 합리적이지 않은가 한다.

　五穀·九穀이 개별곡물을 의미할 경우, 그 구체적인 곡물이 무엇인지를 고려시대 관련 사료 속에서 찾아보기는 힘들다. 다만 고려시대 생산곡물 전체 속에서 추정할 수 있을 따름이다. 이와 관련하여 다음의 기록에 주목할 필요가 있다.

> 라-1. 其地宜黃粱黑黍寒粟胡麻二麥 其米有秔而無稬 粒特大而味甘(『高麗圖經』卷23, 雜俗 2 種藝)
>   2. 簠實稻粱在左 粱在稻前 簋實黍稷在右 稷在黍前(『高麗史』卷59, 禮志 1 吉禮大祀 圜丘 陳設)
>   3. 雨穀 有似黑黍小豆蕎麥者 禑以問日官 對曰 饑饉荐至 人將相食之兆(『高麗史節要』卷31, 禑王 8年 2月 癸亥)

　라-1 사료의 경우, 仁宗朝에 고려를 다녀간 宋나라 사신 徐兢은 고려에 黃粱·黑黍·寒粟·胡麻·二麥이 잘 재배됨과 아울러 米에 대해 설명하고 있다. 우선 여기서 '其地宜…'라고 표현하고 있어, 『高麗圖經』의 기록 형식은 앞서 살펴본 『三國志』등의 기록 형식(가-1~4 사료)과 유사함을 엿볼 수 있다. 이렇게 볼 때 『高麗圖經』에서 설명하는 黃粱·黑黍·寒粟·胡麻·二麥 및 稻가 주곡작물과 관련될 가능성이 있지 않은가 한다. 왜냐하면 『三國志』등의 기록에서는 대체로 '土地(혹은 其地)宜…'라는 표현에 뒤이어 주곡작물인 '五穀'을 기술하고 있기 때문이다. 그리고 라-2 사료를 통해 살펴볼 때 고려시대의 각종 祭祀에 陳設하는 곡물로 稻·粱·黍·稷이 있었음을 알 수 있는데, 이로부터도 주곡작물에 대한 시사점을 얻을 수 있을 것으로 생각된다.[17] 아울러 라-3 사료에서는 黑黍·小豆·蕎麥의 존재가 보인다. 奇異現狀

---

17) 『高麗史』禮志 序文에 따르면, 高麗의 각종 의례는 成宗·睿宗代를 거치면서 마련되었으나, 전하지 않거나 병화를 겪어 문적들이 유실됨으로써, 禮志는 史編 및 『詳定禮』와 『周官六翼』·『式目編綠』·『蕃國禮儀』등을 참고하여 작성되었다고 하였다. "至于成宗 恢弘先業 祀圜丘 耕籍田 建宗廟 立社稷 睿宗始立局 定禮儀 然載籍無傳 至毅宗時 平章事崔允儀撰詳定古今禮五十卷 然闕遺尚

에 대한 기록이기는 하지만, 이러한 서술은 당시에 이들 작물이 실제로 재
배되고 있었음에 가능하였을 것이다. 이렇게 볼 때 고려시대의 주곡작물로
서 적어도 稻·黍·稷·粟(粱)·大麥·小麥·大豆·小豆·麻 등이 재배되고 있었
음을 추정할 수 있지 않을까 한다.18) 이들 작물 중 五穀·九穀이 구체적으
로 어떤 것이었다고 명확히 지적하기는 어려운 실정이지만, 이 범위에 크
게 벗어나지 않는 한에서 五穀·九穀에 대한 認識이 정해졌을 것으로 생각
된다.19)

多 自餘文籍 再經兵火 十存一二. 今據史編及詳定禮 旁采周官六翼式目編綠蕃
國禮儀等書 分纂吉凶軍賓嘉五禮 作禮志"(『高麗史』 卷59, 禮志 1 序文). 따라
서 『高麗史』 禮志에는 高麗의 實情을 반영한다고 확신하기에 주저되는 점이
없지 않다. 그러나 비록 『高麗史』 禮志가 고려의 실정이 아니라 중국의 기록
을 다분히 전사했다고 하더라도, 陳設品의 경우 고려에서 생산되지도 않는 물
품들을 기록했으리라고는 보여지지 않는다. 이에 『高麗史』 禮志에 나오는 곡
물들을 살펴보는 것이 고려시대 곡물 재배에 대한 시사점을 얻을 수 있을 것으
로 생각된다.

18) 麻는 엄밀한 의미에서는 穀物이라고 볼 수 없다. 그러나 麻는 衣服의 원료가 된
다는 점에서 一般民의 생활과 밀접한 관련을 지니는 것이었다. 그런 까닭에 麻
는 일반적으로 五穀·九穀 속에 포함되고 있었다. 고려시대에 麻가 재배되고 있
었음은 다음의 사료를 통해 알 수 있다. "隕霜殺麻麥 凡四日"(『高麗史』 卷31,
忠烈王 21年 4月 乙酉) ; "隕霜三日 殺麻麥"(『高麗史』 卷53, 五行志 1 五行一
日水 忠烈王 22年 3月 戊子)

19) 조선전기의 농서인 『撮要新書』와 『農事直說』 등에도 '九穀'이라는 용어를 사
용하고 있다. "禾忌丙 稻麻忌辰 黍忌丑 秫忌寅[秫音朮 稷之粘者]又忌未 小豆
忌卯 麥忌戌 大麥忌子 大豆忌申 凡九穀不避忌日種之 多傷敗種"(『撮要新書』
老農田話附五穀總論) ; "黍稷稻粱禾麻菽麥 謂之八穀"(『撮要新書』 老農田話附
五穀總論) ; "收九穀種 取堅實不雜不浥者 … 欲知來歲所宜 以九穀種各一升
各盛布囊 埋於土字中"(『農事直說』 備穀種) ; "至於北土 寒氣晚解 要當隨時適
宜 九穀倣此"(『農事直說』 種麻). 『撮要新書』에서는 禾·稻·麻·黍·秫·小豆·麥·
大麥·大豆를 '九穀'으로, 黍·稷·稻·粱·禾·麻·菽·麥을 '八穀'으로 설명하고 있
다. 『農事直說』에서 九穀이란 麻·稻·黍·粟·稷·豆·麥·胡麻·蕎麥을 지칭하는
것이라고 보는 견해도 있다(李鎬澈, 1986, 「旱田作物과 그 品種」『朝鮮前期農
業經濟史』, 한길사, 83~84쪽).

2) 稻

고려시대 사료에서 稻와 관련된 용어로는 米·米穀·糙米·粳米·白米·秔·稬 등을 찾아볼 수 있다. 이외에 蟬鳴稻·京租 등도 稻의 품종과 관련되는 용어였다.

먼저 稻의 곡식낱알인 米·米穀은 고려시대에 그 搗精程度에 따라 糙米·粳米·白米 등 여러 가지로 구분하여 부르고 있었다.[20] 糙米는 造米라고 표현되기도 하고, 粳米는 更米라고 표현되기도 하였다.

> 마-1. 制 靖宗宮人韓氏小韓氏韋氏 歲給內莊宅粳米三十石(『高麗史』 卷8, 文宗 13年 6月 乙酉)
>
> 2. 以修戰艦營宮室 右倉罄竭不支 令左倉量減雜權務封倉祿俸 以補右倉之費 後有右倉所入 抵數輸還 然左倉亦竭 宰樞封倉減半 前科·雜權務唯粳麥各一石耳(『高麗史』 卷80, 食貨志 3 祿俸 忠烈王 6年 10月)
>
> 3. 判 發鎭將相將校鞋脚米 將軍以下郎將以上 十五石 攝郎將以下散員以上十石 校尉隊正 八石 借隊正 更米三石二斗四升四合 造米三石七斗五升六合(『高麗史』 卷81, 兵志 1 五軍 文宗 35年 10月)
>
> 4. 凡公私田租 每水田一結 糙米三十斗 旱田一結 雜穀三十斗 此外有橫斂者 以贓論 除陵寢倉庫宮司公廨功臣田外 凡有田者 皆納稅 水田一

---

[20] 糙米와 粳米에 대해서는 다음과 같은 설명이 참고가 된다(諸橋轍次, 『大漢和辭典』 糙字 및 粳字에서 재인용). "糙米未舂 或作穛"(『集韻』) ; "糙凡米不精者 皆曰糙"(『正字通』) ; "粗糲之米也"(『六部成語』 戶部 糙米 註解) ; "集解 弘景曰 粳米 卽今人常食之米"(『本草』 粳) ; "欲粳米爲粥 不能常辨"(『南史』 徐孝克傳). 즉 糙米는 稻를 매통에 갈아 왕겨만 벗기고 속겨는 아직 벗기지 않은 매조미쌀(稻去殼後 尙未碾白者) 즉 玄米(粗米)이고, 粳米는 바로 밥을 지어 먹을 수 있을 정도로 도정된 쌀(常食之米)을 의미한다(金載名, 1994, 『高麗 稅役制度史 研究』, 한국정신문화연구원 박사학위논문, 18쪽 및 87쪽). 한편 조선시대의 경우에는 도정 정도에 따른 米穀의 구분으로 糙米·粳米·白米 이외에 中米라는 명칭이 있었으며, 이를 더욱 세분하여 間中米·上中米 등으로 구분하기도 하였다(『世宗實錄』 卷33, 世宗 8年 9月 戊午 ; 『慶尙道地理志』 慶州道 慶州府 貢賦條).

結 白米二斗 旱田一結 黃豆二斗(『高麗史』 卷78, 食貨志 1 田制 祿科
田 恭讓王 3年 5月)

마-1 사료의 경우 文宗 13년 6월에 靖宗의 宮人인 韓氏·小韓氏·韋氏에
게 해마다 內莊宅의 粳米 30石을 지급하고 있었다. 그리고 마-2 사료에 따
르면, 忠烈王 6년 10월에 戰艦를 수리하고 宮室을 조성한 탓에 右倉이 비
어 좌창의 雜權務 祿俸을 감하여 충당코자 하였으나, 左倉 역시 고갈되어
宰樞에게는 半만을 지급하고 前科(前銜) 인원과 雜權務에게는 粳과 麥 각
1石만 지급하고 있었다. 고려시대 租稅穀의 형태에 대해서는 다소 논란이
있다.[21] 그러나 마-1, 2 사료를 통해 볼때 고려시대 供上用 미곡과 祿俸用
미곡은 粳米의 형태로 지급되고 있었음을 확인할 수 있다. 따라서 이러한
사실을 미루어 짐작할 때 고려시대 供上用·祿俸用 및 國用用·軍資用 田租
는 대체로 粳米의 형태로 수취되고 지급되었던 것으로 추정된다.[22]

마-3 사료의 경우 鎭의 將相·將校에게 鞋脚米를 관직에 따라 차등 지급
하였는데, 將軍 이하 郞將 이상은 15石, 攝郞將 이하 散員 이상은 10石, 校
尉와 隊正에게는 8石, 借隊正에게는 更米 3石2斗4升4合과 造米 3石7斗5升
6合을 지급하고 있었다. 여기서 借隊正은 更米와 造米를 혼합하여 지급하
고 있는 반면에 校尉·隊正 이상에 대해서는 米의 형태에 대한 언급이 없다.
田租의 수취·지급 형태가 粳米(更米)였음을 고려할 때 아마도 校尉·隊正
이상은 粳米(更米)를 지급했을 것으로 생각된다. 그리고 借隊正에게 更米와
혼합하여 지급한 造米는 更米에 비해 도정 정도가 떨어지는 것이었다고 이
해된다.

마-4 사료는 麗末 科田法의 田租 규정인데, 水田의 경우 1結當 糙米 30

---

21) 고려시대에 稻가 조세로 납부될 때 租稅穀의 형태에 대해서는 皮穀 형태로 수취
되었다고 보는 견해도 있으나(呂恩暎, 1987, 「高麗時代의 量制」『慶尙史學』 3,
30쪽), 대체로 도정한 米穀 형태로 수취되었다고 보고 있다(朴興秀, 1972, 「新羅
및 高麗의 量田法에 關하여」『學術院論文集』 11, 184~185쪽 ; 金容燮, 1981,
「高麗前期의 田品制」『韓㳽劤停年紀念 史學論叢』, 知識産業社, 205~207쪽).
22) 金載名, 앞의 논문, 18쪽 및 87쪽.

斗, 旱田의 경우 1結當 雜穀 30斗를 수조하도록 하였다. 그리고 納稅 규정으로서 水田 1結當 白米 2斗, 旱田 1結當 黃豆 2斗를 납세케 했다. 고려시대에는 田租가 대체로 粳米의 형태로 수취되었다가 科田法에서는 糙米의 형태로 수취되도록 변경되었던 셈이다. 생산자가 곡물을 수확하여 田租를 납부하는 과정에서 搗精 역시 생산자가 부담했을 것으로 생각된다. 이러한 搗精의 부담 역시 생산자의 처지에서는 무시하지 못할 부분이었다.[23] 이에 科田法 단계에서는 粳米보다는 도정 정도가 떨어지는 糙米의 형태로 수납케 함으로써 생산자의 부담을 다소 경감시켜 준 것이라고 이해된다.

이상과 같이 米穀를 도정한 상태를 일컫는 용어로서 糙米·粳米·白米 등이 있었다. 米穀은 搗精程度에 따라 糙米·粳米·白米의 순으로 정밀하게 도정된 상태의 米穀을 나타내고 있었다. 조선시대의 경우에 따른다면 糙米는 白米에 비해 1/2로 평가되고 있었다.[24]

이처럼 稻의 결과물로서 米穀은 도정 정도에 따라 구분되고 있었는데, 稻는 品種에 따라 구분되기도 하였다. 秔·稬는 稻 품종이 메진 것인가 찰진 것인가에 따른 구분이었고, 早稻·晚稻는 稻 생육기간의 차이에 따른 구분이었으며, 蟬鳴稻·京租는 구체적인 稻 품종의 명칭이었다.

먼저 찰기(粘性)의 차이에 따른 稻의 구분, 즉 메벼와 찰벼에 대해 살펴보도록 하겠다.[25] 중국의 경우, 벼(稻)는 원래 중국남방의 水田植物로서 粳(메

---

23) "詔曰 … 一 無以官庫陳穀 抑配貧民 强取其食 又無以陳朽之穀 强民春米"(『高麗史』 卷15, 仁宗 5年 3月 戊午)

24) 조선시대 世祖 4년의 경우 糙米와 白米는 각 5升이 綿布 1匹과 2匹로 환산되고 있어 2 : 1의 환산비율을 보이고 있다. "戶曹 據慶尙道觀察使李克培啓本 啓 … 一 未收貢稅 每年色吏不收於民 輒貸富商大賈 納之 白米五升 準綿布二匹 糙米五升 準綿布一匹 抑勒收價 守令從而督徵者頗多 因此貧民破産 其弊莫甚 今後貸納人 計贓論罪沒官 知情守令黜 幷諭他道 亦依此例 從之"(『世祖實錄』 卷11, 世祖 4年 閏2月 癸未)

25) 멥쌀과 찹쌀의 구분은 아밀로오스와 아밀로펙틴 함량의 차이에 따른 구분으로, 일반적으로 아밀로오스 함량이 높을수록 찰기(粘性)이 낮다. 멥쌀은 약 80%가 아밀로펙틴이고 나머지가 아밀로오스인 데 비해, 찹쌀은 대부분이 아밀로펙틴

벼·멥쌀)과 糯(찰벼·찹쌀)의 구별이 있었다.[26] 고려에 있어서도 메벼와 찰벼의 구분이 있어, 메벼는 秔으로 기록되고, 찰벼는 稬로 기록되고 있었다. 주로 중국측 사료 속에 언급되고 있는데, 그 용례를 살펴보면 다음과 같다.

> 바-1. 其地宜黃粱黑黍寒粟胡麻二麥 其米有秔而無稬 粒特大而味甘(『高麗圖經』 卷23, 雜俗 2 種藝)
>
> 2. 地寒多山 土宜松栢 有秔黍麻麥而無秫 以秔爲酒(『宋史』 卷487, 列傳 246 外國 3 高麗)
>
> 3. 其年(大中祥符 8년, 顯宗 6년, 1015) 又遣御事民官侍郞郭元來貢 元自言 本國城無坦墻 … 方午爲市 不用錢 第以布米貿易 地宜秔稻(『宋史』 卷487, 列傳 246 外國 3 高麗)

바-1 사료에서 보듯이, 宋나라 사신 徐兢은 고려에는 秔만 있고 稬는 없는데 쌀 알이 특히 크고 맛이 좋다고 보았다. 바-2 『宋史』의 기록에서도 고려에 秔이 존재하고 있었고 秔으로 술을 빚어 만든다고 하였다. 그리고 바-3 사료에 의하면, 宋나라에 파견된 御事民官侍郞 郭元 역시 고려의 실정에 대해 설명하면서 '地宜秔稻'라고 언급하고 있었다.

이상의 사료를 통해 고려시대에 秔이 존재했음은 분명한 사실로 받아들일 수 있을 것이다. 그러나 秔에 대해서는 좀 더 살펴볼 필요가 있다. 왜냐하면 중국의 경우에 있어서는 秔字와 粳字를 혼용하여 사용하면서 모두 '메벼'로 이해하고 있지만,[27] 앞서 살펴보았듯이 고려시대의 경우 粳米는 대체

이고 아밀로오스를 거의 함유하고 있지 않다(李殷雄, 1986, 『水稻作(4訂版)』, 鄕文社, 43쪽 및 120~121쪽).

26) 西嶋定生, 1981, 『中國古代の社會と經濟』, 東京大學出版會 : 1994, 「漢代의 농촌사회와 농업기술의 발전」 『중국고대사회경제사』, 한울, 84쪽.

27) 諸橋轍次의 『大漢和辭典』에서도 粳과 秔은 相通하는 글자라고 설명하고 있다(이하 諸橋轍次, 『大漢和辭典』 粳字 및 秔字에서 재인용). "秔 秔稻 稉 上同 粳俗"(『集韻』) ; "秔 說文 稻屬 或作稉粳"(『集韻』) ; "本草云 秔米 亦作粳"(『倭名類聚抄』 稻穀部 稻穀類 秔米). 그리고, 고려시대와 조선시대의 粳米와 秔米에 대해 '멥쌀'이란 동일한 의미의 용어였다고 보는 견해도 있다(金載名, 앞의 논문, 18쪽 ; 韓㳓劤 外, 1986, 『譯註 經國大典』 註釋篇, 한국정신문화연구원, 293쪽).

로 糙米·白米와 더불어 도정 정도에 따라 미곡을 구분하는 명칭으로 사용
되고 있었기 때문이다. 중국의 경우처럼 고려시대에도 秔米와 粳米라는 용
어가 혼용되고 있었는지의 여부는 알 수 없다. 그러나 설령 그러한 경우가
있었다 하더라도, 분명한 것은 위 사료에서 표현되고 있는 秔은 도정 정도
에 따른 구분이 아니라는 점이다. 우선 바-1~3 사료의 문맥상 秔은 도정 정
도에 따른 구분이라고 보기에 어려움이 있다. 만약 秔이 도정 정도에 따른
구분이라면 바-1 사료처럼 秔만 있고 稬는 없다는 표현은 불가능할 것이다.
그리고 바-2 사료에서처럼 秔이 黍·麻·麥과 함께 서술되고 있는 것 역시
秔을 도정 정도에 따른 구분이라고 보기에 자연스럽지 못하다.[28] 따라서 고
려시대의 경우 대체로 秔米는 도정 정도에 따른 구분으로서의 粳米와는 별
개의 용어로 쓰여졌다고 보아야 할 것이다. 秔米는 바-1 사료에서 보듯이
稬米에 상대되는 것으로서 '멥쌀'이었다고 보아야 할 것이다.

  한편 바-1, 2 사료에서는 고려에 쌀 종류로서 멥쌀이 있었으나 찹쌀은 없
었다고 언급하고 있다.[29] 그러나 고려시대에 찹쌀이 없었다고 기록한 것은
사실과 다르다. 왜냐하면 고려시대에 찹쌀가루가 존재하고 있었음을 확인할
수 있기 때문이다.[30] 아울러 姜希孟(1424~1483)에 의해 쓰여져 1492년에 출
간된 『衿陽雜錄』에는 곡물 품종(穀品)을 다수 분류하여 열거하고 있는데, 그
중 稻 품종으로 찰벼 계열인 仇郎粘(구렁출)·所伊老粘(쇠노출)·多多只粘(다
다기출)·粘山稻 등의 穀名을 찾아볼 수 있다.[31] 이러한 찰벼들이 조선초기에
갑자기 나타난 것은 아닐 것이고 이전 시기부터 재배된 것일 가능성이 높다.

---

28) 韓致奫 역시 『海東繹史』에서 바-2 사료를 인용하면서 '謹按 稻米之不粘曰秔
   粘曰稬'라고 주석을 달고 있다(『海東繹史』 卷26, 物産志 1 穀類 稻).
29) 『雞林類事』에서도 유사한 표현을 발견할 수 있다. "無秔稬 以粳米爲酒"(『雞林類事』)
30) "高麗栗糕 方栗子不拘多少 陰乾 去穀搗爲粉 三分之二 可糯米粉 拌勻蜜水拌潤
   蒸熟食之 以白糖和入 妙甚"(『海東繹史』 卷26, 物産志 1 穀類 糕). 그리고 『鄕藥
   救急方』의 부록인 方中鄕藥目 草部에 기록된 藥材 중에서도 糯米의 존재를 확
   인할 수 있다(李德鳳, 1963, 「鄕藥救急方의 方中鄕藥目 硏究」 『亞細亞硏究』
   6-1, 345쪽).
31) 『衿陽雜錄』 穀品

이 이외에 고려시대 稻는 品種上으로도 구분되고 있었다. 고려 이전 시기의 稻種으로서는 開仙寺 石燈記에 나오는 京租, 業租 혹은 黃租[32]와 宋代의 문집에 보이는 黃携稻[33]가 있었던 사실을 살펴볼 수 있다. 京租는 일제시기까지 平安道·黃海道 지역에서 널리 행해졌던 乾畓法에 사용되던 稻種으로서,[34] 이것은 통일신라기 이래 오랜 기간에 걸쳐 이용되었던 晚稻 품종으로 추정된다.[35] 宋代의 문집에 보이는 黃携稻는 전래처를 新羅로 기록하고 있는데, 알이 굵고 질이 좋은 품종이라 언급하고 있는 점에서 역시 晚稻일 가능성이 높다.[36] 이러한 稻種은 고려시대에도 계속 재배되고 있었을 것으로 여겨진다. 그리고 12세기 이후의 일이기는 하지만 占城稻와 같은 환경 적응력이 강한 인디카형 稻種이 중국으로부터 신품종으로서 도입되었던 것으로 보인다.[37] 이와 더불어 중국 江南 稻種의 일종으로 蟬鳴稻[38]와 같은 早稻種의 도입도 확인되고 있다.[39] 이와 같은 다양한 稻種의 도입은 早·晚稻種의 다양한 분화와 더불어 稻作法의 발전을 가져왔을 것이며, 기후조건상 早稻의 필요성이 있던 북부지방에까지 稻作地域을 확대시키는 역할을 담당하였을 것이다.[40]

---

32) 개선사 석등기는 『朝鮮金石總覽』 上, 『韓國金石遺文』, 『韓國金石全文』 古代篇 등에 실려 있는데, 『朝鮮金石總覽』 上, 87쪽에서는 京租와 黃租로 기록되어 있는 반면에 『韓國金石遺文』, 227~228쪽과 『韓國金石全文』 古代篇, 228쪽에서는 京租와 業租로 기록되어 있다.

33) "黃携稻 出九華山 舊傳 金地藏自新羅携種 至此種之 其芒穎 其粒肥 其色殷 其味香軟 與凡稻異"(『九華詩集』)

34) 李春寧, 1964, 『李朝農業技術史』, 韓國硏究院, 38~39쪽.

35) 이평래, 1991, 「고려후기 수리시설의 확충과 수전 개발」 『역사와 현실』 5, 176쪽.

36) 이평래, 1991, 앞의 논문, 176쪽.

37) 魏恩淑, 1988, 「12세기 농업기술의 발전」 『釜大史學』 12, 95~98쪽.

38) "得蟬鳴稻[早稻 謂之蟬鳴稻] 不欲負其名 趁得蟬鳴日 眼見新穀升 今年事亦畢"(『東國李相國集』 全集 卷14, 古律詩)

39) 李泰鎭, 1978, 「畦田考-統一新羅·高麗時代 水稻作法의 類推-」 『韓國學報』 10 ; 1986, 『韓國社會史硏究』, 지식산업사 재수록, 98~99쪽 ; 魏恩淑, 1988, 앞의 논문, 98~99쪽.

40) 魏恩淑, 1988, 앞의 논문, 99쪽 ; 1990, 「高麗時代 農業技術과 生産力 硏究」

3) 麥·粟·豆

고려시대 전체 경지 중 水田과 旱田의 비율은, 조선초기의 경우를 감안할 때[41] 旱田의 비율이 水田에 비해 다수를 점하고 있었을 것으로 여겨진다. 따라서 고려시대 곡물 재배 역시 旱田穀物 위주로 이루어졌다고 보아야 할 것이다. 고려시대 旱田穀物로는 보리·밀·조·콩·기장·피·귀리·메밀 등을 들 수 있겠는데, 그중 대표적 곡물이라 할 수 있는 麥·粟·豆 등에 대해 살펴보도록 하겠다.

고려시대 麥類에 대한 사료는 다만 '麥'이라 표현된 경우가 대부분이지만, 『高麗圖經』의 기록처럼 '二麥'이라 표현된 경우도 찾을 수 있다.[42] '二麥'이 구체적으로 무엇을 지칭하는지는 명확하지 않다. '二麥'이 春麥과 秋麥을 지칭하는 용어였을 가능성도 있다.[43] 그러나 고려시대 麥作 관련 사료를 살펴볼 때 대체로 麥의 수확기는 4월경이었을 것으로 추정된다. 자연재해로 인한 맥의 피해가 3월·4월에 많이 일어나고 있으며,[44] '麥熟'의 시기 또한 4월경으로 추정되기 때문이다.[45] 이로 보아 고려시대에 秋麥이 존재했는지의 여부는 알 수 없지만 대체로 春麥을 재배하고 있었다고 여겨진다. 아울러 『鄕藥救急方』에 기록된 藥材로 大麥과 小麥의 존재를 확인할 수 있다.[46] 그러므로 '二麥'은 대체로 大麥과 小麥을 지칭하는 것이었을 가능성

『國史館論叢』 17, 18~19쪽.

41) 조선초기의 『世宗實錄』 地理志 기록에 나타난 水田과 旱田의 비율은 약 3 : 7 로 旱田이 다수를 차지하고 있다.

42) "其地宜黃梁黑黍寒粟胡麻二麥"(『高麗圖經』 卷23, 雜俗 2 種藝)

43) 조선시대 農書인 『衿陽雜錄』과 『農事直說』에서 春麥의 존재를 확인할 수 있다. "春麰 芒長 熟則微黃 宜膏地 二月解氷初種之 五月熟"(『衿陽雜錄』 穀品) ; "春麰 二月間 陽氣溫和日可耕 盡二月止 種法耘法收法 與秋麥同"(『農事直說』 種大小麥)

44) 아-1~4 사료 참조.

45) 자-1, 2 사료 참조.

46) 李德鳳, 앞의 논문, 345쪽.

이 높지 않은가 한다. 한편 小麥의 재배는 일반적으로 大麥에 비해 일정정
도의 농업기술을 요하는 것으로 알려지고 있다. 小麥은 한전곡물로서는 비
교적 많은 수분을 필요로 하는 곡물이라는 점에서 保水問題의 해결이 소맥
재배지역의 확대와 깊은 관련이 있다.[47] 따라서 고려시대에 있어서 小麥 재
배는 水利施設의 마련 내지 水田의 확대 과정과 짝하여 점차 확대되어 갔
던 것으로 추측된다. 고려시대의 小麥 재배는 水田의 확대와 관련하여 생각
해 볼 여지가 있지 않은가 생각된다.

　麥과 더불어 粟 또한 주된 한전작물 중 하나였다. 중국 고대에 粟은 穀物
전체를 총칭하는 의미로 쓰이는 경우와 개별곡물로서의 粟(조)을 의미하는
경우가 있었다.[48] 고려의 경우 역시 마찬가지였던 것으로 생각된다.[49] 粟이
개별곡물로서의 粟, 즉 '조(좁쌀)'를 의미할 경우, 고려시대 粟 역시 여러 종
류가 있었다. 우선 고려시대에는 粟과 아울러 粱[50]이 있었다. 그리고 『高麗
圖經』에서는 黃粱과 寒粟의 존재가 보인다.[51] 오늘날에 와서 粱은 粟과 동
일하게 '조'로 여기고 있지만, 당시에는 粱과 粟 사이에 일정한 구분이 있었
던 것으로 생각된다. 중국 고대의 경우 粱은 '禾(조)의 美大한 것'이었다.[52]
이와 관련하여 『雞林類事』에서는 '粱이 가장 크다'[53]라고 하였음으로 보아,

47) 李平來, 1989, 앞의 논문, 188쪽.
48) 天野元之助, 1962,「中國の黍稷粟粱考」『中國農業史研究』, 御茶の水書房, 42~43쪽.
49) "文宗躬勤節儉 省冗官 節費用 大倉之粟 紅腐相因"(『高麗史』 卷78, 食貨志 1
　　序文) ; "命有司 給楊規妻殷果郡君洪氏粟 授子帶春校書郞 王親製敎 賜洪氏曰
　　汝夫才全將略 兼識治道 效節輸誠 忠貞罕比 昨於北境 追捕寇賊 城鎭得全 累多
　　捷勝 乃至隕亡 常思闕功 歲賜汝稻穀一百苫 以終其身"(『高麗史節要』 卷3, 顯
　　宗 2年 夏4月). 여기서 '粟'은 곡물 전체를 지칭하는 용어였다고 생각된다. 특
　　히 顯宗 2年 夏4月에 王規의 妻 洪氏에게 지급했다는 '粟'은, 王의 敎書 내용
　　을 통해 살펴볼 수 있듯이, '稻穀'을 의미하는 것이었다. 이것은 '粟'이 곡물 전
　　체를 지칭하는 용어로도 쓰였음을 드러내 주는 좋은 例라고 할 수 있겠다.
50) "園中三畝菜 墙下百株桑 婢織供衣服 奴耕足稻粱"(『東文選』 卷11, 五言排律
　　遣悶[卓光茂])
51) 註 42) 참조.
52) 西嶋定生, 1994, 앞의 책, 84쪽.
53) "粱最大"(『雞林類事』)

고려에서 粱은 중국 고대의 경우와 마찬가지로 큰 '조'를 의미하는 것이었다고 생각된다. 黃粱은 '누른 조'로 보아 『衿陽雜錄』의 'ᄀ랏조'에 해당하는 것으로 보기도 한다.[54] 그리고 寒粟은 '차조'의 意譯으로 생각되기 때문에, 이로 보아 고려시대에 粟은 찰기(粘性)에 따라 차조와 메조의 종류가 있었던 것으로 여겨진다.

한편 粟과 관련하여 살펴보아야 할 것은 禾이다. 오늘날 禾는 벼를 의미하는 용어로 쓰이고 있지만, 중국 고대에 禾는 稻와는 다른 곡물로서 粟을 가리키는 것이었다.[55] 禾에 대한 기록은 『三國史記』에서도 찾아볼 수 있는데,[56] 『三國史記』에 나타나는 禾에 대해서는 稻와는 구별되는 곡물을 가리키는 용어였다는 주장도 있다.[57] 그러나 고려시대에 있어서도 이처럼 禾가 稻와 구별되는 粟을 가리키는 용어였는지는 검토를 요하는 문제이다. 고려시대 관련사료 속에서 禾와 관련된 용어로는 稼·禾稼·禾穀 등을 발견할 수 있다. 대표적인 사료 몇 가지를 살펴보면 다음과 같다.

> 사-1. 行忠州 甄萱使將軍官昕 城陽山 王遺命旨城元甫王忠 率兵擊走之 官昕
>   退保大良城 縱軍 芟取大木郡禾稼(『高麗史』 卷1, 太祖 11년 8月)
> 2. 以水潦損禾 停徵諸道秋役軍(『高麗史』 卷6, 靖宗 4년 8月)
> 3. 北界兵馬使馳報 境上有賊變 又蝗害稼(『高麗史』 卷22, 高宗 15년 5月
>   辛丑)

---

54) 장국종, 앞의 논문, 28쪽. "開羅叱粟(ᄀ랏조) 芒長莖青 熟則黃 土宜上同 四五月
   種之 八月晦熟"(『衿陽雜錄』 穀品)
55) 중국 농업에 있어서 오늘날 禾는 곡류의 총칭으로 되어 있으나, 중국 고대에
   있어서 禾는 殷代 이래 중요작물로서, 당시에는 粟을 가리키는 것이었다. 그리
   고 그 결과를 '조'라 하고, 방아를 찧은 것을 '좁쌀'이라 하였다(西嶋定生, 1994,
   앞의 책, 83~86쪽).
56) "大雨 山崩十三所 雨雹傷禾苗"(『三國史記』 卷8, 新羅本紀 8 聖德王 19년 4月)
   ; "金浦縣禾實皆米"(『三國史記』 卷9, 新羅本紀 9 惠恭王 3년 9月) ; "夏 大旱
   禾苗焦枯 王親祭橫岳 乃雨"(『三國史記』 卷25, 百濟本紀 3 阿莘王 11년)
57) 鑄方貞亮, 1938, 「古代に於ける南朝鮮の農耕－特に穀物を中心として－」『社
   會經濟史學』 8-4, 83~84쪽 및 89쪽.

고려시대의 경우 우선 禾와 稼는 동일한 용어였다고 생각된다. 禾와 稼에 대한 피해기사가 유사하게 기록되고 있음[58]과 아울러 '禾稼'라는 표현처럼 하나의 단일 용어로 쓰인 점[59] 등을 고려할 때 禾와 稼는 동일한 용어로 사용되고 있었음을 알 수 있다. 禾가 개별곡물을 지칭하는 용어였는지, 곡물 전체를 통칭하는 용어였는지는 명확하지 않다. 禾가 개별곡물을 지칭하는 경우도 있었겠지만,[60] 곡물 전체는 아니라 할지라고 가을에 수확하는 稻·粟 등을 총칭하는 용어로 사용되었을 가능성이 높다.[61] 禾는 麥과는 구별되는 작물이었고,[62] 禾의 파종 시기는 4월경부터 시작된 것으로 추정되며[63] 수확시기는 7~9월경으로 추정되는[64] 등 禾의 재배시기는 4월부터 9

---

58) "霖雨傷禾"(『高麗史節要』卷6, 宣宗 5年 8月) ; "大雨傷稼"(『高麗史』卷27, 元宗 14年 6月 庚申)

59) "制曰 霖雨不時 恐傷禾稼 有司其擇日 祈晴"(『高麗史』卷9, 文宗 35年 7月 丁酉)

60) "臣愚以爲 沿海百里之間 刷已徙及見在之民 方三十里 或五十里 膏腴可耕之地 擇形勢平易 有薪水處 計戶數衆寡 築城堡 以二三百家爲律 設官守以居之 俾接屋連墻 僅容其衆 除屋舍外 止留穀場 其園圃 俱於城外給之 … 及耕耘之時 則遠者不過二十餘里 晨出暮入 往來無難 禾熟則隨刈隨輸 毋使稽緩"(『高麗史』卷112, 傻遜附 長壽傳). 이는 恭愍王代에 傻長壽가 왜구침입에 대한 방비책으로 건의한 것인데, 고려후기에 沿海地域의 토지가 開墾되고 있는 추세를 드러내 주는 사료이다(魏恩淑, 1990, 앞의 논문, 17~18쪽). 여기서 '禾熟'이라 할 때 禾는 稻를 의미하는 것이었을 가능성이 높다. 왜냐하면 연해지역인 점을 감안할 때 여기서 경작되는 禾를 습기를 싫어하는 粟이라 보기는 어렵기 때문이다.

61) "密城郡管內昌寧郡等十七所 大水傷禾"(『高麗史節要』卷4, 文宗 10年 5月) ; "自地理山南 至長城縣 往往震 雷電烈風 大雨 樹木僵仆 禾穀不實"(『高麗史』卷53, 五行志 1 五行一曰水 仁宗 9年 5月) ; "詔 今年累年不雨 禾穀不登"(『高麗史』卷17, 毅宗 5年 7月 庚子) ; "登文宜三州鎭 溟龍津寧仁等諸城 大水損禾 漂蕩城郭民戶 死者甚衆"(『高麗史節要』卷13, 明宗 18年 8月). 특히 文宗 10년 5月, 仁宗 9년 5月, 明宗 18년 8월처럼 地域名이 명시되면서 禾·禾穀가 피해를 입었음을 기록한 경우, 여기서 禾·禾穀은 稻만을 지칭하는 용어였다고 보기는 힘들다. 왜냐하면 그 지역 전체가 모두 稻만을 재배했다고 보기는 어렵기 때문이다.

62) "聚巫禱雨 分遣近臣 禱于群望 是時 自正月不雨 川井皆渴 禾麥枯槁 疾疫並興"(『高麗史』卷19, 明宗 3年 4月 丙子)

63) 禾의 파종시기는 지역에 따라 차이가 있었겠지만, 자연재해에 의한 禾苗의 피

월까지였다는 점에서 禾는 적어도 麥과는 달리 가을에 수확하는 秋穀이었음을 알 수 있다. 그렇다고 할 때 禾에는 稻 역시 포함되었겠지만, 대체로 稻·粟·黍·稷 등 가을에 수확하는 곡물 전체를 지칭하는 용어였다고 생각된다. 결국 禾는 稻를 포함한 稻·粟·黍·稷 등 가을수확 곡식을 의미하는 것이었다고 여겨진다.

한편 이렇게 볼 때 『三國史記』에 나타나는 禾가 稻와는 구별되는 곡물을 의미했던데 반해 고려시기의 禾는 稻를 포함한 가을수확 곡물을 의미했다는 차이가 생기게 된다. 아마도 禾는 원래 개별곡물로서의 粟을 지칭하는 용어였겠지만, 당시에 여러 곡물들 중 지배적인 작물로서 광범위하게 재배되고 있던 곡물이 粟이었기 때문에 禾는 곧 곡물 전체를 포괄하는 의미로 쓰여지게 된 것이 아닌가 한다. 그러나 시간이 경과하면서 사회적 중요성에서나 기호도 등에서 粟보다 稻가 중요시됨에 따라 禾는 곡물전체를 의미하는 포괄적인 의미로 사용됨과 동시에 粟이 아닌 稻라는 협의의 의미로도 쓰이게 된 것으로 생각된다. 고려시기에 들어와, 稻 재배의 비중이 비록 압도적 다수를 차지하지는 못했다 하더라도, 이전 시기 보다는 중요곡물로서의 위치를 확고히 자리잡게 되고 점차 재배면적도 늘어나게 되면서 일어난 현상이 아닌가 싶다.

다음으로 豆類에 대해 살펴보면, 곡식을 측량하는 官斛에 太小豆斛이 있었음65)을 통해 볼 때 고려시대에 豆類는 크게 大豆와 小豆로 구분되고 있

해가 4월에 나타나고 있는 사료를 통해 추정할 수 있다. "癸未 隕霜殺禾苗 甲申 亦如之"(『高麗史』卷29, 忠烈王 6年 4月)

64) 禾의 수확시기 역시 지역에 따라 차이를 보였겠지만, 대체로 7월경에는 禾가 성숙하기 시작하여 7~9월경에 수확하고 있었다. "教曰 比聞 秋稼將成 飛蝗爲害"(『高麗史』卷4, 顯宗 7年 7月 庚申) ; "蒙兵二十餘騎 入慈州東郊 擄刈禾民二十餘人 皆殺之"(『高麗史』卷23, 高宗 23年 7月 癸酉) ; "詔曰 近道州縣 禾穀不登 民未收獲 其初賦斂何 宜遣使審檢"(『高麗史』卷23, 高宗 29年 9月 辛巳)

65) "内外官斛長廣高 方酌定 米斛 則長廣高各一尺二寸 稗租斛 長廣高各一尺四寸五分 末醬斛 長廣高各一尺三寸九分 太小豆斛 長廣高各一尺九分"(『高麗史』卷84, 刑法志 1 職制 文宗 7年)

었음을 알 수 있다. 이 이외에도 고려에는 黑豆, 燕豆, 豍豆가 있었다고 전
하며,66) 『鄕藥救急方』에 藥材로 藊豆·赤小豆·菉豆 등을 소개하고 있다.67)

3. 곡물의 생산

1) 重要穀物과 基本穀物

한국에서의 稻 재배는 그 기원을 B.C. 7C까지 소급할 수 있으며,68) 이후
수리시설의 발달에 힘입어 점차 재배 면적이 확대되어 나갔다.69) 그러나 재
배곡물 중 稻가 주된 곡물로 자리잡는 것은 6C 이후에 와서의 일이고,70)
4~5C까지도 주된 곡물은 대체로 麥·粟 등과 같은 旱田穀物이었다. 新羅
聖德王 6년(707)에는 백성들에게 粟과 五穀種子를 나누어 주었고,71) 高句
麗의 경우 麥子說話가 있어 麥의 전래를 말해 주고 있으며,72) 新羅 사람들
은 보리를 먹는다는 중국측의 기록도 있다.73) 뿐만 아니라 자연재해로 인한

---

66) 韓致奫은 『海東繹史』에서 黑豆는 지금의 검은 콩이며 豍豆는 豌豆의 별명인데
　　민간에서 '원두'라고 한다고 주석을 달고 있다. "高麗黑豆燕豆豍豆 大豆類也
　　[農政全書○按黑豆今之黑大豆也 豍豆則豌豆之別名 豌豆俗名원豆]"(『海東繹
　　史』卷26, 物產志 1 穀類 豆)
67) 李德鳳, 앞의 논문, 345쪽.
68) 서울대박물관, 1978, 『欣岩里住居地』(서울대 고고인류학총간 8), 30~43쪽.
69) 전덕재, 1990, 「4~6세기 농업생산력의 발달과 사회변동」『역사와 현실』4,
　　28~29쪽 ; 李賢惠, 1991, 「삼국시대의 농업기술과 사회발전-4~5세기 新羅社
　　會를 중심으로-」『韓國上古史學報』8, 48~52쪽.
70) 전덕재, 앞의 논문, 29~31쪽.
71) "民多餓死 給粟人一日三升 至七月"(『三國史記』卷8, 新羅本紀 8 聖德王 6年
　　正月) ; "大赦 賜百姓五穀種子 有差"(『三國史記』卷8, 新羅本紀 8 聖德王 6年
　　2月)
72) 金哲埈, 1971, 「東明王篇에 보이는 神母의 性格에 대하여」『柳洪烈博士華甲紀
　　念論叢』, 1~9쪽.
73) "又前秦錄曰 … 又曰 新羅王遣使 貢其方物 在百濟東 去長安九千八百里 其人
　　食麥"(『太平御覽』卷838, 百穀部 2 麥)

麥의 피해기사를 다수 발견할 수 있는 것이나[74] 왕이 행차하여 觀麥하는 행위,[75] 그리고 그해 농사의 풍년을 麥 농사에 비유하고 있는 사실[76] 또한 당시에 麥이 광범위하게 재배되고 있던 사실의 반영이라고 하겠다. 고려 이전 시기의 경우 麥과 아울러 粟 역시 일반민의 주식이었다. 粟은 租로 관념될 정도로 대표적인 곡물 중 하나였다.[77] 기근이 들어 賑給하는 곡물이 粟이었다는 점[78] 역시 이러한 사정을 반영하는 것이다. 이로써 보면 삼국시대의 주식은 대체로 쌀보다 麥·粟 등과 같은 旱田穀物이었을 것으로 추측되고 있다.[79]

이후 稻作의 비중은 점차 증대되어 나갔는데, 이는 농경축제를 개최하는 시기나 노역동원이 이뤄지는 시기에 변화가 나타나고 있었다는 사실을 통해서도 잘 엿볼 수 있다. 왜냐하면 이들은 대체로 곡물 수확기 혹은 수확 이후에 거행되는 경향이 많기 때문이다. 즉 5~7C경 신라에서는 잡곡농사 중심의 전통적인 음력 5월, 10월의 농경축제 이외에 정월 대보름과 팔월 한가위가 새로운 명절로 등장하고 있었다.[80] 삼국시기의 경우 勞役動員은 春季에 많이 행해지고 있는데 반해 고려시대에는 秋役軍과 같이 秋季에 동원되는 일이 많았는데,[81] 이러한 사실 역시 도작의 비중이 점차 증대하면서

---

74) 鑄方貞亮, 1968, 「三國史記にあらわれた麥と麥作について」『朝鮮學報』 48.
75) "幸南郊 觀麥"(『三國史記』 卷10, 新羅本紀 10 哀莊王 4年 4月)
76) "古陁郡主獻靑牛 南新縣麥連歧 大有年 行者不賷糧"(『三國史記』 卷1, 新羅本紀 1 婆娑尼師今 5年 5月)
77) 그런 점에서 다음의 두 사료가 주목된다. "民多餓死 給粟人一日三升 至七月"(『三國史記』 卷8, 新羅本紀 8 聖德王 6年 正月) ; "丁未正月初一日至七月三十日 救民給租 一口一日三升爲式"(『三國遺事』 卷2, 紀異 2 聖德王). 聖德王 6年의 동일한 기사를 기록하면서 『三國史記』에서는 粟으로 표현한데 반해 『三國遺事』에서는 租로 표현하고 있다.
78) "春夏旱 南地最甚 民飢 移其粟 賑給之"(『三國史記』 卷1, 新羅本紀 1 逸聖尼師今 12年) ; "王都民饑 出粟三萬三千二百四十石 以賑給之"(『三國史記』 卷10, 新羅本紀 10 元聖王 2年 9月)
79) 李昊榮, 1990, 「三國時代의 財政」 『國史館論叢』 13, 98쪽.
80) 張籌根, 1983, 「韓國의 農耕과 歲時風俗」 『韓國의 農耕文化』 1, 京畿大 博物館, 39~40쪽.

나타나게 된 변화라고 할 수 있을 것이다.

고려시대에 들어와 稻 재배는 開墾事業을 통한 경작 면적의 확대와 아울러 水利施設의 발달 등 農業技術의 발전에 힘입어 점차 확대되어 나갔다.[82] 그런 가운데 稻는 고려시대 국가와 사회의 운영상 중요곡물로 자리잡게 되었다. 米穀은 관리에 대한 祿俸支給에 사용되고,[83] 각종 褒賞穀으로 운영되며,[84] 軍需穀으로 이용되는[85] 등 국가운영에 필수적인 요소로 기능하고 있었다. 그리고 사회적 기호도에 있어서도 米의 품질이 여타 곡물에 비해 우세했던 때문도 있겠지만,[86] 미곡은 고려시대의 貨幣로 기능하는[87] 등 사회운영상의 중요성 또한 컸다. 미곡 생산액의 증감과 米價의 변동 등은 사회에 많은 영향을 미칠 정도였다.[88] 이처럼 稻가 국가와 사회의 운영

81) 李基白, 1970, 「永川 菁堤碑의 丙辰築堤記」『考古美術』106·107 : 1974,『新羅政治社會史研究』, 一潮閣 재수록, 306~307쪽 ; 魏恩淑, 1988, 앞의 논문, 102쪽의 註 43).

82) 魏恩淑, 1988, 앞의 논문, 83~95쪽 ; 1990, 앞의 논문, 15~20쪽 ; 이평래, 1991, 앞의 논문, 159~175쪽 ; 李宗峯, 1993, 「고려시기 수전농업의 발달과 이앙법」『韓國文化研究』6, 159~173쪽.

83) "百官以米爲奉 皆給田 納祿半給 死乃拘之"(『宋史』卷487, 列傳 246 外國 3 高麗) ; "高麗俸祿至薄 唯給生米蔬茹而已"(『高麗圖經』卷21, 皂隷 房子)

84) "幸西都 敎曰 … 平壤府開平黃凊安鳳信白貞鹽海等州 牛峯兎山逾安土山十谷俠溪江陰德水臨津瓮津咸從軍岳等縣 及安城等十一驛 賜稻穀九千三百七十五石"(『高麗史』卷3, 成宗 9年 10月 甲子) ; "有私婢 一産三男 賜米二十碩"(『高麗史』卷53, 五行志 1 五行一曰水 辛禑 9年 5月 庚午)

85) "無事則服田 唯成邊則給米"(『高麗圖經』卷23, 雜俗 2 種藝) ; "出牓 令諸王百官 以至庶民 出米豆有差 以克茶丘軍馬粮料"(『高麗史』卷79, 食貨志 2 貨幣 市估 忠烈王 3年 2月)

86) 米穀은 味質에 있어서나, 포기당 수확량에 있어서나, 저장기간에 있어서 여타 곡물에 비해 우수성을 나타낸다(Francesca Bray, 1984, *Science and Civilisation in China(Vol.6. Pt.2)*, Cambridge University Press, p. 378).

87) "無泉貨之法 惟紵布銀缾 以准其直 至日用微物 不及疋兩者 則以米計錙銖而償之 然民久安其俗 自以爲便也"(『高麗圖經』卷3, 城邑 貿易) ; "方午爲市 不用錢 第以布米貿易"(『宋史』卷487, 列傳 246 外國 3 高麗) ; "以秔米 定物之價而貿易之 其他皆視此 爲價之高下"(『雞林類事』)

88) 田村專之助, 1942, 「高麗朝に於ける米價の變動について」『東方學報』13-3.

상 중요한 역할을 하게 된 것은 고려시대에 들어와 稻 재배가 이전에 비해 그만큼 확대된 것을 배경으로 하는 것이었다. 稻 재배의 확대는 우선 農業技術의 발전에 힘입어 水田農業이 점차 확대되어 나갔던 데 원인이 있었다고 보아야 하겠다. 그러나 稻가 국가 혹은 사회운영상 중요성을 지니고 기능하기 위해서는 이를 뒷받침하는 制度的 장치 또한 마련됨으로서 가능한 일이다. 稻의 중요성이 아무리 높다 하더라도 稻의 재배를 안정적으로 확보하고 더 나아가 이를 더욱 확대 혹은 추진시키는 힘이 뒷받침될 때 비로서 원만한 운영이 이뤄질 수 있는 것이다. 이런 측면에서 고려시대에 들어와 稻의 중요성이 여타 곡물보다도 우월하게 된 데에는 고려 국가의 租稅收取가 稻 위주로 운영된 데에도 원인이 있었다고 생각된다. 조세수취는 곡물 생산의 실상을 토대로 하는 것이지만, 국가운영에 적합한 곡물 위주로 생산을 유도 혹은 촉진하는 측면도 지니고 있었던 것이다.

어쨌든 고려시대에 들어와 稻의 중요성이 증대되고 재배면적 또한 이전시기에 비해 점차 확대되어 나갔던 것은 사실이다. 그러나 그렇다고 하여 전체 곡물 중에서 稻 재배가 여타 곡물을 압도할 정도였다고는 생각되지 않는다. 稻가 旱田에서 재배되는 경우도 있지만, 일반적으로 稻는 水田作物로서 한전보다는 水田에서 재배되는 것이 보통이다. 그런데 조선초기의 경우에 있어서도 전체 경지 중 旱田과 水田의 비율은 旱田의 우세를 보이고 있었다. 이로 미루어 보아, 고려시대에 수전이 확대되고 있기는 했지만, 여전히 水田보다는 旱田의 비중이 높았을 것으로 추정된다. 따라서 곡물 재배면적에 있어서 고려시대에는 稻보다 麥·栗·豆와 같은 旱田穀物이 우위를 점하고 있었다고 생각된다. 그런 점을 감안할 때, 고려시대에는 稻가 국가·사회적으로 重要穀物로 인식·인정되고 있었기는 했지만, 麥·栗·豆 등 旱田穀物의 생산 역시 나름대로의 의미를 지니고 있었다고 보아야 할 것이다. 그것은 다름아닌 稻와 함께 基本穀物로서의 의미를 지니면서 대다수 일반민의 식량으로 기능하고 있었다는 점이다.[89)]

---

89) 穀物에 대해 논할 때 '主된 食糧'이라는 의미로 '主食'이란 표현을 사용하는 경

우선 麥作에 대해 살펴보면, 『高麗史』기록 속에서 자연재해로 인한 麥의 피해 기사를 찾아볼 수 있다.

아-1. 有司奏 自春亢旱 焦禾損麥 請移市肆 禁傘扇 從之(『高麗史』卷54, 五
　　　行志 2 五行四曰金 文宗 18年 4月 甲戌)
　　2. 是時 自正月不雨 川井皆渴 禾麥枯槁 疾疫並興(『高麗史』卷19, 明宗 3
　　　年 4月 丙子)
　　3. 隕霜殺麻麥 凡四日(『高麗史』卷31, 忠烈王 21年 4月 乙酉)
　　4. 隕霜三日 殺麻麥(『高麗史』卷53, 五行志 1 五行一曰水 忠烈王 22年 3月
　　　戊子)

『高麗史』에서 자연재해로 인한 麥의 피해를 기록하고 있음은 『三國史記』에서의 경우와 같다. 그러나 상대적으로 『三國史記』에서처럼 빈번한 기사를[90] 찾기는 힘들다. 사료에 나타난 기사의 숫자만을 가지고 판단한다면, 고려시대 麥에 대한 피해 기사가 그다지 많지 않다는 것은 그만큼 고려시대의 麥作이 삼국시기에 비해 축소되고 있었음을 드러내 주는 것이 아닌가 생각할 수도 있겠다. 그러나 이러한 사정이 고려시대 곡물 재배에 있어서 麥作의 중요성을 낮게 평가하는 결과를 가져오는 것은 아니라고 생각된다. 고려시대에 麥作의 중요성 특히 민간 식량으로서 麥의 중요성은 여전히 유지되고 있었다고 보여지기 때문이다. 더욱이 麥은 고려시대 사람들에게 식량이 고갈된 시기에 한계상황을 극복해 나가는 수단으로 이용되고 있기도 하였다.

우가 많다. 그러나 이러한 '主食'이란 개념은 명확한 판단기준을 설정하기 힘들다는 문제점이 있을 뿐만 아니라 지나치게 '食糧'이란 측면을 강조하게 되는 문제점이 있다. 穀物의 生産이 지닌 의미를 파악함에 있어, 특히 國家·社會運營과 관련하여 논할 때에는 적합하지 못한 면이 없지 않다고 생각된다. 이에 本考에서는 '重要穀物'과 '基本穀物'이란 용어를 사용하였다. 고려시대에 곡물 재배면적에 있어서나 일반민의 식량으로서 높은 비중을 차지하고 있었던 稻·麥·粟·豆 등은 국가·사회를 유지·지탱한다는 의미에서 '基本穀物'이라 볼 수 있겠는데, 이러한 '기본곡물' 중에서도 稻는 국가·사회를 운영하는 데 필수적인 곡물이었다는 점에서 '重要穀物'로 볼 수 있지 않은가 하는 것이다.
90) 鑄方貞亮, 1968, 앞의 논문.

자-1. 詔 民貧不能自存者 令濟危寶 限麥熟 賑恤(『高麗史』 卷80, 食貨志 3
　　　賑恤 水旱疫癘賑貸之制 肅宗 6年 4月)
　　2. 國家自庚寅以來 東禦倭寇 丙申以來 北禦韃靼 己亥辛丑之戰 吾民死亡
　　　者 大半 不三年 又有癸卯之亂 死亡又倍於辛丑矣 己亥以至于今十五年
　　　間 水旱相仍 餓莩相望 民之存者 僅十之一 羅慶二道 連歲大饑 而今年
　　　尤甚 三月大寒 四月不雨 麥不成穗 而種不入土 吾民將何以生乎(『高麗
　　　史』 卷120, 尹紹宗傳)

　　자-1 사료에 따르면 가난하여 自存할 수 없는 民에 대해 濟危寶로 하여
금 麥이 익을 때까지에 限해 진휼케 하고 있었다. 이러한 조처가 내려진 것
은 식량이 고갈되어 한계상황에 도달한 민을 구제하기 위함이었다고 생각
된다. 여기서 麥이 익을 때까지로 限한 것은 곧 麥이 수확되면 민의 식량이
어느 정도 해결된다는 것을 의미하는 것에 다름 아니다. 자-2 사료에서는
戰亂과 아울러 大水·大旱 등 자연재해로 인해 민이 곤궁한 상황에 처해 있
는 가운데, 특히 3월 大寒, 4월 不雨로 麥이 이삭을 맺지 못하고 파종하지
못함으로써 백성들이 생계에 어려움이 있음을 우려하고 있었다. 이것은 곧
麥이 일반백성에게 新穀과 舊穀의 교체 공백기를 메우는 接食으로[91] 중요
시되고 있었음을 말해주는 것이라고 생각된다.
　　이러한 사실로 보아 고려시대에 麥은 絕食期의 민에 대한 식량으로도 중
요시되고 있었음을 확인할 수 있다. 이로 보아 麥은 일반민의 식량으로 중
요시되었을 것이고,[92] 또 그런 만큼 고려시대에 맥 역시 다수 재배되고 있
었음을 추측할 수 있지 않은가 한다.[93]

---

91) "麥者 接絕續乏之穀尤宜之"(『禮記』 卷6, 月令 第六) ; "大小麥 新舊間接食 農
　　家寂急"(『農事直說』 種大小麥)
92) 顯宗 22년(1031)에 조성된 淨兜寺五層石塔造成形止記에 따르면, 淨兜寺 造塔
　　과정에 협력물품으로 麥을 기진하는 경우도 있었음을 알 수 있는데, 이러한 사
　　실은 麥이 절식기뿐만 아니라 평상시의 식량으로도 널리 이용되고 있었음을
　　짐작할 수 있게 한다. "志興郎 麥壹石"(許興植, 1988, 『한국의 古文書』, 262쪽
　　「淨兜寺五層石塔造成形止記」)
93) 고려시대에 '麥谷'이란 표현이 사용되고 있는 사실은 麥이 광범위하게 재배되

일반민의 식량으로서 중요한 곡물에 粟을 빼놓을 수 없을 것 같다. 고려시대에 粟은 일반 곡물의 의미로 쓰여지는 경우가 있을 정도로[94] 식량으로서의 위치가 높았다. 그리고 고려시대 사료 중 禾에 대한 기사를 다수 발견할 수 있는 것으로부터도 粟의 재배가 많이 이뤄지고 있었음을 짐작할 수 있지 않은가 한다. 앞서 살펴보았듯이 고려시대에 禾란, 稻 역시 포함되겠지만, 기본적으로 秋收穀物을 지칭하는 것이었다. 그런데 고려시대 경지의 다수는 旱田이었다는 점과 粟은 습한 것을 싫어하는 속성이 있다는 점을 함께 감안할 때, 旱田에는 다수의 粟이 재배되고 있었다고 생각되는 것이다.

豆 역시 고려시대에 곡물로서 가지는 의미가 컸다. 자연재해로 인한 菽의 피해가 특별히 기록되고 있는 것[95] 역시 그만큼 豆가 중요한 곡물 가운데 하나였기 때문일 것이다. 豆는 토양지력 회복에 도움을 준다는 면에서 주목되기도 한다. 뿐만 아니라 豆는 구황식량으로서의 의미가 컸다.

　　차. 轉殿中侍史 淸白自守 家貧 饘粥不繼 煎豆充飢而已(『高麗史』卷106, 尹
　　　　諧傳)

尹諧는 청렴한 생활로 집안이 가난해지자, 죽을 쑤어먹을 수도 없을 지경에 이르게 되어 豆를 달여 배고픔을 채웠다고 한다. 이로 보아 豆는 구황식량으로서의 의미가 있었음을 알 수 있다. 전근대사회에서 자연재해로 인한 피해는 일반적인 현상이었겠지만, 고려시대의 경우 자연재해는 營農의 불안정 및 농민 生存의 문제로까지 연결될 정도로 빈번하게 발생하고 있었다.[96] 이러한 상황에서 일반민에게 구황곡물로서 豆가 지니는 의미는 자못 컸다고 생각된다.

고 있는 지역이 있었음을 드러내 준다. "崔元世金就礪 追丹兵于忠原二州間 戰
　　于麥谷"(『高麗史』卷22, 高宗 4年 7月 庚辰)
94) 註 49) 참조.
95) "隕霜殺菽"(『高麗史』卷53, 五行志 1 五行一曰水 恭愍王 15年 8月 丁卯) ;
　　"隕霜殺菽"(『高麗史』卷41, 恭愍王 17年 7月)
96) 朴杰淳, 1984,「高麗前期의 賑恤政策(Ⅰ)」『湖西史學』12, 42~51쪽.

2) 穀物生産과 租稅收取

국가·사회적으로 重要視된 곡물과 生産의 主流를 이루고 있던 곡물이 반드시 일치하는 것은 아니었다. 신분제도와 계급질서가 유지되고 있던 전근대사회에서는 오히려 兩者의 분리가 지배적인 경향이었을 것이다. 또 국가를 運營해 나가는 처지에서는 國家運營에 적합한 곡물 위주로 일종의 穀物政策을 실시할 필요가 있었고, 이러한 정책에 의해 사회적인 重要穀物에 대한 인식이 정해졌을 것이다. 이에 출현하는 것이 租稅政策을 통한 重要穀物의 設定과 收取였다. 국가운영상 적합한 곡물을 위주로 조세를 수취함으로써 자연히 그 곡물의 생산을 확대하도록 유도하는 것이었다.

고려시대 租稅收取는 米 위주로 이뤄지고 있었다. 이와 관련해 다음의 사료를 주목해 볼 필요가 있다.

> 카. 判 公田租 四分取一 水田 上等一結 租二石十一斗二升五合五勺 中等一
> 結 租二石十一斗二升五合 下等一結 租一石十一斗二升五合 旱田 上等
> 一結 租一石十二斗一升二合五勺 中等一結 租一石十斗六升二合五勺 下
> 等一結 缺[又水田 上等一結 租四石七斗五升 中等一結 三石七斗五升 下
> 等一結 二石七斗五升 旱田 上等一結 租二石三斗七升五合 中等一結 一
> 石十一斗二升五合 下等一結 一石三斗七升五合](『高麗史』 卷78, 食貨志
> 1 田制 租稅 成宗 11年)

成宗 11년의 收租式에 따르면 水田과 旱田으로 구분하여 수조하되 水田과 旱田의 收租比를 2：1로 설정하고 있었다. 이 수조식은 일견하기에 수전과 한전의 生産額이 2：1이었던 것으로 보이기 쉽다. 그러나 성종 11년의 수조식에 租額比가 2：1로 설정된 것은 다른 사정이 있어서 였다. 기존 연구에서도 지적하고 있듯이, 隨等異尺制가 적용되고 있던 고려후기에는 당연히 각 田地의 1結當 租額과 所出이 동일했겠지만, 同積異稅制가 적용되던 고려전기에 있어서도 만약 田品이 같고 面積이 같다면 각 田地의 租

額, 따라서 所出도 동일했다. 그럼에도 불구하고 동일 전품내의 수전과 한
전(예를 들면, 水田 上等 1結과 旱田 上等 1結)의 租額이 2 : 1의 비율로
되어 있는 것은, 고려시기에 수조하는 곡물의 기준이 '米'였기 때문에 米를
기준으로 旱田 곡물을 환산하여 그 半으로 책정하였기 때문이었다.[97] 즉 田
品이 같고 面積이 같을 때 수전과 한전의 實收取量은 동일하지만,[98] 米를
기준으로 旱田穀物을 평가한 결과 2 : 1의 비율이 책정되었다는 것이다.[99]
이로 보아 고려시대 수조법은 米를 기준으로 제정·운영되고 있었음을 알
수 있다.

　이처럼 米穀 위주로 조세가 운영되고 있었지만, 한편으로 생각하면 그렇
다 하더라도 米穀만으로 조세를 수취하는 것은 현실적으로 불가능한 일이
었을 것이다. 앞서 살펴보았듯이 고려시대에는 稻 재배가 점차 확대되고 있
었지만, 전체 재배 면적에서 다수를 차지하고 있는 것은 稻보다는 오히려
旱田穀物이었다. 農業地帶上 한전곡물 위주의 경작이 이뤄지는 지역의 경
우 稻가 수취물품이 될 수는 없었을 것이다. 陸稻처럼 한전지역에서 벼가
재배되는 경우도 있었겠지만, 대체로 벼 이외의 곡물 가령 보리·조 등이 재
배되었을 것이고, 더 나아가서는 그 이외의 곡물 또한 재배되었을 가능성을
배제할 수 없는 것이다. 따라서 한전지역에서의 收租가 불가피했을 것이다.
그렇다고 한다면 벼 이외에 麥·粟·豆 등의 곡물을 재배하고 있던 지역에
대한 收租는 어떠했을 것인가.

---

97) 李景植, 1986,「高麗前期의 平田과 山田」『李元淳教授華甲紀念 史學論叢』,
　　31쪽 ; 呂恩暎, 1986,「高麗時代의 量田制」『嶠南史學』2, 35쪽의 註 16).
98) 이러한 사정은 고려말 科田法의 수조규정을 통해 확인할 수 있다. 과전법의 수
　　조규정에 따르면, 水田은 糙米 30斗, 旱田은 雜穀 30斗를 수조하도록 되어 있
　　어, 수전과 한전에서 수취량은 동일하다(마-4 사료 참조).
99) 이러한 사실은, 조선시대의 경우이긴 하지만, 다음의 사료를 통해서도 살펴볼
　　수 있다. "黃豆三十斗 折糙米十五斗 則水田旱田租稅 相去遠 … 若論所出 黃
　　豆與糙米 其實則同也"(『世宗實錄』卷104, 世宗 26年 6月 甲申) ; "旱田所出
　　准水田之數 依前例 折半爲定 假令上上年 水田之稅 收米二十斗 則旱田之稅
　　黃豆則二十斗 田米則十斗之類"(『世宗實錄』卷104, 世宗 26年 11月 戊子)

고려시대 농민들은 自然災害·兵亂·力役動員 등으로 말미암아 不安定한 營農條件 속에서 농업에 종사하고 있었고,[100] 農民流亡과 田地의 陳田化 또한 빈번히 발생하고 있었다.[101] 이러한 때 경작자에 대한 國家 혹은 地主로부터의 保護가 필요하게 되는 것이겠지만, 統制 또한 보다 엄밀하지 않을 수 없었을 것이다. 이에 농작물 재배의 측면에 있어서도 곡물의 생산은 조세 수취와 연관되어 나타나게 되었던 것으로 볼 수 있겠다. 그것은 곧 경지에 곡물이 재배되고 生産이 이뤄진다면 곧 그곳에 대한 국가 혹은 지주로부터의 收取가 이뤄져야 한다는 것이다. 달리 말한다면 경작자는 경우에 따라 國家 혹은 地主에 의한 수취로부터 벗어날 가능성을 지니고 있었고, 이때 만약 國家 혹은 地主의 통제가 미치지 못하는 부분이 있을 경우 곧 경작자는 이탈해 나간다는 것이다. 그런 이유로 농작물 재배에 대한 국가 수취 면에서의 통제를 필요로 했을 것이다. 그것은 다름 아닌 모든 곡물에 대한 조세수취로 나타나게 되었던 것으로 여겨진다.[102]

그러나 모든 개별 곡물별로 수조액을 설정하여 수취한다는 것은 무척이나 번거로운 일이 될 것이다. 그러므로 국가의 처지에서는 국가적 용도에 적합한 곡물을 중심으로 조세를 운영하면서 여타 곡물은 이에 대한 환산비율을 설정하여 수취했을 것으로 생각된다. 즉 稻를 중심으로 조세를 수취하면서 그 이외의 곡물, 가령 麥·粟·豆 등은 稻에 대한 換算比率을 적용하여 환산한 양을 수취하였을 것으로 생각된다. 모든 생산 곡물을 조세 수취의 대상으로 하면서도 국가용도에 적합한 重要穀物 위주로 租稅를 운영하고

---

100) 李正浩, 1993, 「高麗前期 勸農策에 관한 一考察」 『史學研究』 46, 5~10쪽.
101) 박경안, 1985, 「高麗後期의 陳田開墾과 賜田」 『學林』 7, 41~48쪽.
102) 成宗 11년 수조식에서나 고려말 科田法의 수조규정에서도 旱田穀物에 대한 수조가 이뤄짐을 살펴볼 수 있다. 그리고 다음의 사료를 통해서도 이러한 사정을 엿볼 수 있다. "高麗祿俸之制 至文宗大備 以左倉歲入米粟麥摠十三萬九千七百三十六石十三斗 隨科准給"(『高麗史』 卷80, 食貨志 3 祿俸 序文). 위 사료를 살펴볼 때 녹봉 지급을 위한 左倉穀에는 米·粟·麥이 있었음을 알 수 있다. 이것은 곧 고려시대 조세 품목으로 米뿐만 아니라 粟·麥 등 여타 旱田穀物도 실제로 거둬들이고 있었던 사실을 말해주는 것이다.

있었던 것이다. 이에 필요한 것은 重要穀物에 대한 여타 곡물의 환산비율이었다.[103] 물론 이러한 중요곡물 위주의 조세정책은 역으로 중요곡물의 재배를 촉진하는 면도 있었을 것이고, 고려시대의 경우 이것은 효과를 보았다고 여겨진다.

4. 맺음말

고려시대에 主穀作物은 五穀 혹은 九穀이라 칭해지고 있었다. 五穀 혹은 九穀은 곡물 전체를 통칭하는 경우와 다섯 혹은 아홉 가지 개별곡물을 지칭하는 경우가 있었다. 五穀 혹은 九穀은 원래 주된 곡물로서의 다섯 혹은 아홉 가지 개별곡물을 지칭하는 용어였을 것이지만, 시간이 경과하면서 곡물 전체를 의미하는 것으로 전용되어 쓰이게 된 것으로 생각된다. 五穀 혹은 九穀이 개별곡물을 의미할 경우, 그 구체적인 곡물이 무엇인지를 고려시대 관련 사료 속에서 명확히 지적하기는 어려운 실정이지만, 적어도 고려시대에 다수 재배되었다고 생각되는 稻·黍·稷·粟(粱)·大麥·小麥·大豆·小豆·麻 등의 범위를 크게 벗어나지 않는 한도에서 정해졌을 것으로 추정된다.

고려시대 稻와 米는 여러 가지 명칭으로 불려지고 있었다. 먼저 搗精程度에 따른 구분으로서, 米穀은 糙米·粳米·白米의 순으로 정밀하게 도정된 상태를 나타내고 있었다. 아울러 稻는 品種에 따라 구분되기도 하였는데,

---

103) 한편 중국 漢나라에서는 粟 50을 기준으로 하여 糲米는 30, 粺米는 27, 鑿米는 24, 御米는 21, 小䵂은 13半, 大䵂은 54, 糲飯은 75, 粺飯은 54, 鑿飯은 48, 御飯은 42, 菽·荅·麻·麥은 각각 45, 稻는 60, 豉는 63, 飧은 90, 熟菽은 103半, 櫱은 175 등으로 환산하고 있었다(宇都宮清吉, 1952, 「續漢志百官受奉例考再論」 『東洋史研究』 11-3 ; 1955, 『漢代社會經濟史研究』, 弘文堂, 219~220쪽). 고려시대에 있어서도 官斛이 米斛·稗租斛·末醬斛·太小豆斛으로 구분하여 마련되어 있었다는 점을 고려할 때(註 65) 참조) 고려시대에 穀物의 환산비율이 존재했음을 시사 받는 바가 있지 않은가 생각된다. 그러나 고려시대 모든 곡물을 대상으로 하여 환산비율이 설정되었는지의 여부나 구체적인 환산비율은 어떠하였는지에 대해서는 좀 더 면밀한 검토를 요하는 문제라 하겠다.

秔·稉는 찰기(粘性)에 따른 稻의 구분이었고, 早稻·晩稻는 稻 생육기간의 차이에 따른 구분이었으며, 蟬鳴稻·京租는 구체적인 稻 품종의 명칭이었다.

이처럼 고려시대에 稻의 종류가 다양하게 구분되고 있었던 점은 당시에 稻가 중요한 곡물로 인식·인정되고 있었다는 것을 반영한다고 할 수 있겠다. 그러나 稻 이외에 麥·粟·豆 등 旱田穀物의 재배가 전체 곡물 재배에서 차지하는 비중 역시 컸다고 보아야 한다. 왜냐하면 旱田穀物은 재배면적에서 다수를 차지하고 있었을 뿐만 아니라 대다수 일반민의 식량으로 중요했기 때문이었다. 고려시대에 재배된 旱田穀物로서, 麥類는 '二麥' 즉 大麥과 小麥이 있었고, 粟類로는 黃粱·寒粟이 있었으며, 豆類는 크게 大豆와 小豆로 구분되면서 黑豆·燕豆·豍豆·藊豆·赤小豆·菉豆 등이 있었다.

고려시대 稻 재배는 開墾事業을 통한 경지면적의 확대와 水利施設의 발달 등 농업기술의 발전에 힘입어 점차 확대되어 나갔다. 그런 가운데 稻는 고려시대 국가와 사회의 운영상 重要穀物로 자리잡게 되었다. 米穀은 祿俸穀·襃賞穀·軍需穀으로 이용되는 등 국가운영에 필수적인 요소로 기능하였고, 고려시대의 貨幣로 기능하는 등 사회운영상으로도 중요시되었다. 이처럼 稻가 고려시대의 중요곡물로 기능하게 된 것은 農業技術의 발달에 힘입어 稻 재배가 확대된 사실을 바탕으로 하는 것이었지만, 한편으로는 고려국가의 租稅收取가 稻 위주로 운영되는 등 국가제도적 장치 또한 稻 재배를 유도·촉진하는 면이 있었기 때문이었다.

그러나 고려시대의 경우 전체 경지면적 중 水田에 비해 旱田이 다수를 차지하고 있었고, 일반민의 식량으로 旱田穀物 역시 稻에 못지 않은 중요성을 지니고 있었다. 한전곡물의 생산 또한 고려시대 곡물 생산에서 지니는 의미가 컸다. 麥·粟·豆 등 旱田穀物 역시 稻와 함께 고려시대 基本穀物로서 간주되어야 할 이유가 여기에 있다.

고려시대 생산 곡물로서 稻를 비롯한 麥·粟·豆 등은 모두 국가·사회를 유지·지탱한다는 의미에서 基本穀物이었지만, 특히 그중에서도 稻는 국가·사회를 운영하는데 필수적인 곡물이란 점에서 重要穀物로 인식·인정되고 있었다. 이에 고려 중앙정부의 곡물 생산에 대한 통제는 모든 곡물에 대한 통제를 전제로 하면서 重要穀物 위주로 租稅를 거두는 것으로 나타났다. 국가의 처지에서는 국가적 용도에 적합한 곡물 위주로 조세를 수취하면서 여타 곡물은 이에 대한 換算比率을 설정하여 수취하였을 것으로 생각된다. 이러한 중요곡물 위주의 조세수취는 중요곡물의 생산을 유도·촉진하는 측면도 있었을 것이고 고려시대의 경우 이것은 효과를 보았다고 여겨진다. 국가의 租稅收取는 직접 생산자에 의한 穀物生産을 바탕으로 하는 것이었지만, 역으로 조세수취는 국가운영에 적합한 穀物 위주로 生産을 유도·촉진하는 측면도 지니고 있었던 것이다.

제3장 고려전기 水田과 旱田 地目의 차이와 土地生産性

1. 머리말

高麗時代 農業生産力의 발달 수준을 규명하는 것은 당시 사회의 性格을 밝히는 데 기여할 수 있는 중요한 연구과제 가운데 하나이다. 그런 까닭에 그동안 量田制·耕地利用方式·土地開墾·農業技術 등을 주목하여 고찰하면서, 고려시대 농업생산력의 발달 수준을 고찰하기 위한 연구가 진행되어 왔다.

그러나 한편 고려시대 農業生産力의 발달 수준을 규명하기 위해서는 아직 해결해야 할 과제들이 적지 않게 남아 있다고 생각된다. 농업생산력의 발달 수준을 규명하기 위해서는 이에 앞서 農業의 실상에 대한 이해가 필요한데, 高麗時代 農業의 구체적인 사실에 대해서는 아직 규명되지 못한 사실들이 많다고 보여지기 때문이다. 고려시대 水田과 旱田 농업의 실상에 대한 규명 역시 고려시대 農業을 파악하기 위해서나, 당시의 農業生産力 발달 수준을 살펴보는데 있어서 중요한 과제의 하나라고 할 수 있겠다.

그동안 고려전기 수전과 한전에 대해서는 대체로 耕地利用方式, 水·旱田 農事의 比重問題, 作付體系 등과 관련하여 검토가 이뤄짐으로써 그 실상에 대해서도 일정부분 이해가 가능해 졌다.

주지하듯이 고려시대 耕地利用方式에 대해서는 견해 차이가 있어 왔고,[1] 이와 연계되어 수전과 한전에 대한 이해 역시 차이를 보이고 있다. 고려시대에 常耕化가 이룩되었다고 보는 입장에서 平田의 경우 수전과 한전 모두 常耕이 이뤄지는 가운데 山地旱田만 休閑하였다는 견해[2]가 있는 반면 반대로 고려시대에는 일부 山田(旱田)을 제외하고 休閑耕作이 일반적이었다고 보는 견해[3]의 차이가 있는 상황이다. 그러나 한편 이러한 의견 차이에도 불구하고 고려전기 旱田農業의 발달이 당시 농업의 특징 가운데 하나라는 점에 대해서는 대체로 의견을 같이하고 있다.[4]

고려시대 농업에서 旱田 농업이 중요하였음은 수전농업과 한전농업의 比重問題를 비롯해 農業技術의 性格에 대한 견해로부터도 설명이 이뤄졌다. 즉 조선초기『世宗實錄』地理志에 나타난 水田과 旱田의 면적 비율[5]을 근거로 고려시대의 경우 旱田이 수전보다 많았으리라고 추측하면서 고려시대

---

1) 고려시대 耕地利用方式에 대해서는 대체로 常耕段階로 보는 견해, 休閑段階로 보는 견해, 陳田化되기 쉬운 常耕段階로 보는 견해 등으로 견해가 나뉘어져 있는 상황이다. 이에 대한 논의 내용은 다음의 논고 참조. 李平來, 1989,「高麗前期의 耕地利用에 관한 再檢討」『史學志』22, 167~172쪽 ; 李昇漢, 1990,「高麗時代 農業史 研究現況-休閑法 問題를 中心으로-」『全南史學』4.

2) 金容燮, 1975,「高麗時期의 量田制」『東方學志』16, 74~81쪽 : 2000,『韓國中世農業史研究』, 지식산업사 재수록 ; 李景植, 1986,「高麗前期의 平田과 山田」『李元淳敎授華甲記念史學論叢』, 敎學社, 37~43쪽.

3) 李泰鎭, 1979,「14·15세기 農業技術의 발달과 新興士族」『東洋學』9 : 1986,『韓國社會史研究』, 지식산업사 재수록, 92~97쪽.

4) 고려시대에 常耕化가 이뤄졌다고 보는 경우, 고려시기 농업은 특히 山地旱田에서 발달이 이뤄져 점차 山田까지도 수전과 한전 모두 상경농업이 보급되기에 이르렀다고 보고 있으며(金容燮, 1975, 앞의 논문, 75쪽), 고려시대에 休閑法이 일반적이었다고 볼 경우에도 휴한농법 단계에서는 旱田 경작이 수전 경작보다 더 유리했다고 설명하고 있다(李泰鎭, 1983,「高麗末·朝鮮初의 社會變化」『震檀學報』55 : 1986, 앞의 책, 119~120쪽).

5)『世宗實錄』地理志에 나타난 수전과 한전의 면적 비율은 약 3 : 7인 것으로 나타나고 있다(宮嶋博史, 1980,「朝鮮農業史上における十五世紀」『朝鮮史叢』3, 46~47쪽).

농업은 旱田 위주로 이뤄졌다고 보았다.6) 고려시대는 『齊民要術』·『范勝之書』·『農桑輯要』등 중국 농서가 많이 이용되었을 것으로 추정되는데, 이들 중국 농서는 華北地域 중심의 농업기술을 기록하고 있어 고려시대에는 특히 中國 華北旱田農業의 영향을 많이 받고 있었다는 것이다.7)

아울러 作付體系에 대해서는, 조선시대와 중국·일본의 경우를 근거로 추정하여 수전과 한전 모두 적어도 1年 1作 방식이었다는 견해8)와 한전의 경우에는 1年 1作9) 혹은 2年 3作10) 방식이었다는 견해가 제기되어 있는 상황이다.

租稅收取 問題와 관련하여 수전과 한전의 土地生産性 차이에 대한 견해도 제기되었다. 成宗 11년에 규정된 公田租率에 따르면 수전과 한전의 收租額 비율이 2 : 1로 나타나고 있는데,11) 이에 대해 수전과 한전의 생산량이 2 : 1이었다고 보는 견해12)가 있는 반면 수전과 한전의 생산량이 동일하였다는 견해13)가 있다.

이처럼 그동안 高麗前期 水田과 旱田에 대해서는 대체로 수전농업에 못지않은 旱田農業의 중요성이 거론되는 가운데 耕地利用方式, 作付體系 등 農業技術에 대한 연구가 진행되어 왔다. 그러나 한편 이러한 견해들은 수전과 한전을 직접 대상으로 한 연구라기보다는 대체로 耕地利用方式과 農業技術을 검토하는 가운데 부수적으로 간단히 언급한 데 그친 경우가 많아,

---

6) 李泰鎭, 1983, 앞의 논문 : 1986, 앞의 책, 119쪽 ; 李平來, 1989, 앞의 논문, 192
　　쪽 ; 魏恩淑, 1990,「高麗時代 農業技術과 生産力 研究」『國史館論叢』17, 4쪽.
7) 金容燮, 1975, 앞의 논문, 76쪽 ; 1981,「農書小史」『農書』1, 亞細亞文化社,
　　3~4쪽.
8) 魏恩淑, 1985,「나말여초 농업생산력 발전과 그 주도세력」『釜大史學』9,
　　120~122쪽 ; 1990, 앞의 논문, 4~5쪽.
9) 宮嶋博史, 1980, 앞의 논문, 47~48쪽.
10) 李平來, 1989, 앞의 논문, 183~195쪽.
11) 『高麗史』卷78, 食貨志 1 田制 租稅 成宗 11年
12) 李泰鎭, 1979, 앞의 논문 : 1986, 앞의 책, 94쪽.
13) 李景植, 1986, 앞의 논문, 31쪽 ; 呂恩瑛, 1986,「高麗時代의 量田制」『嶠南史
　　學』2, 35쪽.

수전과 한전의 실상에 대해서는 검토가 필요한 실정이다. 무엇보다도 고려 전기 농업의 특징 중 하나로 거론되는 旱田農業의 중요성을 규명하기 위해 서는 한전농업이 어떤 점에서 水田農業과 差異가 있었는지에 대한 검토가 필요할 것이다. 그리고 그 기초로서 다루어져야 할 대상은 고려전기 한전과 수전의 土地生産性에 대한 검토가 아닌가 생각된다.

이에 본고에서는 高麗前期 水田과 旱田의 실상에 대해 고찰해 보기 위해 다음과 같이 살펴보고자 한다. 우선 고려시대에 토지가 水田과 旱田이란 구 체적인 地目으로 인식되기에 이르는 과정에 대해 살펴보도록 하겠다. 이어 서 고려전기 수전과 한전의 差異는 어떠한 점으로부터 유래한 것이었는지 를 살펴보고, 마지막으로 수전과 한전의 土地生産性 차이에 대해 검토해 보 도록 하겠다.

2. 水田과 旱田 地目

한반도에서 초기농경은 대체로 처음에 旱田農事로부터 시작된 것으로 파 악되고 있다. 그후 대체로 무문토기 중기단계에 이르러 한반도 서남부지역 을 중심으로 水田農事가 보급되기 시작한 것으로 보고 있다.[14] 따라서 적어 도 청동기시대부터는 이미 水田과 旱田이 존재하고 있었다고 보았다. 그리 고 최근 고고학의 발굴 결과, 삼국시대와 그 이전 시기의 水田 遺構와 旱田 遺構가 발견되고 있어[15] 이러한 사실을 구체적으로 뒷받침하고 있다.

그러면 水田과 旱田은 초기농경단계부터 명확히 구별되는 地目으로 인식 되고 있었던 것일까. 遺構의 존재를 감안할 때 당시에 이미 水田 및 旱田이

---

14) 李賢惠, 1997, 「韓國 古代의 밭농사」 『震檀學報』 84, 4~15쪽.
15) 삼국시대 및 그 이전 시기의 水田 遺構와 旱田 遺構에 대해서는 다음의 논고 참조. 金基興, 1995, 「미사리 삼국시기 밭 유구의 농업」 『歷史學報』 146 ; 李 賢惠, 1997, 앞의 논문 ; 全德在, 1999, 「백제 농업기술 연구」 『韓國古代史硏 究』 15, 80~92쪽.

개발·이용되고 있었음은 분명할 것이다. 그러나 그렇다 하더라도 초기농경
에서 수전과 한전이 구별되는 地目으로 파악되고 있었다고 보기에는 주저
되는 점이 있다. 왜냐하면 후술하듯이 고대농업에서 수전 혹은 한전 모두에
재배 가능한 未分化 곡물 품종의 존재 가능성 및 穀物을 위주로 농업을 인
식했을 가능성 등을 생각할 수 있기 때문이다. 수전과 한전 地目의 구분은
후대에 와서 가능했던 것으로 생각되며, 지목 구분이 생기기 전까지는 수전
과 한전 모두 동일한 農耕地라는 의미로 파악되고 있었던 것으로 생각된다.

그 후 三國時代의 농경은 대체로 旱田이 수전에 비해 많은 비중을 차지
하는 가운데 水田이 점차 보급되어 나갔는데, 水田의 보급이 크게 진전된
시기는 대체로 4~6세기로서 鐵製農器具와 牛耕의 보급, 水利施設의 확충
등에 기인한 것으로 파악되고 있다.[16] 그러나 한편 삼국시기에 旱田 穀物이
租稅와 일반민의 식량으로 중요시되고,[17] 한전 곡물에 대한 自然災害 기사
를 빈번하게 찾아볼 수 있는 등[18] 여전히 한전농업의 비중이 높았음을 살펴
볼 수 있다.

한국 전근대사회 농업에서 旱田農業의 비중이 컸던 사실은 水田과 旱田
에 대한 표기방식을 통해서도 엿볼 수 있다. 토지일반에 대한 대표적 명칭
으로서 田의 경우, 한국 전근대사회에서 田은 보통 旱田을 의미하며 水田은
특별히 '畓'이란 造字를 써서 구분하고 있다. 그러나 일본의 경우에는 보통
田이라 하면 水田을 의미하며 역으로 旱田을 '畑' 혹은 '畠'이라는 造字를
써서 구분하고 있다.[19] 이처럼 한국과 일본에서 수전과 한전을 표기하는 방
식이 다르다는 점은 그만큼 토지에 대한 인식에 차이가 있었음을 의미하는
것이고, 곧 이러한 인식의 차이는 당시 농업사정과도 관련된 것이었다고 생

---

16) 전덕재, 1990, 「4~6세기 농업생산력의 발달과 사회변동」 『역사와 현실』 4,
  19~33쪽 ; 李賢惠, 1991, 「三國時代의 농업기술과 사회발전 -4~5세기 新羅
  社會를 중심으로-」 『韓國上古史學報』 8, 47~56쪽.
17) 李昊榮, 1990, 「三國時代의 財政」 『國史館論叢』 13, 98쪽.
18) 鑄方貞亮, 1968, 「三國史記にあらわれた麥と麥作について」 『朝鮮學報』 48.
19) 宮嶋博史, 1987, 「朝鮮半島の稲作展開 -農書資料を中心に-」 『稲のアジア史』 2.

각된다. 즉 그만큼 韓國 전근대사회에서 旱田農業의 비중이 높았던 반면 日本의 경우에는 水田農業의 비중이 높았기 때문이라고 생각된다.

한편 한국사에서 水田의 유래와 관련해서는 문헌상 '稻田'이란 용어를 찾을 수 있다.

> 가-1. 下令國南州郡 始作稻田(『三國史記』卷23, 百濟本紀 1 多婁王 6年 2月)
>   2. 命國人 開稻田於南澤(『三國史記』卷24, 百濟本紀 2 古爾王 9年 2月)

문헌상 水田의 유래는 가-1 사료에 나타난 '稻田'이란 명칭에서 찾을 수 있을 것으로 생각된다. 가-1 사료만으로는 '稻田'이 곧 水田인지 명확하지 않지만, 가-2 사료에 따르면 稻田을 '南澤'에 조성하고 있었는데, '南澤'의 澤은 자연 低濕地인 것으로 여겨지며, 따라서 여기서 稻田은 水田일 가능성이 높다고 여겨진다.[20]

그런데 여기서 주목되는 점은 稻田이란 표현은 土地 상태보다는 栽培穀物 위주의 기록이란 점이다. 이것만 가지고 판단하기에는 부족한 점이 많지만, 이것은 곧 水田·旱田과 같은 地目이 아직 구분되어 성립되지 못한 때문으로 생각할 수도 있지 않을까 한다. 稻田이란 旱田과 구별되는 地目으로서의 의미보다는 稻를 재배하는 農耕地라는 의미를 내포하고 있었다고 여겨지기 때문이다. 이와 관련하여 한국 선사시대 및 고대에 水陸未分化稻가 광범위하게 재배되었을 가능성을 지적한 견해가 있어 주목할 필요가 있다.[21] 이럴 경우, 작물 재배에 토지 상태가 중요한 것은 물론이겠지만, 적어도 초기농경의 경우 稻 생산에 있어서 주된 관심의 대상은 재배작물로서의 稻에 있었을 것이다. 달리 말해 재배 穀物 위주로 농업이 파악되고 있었고, 수전과 한전 지목이 구분되기 전까지의 경우 그 곡물이 재배되는 토지는 農耕地로서의 의미를 지니고 있었던 것이 아닐까 한다.[22]

---

20) 李賢惠, 1991, 앞의 논문, 50쪽.
21) 郭鍾喆, 1992, 「한국과 일본의 고대 농업기술」『韓國古代史論叢』 4, 68~69쪽 및 119쪽.

한편 이와 같은 상황은 시간이 흐르면서 변화가 나타나게 된 것으로 생각된다. '稻田'과 같은 곡물 위주의 표현과 달리 '水田', '畓' 등 土地 위주의 표현이 등장하고 있기 때문이다.

나-1. 邁羅城法利源 水田五形[23]

    2. 故□□□□□□任□□海州白田畓□□與山鹽河川師敎(『韓國金石全文』古代篇,「昌寧眞興王巡狩碑」)

    3. 初至於南郊 水田中 有一白衣女人 刈稻(『三國遺事』卷3, 塔像 洛山二大聖)

    4. 坐父母陰取金剛寺水田一畝(『三國遺事』卷5, 感通 善律還生)

    5. 田畓柴 田畓幷四百九十四結三十九負 坐地三結 下院代四結七十二負 柴一百四十三結 荳原地 鹽分四十三結(『朝鮮金石總覽』上,「大安寺寂忍禪師照輪淸淨塔碑」)

    6. 常買其分石保坪大業 渚畓四結 … 奧畓十結(『朝鮮金石總覽』上,「開仙寺石燈記」)

    7. 當縣 沙害漸村 … 合畓百二結二負四束[以其村官謨畓四結] 內視令畓四結 烟受有畓九十四結二負四束[以村主位畓十九結七十負] 合田六十二結十負 … 合麻田一結九負(「新羅村落文書」)

새로운 자료의 발굴을 통해 시기가 올라갈 가능성은 있지만, 나-1, 2 사료를 통해 살펴볼 때 적어도 6C에 이르러서는 水田이란 표현이 등장하고 있었던 것을 살펴볼 수 있다.[24] 이것은 곧 적어도 이때 이르러서는 水田과

22) 한편 이와 달리 밭에서 稻가 재배되는 것은 농경기술이 발달한 이후에 가능한 것으로 보는 견해도 있다(安秉佑, 1990,「迎日冷水里新羅碑와 5~6세기 新羅의 社會相」『韓國古代史硏究』3, 129~131쪽 ; 李賢惠, 1991, 앞의 논문, 48쪽). 이러한 견해를 따를 경우 초기농경에서는 稻가 수전에서 재배되다가 시일이 경과하면서 한전에서도 재배되기에 이른 것으로 된다.

23) 부여 宮南池 유적에서 출토된 木簡에 기록된 글자의 일부로서, 이 목간의 작성 시기는 6세기경인 것으로 추정되고 있다(朴賢淑, 1996,「宮南池 출토 百濟 木簡과 王都 5部制」『韓國史硏究』92).

24) 각 사료의 시기를 살펴보면, 나-1은 6C경에 제작된 木簡, 나-2는 진흥왕 22년(561)에 건립된 비문이다. 나-3은 元曉(진평왕 39년[617]~신문왕 6년[686])의 행적과 관련된 사료이고, 나-4 사료는 望德寺의 僧 善律의 일화로서

旱田이 구별되는 地目으로 인식되고 있었던 점을 보여주는 것이라고 할 수 있을 것이다. 이후 水田 이외에 畓이란 표현도 찾아볼 수 있다. 畓은 우리나라에서 만들어진 글자로 알려지고 있는데,[25] '田畓'이란 표현(나-5)을 비롯해 '白田畓'이란 표현(나-2)을 살펴볼 수 있다. 그리고 특히 나-6 사료에 따르면, 渚畓·奥畓처럼 畓의 상태를 기록하고 있는 경우를 살펴볼 수 있으며, 나-7「新羅村落文書」에서는 '合畓…'·'合田…'처럼 畓과 田을 구분하여 結數까지 기록하고 있었다. 이러한 사실들은 곧 그만큼 당시에 水田과 旱田 地目이 구별되어 인식되고 있었기 때문으로 생각된다.

따라서 적어도 6C 이후에 이르면 이전에 동일한 農耕地로서 파악되고 있던 水田과 旱田이 상이한 地目으로 구별되어 파악되고 있었다고 할 수 있지 않을까 한다.[26]

이어서 高麗時代에 들어와서도 농경지로서 水田과 旱田은 구분되어 파악되고 있었다.

望德寺는 신문왕 5년(685)에 완공된 사찰이기 때문에(『三國史記』 卷8, 神文王 5年), 나-3, 4는 적어도 7C 이후의 사료에 해당한다고 할 수 있다. 나-5는 경문왕 12년(872)에 건립된 비문, 나-6은 진성여왕 5년(891)에 건립된 것이다(이상 비문의 건립 연대에 대해서는 국사편찬위원회, 1995, 『韓國古代金石文資料集』Ⅱ 참조). 나-7에 대해서는 815년설, 755년설, 695년설 등으로 나뉜다(李仁哲, 1996,「新羅村帳籍의 記載方式과 作成年度」『新羅村落社會史研究』, 一志社, 63~64쪽 및 76~78쪽).

25) 首露王이 首都를 정한 新畓坪에 대한 註에 이에 대한 설명이 보인다. "王若曰 朕欲定置京都 仍駕幸假宮之南新畓坪[最古來閑田 新耕作 故云也 畓乃俗文也]"(『三國遺事』卷2, 紀異 駕洛國記 首露王 2年 春正月)

26) 만약 이러한 파악이 타당하다면 이처럼 한국고대 농업에 대한 인식은 원래 穀物 위주의 파악에서 점차 土地 위주의 파악으로 변화되어 나간 것으로 생각할 수 있겠다. 앞으로 좀더 천착해야 할 문제이겠으나, 이는 당시 農業生産力의 발달 및 社會性格의 변화와도 관련된 일이었을 것이다. 이와 관련하여 한국 고대와 중세를 구분짓는 차이의 하나로 기본생산요소의 변화를 지적하면서, 고대의 경우 種子를, 중세의 경우 土地를 기본생산요소로 지적하고 있는 견해가 있어 참고가 될 수 있을 것이다(윤한택, 1987,「전자본주의사회의 성격」『사회과학개론』, 백산서당, 253~254쪽).

다-1. 判 公田租 四分取一 水田 上等一結 租二石十一斗二升五合五勺 中等
　　一結 租二石十一斗二升五合 下等一結 租一石十一斗二升五合 旱田 上
　　等一結 租一石十二斗一升二合五勺 中等一結 租一石十斗六升二合五
　　勺 下等一結 缺又水田 上等一結 租四石七斗五升 中等一結 三石七斗
　　五升 下等一結 二石七斗五升 旱田 上等一結 租二石三斗七升五合 中
　　等一結 一石十一斗二升五合 下等一結 一石三斗七升五合](『高麗史』
　　卷78, 食貨志 1 田制 租稅 成宗 11年)
　 2. 判 州鎭屯田軍一隊 給田一結 田一結收一石九斗五升 水田一結三石 十
　　結出二十石以上色員 襃賞 徵斂軍卒百姓 以充數者 科罪(『高麗史』 卷
　　82, 兵志 2 屯田 肅宗 8年)

　우선 다-1 사료에 따르면, 成宗 11년 公田租率을 정하면서 水田과 旱田
각 등급별 收租額을 규정하고 있었다. 이처럼 수전과 한전에 대한 收租額에
차이가 나고 있는 것은 수전과 한전이 서로 구별되는 토지였음을 반영하는
것이라고 할 수 있겠다. 한편 여기서 동일 田品에 해당하는 수전과 한전의
수조액이 2 : 1로 차이가 나고 있다. 이에 대해서는 절을 달리하여 살펴보겠
지만,[27] 어쨌든 수전과 한전의 收租額에 배의 차이가 있었던 것 역시 수전과
한전 지목이 구별되어 인식되고 있었음을 반영하는 것이라고 할 수 있겠다.
　그리고 다-2 사료에 의하면, 肅宗 8년에 州鎭의 屯田軍에게 토지 1結을
지급하여 田 1結에 1石 9斗 5升을 거두게 하고 水田일 경우 1結에 3石을
거두도록 하고 있었다. 여기서 田 1결에 1석 9두 5승을 거두는 경우와 水田
1결에 3석을 거두는 경우의 차이가 보이고 있는데, 水田과 구별되어 수조액
에 차이가 있는 '田'은 곧 旱田이었을 것으로 생각된다.[28] 이러한 사실 역
시 그만큼 고려시기에 수전과 한전 지목이 구별되어 인식되고 있었던 사실
을 반영하는 것이라고 할 수 있을 것이다.

---

27) 본고의 4절 참조.
28) 肅宗 8년에 규정된 수전과 한전의 수조액 비율은 3석 : 1석 9두 5승 = 1 :
　　0.5444로서, 成宗 11년 공전조율에서의 규정과 달리 정확하게 2 : 1이 되지 않
　　고 있다. 이에 대해서는 同一 田品의 수전과 한전이 아니었기 때문이었을 것이
　　라는 해석이 있다(李景植, 1986, 앞의 논문, 32쪽).

3. 水田과 旱田의 차이

이상에서 살펴보았듯이 고려시대 수전과 한전은 조세액에 차이가 있는 상이한 지목으로 파악되고 있었다. 그러면 이처럼 고려시대 水田과 旱田을 상이한 지목으로 파악하게 된 이유는 어디에 있었던 것일까.

우선 수전과 한전은 生産穀物에 차이가 있었다.[29] 陸稻와 같이 旱田에서 재배되는 경우도 있지만,[30] 대체로 稻는 水田에서 재배되었으며, 고려시대 한전 작물로서 대표적인 것은 麥·粟·豆 등이었다. 한편 수전에서 주로 재배되었을 稻는 麥·粟·豆 등 한전곡물에 비해 저장기간이 우월하고,[31] 수확량에 있어서도 우월했다는 점[32] 등도 수전과 한전을 구별해 보게 되는 한 원인이 되었을 것이다.

뿐만 아니라 곡물의 가치에 있어서도 수전 곡물로서 米穀과 한전 곡물로서 麥·粟·豆 등은 차이가 있었다.

---

29) 고려시대에 재배된 穀物에 대해서는 다음의 논고 참조. 李春寧, 1989, 「고려시대의 농업과 농학」『한국農學史』, 民音社 ; 장국종, 1989, 「고려시기의 농업에 대하여(2)」『력사과학』1989년 2호 ; 李正浩, 1997, 「高麗時代 穀物의 種類와 生産」『韓國史研究』96(본서 수록).

30) 『農事直說』種稻條에 따르면 '稻種甚多 大抵皆同 別有一種 曰旱稻'라 하여, 旱稻 즉 陸稻에 대해 기록하고 있어 『農事直說』이 편찬된 조선초기 당시에 육도가 재배되고 있었음을 알 수 있다. 한편 고려시대의 경우 한전 곡물의 대표적인 것은 麥·粟·豆 등으로서, 한전에서 稻가 일반적으로 재배되었다고는 보기 힘들다. 그러나 고려전기 수리시설의 상황과 봄가뭄이 심한 한반도의 기후 등을 감안할 때 고려전기에 있어서도 지역에 따라 旱稻가 재배되고 있었을 가능성 또한 높다고 여겨진다.

31) 곡물의 저장기간을 살펴볼 때 대체로 벼는 9년, 쌀은 3~5년, 기장은 4년인 것으로 나타난다(Francesca Bray, 1984, *Science and Civilisation in China(Vol.6. Pt.2)*, Cambridge University Press, p. 378 ; 李賢惠, 1991, 앞의 논문, 56쪽의 註 25) 참조).

32) 논농사의 경우 벼의 생육에 필요한 질소·인산·칼리 등 자연비료를 물을 통해 얻을 수 있는 유리한 측면이 있다(李殷雄, 1986, 『水稻作(4訂版)』, 鄕文社, 201~203쪽).

라. 內外官斛長廣高 方酌定 米斛 則長廣高各一尺二寸 稗租斛 長廣高各一尺
   四寸五分 末醬斛 長廣高各一尺三寸九分 太小豆斛 長廣高各一尺九分
   (『高麗史』卷84, 刑法志 1 職制 文宗 7年)

라 사료에 따르면, 文宗 7년에 內外官斛의 용량을 米斛・稗租斛・末醬斛・
太小豆斛으로 구분하여 정하고 있었다. 이에 따라 官斛 사이의 용적비를 계
산해 보면 다음과 같다.

<표C> 官斛의 용적비[33]

곡종	용적(분^3)	용적비
米斛	1,728,000	4
稗租斛	3,048,625	7
末醬斛	2,685,619	6
太小豆斛	1,295,029	3

여기서 末醬斛은 곡물 가공식품의 量器로 생각되므로 논외로 하고 살펴보
면, 곡물을 측량하는 量器로서 米斛・稗租斛・太小豆斛이 구분되어 있었다는
점을 주목해 볼 필요가 있다. 우선 米斛・稗租斛・太小豆斛이 구분되고 있었
던 것으로 보아 적어도 米・稗租[34]・太小豆 등의 곡물들을 구별하여 파악하고
있었음을 알 수 있다. 그리고 米斛의 용적이 稗租斛의 용적에 비해 작은 것
으로 보아 米가 稗租에 비해 가치상 우월하게 평가되고 있었음을 알 수 있다.
한편 여기서 문제가 되는 것은 米斛과 太小豆斛의 용적비가 4 : 3으로
되어 있어, 일견하기에 米의 가격이 太小豆보다 저렴한 것처럼 되어 있다는
점이다. 이에 대해서는 라 사료의 米斛은 搗精이 안된 稻를 측량하는 量器

<hr>

33) 呂恩暎, 1987,「高麗時代의 量制－結負制 이해의 기초로서－」『慶尙史學』 3,
   24쪽에서 재인용.
34) 稗租가 무엇을 지칭하는 것인지는 명확하지 않지만, 일단 米와 太小豆를 제외
   한 곡물로 생각할 수 있다. 그리고 '稗'字는 粟의 일종으로서 피를 의미함과 동
   시에 작다(小)는 의미도 지니고 있는 글자임을 감안할 때(諸橋轍次,『大漢和辭
   典』「稗字」), 아마도 稗租는 粟처럼 곡식 낟알이 작은 곡물을 지칭하는 것이
   아닌가 한다.

로 보아, 稻의 도정율을 50%로 추정할 경우 결국 米斛과 太小豆斛의 同價 容積比는 2 : 3이 된다는 견해가 있다.35) 이와 달리 사료상 太小豆斛의 수 치가 오기된 것으로 보아 米斛이 太小豆斛에 비해 작은 용적이었다는 견해 도 있다.36) 이처럼 라 사료에 나타난 米斛과 太小豆斛의 용적비에 대해서 는 해석상의 차이가 있지만, 이러한 의견 차이에도 불구하고 米의 가치가 太小豆에 비해 높았던 점에 대해서는 대체로 의견을 같이하고 있다.

이상에서 살펴본 바와 같이 고려시대 米는 稗租·太小豆 등 한전 곡물에 비해 가치상 우월한 것으로 평가되고 있었음을 알 수 있는데, 이러한 점 역 시 水田과 투田을 구별해 보게 되는 요인이었을 것으로 생각된다.

그리고 수전과 한전을 구별하게 되는 차이는 立地條件과 營農方法이 달 랐던 점을 지적할 수 있을 것이다. 대체로 水田은 처음에 沼澤地, 低濕地와 같이 용수 공급이 원활한 곳부터 개발되어 나갔는데, 점차 水源이 비교적 근거리에 있어 간단한 수리시설로 물을 공급할 수 있는 扇狀地 등으로 확대 되어 나갔을 것으로 추정되고 있다.37) 고려시대에 있어서도 水利施設의 확 대에 따라 水田의 확대가 이뤄져 나가는 추세였다.38)

고려시대 수리시설로는 堤堰, 溝渠, 防川堤, 防潮堤 등을 들 수 있는데, 堤堰을 제외한 구거, 방천제, 방조제 등은 12세기 이후 低濕地 및 沿海岸 개간의 추세와 관련하여 등장하는 수리시설들이었다.39) 따라서 적어도 고 려전기까지 대표적인 수리시설의 형태는 堤堰이었다고 볼 수 있겠다. 한편 고려전기 수리시설에 대한 기록은 새로운 제언의 修築이라기 보다는 대체

─────────────────

35) 呂恩暎, 1987, 앞의 논문, 26쪽.
36) 李宗峯, 1999, 『高麗時代 度量衡制 硏究』, 부산대 박사학위논문, 80~82쪽.
37) 全德在, 1999, 앞의 논문, 94~100쪽.
38) 魏恩淑, 1988, 「12세기 농업기술의 발전」『釜大史學』12, 83~95쪽 ; 1990, 앞 의 논문, 15~20쪽 ; 이평래, 1991, 「고려후기 수리시설의 확충과 수전 개발」 『역사와 현실』5, 159~175쪽 ; 李宗峯, 1992, 「高麗後期 勸農政策과 土地開墾」 『釜大史學』15·16, 327~329쪽 ; 1993, 「고려시기 수전농업의 발달과 이앙법」 『韓國文化硏究』6, 159~173쪽.
39) 魏恩淑, 1988, 앞의 논문, 89~92쪽 ; 李宗峯, 1992, 앞의 논문, 340~344쪽.

로 기존 제언의 保守·維持 차원에서 이뤄지고 있었다.[40] 이러한 사실은 고려전기에 제언을 통해 用水를 공급하는데 그만큼 어려움이 많았음을 드러내 주는 것이라고 생각된다. 제언에는 山谷型 제언과 平地型 제언의 종류가 있는데, 이들 제언들은 지속적인 준설을 필요로 하고 또 축조에 많은 노동력이 소요되는 어려움이 있었던 것으로 알려지고 있기 때문이다.[41] 따라서 고려전기에 제언을 통해 원활한 用水 공급을 확보하기에는 어느 정도 한계가 있었다고 보여진다.

고려시대 수전과 한전의 農業技術에 대해서는 그 구체적인 내용을 살펴볼 수 있는 사료가 거의 남아 있지 않다. 따라서 조선초기 농서인 『農事直說』에서 서술하고 있는 농업기술을 토대로 유추할 수 밖에 없는 실정이다. 『農事直說』에 나타난 水田 耕種法은 대체로 水耕, 乾耕, 揷種의 3가지로 구분되고 있었다.[42] 그런데 이중 揷種 즉 移秧法은 대체로 13세기 무렵부터 강원도 남부, 경상도 지역을 중심으로 시작되었던 것으로 이해되고 있으므로,[43] 결국 고려전기 수전의 경종법은 水耕과 乾耕이었다고 추정할 수 있다. 水耕法은 볍씨를 싹틔워 水田中에 直播한 후 灌水하는 방법이다.[44] 그

---

40) "臥龍池 俗名 南大池 … 高麗文宗 以池中膏腴可作田 賜興王寺 其年旱 因邑人 翰林學士李靈幹之奏 還築之 黑龍現而騰空 其日始大雨"(『新增東國輿地勝覽』 卷 43 黃海道 延安都護府 山川條) ; "碧骨堤 … 至高麗顯宗時 修完舊制 及仁宗二十一年癸亥 又增修 復而終至廢棄"(『新增東國輿地勝覽』 卷33, 全羅道 金堤郡 古跡條)

41) 하천이 山谷으로부터 平地로 흘러내리는 지점에 축조하는 山谷型 堤堰은 산의 경사면을 이용하여 제언을 수축하기 때문에 水深이 깊고 풍부한 저수량을 얻을 수 있는 데 반해 이때 대량의 土砂가 동시에 운반되기 때문에 정기적으로 준설을 행하지 않으면 수심이 얕아지고 폐허화되는 단점이 있었다. 한편 平地를 파서 그 흙을 주위에 쌓음으로써 조성되는 平地型 제언은 축조시에 많은 노력이 들고 저수량이 많지 않다는 단점이 있었다(魏恩淑, 1988, 앞의 논문, 87~88쪽).

42) "耕種法 有水耕[鄕名水沙彌] 有乾耕[鄕名乾沙彌] 又有揷種[鄕名苗種]"(『農事直說』種稻)

43) 李宗峯, 1993, 앞의 논문, 35~39쪽.

44) "先以稻種漬水 經三日漉出 納萵篢中 置溫處 頻頻開視 勿致鬱浥 芽長二分 均

리고 『農事直說』에서는 봄에 가뭄이 들어 水耕할 수 없을 경우 乾耕法을 행하도록 권하고 있는데, 건경법은 稻를 乾地에 파종하고 田作物 같이 육성 하다가 雨期에 비가 오면 水稻와 같이 재배하는 방법이다.[45] 고려전기에도 역시 이러한 水耕法과 乾耕法이 모두 이용되고 있는 가운데,[46] 이 시기에 는 앞서 살펴보았듯이 당시의 수리시설이 지니고 있던 한계점을 감안할 때 아마도 수경법 못지않게 乾耕法이 다수 이용되고 있었을 것으로 생각된다.

> 마. 大雨 時南方大旱 行旅不得水 熊津渡淺 纔濡馬足 至是乃雨 民始播稻
> (『高麗史』 卷54, 五行志 2 五行二曰火 恭愍王 16年 5月 甲申)

위 사료는 고려후기의 것이기는 하지만, 이를 통해 고려전기 수전경작 방법을 유추해 보는데 도움을 준다. 즉 恭愍王 16년 南方에 가뭄이 들었는데 그해 5월에 비가 오자 비로소 稻를 파종하고 있었다. 여기서 5월에 벼를 파종한 것에 대해서는 水耕法으로 보는 견해[47]와 移秧法 단계의 사료로 해석하는 견해[48]의 차이가 있다. 그러나 어쨌든 12세기 이후 수리시설의 확대로 이전 시기보다 상대적으로 용수 공급이 원활했을 고려후기에 있어서도 봄

撒水田中 以板撈 或把撈 覆種灌水 驅鳥 苗生二葉 則去水以手耘 去苗間細草 訖又灌水"(『農事直說』 種稻)

45) "春旱不可水耕 宜乾耕 其法耕訖 以檑木打破土塊 又以木斫從橫摩平熟治後 以稻種一斗 和熟糞或尿灰一石爲度 足種驅鳥 苗未成長 不可灌水 雜草生則雖旱 苗稿 不可停鋤"(『農事直說』 種稻)

46) 대체로 한반도의 기후 특성상 봄 가뭄이 심한 점을 감안하여, 乾耕法은 삼국시대로까지 그 기원이 거슬러 올라갈 만큼 비교적 이른 시기부터 시작되고 있었을 것으로 보고 있다. 고려시대의 경우 역시 乾耕法이 일반화되었을 것으로 보며, 12세기 수리시설의 확대를 비롯한 농업기술상의 발전으로 水耕法이 확대되어 나갔을 것으로 보고 있다. 金容燮, 1971, 『朝鮮後期 農業史硏究』 Ⅱ, 一潮閣, 10~11쪽 ; 李鎬澈, 1986, 『朝鮮前期 農業經濟史』, 한길사, 32쪽 ; 魏恩淑, 1988, 앞의 논문, 101쪽 ; 金琪燮, 1992, 「新羅 統一期 田莊의 經營과 農業技術」『新羅産業經濟의 新硏究』, 書景文化社, 24쪽.

47) 金容燮, 1971, 앞의 책, 11쪽.

48) 李宗峯, 1993, 앞의 논문, 31쪽.

가뭄 때문에 농사에 지장이 많았음을 알 수 있다. 그렇다면 고려전기의 경우
에는 이로 인한 피해가 더욱 심했을 것이고, 따라서 앞서 살펴보았듯이 봄
가뭄을 피하기 위해 건경법을 권장하고 있는 『農事直說』의 내용을 감안한다
면 고려전기에 乾耕法 또한 많이 이용하고 있었을 것으로 추정할 수 있겠다.

고려전기 한전의 경작방식이 어떠한 것이었는지에 대해서도 실정을 파악
하기 어려운 상황이다. 그러나 한편 고려전기의 경우 조세수취를 통해 左倉
에 납부된 곡물로 米뿐만 아니라 粟·麥 또한 있었음으로 보아,[49] 고려전기
에 한전곡물 역시 조세수취의 대상이었음을 알 수 있다. 아울러 한전곡물은
일반민의 식량으로서 중요하였던 만큼,[50] 한전 농사의 발달 또한 상당히 진
전되고 있었다고 보아야 할 것이다. 따라서 고려전기의 경우 한전에서 적어
도 1年 1作은 이뤄지고 있었다고 보아야 할 것이며, 더 나아가 2年 3作의
윤작체계도 경우에 따라서는 가능했을 것으로 생각된다.[51]

한편 고려전기 수전과 한전의 조성과정과 관련해서는 다음의 사료를 살
펴볼 필요가 있다.

> 바. 大康十年甲子 出莅永淸縣 其年海內旱 民無聊生 轉於溝壑者 往往有之
> 公下車 旣不數月 縣之西有德池原 火燎幾許里 民始懼焉 會麥禾登熟 有
> 稃不種 離離厭原 公因使人刈獲 得實五十餘石 以爲軍儲 或有民所獲者
> 又不知其數(『高麗墓誌銘集成』, 「鄭穆墓誌銘」)

위 사료에 따르면 大康 10년(宣宗 元年, 1084) 永淸縣에 수령으로 파견된
鄭穆은 縣의 서쪽에 있는 德池原을 불살라 '麥禾'를 수확하고 있었다. 여기
서 '麥禾'에 대해서는 麥과 粟으로 보는 견해[52]와 麥과 稻로 보는 견해[53]의

---

49) "高麗祿俸之制 至文宗大備 以左倉歲入米粟麥摠十三萬九千七百三十六石十三
斗 隨科准給"(『高麗史』 卷80, 食貨志 3 祿俸 序文)
50) 李正浩, 1997, 앞의 논문, 24~27쪽.
51) 한전의 작부방식에 대해서는 註 8)~10)의 논고 참조.
52) 魏恩淑, 1990, 앞의 논문, 14쪽.
53) 韓政洙, 1995, 『高麗前期 勸農政策과 農業技術』, 건국대 석사학위논문, 53~54쪽.

차이가 있다. 그런데 영청현이 西海로부터 35~40里 떨어진 곳에 위치해 있
고54) 縣의 서쪽에 德池가 있었음55)을 감안할 때 鄭穆이 개간한 德池原은
多濕한 지역이었으리라고 생각된다.56) 그런데 조(粟)는 습한 것을 싫어하는
작물이라는 점57)을 감안할 때 이러한 다습한 지역에서 재배된 '麥禾'를 보
리와 조로 보기보다는 보리와 稻로 볼 가능성이 더 높다고 생각된다.

　이렇게 생각할 때 위의 사료는 宣宗 元年 당시에 적어도 麥과 稻를 일정
지역 내에서 함께 재배하고 있었음을 드러내는 것이라고 할 수 있을 것이
다. 이에 대해서는 稻－麥의 윤작체계로 보는 견해도 있지만,58) 고려전기에
이미 稻를 포함한 1년 2작이 이뤄졌는지에 대해서는 의문점이 있다. 왜냐하
면 동일경지 내에서 稻－麥의 1년 2작이 보편화 되는 것은 적어도 조선후
기 이후의 일이기 때문이다.59) 따라서 鄭穆에 의한 德池原 경작은 동일경
지 내에서 麥과 稻를 재배했다기 보다는 지형에 따라 麥과 稻를 각기 재배
하는 지역이 달리 있었던 것으로 보는 것이 어떨까 생각된다. 즉 永淸縣의
德池原에서도 水田으로 조성할 수 있는 지역은 稻를 재배하고 旱田으로 이
용할 지역은 麥을 재배한 것으로 보아야 하지 않을까 하는 것이다.

---

54) "永柔縣[東至順安縣界九里 … 至海岸三十五里]"(『新增東國輿地勝覽』 卷52,
　　平安道 永柔縣) ; "海[在縣西四十里]"(『新增東國輿地勝覽』 卷52, 平安道 永柔
　　縣 山川). 永淸縣은 조선 世宗 5년에 永柔縣으로 개명되었다(『新增東國輿地勝
　　覽』 卷52, 平安道 永柔縣 建置沿革 참조).
55) "德池[在縣西二十里 周五萬三千四百尺]"(『新增東國輿地勝覽』 卷52, 平安道 永
　　柔縣 山川)
56) 縣의 서쪽 지역에는 海岸, 德池 이외에도 加訖池, 于勒池 등이 있어 鄭穆이 개
　　간한 德池原 지역이 비교적 다습한 지역이었을 것으로 추정된다. "加訖池[在縣
　　西二十里 周一萬一千五十尺] 于勒池[在縣西二十五里]"(『新增東國輿地勝覽』 卷
　　52, 平安道 永柔縣 山川)
57) "擇良田 細沙黑土相牟者爲良 黍粟性宜高燥 不宜下濕"(『農事直說』 種黍粟)
58) 韓政洙, 앞의 논문, 54쪽.
59) 동일경지에서 稻와 麥을 연이어 재배하는 稻·麥 二毛作, 즉 이른바 '水田種麥'
　　에 대해서는 金容燮, 1971, 「朝鮮後期의 水稻作技術－稻·麥 二毛作의 普及에
　　대하여－」『朝鮮後期農業史研究』 Ⅱ, 一潮閣 참조.

따라서 고려전기 水田과 旱田의 조성과정과 관련하여 다음과 같이 생각할 수 있을 것이다. 수전과 한전을 구분짓게 되는데 많은 영향을 미치는 것은 用水 문제에 달려 있었고, 대체로 用水 확보 여하에 따라 水田 혹은 旱田으로의 조성이 결정되고 있었던 것으로 생각된다.[60]

이와 관련하여 다음의 사료를 주목해 볼 필요가 있다.

> 사-1. 國封地瀕東海 多大山深谷 崎嶇崷崒而少平地 故治田多於山間 因其高下 耕墾甚力 遠望如梯磴(『高麗圖經』卷23, 雜俗 2 種藝)
>
>   2. 梯田 謂梯山爲田也 ··· 上有水源 則可種秔秫 如止陸種 亦宜粟麥(『王禎 農書』農器圖譜 卷1)

사-1 사료의 경우, 仁宗朝에 高麗를 다녀간 宋나라 사신 徐兢은 고려의 경지가 山間에 많이 조성되어 있어, 멀리서 보면 마치 梯磴처럼 보인다고 서술하고 있었다. 이러한 서술은 徐兢 자신이 宋나라 사신이었던 만큼 당시 중국 농업 사정에 대한 인식을 바탕으로 고려의 경지 사정을 비교하는 가운데 나왔을 것이다. 그런 점에서 중국에서 이와 유사한 경지 개간 형태로서 梯田에 대한 내용을 살펴보는 것이 고려의 경지 개간 사정을 이해하는데 도움이 되리라고 생각된다.

사-2 사료를 통해 살펴볼 수 있듯이, 元代에 만들어진 『王禎農書』에 따르면 梯田을 조성할 때 水源이 있을 경우에는 秔秫을 파종하고 陸種일 경우 粟麥을 파종하도록 하고 있었다. 이것은 중국에서 梯田을 조성함에 있어서 水源이 있는지 여부에 따라 水田 혹은 旱田으로 달리 조성하였음을 나타내는 것이라고 할 수 있겠다. 결국 梯田을 조성함에 있어서는 水田 혹은 旱田 모두 가능하였던 사실과 수전·한전을 구분짓는 요소는 用水 확보의 여부에 달려 있었던 사실을 알 수 있겠다.

---

60) 물론 지역에 따라서는 원활한 用水가 확보되어 수전을 조성하여 지속적으로 수전을 이용하는 경우도 있었겠지만, 용수 확보가 안정적이지 못할 경우 상황에 따라 수전 혹은 한전을 선택적으로 이용하는 경우 역시 있었지 않았을까 하는 것이다.

이러한 사정은 조선초기 농서이기는 하지만, 『農書輯要』[61]를 통해서도
살펴볼 수 있다.

> 사-3. 齊民要術 稻無所緣 唯歲易爲良 選地欲近上流 三月種者爲上時 四月上
> 旬爲中時 中旬爲下時 … 色吐連處田地亦 或田或畓 互相耕作爲良 量
> 地品一樣田地乙良 每年回換水稻畊作爲乎矣 三月內畊種不得爲去等
> 四月上中旬乙 不違畊種(『農書輯要』 水稻)

『農書輯要』에서는 『齊民要術』에 나타난 稻 재배 방법을 일종의 回換農
法으로 해석하고 있었다. 이에 따르면 色吐, 즉 수리시설[62]에 이어진 토지
일 경우 田과 畓을 해마다 바꿔 경작하는 것으로 해석하고 있었다. 이것은
『農書輯要』가 만들어진 조선초기의 경우에 있어서도 수전과 한전이 回換[63]
하는 경우가 있었을 뿐만 아니라 수전과 한전을 결정하는 요소는 用水 확보

---

61) 『農書輯要』에 대해서는 다음의 논고 참조. 金容燮, 1987, 「『農書輯要』의 농업
기술」 『세종학연구』 2 : 1988, 『朝鮮後期農學史研究』, 一潮閣 재수록 ; 吳仁
澤, 1993, 「朝鮮初期의 『農書輯要』 刊行에 대하여」 『釜大史學』 17 ; 염정섭,
2007, 「14세기 高麗末, 朝鮮初 농업기술 발달의 추이」 『농업사연구』 6-1,
101~108쪽.

62) '色吐連處'에 대해서는 토양의 색깔과 관련된 것으로 보는 견해도 있으나(金容
燮, 1987, 앞의 논문 : 1988, 앞의 책, 21쪽), 吐를 '뚝'으로 보아 제방 등 저수
시설이 있는 지점으로 보는 것이 좋을 듯하다. 이에 대해서는 다음의 논고 참
조. 李鎬澈, 1990, 「『農書輯要』의 農法과 그 歷史的 性格」 『經濟史學』 14,
19~20쪽 ; 김기흥, 1996, 「신라의 '水陸兼種' 농업에 대한 고찰 - '回換農法'과
관련하여 -」 『韓國史研究』 94, 28쪽.

63) 『農書輯要』에 나타난 回換農法에 대해서는 대체로 田과 畓을 매년 교대하여
경작하는 일종의 輪畓法인 것으로 보고 있다(金容燮, 1987, 앞의 논문 : 1988,
앞의 책, 21쪽 ; 魏恩淑, 1988, 앞의 논문, 116쪽). 한편 이와 달리, 色吐에 이어
진 토지일 경우 田畓의 윤답법으로, 地品이 한결같은 토지일 경우는 水稻作의
休閑農法으로 경작하도록 한 것이라 보아 토질의 특성에 따라 윤답과 휴한이
달리 이용되었다는 견해도 있다(金琪燮, 1992, 앞의 논문, 22~23쪽). 그러나 이
러한 견해에서도 色吐, 즉 수리시설에 이어진 토지의 윤답법에 대해서는 의견
을 같이하고 있다.

문제였음을 알려주는 것이 아닌가 한다.

이후 고려후기에 있어서도 수전과 한전은 구별되어 인식되었던 것은 물론[64] 농업기술의 발전에 따라 수전과 한전의 비중에 있어서도 水田이 점차 확대되어 나갔던 것으로 파악된다.[65] 더 나아가 朝鮮時代의 경우에는 수전과 한전을 구별할 뿐만 아니라 수전과 한전 사이의 우열까지도 인식되고 있었던 것으로 나타나고 있다. 조선시대에 國用에는 수전이 중요하고 百姓들의 食糧으로는 한전이 중요하다거나,[66] 한전 소출이 수전에 미치지 못하며,[67] 농사는 水田 위주로 한다는 표현[68] 등을 찾아볼 수 있다. 아울러 한전 소출은 수전 소출에 준하여 정하게 되며,[69] 수전의 수확량은 한전보다 2배였던 것으로 파악되기에 이르는 것이다.[70]

4. 水田과 旱田의 土地生産性

이상에서 고려전기 수전과 한전을 구별하여 인식하게 된 이유에 대해 살펴보았다. 그러면 다음으로는 고려전기 水田과 旱田이 土地生産性에 있어서 어떠한 차이가 있었는지를 살펴보도록 하겠다.

---

64) "彌勒□□□寶 通州副使金用卿·襄州副使朴珙施納 壤原代下坪貟畓二結陳(細註 생략 ; 필자) 北反伊貟畓二結陳(細註 생략 ; 필자) 同貟田二結陳"(『韓國金石遺文』「三日浦埋香碑」)

65) 다음의 사료는 수전뿐만 아니라 한전 역시 확대되어 나가고 있는 모습을 드러내는 고려후기 사료이다. 이를 통해 수전 확대의 모습은 어느 정도 파악해 볼 수 있을 것으로 생각된다. "國家服事皇元 中外無慮 閭閻櫛比 行路如織 民日以殷 野日以闢 化斥鹵以水耕 刊薈蔚以火耘 豈非庶矣乎"(『益齋亂藁』下 策問)

66) "國用則水田爲重 民食則旱田爲重 凡民十月以前 專賴旱田穀以生 國用則大米多而小米寡矣"(『世宗實錄』卷102, 世宗 25年 11月 癸丑)

67) "旱田所出 不及於水田"(『世宗實錄』卷102, 世宗 25年 11月 癸丑)

68) "農事以水田爲主"(『文宗實錄』卷10, 文宗 元年 11月 乙巳)

69) "旱田所出 准水田之數 依前例折半爲定 假令上上年 水田之稅 收米二十斗 則旱田之稅 黃豆則二十斗 田米則十斗之類"(『世宗實錄』卷106, 世宗 26年 11月 戊子)

70) "夫水田所收 常倍旱田"(『課農小抄』水利)

고려전기 수전과 한전의 토지생산성 차이를 살펴보는데는 앞서 살펴본 成宗 11년 公田租率에 대한 사료가 참고가 된다. 논의를 위해 재인용하기로 하겠다.

> 아. 判 公田租 四分取一 水田 上等一結 租二石十一斗二升五合五勺 中等一結 租二石十一斗二升五合 下等一結 租一石十一斗二升五合 旱田 上等一結 租一石十二斗一升二合五勺 中等一結 租一石十斗六升二合五勺 下等一結 缺[又水田 上等一結 租四石七斗五升 中等一結 三石七斗五升 下等一結 二石七斗五升 旱田 上等一結 租二石三斗七升五合 中等一結 一石十一斗二升五合 下等一結 一石三斗七升五合](『高麗史』卷78, 食貨志 1 田制 租稅 成宗 11年)

이에 따르면, 公田租로 생산량의 1/4을 수취하도록 규정하면서 水田과 旱田을 각각 上等·中等·下等으로 구분하여 1결당 收租額을 밝히고 있다. 그리고 각 등급별 수전과 한전의 結當 收租額의 비율은 수전 : 한전 = 2 : 1로 되어 있다. 이에 따라 이 收租式은 일견하기에 수전과 한전의 생산량이 2 : 1이었던 것으로 보이기 쉽다. 만약 그러하다면, 가령 동일한 면적과 등급의 토지일 경우 수전과 한전은 단위 면적당 생산량에 있어서 2 : 1의 차이가 있었던 셈이 될 것이다.

그러나 고려전기 수전과 한전의 토지생산성에 과연 2 : 1의 차이가 있었는지에 대해서는 몇 가지 의문점들이 있다. 이와 관련하여 다음의 사료들을 살펴보도록 하자.

> 자-1. 寺之段 司倉上導行審是內乎矣 七十六是去丙辰年量田 使前守倉部卿藝言·下典奉休·算士千達等 乙卯二月十五日 宋良卿矣結審是乎 導行乙用良 顯德三年丙辰三月日 練立作良中 代下田 長卄七步方卄步 北能召田 南東渠 西葛頸寺田 承孔伍佰肆拾 結得肆拾玖負肆束 同寺位同土 犯南田 長拾珎步東三步 三方渠 西文達代 承孔百四 結得珎負伍束(『韓國金石文追補』「淨兜寺五層石塔造成形止記」)
>   2. 公幼穎 隨朝請公 事太尉瀋王于京邸 遂通三國語 敍爲先王官屬 而服事

久用 其勞賜田一百結(『拙藁千百』 卷2, 崔大監墓誌)
3. 盜耕公私田 一畝笞三十 五畝四十 十畝五十 十五畝杖六十 二十畝七十
二十五畝八十 三十畝九十 三十五畝一百 四十畝徒一年 五十畝一年半
荒田減一等 强加一等(『高麗史』 卷85, 刑法志 2 禁令)
4. 判 陳田墾耕人 私田則初年所收全給 二年始與田主分半 公田限三年全給
四年始依法收租(『高麗史』 卷78, 食貨志 1 田制 租稅 光宗 24年 12月)

자-1 사료는 量田 과정을 살펴볼 수 있는 자료이다. 여기서 量田 결과 얻
어진 전지는 承孔 540, 結 49負 4束인 토지와 承孔 104, 結 7負 5束의 토지
인 것으로 나타나고 있다. 한편 여기서 양전된 토지는 水田, 旱田의 구분없
이 總結數가 기록되고 있다는 점에 주목해 볼 필요가 있다. 만약 수전과 한
전의 토지생산성이 다르다면 이러한 표현은 문제가 따른다. 특히 토지 결수
파악은 국가의 통제와도 밀접한 관련을 지니는 것으로 토지 結數는 곧 국가
의 조세수취와도 관련된 것이기 때문이다.

자-2 사료는 토지 하사의 기록인데 수전과 한전을 구분하여 기록하지 않
고 토지를 의미하는 일반적인 용어로서 田이라고 표현하고 있다.[71] 만약 수
전과 한전에 토지생산성의 차이가 있었다면 이러한 표현은 불가능했을 것이
다. 그럼에도 불구하고 水田과 旱田의 구분없이 전답의 總結數가 기록될
수 있었다는 것은 혹시 그렇게 파악해도 문제가 될 것이 없었기 때문이 아
닐까 생각된다. 곧 수전과 한전은 田品이 같다면 동일한 면적일 경우 동일
한 생산량을 생산해 내는 토지로 인식되었기 때문이 아닐까 하는 것이다.

자-3, 4 사료에서도 마찬가지의 의문이 생긴다. 이에 따르면 盜耕에 대한
처벌과 陳田 개간시 免租規定에 있어 수전과 한전에 따른 차이가 나타나
있지 않다. 만약 수전과 한전의 동일 면적당 생산량에 차이가 있었다면 水
田과 旱田의 경우에 차이를 적기함이 옳았을 듯한데, 그렇지 않은 점 또한
의문이다. 다만 盜耕 처벌의 경우에 차이를 두고 있는 것은 荒田과의 차이
일 따름이다. 여기서 중요한 점은 荒田과 非荒田, 곧 耕地와의 차이였으며,

---

71) 이러한 경우는 관리에 대한 田柴科 지급에 있어서도 水田과 旱田의 구분 없이
다만 田이라 표현되고 있는 것에서도 살펴볼 수 있다.

耕地로서의 水田과 旱田은 동일하게 취급되고 있었던 것이다.

이와 같이 고려전기 수전과 한전의 토지생산성에 2 : 1의 차이가 있었다고 보기에는 여러 가지 의문점이 있다. 무엇보다 수전과 한전을 동일하게 취급하고 있었던 것으로 보여지는 여러 사례들을 살펴볼 수 있기 때문이다. 이와 관련하여 다음으로는 비록 후대의 사료이기는 하지만, 고려말과 조선초의 다음 사료를 살펴볼 필요가 있다.

> 차-1. 凡公私田租 每水田一結 糙米三十斗 旱田一結 雜穀三十斗 … 凡有田者 皆納稅 水田一結 白米二斗 旱田一結 黃豆二斗(『高麗史』 卷78, 食貨志 1 田制 祿科田 恭讓王 3年 5月)
> 2. 旱田水田準等與差等之議 或者曰 水田旱田 雖曰 每結三十斗 然水田則糙米 旱田則黃豆 黃豆三十斗 折糙米十五斗 則水田旱田租稅 相去遠矣 … 若論其價 則黃豆半於糙米 若論所出 黃豆與糙米 其實則同也(『世宗實錄』 卷104, 世宗 26年 6月 甲申)

차-1 科田法의 규정에 따르면, 公私田租는 水田 1結에 糙米 30斗, 旱田 1結에 雜穀 30斗를 거두게 하고 있었다. 즉 수전과 한전에서의 조세수취는 수취곡물의 형태가 糙米와 雜穀으로 차이가 있었지만 그 수취량에 있어서는 동일하였다. 차-2 사료에서는 이러한 조세수취의 내용이 무엇을 의미하는지를 살펴볼 수 있다. 이에 따르면, 곡물의 가치를 따질 때 黃豆는 糙米의 1/2에 해당되지만, 소출은 黃豆와 糙米가 동일하다고 언급하고 있었다.

이러한 사실을 감안할 때, 고려 성종 11년 수조식에 수전과 한전의 조세수취량이 2 : 1로 나타난 것에 대해서도 달리 생각할 수 있겠다. 즉 성종 11년 수조식은 米 위주의 조세규정으로서, 米를 기준으로 旱田穀物을 환산할 경우 2 : 1의 차이가 있었을 뿐 同一田品·同一面積의 수전과 한전은 생산량이 동일하였던 것으로 보아야 할 것이다.[72] 만약 그러하다면 결국 고려전기 수전과 한전은, 단위 면적당 생산량에 있어서는 동일한 농경지로 여겨지고 있었다는 셈이 되겠다.

---

72) 李景植, 1986, 앞의 논문, 30~31쪽.

그러면 이러한 사실을 당시의 농업 사정과 관련하여 어떻게 이해해야 할 것인가.

앞서 언급했듯이 적어도 6세기 이후에 이르면 水田과 투田은 서로 구별되는 地目으로 파악되기 시작하였다. 그리고 그러한 차별의 기본적인 원인은 兩 토지의 입지조건뿐만 아니라 곡물 종류가 달랐던 데 있었다. 무엇보다 稻는 성장에 필요한 영양분을 물을 통해 얻을 수 있는 장점이 있다는 점에서[73] 여타 한전 곡물과 차이가 있었다. 따라서 稻 생산을 위한 수리시설의 확보가 당면과제로 등장하게 되었지만, 고려전기의 경우 원활한 用水 공급에 어려움이 많았다고 보여진다. 고려전기 대표적인 수리시설의 형태로 堤堰의 경우 축조에 많은 노동력이 소요되고, 또 지속적인 준설을 필요로 함에 따라 자주 폐기되는 경우가 있었기 때문이다. 더욱이 봄가뭄이 심한 한반도의 기후 조건에서 충분한 용수 공급을 전제로 한 水耕法만으로 稻作이 이뤄지고 있었다고 보기에는 어려움이 있다. 이에 따라 乾耕法 또한 이용되었을 것으로 추정되지만, 한편 경우에 따라서는 일종의 輪畓法[74]의 형태로 수전과 한전을 번갈아 가며 농경지를 이용하는 일도 있었을 것이다. 그렇다고 할 때 고려전기에 수전과 한전은 서로 바꾸어 가며 경작되는 경우도 있어[75] 이러한 농경지의 토지생산성은 실제로 수전과 한전이 동일한 수준이었을 가능성이 높고, 또 국가에서 이들을 파악함에 있어서도 동일하게 간주하는 것이 조세수취제도의 운영 등을 위해서도 편리하였을 것이다. 고려전기 농업에 있어서 수전과 한전이 지목상 구분되면서도 토지생산성에 있어서는 동일한 것으로 파악되고 있었던 것은 이로 말미암은 것이고, 또 이러한 상황이 나타나게 된 원인은 무엇보다 당시의 농업기술, 특히 用水 확보 문제에 기인한 것이었다고 생각된다.

73) 앞의 註 32) 참조.
74) 고려시대에 輪畓法이 실시되었을 가능성에 대해서는 魏恩淑, 1988, 앞의 논문, 116~122쪽 참조.
75) 한전에서 수전으로 지목을 바꾸는 일은 쉽지 않은 일이었을 것이다. 여기서 수전과 한전이 서로 호환된다는 것은 대체로 수전 → 한전 → 수전으로의 변화를 말하는 것이다.

5. 맺음말

한국농업사에서 水田과 旱田은 적어도 청동기시대로부터 관련 遺構를 찾을 수 있을 만큼, 水田과 旱田 개발이 이른 시기부터 시작되고 있었다. 그러나 초기농경에서 수전과 한전은 구분되는 地目이라기 보다는 동일한 農耕地로서의 의미가 강했다. 이는 초기농경의 경우 穀物 위주로 농업을 인식했을 가능성과 관련되는 것으로 생각된다. 그 후 대체로 6세기 이후에 이르면 水田과 旱田은 서로 구별되는 地目으로 파악되기 시작하였다. 水田, 旱田, 畓 등 지목상 구분되는 명칭이 나타날 뿐만 아니라 '合畓…', '合田…'처럼 畓과 田을 구별하여 結數까지 기록하고 있는 것을 살펴볼 수 있는데, 이는 그만큼 수전과 한전이 구별되어 인식되고 있었음을 반영하는 것이었다. 고려시대에 있어서도 수전과 한전은 조세수취에 收租額을 달리할 만큼 구별되는 토지였다.

고려전기 수전과 한전을 구별하게 된 원인은 입지조건뿐만 아니라 생산곡물의 종류가 달랐던 데 있었다. 수전 곡물로서 米는 麥·粟·豆 등 한전 곡물에 비해 가치상 우월한 것으로 평가되고 있었다. 그리고 稻는 성장에 필요한 영양분을 물을 통해 얻을 수 있는 장점이 있다는 점에서 麥·粟·豆 등 한전 곡물과 차이가 있었다. 따라서 稻 생산을 위한 수리시설의 확보가 당면과제로 등장하게 되었지만, 고려전기의 경우 원활한 用水 공급에 어려움이 많았다고 보여진다. 고려전기 대표적인 수리시설의 형태로서 堤堰의 경우 축조에 많은 노동력이 소요되고, 또 지속적인 준설을 필요로 함에 따라 자주 폐기되는 경우가 있었던 점 등을 감안할 때 원활한 용수 공급에 어려움이 많았을 것으로 추정되기 때문이다.

한편 고려전기 수전과 한전은 조세 수취상 구분될 정도로 상이한 지목으로 받아들여지고 있었지만, 土地生産性의 차이는 없었던 것으로 생각된다. 고려시대 수전과 한전은 토지생산성에서는 동일했으나, 그 穀物의 價値에 의해 환산 또는 비교되고 있었다.

다시 말해 곡물의 가치에 있어서는 수전 곡물이 한전 곡물에 비해 높았지만, 수전과 한전 토지 자체의 생산성은 동일했다고 생각된다. 이러한 사실은 당시의 농업사정에 기인한 것이었다고 생각된다.

대체로 수전에서 생산되는 米가 한전 곡물에 비해 가치상 우월하다는 점에서, 곡물로서 米와 여타 한전 곡물 사이에 米의 중요성이 부각되고 있는 상황이었다. 따라서 점차 水田과 旱田에 대한 차별이 더욱 심화되어 나가기 시작했지만, 한편 이러한 추세 속에서 고려전기의 경우 농업생산력의 발달과 관련하여 해결해야할 과제가 있었다. 그것은 수전농업의 발달에 필요한 기술의 진보로서, 특히 봄가뭄이 농사 작황에 크게 영향을 미치는 한반도의 경우 水利施設을 안정되게 확보해 나가는 일이었다. 그러나 고려전기의 경우 농업기술상의 문제, 특히 用水 확보 문제와 관련하여 水稻作에 어려움이 있었다. 그리고 이러한 상황은 상대적으로 旱田의 활용도를 높이는 결과를 초래한 것으로 생각할 수 있지 않은가 한다. 결국 고려전기 농업생산력 발달 및 농업생산의 진전을 위해 필요한 당면과제 가운데 하나는 수전 농업에 있어서 수리시설을 확충하는 일이었다. 고려전기의 이러한 상황이 바로 수전 곡물이 한전 곡물에 비해 가치상 우월하면서도 수전과 한전 토지 자체의 생산성은 동일하게 나타나게끔 만든 것이 아닌가 생각된다.

제4장 이규보의 농촌현실관과 농업진흥론

1. 머리말

李奎報가 살았던 시기(毅宗 22년, 1168~高宗 28년, 1241)는 정치, 경제, 사회 등 여러 방면에서 많은 변화가 진행되고 있던 시기였다. 우선 정치적으로 무신정변 이후 무신정권 성립기를 거쳐 崔氏武臣政權이 집권하던 시기였고, 사회경제적으로는 農民의 流亡, 權勢家에 의한 大土地兼併, 광범위한 農民抗爭 등 여러 가지 현상이 발생하고 있었다. 여기에 契丹 및 蒙古의 침입까지 겹쳐지면서 심각한 민족위기 또한 제기되고 있던 상황이었다. 이규보는 무신정권시기의 대내외적으로 격변하는 사회현실 속에서 살았던 인물이었다.

따라서 이규보가 지녔던 현실인식을 살펴보는 작업은 武臣政權時期의 사회현실을 조명해 보는 하나의 방법이 될 수 있을 것으로 생각된다. 한편 이규보는 그의 문집인 『東國李相國集』[1]을 통해 많은 작품을 남기고 있는데, 그 가운데 당시의 農民과 農村을 소재로 한 詩(이하 '農民詩'라고 약칭함)를 다수 남기고 있었다. 그런 까닭에 이규보의 農民詩는 그 내용 속에 드러나는 이규보의 農村現實觀과 그가 살았던 武臣政權時期의 經濟狀況을 살

---

1) 『東國李相國集』의 편찬과정과 내용구성에 대해서는 朴宗基, 1997, 「東國李相國集에 나타난 高麗時代相과 李奎報」 『震檀學報』83, 276~281쪽 참조.

퍼볼 수 있는 좋은 자료가 되고 있다.

그동안 이규보의 農民詩에 대해서는, 대체로 그 내용을 분석하여 이규보의 對民觀과 農村現實觀을 살펴보는 작업이 이루어져 왔다.

우선 무신정권시기 文人들의 대다수가 개인적 榮達에 탐닉하고 隱者然하던 상황속에서 이규보가 農民과 農村을 대상으로 한 詩를 남긴 사실 자체가 의미있는 것이라고 보는 견해가 있었다. 이규보는 농민시 속에서 수탈당하고 피해받는 농민의 모습을 서술하고 있었는데, 이것은 시대현실을 외면할 수 없는 양심의 산물이었다고 보았다.[2] 이러한 맥락에서 이규보의 농민시는 愛民精神을 바탕으로 관료사회로부터 침해당하고 있는 백성들의 구조적 모순과 그러한 모순을 해결하지 못하는 당시 支配層에 대한 批判을 담고 있었다는 견해가 있었다. 그러나 이규보는 農民抗爭에 대해 부정적으로 바라보는 모순된 태도를 보이는 등 인식상의 限界 또한 지니고 있었다는 점도 지적되었다.[3] 이러한 견해들은 대체로 이규보의 농민시가 당시 農民層의 입장을 대변한 것으로, 농민층에 대한 愛情과 同情을 표현하고 있었다고 보았다.

한편 이와 달리 이규보의 농민시는 농민층의 입장이 아닌 政權擔當者 혹은 治者의 입장에서 나온 것이었다는 상반된 견해도 제기되고 있는 상황이다. 이규보는 농민과 자신이 區別되는 人格體라 인식하였고, 농민층에 대한 그의 애정은 결코 농민층의 입장에서 이해된 것이 아니라는 것이다. 즉 이규보는 對民統治에 임하는 官僚로서의 儒敎的 農民觀에 입각하여 鄕吏層의 농민 수탈을 비판한 것이라고 보았다.[4] 그리고 이규보의 생애 속에 드러나는 意識의 변화와 관련하여 農村現實觀을 분석한 견해도 있었다. 이에 따르면, 초기의 농민시에는 進步的·社會改革的 성격을 지녔지만 이후 그의

---

2) 金時鄴, 1978,「李奎報의 現實認識과 農民詩」『大東文化研究』12.

3) 朴性奎, 1986,「李奎報의 對民觀－慶州民亂과 관련하여－」『韓國學論集』13, 啓明大 韓國學研究所.

4) 申用浩, 1984,「李奎報의 現實認識과 文學」『論文集』22(人文科學篇), 公州師範大學.

출세지향적 입장이 이를 제약함으로써 사회적 모순의 자각에 입각하여 농촌과 농민의 실상을 그려내지 못하고 있었다고 보았다.[5)]

이처럼 이규보의 農民詩에 대해서는, 대체로 그것이 農民層의 입장 혹은 執權層의 입장 가운데 어느 쪽을 반영한 것이었는가에 초점이 맞춰져 연구가 진행되어 왔다고 할 수 있겠다. 그 결과, 이를 통해 무신정권시기 文臣의 동향에 대해서도 좀 더 자세히 규명해 볼 수 있게 되었다고 여겨진다. 한편 이규보의 農民詩는 이처럼 그가 지녔던 태도와 이념을 파악해 볼 수 있을 뿐만 아니라 그가 살았던 시기의 經濟狀況을 살펴볼 수 있는 좋은 자료로도 활용이 가능할 것으로 생각된다. 왜냐하면 그의 농민시 속에는 農民의 流亡, 地方官의 수탈로 인한 農村의 피폐상, 農民抗爭 등 당시 사회의 經濟狀況을 반영하는 내용이 다수 포함되어 있기 때문이다.

이에 본고에서는 이규보의 농민시를 비롯한 농업 관련 作品을 검토하는 가운데 이규보의 農村現實觀과 農業振興論을 살펴봄으로써, 무신집권시기의 경제상황을 살펴보는 一 계기로 삼고자 한다. 이를 위해 우선 이규보의 農村現實觀이 어떠한 과정을 거쳐 형성되었던가를 살펴보는 가운데 그 內容을 파악해 보도록 하겠다. 이어서 이규보가 禮部試 知貢擧로서 출제한 策問을 통해 그가 구상하고 있던 農業振興論을 살펴보도록 하겠다. 마지막으로 이규보의 農業振興論이 가지는 의미를 당시 무신정권시기의 경제상황과 관련지어 살펴봄으로써 그 속에 반영된 武臣政權時期 經濟政策의 一面에 대해 살펴보고자 한다.

2. 李奎報의 農村現實觀

李奎報는 무신정권 출현을 즈음한 시기에 대두되기 시작한 新興家門 출

---

5) 金晧東, 1993, 「高麗 武臣政權時代 文人知識人 李奎報의 農村現實觀」 『國史館論叢』 42.

신으로, 어느 정도 地主로서의 경제적 배경을 갖춘 가문에서 성장한 인물
이었다.6) 그 후 이규보는 수학기를 거쳐 明宗 19년(1189)에 司馬試, 그 이
듬해에는 禮部試에 합격하고 神宗 2년(1199) 全州牧 司錄兼掌書記로 임명
됨으로써 관직생활을 시작한 이래, 그의 생애는 高宗 24년(1237) 金紫光祿
大夫 守太保 門下侍郞平章事 修文殿大學士 監修國史 判禮部事 翰林院事
太子太保로 치사하기까지 무신정권시대의 한가운데에 위치하고 있었다.7)

그런 가운데 이규보는 農民과 農村을 소재로 한 多數의 農民詩 작품을
저술하여 그의 文集에 남기고 있었다. 이규보가 농민시를 저술하게 된 데에
는 무엇보다도 그 자신이 農村의 現實과 자주 접할 수 있는 기회가 있었던
데 기인한 것으로 생각된다.

우선『文集』「年譜」를 참고로 하여 이규보가 지방에 머물고 있던 시기와
그의 농민시를 비교하여 정리해 보면 <표D-1>과 같다.8)

---

6) 이규보의 본관은 黃驪(지금의 驪州)로, 부친 李允綏와 金壤郡人인 모친 金氏
사이에서 태어났다. 출생 당시 그의 부친 李允綏는 戶部郎中의 관직에 있었
고, 그는 황려현에 토착기반을 가지고 개경에서 관리생활을 한 중소지주층 출
신으로 추정되고 있다. 이규보의 출신 배경에 대해서는「李奎報 墓誌銘」(金龍
善 編, 1997,『改訂版 高麗墓誌銘集成』, 373쪽),『東國李相國文集』「年譜」(이
하『東國李相國文集』,『東國李相國全集』,『東國李相國後集』은 각각『文集』,
『全集』,『後集』으로 약칭함) 및 다음의 논고 참조. 李佑成, 1963,「高麗中期의
民族敍事詩-東明王篇과 帝王韻紀의 硏究-」『成均館大 論文集』7 : 1976,
『韓國의 歷史認識(上)』, 創作과 批評社 재수록, 158~159쪽 ; 金晧東, 1993,
앞의 논문, 150~151쪽 ; 朴宗基, 1996,「李奎報의 生涯와 著述 傾向」『韓國
學論集』19, 國民大學校 韓國學硏究所, 34~35쪽.
7) 이규보의 생애에 대해서는 다음의 논고 참조. 朴菖熙, 1987·1989·1990,「李奎
報의 본질에 대한 연구 (Ⅰ)·(Ⅱ)·(Ⅲ)」『外大史學』1·2·3 ; 朴宗基, 1996, 앞
의 논문.
8) 여기서 '농민시'란 農民, 農村, 農業 등을 素材로 한 詩 作品으로서, 農村現
實을 표현하고 있고 또 그것을 이해하는데 도움이 되는 시 작품을 위주로 정
리한 것이다. 따라서 농민, 농촌과 관련된 情景을 읊은 田園詩는 수록하지 않
았다.

〈표D-1〉 이규보의 地方行과 農民詩[9]

연월	장소, 행선지	사유	농민시
명종 원년(1171) ~4년(1174)	成州	父親 임소에 따라감.	
명종 13년(1183) ~16년(1186)	水州	父親 임소에 따라감.	
명종 21년(1191)~?	天磨山	父親喪 후 寓居	
명종 26년(1196) 5월~6월	黃驪	姊夫가 귀양간 黃驪로 누이를 데리고 감.	『全集』6,「初入黃驪二首」 『全集』6,「六月十一日發黃驪將向尙州出宿根谷村」
명종 26년(1196) 6월~10월	尙州	母親 문안	『全集』6,「八月五日聞群盜漸熾」 『全集』6,「十一日早發元興到靈山部曲」 『全集』6,「明日又作」 『全集』6,「十月二日自江南入洛有作示諸友生」
신종 2년(1199) 9월 ~3년(1200) 12월	全州 (屬縣)	全州牧　司錄兼掌書記 재직	『全集』9,「十一月二十日出宿屬郡馬靈客舍重臺堂頭携酒來訪以詩贈之」 『全集』9,「莫導爲州樂四首」 『全集』9,「朗山縣監倉後有作」 『全集』9,「次韻高先生抗中獻廉察尹司業威幷序」 『全集』23,「南行月日記」
신종 3년(1200) 12월~4년(1201) 1월	廣州	파직 후 妻兄 집에 유숙	
신종 4년(1201) 4월~5월	竹州	母親 모시고 옴.	
신종 5년(1202) 12월~6년(1203) 3월	淸州→ 尙州→ 東京	征東幕 종군	
고종 6년(1219) 4월 ~7년(1220) 6월	桂陽	桂陽都護府 副使 兵馬鈐轄로 좌천	『全集』15,「示通判鄭君二首」 『全集』15,「管記李君以公事免官將歸予不能無悲以詩送之」

9) 詩의 제작 시기에 대해서는 朴菖熙, 1970,「‘東國 李相國集’ 作品年譜考」『梨花史學研究』5 및 金晧東, 1993, 앞의 논문을 참조하고, 『全集』詩의 전후 순서를 감안하여 추정하였다.

			『全集』15,「皇甫書記見和壽量寺留題復用前韻」 『全集』15,「書衿州倉壁上」 『全集』15,「雨中觀耕者贈書記」 『全集』15,「衿州客舍次孫舍人留題詞韻」 『全集』15,「偶吟示官寮」
고종 17년(1230) 11월 ~18년(1231) 1월	靑郊 → 保安 → 猬島	猬島로 귀양	『後集』1,「代農夫吟二首」 『後集』1,「聞國令禁農餉淸酒白飯」 『後集』1,「後數日有作」
고종 18년(1231) 1월~7월	猬島 → 竹州 → 黃驪	黃驪로 귀양처 양이	

※ 『全集』23,「南行月日記」의 경우, 저술된 시기는 後日의 것이지만(신종 4년 3월), 성격상 全州에서의 재직 시절에 포함하여 작성하였다.

<표D-1>을 살펴볼 때, 대체로 이규보는 地方으로 巡歷하거나, 地方官으로 재직 혹은 左遷·流配되는 가운데 농촌현실을 직접 살펴볼 수 있는 기회가 있었을 것으로 생각된다. 그리고 특히 ① 명종 26년(1196) 5월부터 10월까지 黃驪·尙州 등을 순력한 시기, ② 신종 2년(1199) 9월부터 신종 3년(1200) 12월까지 全州牧 司錄兼掌書記로 재직하던 시기, ③ 고종 6년(1219) 4월부터 고종 7년(1220) 6월까지 桂陽都護府 副使 兵馬鈐轄로 좌천되어 있던 시기, ④ 고종 17년(1230) 11월부터 고종 18년(1231) 1월까지 猬島로 유배된 시기에 다수의 농민시를 짓고 있었다. 이로 보아 이들 시기에 이규보가 경험한 농촌현실이 그의 농촌현실관을 형성하는데 많은 영향을 주었을 것으로 짐작할 수 있겠다.

한편 위와 같은 地方行 시기에 저술된 농민시 이외에 開京에 거주하거나 혹은 在京官僚로서 활동하던 시기에 지어진 농민시를 정리해 보면 <표D-2>와 같다.[10]

─────────────

10) 詩의 제작 시기는 <표D-1>과 동일한 방법으로 추정하였다. 단, 여기서는 이규보의 전생애를 仕宦過程에 따라 출사 이전, 출사 전기, 출사 후기로 시기를 구분하여 정리하는 가운데(이 점에 대해서는 金晧東, 1993, 앞의 논문 참조), 黃

〈표D-2〉이규보의 지방행 以外 시기의 農民詩

시기	연월	농민시
출사 이전	의종 22년(1168) 12월 ~신종 2년(1199) 8월	『全集』 1, 「望南家吟」 『全集』 2, 「遊家君別業西郊草堂二首」 『全集』 2, 「聞江南賊起」 『全集』 2, 「村家三首」
출사 전기	신종 2년(1199) 9월 ~희종 3년(1207) 11월	『全集』 10, 「自嘲入京後作」 『全集』 10, 「城東草堂理瓜架」 『全集』 10, 「辛酉五月草堂端居無事理園掃地之 暇讀杜詩用成都草堂詩韻書閑適之樂五首」 『全集』 10, 「又次新賃草屋詩韻五首」 『全集』 10, 「早天見灌田」 『全集』 11, 「過松林縣」 『全集』 11, 「七月三日聞雲梯縣爲大水所漂幷序」 『全集』 19, 「尹司業威安撫南原頌幷序」
출사 후기	희종 3년(1207) 12월 ~고종 24년(1237) 11월	『全集』 13, 「孫翰長復和次韻寄之」 『全集』 14, 「東門外觀稼」 『全集』 18, 「丁酉六月十八日大雨漂人物家戶自 嘆爲相無狀示同寮李相」
치사 후	고종 24년(1237) 12월 ~28년(1241) 9월	『後集』 1, 「新穀行」 『後集』 10, 「聞郡守數人以贓被罪二首」

한편 이규보의 仕宦過程은 적어도 初仕過程과 출사 전기에는 그다지 순
탄한 것이 아니었고,[11] 崔忠獻·崔瑀 등 최씨무신정권 최고실력자의 후원
속에 등용된 출사 후기에 이르러서야 비로소 翰林院, 誥院 등에서 활발한
활동을 펼칠 수 있었다. 그런데 <표D-2>에 따르면, 출사 후기에 지어진 농
민시는 『全集』 13, 「孫翰長復和次韻寄之」·『全集』 14, 「東門外觀稼」·『全
集』 18, 「丁酉六月十八日大雨漂人物家戶自嘆爲相無狀示同寮李相」으로서,

驪·尙州 순력 시기, 全州牧 司錄兼掌書記 재직 시기, 左遷·流配 시기 등 지방
에 머물고 있던 시기의 작품은 제외하였다.
11) 이규보는 과거에 3번의 낙방 끝에 명종 19년(1189)에 司馬試에 합격하고 이듬
해에는 禮部試에 합격하였지만, 과거 합격 이후에도 9년여 동안 관직을 얻지
못하고 있었다. 그 후 신종 2년(1199) 全州牧 司錄兼掌書記로 임명됨으로써 비
로소 관직생활을 시작하지만, 전주목 通判과의 갈등 등에 말미암아 관직생활
1년 3개월만에 면직되는 어려움을 겪었다(『文集』「年譜」 참조).

그 이전 시기에 비해 작품수가 少數에 불과하다. 물론 농민시 숫자의 다과만을 가지고 판단할 수는 없는 일이겠으나, 활발한 정치적 활동을 벌인 이시기의 농민시가 少數에 불과하다는 점은 그의 농촌현실관을 이해하는데 시사를 주는 점이 있지 않은가 한다. 왜냐하면 다음에 살펴보는 바와 같이 대체로 이규보의 농민시는 그가 겪은 생애의 과정과 더불어 내용상으로도 변화가 있었으며, 시련기의 농민시와 활동기의 그것 사이에는 차이가 있었던 것으로 생각되기 때문이다.

먼저 未入仕期, 출사 전기, 전주목 사록겸장서기 免職後의 시기, 桂陽으로의 좌천 시기, 猬島로의 귀양 시기 등 이른바 시련기의 농민시를 살펴보도록 하겠다.

> 가-1. 南家는 부자요 東家는 가난한데,
> 　　　南家에선 歌舞가 흐느러지고 東家에선 哭聲만 구슬프다.
> 　　　歌舞는 어찌 저리도 즐거운가,
> 　　　賓客이 마루를 메우고 술은 萬斛을 넘치네.
> 　　　哭聲은 어찌 저리도 구슬픈가,
> 　　　냉랭한 부엌에서는 이레(七日)토록 연기 한번 안오르네.
> 　　　東家의 가난한 사람 南家를 건너다 보면서,
> 　　　대를 쪼개듯 한마디 씹어뱉는 말.
> 　　　너희는 알지 못하는가.
> 　　　石崇이 날마다 美姬를 끼고 金谷에서 취해 지냈지만,
> 　　　伯夷·叔齊의 맑은 이름이 千古에 빛남만 같지 못한 것을.
> 　　　(『全集』 1, 「望南家吟」)
>
> 　2. 雲梯는 내가 전에 다스리던 完山의 屬郡이다. … 하루저녁 장마비에 산이 무너지고 물이 소용돌이쳐 한 마을이 모두 떠내려 갔으므로 죽은 吏民을 이루 헤아릴 수 없었고, 나무 위에 올라가 겨우 목숨을 건진 사람이 10에 1~2 정도였다 한다. … 내가 측은하게 感歎하면서 시를 지어 애도하였다.
> 　　　…
> 　　　그 중에 교활한 아전들이야, 비록 죽더라도 이치에 당연한 것이
> 　　　평소에 얼마나 침탈하여, 백성의 膏血로 제 몸 살찌웠던가.

하지만 어리석은 백성이야 무슨 죄인가, 하늘의 뜻 참으로 모르겠네.
禹 임금 다시 나지 않으니, 늙은이 부질없이 눈물만 흘리네.
(『全集』 11, 「七月三日聞雲梯縣爲大水所漂幷序」)
3. 흉년으로 백성은 거의 죽게 되어, 오직 뼈와 껍질만 남았는데,
몸에 남은 살 몇점까지도 남김없이 베껴 가려는구나.
보건대 두더지가 河水를 마신들,
얼마 못가서 배가 차고 마는 것이거늘.
묻노니 네놈은 입이 몇이나 되길래, 백성의 살점을 모두 먹으려 드는가.
(『後集』 10, 「聞郡守數人以贓被罪二首」)

가-1은 이규보의 나이 24세(명종 21년, 1191)를 전후한 시기에 지어진 시
로 추정된다.[12) 이에 따르면 부자인 南家와 가난한 東家를 대비하면서, 南家
에서는 歌舞와 賓客, 술이 넘치는 반면 東家에서는 哭聲만 구슬프고 먹을
것 없어 부엌에서 연기 한번 피어오르지 못하는 상황을 묘사하고 있었다. 중
국 晉나라 때의 사람이었던 石崇은 荊州刺史로 있으면서 악독하게 치부하여
河陽 땅에 金谷別墅를 벌여두고 권력을 휘둘렀던 인물인데, 그는 곧 南家富
者의 인간형으로 보았다. 그런데 石崇은 끝내 美姬로 인해 죽음을 당하는 사
실로 미루어 볼 때, 이규보는 이 시를 통해 이러한 인간형이 가난한 사람들
위에 군림하는 사회 모순에 대하여 비판하고 있었던 것이라고 할 수 있다.[13)
이 시에 나타난 이규보의 인식에 한계가 있었다는 점[14)은 차치하고서라도,
여기서 이규보의 강한 사회비판적 태도를 느끼기에는 충분하다고 생각된다.

12) 朴菖熙, 1970, 앞의 논문, 3~4쪽.
13) 金時鄴, 1978, 앞의 논문, 66쪽.
14) 「望南家吟」에 나오는 東家와 南家의 대립적 모습은 계급적 모순의 인식에서
   나온 것이라기 보다는 지배계급 내부의 가진 자와 덜 가진 자, 즉 상대적 박탈
   감을 느끼고 있었던 자들을 대상으로 한 것으로, 이규보는 이 시를 통해 자신
   이 과거에 합격하였음에도 불구하고 관직을 획득하지 못한데 따른 상대적 박탈
   감을 은연중에 나타내고 있었다는 지적이 있다(金晧東, 1993, 앞의 논문, 158
   쪽). 또 이 시에 나타난 궁극적 지양점은 고작 伯夷·叔齊의 청렴과 지조를 상
   기시킴으로써 南家富者의 자숙을 구해보는 정도에 그치는 것이고, 사회의 근본
   모순을 지양하려는 것은 아니었음에 이규보의 인식상 한계가 드러난다는 지적
   도 있다(金時鄴, 1978, 앞의 논문, 67쪽).

이와 같은 사회비판적 태도는 가-2, 3에서도 엿볼 수 있다. 가-2는 전주목 사록겸장서기에서 免職된 후 신종 5년(1202) 경에 지은 시이고,[15] 가-3)은 고종 28년(1241) 卒年에 지어진 작품으로 추정되는데,[16] 두 시 모두 당시 커다란 사회문제로 대두되고 있던 地方官의 收奪에 대한 강한 비판의식을 드러내 놓고 있다. 가-2에 따르면 이규보가 재직했던 全州의 屬郡인 雲梯에 서 장마비로 吏民이 많이 죽었다는 소식을 접하고, 이에 대한 자신의 감회 를 피력하고 있었다. 여기서 이규보는 비록 평소에 백성을 수탈하던 아전들 이 장마비로 죽더라도 이는 天譴을 받은 당연한 것이지만, 한편으로 백성까 지도 이로부터 목숨을 잃은 것에 애달파 하고 있었다.

다음으로 郡守들이 贓罪를 범했다는 소문을 듣고 자신의 감회를 피력한 가-3의 시에서는, 흉년으로 신음하고 있는 백성을 더욱 고통 속에 몰아넣고 있던 지방관의 탐욕에 대한 비판이 잘 나타나 있다. 이것은 이규보 자신이 관료생활 중 목도했던 지방관의 수탈상을 바탕으로[17] 이로부터 고통받는 농민백성의 현실을 묘사하고 있었던 것이라고 여겨진다. 여기서 더나아가 이규보는 이러한 고통받는 농민백성이야말로 國家를 지탱하는 근본이라는 생각을 나타내기도 하였다.

> 가-4. 나라가 잘되고 못되는 건 民力에 달렸고,
>   萬人의 生死는 벼 싹에 매였네.
>   다른 날 玉 같은 곡식이 一千 창고에 쌓이니,

---

15) 작품 제작 시기는 『全集』에 수록된 작품의 전후관계를 살펴 추정한 것이다. 이하 제작 시기는 별도의 註가 없을 경우 이와 같은 방법에 의하여 추정한 것이다.
16) 陳祝三, 1977, 『李奎報 研究』, 成均館大 博士學位論文, 78쪽.
17) 이규보가 전주목 사록겸장서기로 在職하던 시절에 지은 『全集』 9, 「莫噵爲州 樂四首」에서 "가난한 마음에 세금 차마 부과하겠나. 감옥에 가득한 죄수들 안 타깝구려"라고 하고, 또 『全集』 9, 「自貽雜言八首」에서는 "이 몸이 羅刹도 염 라대왕도 아닌데 날마다 죄수를 다루니 창자가 끊어지는 듯, 악기 소리도 자주 들으면 싫은데 곤장 소리 들으면 어찌 상심하지 않을까"라 하고 있어, 백성에 대한 애정과 지방관의 수탈에 대한 비판의식을 엿볼 수 있다.

청컨대 땀 흘린 오늘의 功을 기록하소.

(『全集』15, 「雨中觀耕者贈書記」)

5. 長安의 豪俠家에는 구슬과 패물이 산같이 쌓였고,
   절구로 찧어낸 쌀알은 구슬처럼 흰데, 말에게도 개에게도 이걸 먹이네.
   기름같이 맑은 술은 종놈의 목구멍도 흡족히 적시는데,
   이 모두 농부에게서 나온 것,
   본래 가지고 있었던 것은 하나도 아니라네.
   남의 노고를 빌어서는, 망령되이 스스로 부자가 되었노라 하네.
   힘들여 농사지어 君子를 봉양하니, 그들을 일컬어 田父라 하네.
   알몸을 짧은 갈옷으로 가리고, 하루에 몇이랑의 땅을 갈아도,
   겨우 벼싹이 파릇파릇 돋아나면, 가라지·피 매기도 괴로울 따름.
   설령 풍년들어 천섬의 곡식을 거둔다 해도,
   한갓 官에 바치기 위한 것일 뿐.
   멀지 않아 다 빼앗기고 돌아오니, 가진 것이라고는 한알도 없네.
   어쩔 도리없이 도리어 풀뿌리 캐 먹다가, 굶주림에 지쳐 쓰러진다오.
   농사지을 때를 제외하고는, 어느 누가 너를 배불리 먹일까.
   그 노동력을 요구하는 것일 뿐, 네 먹는 입을 위함은 아니리.

(『後集』1, 「聞國令禁農餉淸酒白飯」)

가-4는 桂陽으로 좌천되어 있던 시기(고종 6년, 1219～고종 7년, 1220)에 지어진 시이고, 가-5는 猬島에서의 유배에서 고향인 黃驪로 量移되었던 고종 18년(1231)에 지어진 시로 추정된다.[18] 가-4에 따르면, "나라가 잘되고 못되는 건 民力에 달렸고, 萬人의 生死는 벼 싹에 매였네"라고 하여, 나라의 근본이 百姓이고, 또 그 백성의 生死는 農事에 좌우되고 있었음을 말하고 있었다. 여기서 국가·사회에 있어서 農民의 중요성(功)에 대한 이규보의 생각이 나타나고 있었다. 그러나 한편 그처럼 중요한 農民은 이에 부응하는 정당한 대우를 받고 있지 못한 것이 현실이었다. 가-5에서 그러한 점이 잘 나타나 있는데, 이 시는 나라에서 농부에게 淸酒와 白飯을 금하는 명령을 내린 데 대한 이규보의 反論이었다.[19] "長安의 豪俠家에는 구슬과 패물이

---

18) 朴性奎, 1982, 『李奎報研究』, 啓明大學校出版部, 73쪽.

19) 『後集』1, 「後數日有作」에서도 이러한 國令에 대한 비판을 담은 내용의 시를 남기고 있다.

산같이 쌓였고", 심지어 그 종놈까지 맑은 술을 마시고 있는데, 이런 모든 것이 갑자기 생겨난 것이 아니라 바로 "힘들여 농사지어 君子를 봉양"하는 農夫의 덕택이었던 것이다. 그러나 농부의 삶은 고달프기만 할 뿐이어서, "가라지·피 매기의 괴로움"은 차치하고서라도 결국 그렇게 애써 수확한 곡식은 고스란히 官에 바쳐지고, 농부의 손에는 한 톨의 곡식도 남겨지지 못했다. 오히려 먹을 것 없어 "풀뿌리 캐 먹다가, 굶주림에 지쳐 쓰러지고 마는" 것이 당시 농민의 현실이었던 것이다. 이에 이규보의 인식은 農民에 대한 강한 愛情, 다시 말해 愛民意識으로까지도 나타나고 있음을 엿볼 수 있다. 이러한 생각 속에 이규보의 農村現實觀 역시 형성되어 갔을 것으로 생각되는데, 그의 농촌현실관은 이처럼 地方官의 收奪 속에 고통받고 있는 농민과 그 속에서 피폐화 되어가는 農村의 모습으로 그려지고 있었다.

이처럼 미사환기, 불우한 관직초기와 면직기, 좌천기, 유배기 등 이규보의 생애에 있어서 시련기에 해당하는 시기의 농민시에는 社會批判意識과 愛民意識이 드러나고 있었다. 그러나 한편 이와 같은 시련기의 농민시와는 달리 이규보가 관료로서 활발히 활동하던 시기에 지어진 농민시는 내용상 다소 차이를 보이고 있었다.

> 나-1. 우연히 孺茶詩를 지었는데, 그대에게 전해짐을 어이 뜻했으리.
> 시를 보자 花溪 놀이 홀연히 추억되구료.[花溪는 茶의 所産地인데, 그대가 晉陽에서 簿記를 맡아 볼 때 찾아가 보았으므로 화답한 시에 언급하였다]
> 옛일 생각하니 서럽게 눈물이 나네.
> 雲峰의 독특한 향취 맡아보니, 남쪽 고을에서 마시던 맛 완연하구나.
> 따라서 화계에서 차 따던 일 논하네.
> 官에서 감독하여 老弱까지도 징발하였네.
> 험준한 산중에서 간신히 따 모아, 머나먼 서울에 등짐져 날랐네.
> 이는 백성의 애끓는 膏血이니,
> 수많은 사람의 피땀으로 바야흐로 이르렀네.
> …
> 그대 다른 날 諫垣에 들어가거든, 내 시의 은밀한 뜻 부디 기억하게나.

산림과 들판 불살라 차의 貢納 금지한다면,
남녀 백성들 편히 쉼이 이로부터 시작되리.
(『全集』 13, 「孫翰長復和次韻寄之」)
2. 마른 흙덩이 푸른 들로 변했으니, 저것이 모두 몇 마리 소의 힘이던가.
　바늘 같은 싹이 누런 이삭될 때까지, 수없는 사람들 노고하여,
　만일 水災·旱災 없으면, 모든 곡식 제대로 수확하겠지.
　농사란 이렇게도 힘든 것인가봐, 쌀 한톨인들 어찌 차마 함부로 먹으랴.
　보라, 농사 대신 祿 먹는 사람들아. 마땅히 자신의 직무에 충실할지어다.
　(『全集』 14, 「東門外觀稼」)

나-1은 翰林院 재직 시절(희종 4년, 1208, 41세~고종 2년, 1215, 48세)에
지어진 시이고, 나-2는 諫官 시절(고종 2년, 1215, 48세~고종 5년, 1218,
51세)에 지어진 시이다. 여기서도 앞서 살펴본 가-1~5의 시들과 마찬가지
로 농민의 고통과 농사의 어려움에 대해 이야기하고 있었다. 그러나 내용상
대체로 농민의 어려운 형상만을 언급하는데 그칠 뿐, 이전 시들에서 보였던
강한 社會批判意識을 찾아보기는 힘들다.

우선 나-1에서는, 농민이 茶를 재배하여 貢納하는 데 따른 어려움을 지적
하고 있었다. 茶 재배와 공납은 "官에서 감독하여 老弱까지 징발"함으로써
"험준한 산중에서 간신히 따 모아, 머나먼 서울에 등짐져" 날랐던 것이다.
결국 고생 끝에 채취된 茶는 "백성의 애끓는 膏血"이며, "수많은 사람의 피
땀"으로 마련된 것이었다. 그런 까닭에 "산림과 들판 불살라 차의 貢納 금
지한다면, 남녀 백성들 편히 쉼이 이로부터 시작"될 것이라고 하였다. 여기
서 이규보는 茶를 채취하고 官에 납부하는 농민의 고통에 대한 연민을 보여
줌과 동시에 貢納의 폐단을 지적하고 있기도 하였다. 따라서 당시 사회현실
에 대한 비판을 어느 정도 엿볼 수 있기도 하지만, 그러한 사회현실을 만들
어낸 원인에 대한 비판까지에는 이르지 못하고 있었다. 공납의 과중으로 농
민이 고통받는 현실은 직접적으로는 地方官의 賦役 동원에 말미암은 것이
었지만, 그러한 상황을 초래한 밑바탕에는 그것을 강요하는 中央政府 혹은
權勢家가 자리하고 있었기 때문이다.[20] 이규보의 생각처럼 다만 지방관 혼

자만의 노력으로, 가령 茶가 자라고 있는 산림과 들판을 불사른다고 하여 농민의 貢納이 없어지고, 또 삶이 편해질 수 없는 矛盾이 존재하는 것이 당시 농촌사회의 현실이었다.

이러한 인식의 한계는 나-2에서도 찾아볼 수 있다. 농토가 개간되어 "마른 흙덩이가 푸른 들로 변한 것"은 農牛의 힘이고, 또 그곳에 곡식 심어 "누런 이삭"이 패기까지 수많은 農夫의 수고가 있었다. 水災, 旱災와 같은 천재지변만 없다면 모든 곡식 제대로 수확할 터이지만, 농사란 이처럼 힘든 것이니 농사짓는 대신 祿 먹는 관료들은 마땅히 자신의 직무에 충실해야 한다는 것이었다. 여기서도 농사짓는 백성의 어려움이 표현되고는 있지만, 그러한 상황을 초래한 지방관의 수탈이나 사회구조로부터 고통받는 농민의 모습은 그려져 있지 않았다. 다만 농사를 저해하는 요인으로 水災와 旱災만이 지적되고 있을 뿐이었다.

이처럼 시련기와 달리 翰林院, 誥院 등에서 활동하던 시기에 지어진 농민시에서는 이전처럼 강한 사회비판의식을 찾아보기 힘들다. 이규보 자신이 정부의 관료로 활동하고 또 그 복무에 충실히 임하는 한, 그로서는 당시 사회를 비판하는데 일정한 한계가 있을 수밖에 없었던 데 기인하지 않았나 생각된다. 여기서 이규보가 지니는 한계가 정부관료로 복무함에 기인하는 것이었음을 고려할 때, 그의 농민에 대한 同情과 愛情, 그리고 愛民意識 역시 그러한 限界를 벗어나지 못한 것이 아닌가 생각된다. 나-1, 2의 시에서도 나타나듯이 이규보로서는 지방관의 수탈이 방지되고 정부관료가 복무에 충실할 때 백성의 삶이 평안해 질 것으로 생각하고 있었다. 이것은 지방관과 중앙관료, 그리고 그 속에 자리하고 있는 이규보 자신의 위치를 점검하는 것에 다름 아니고, 또 이를 통해 백성을 원만히 다스리는 길이었다. 따라서 이규보의 愛民意識 역시 농민적 입장에서의 그것과는 다른 것이었고, 오히려 治者的 입장 혹은 支配層的 입장에서 나온 愛民意識에 가까운 것이 아니었나 생각된다.[21]

20) 註 24) 참조.

이상에서 살펴본 바와 같이 이규보의 농민시는 그의 생애에 있어서 시련기와 활동기 사이에 성격을 달리한 내용으로 나타나고 있었다. 시련기의 농민시에 나타난 강한 社會批判意識과 愛民意識은 활동기에 들어와 그다지 두드러지게 나타나고 있지를 못했다. 이와 같은 점을 감안할 때 이규보의 農民詩에 나타난 愛民意識은 治者的 혹은 支配層的 입장에 입각한 것이었고, 농민백성을 자신과 동일한 차원에서 논하고 있는 것은 아니었다고 생각된다. 그러므로 지방관의 수탈과 이로부터 고통받는 농민의 모습으로 나타나고 있던 이규보의 農村現實觀 역시 이러한 인식을 바탕으로 한 것이었다고 생각된다.

3. 李奎報의 農業振興論

이규보의 農村現實觀은 그가 살았던 삶의 榮辱過程과 연관되면서 나타나고 있었다. 대체로 未仕宦期, 불우한 초기 관직 생활기, 좌천 및 유배시기 등 시련기에는 당시 농촌의 변화와 이로 인한 농민의 고통에 대한 同情과 愛情이 나타나고 있었고, 더 나아가 강한 社會批判意識이 나타나기도 하였다. 그러나 崔氏武臣政權에 登用되어 활동하던 후기 관직 생활시기 등 활동기에는 농촌현실에 대한 인식에 있어서도 상대적인 認識의 制約이 드러나고 있었다.

따라서 이규보의 농촌현실관이 이처럼 그의 전생애 동안 일관된 것이 아니었기 때문에, 그의 農業振興을 위한 構想 역시 고정된 것은 아니었을 것으로 짐작된다. 한편 그런 가운데서도 이규보의 농촌현실관과 이에 바탕한 農業振興論을 비교적 상세하게 살펴볼 수 있는 자료가 있다. 이규보는 최씨 무신정권의 관료로 仕宦하는 가운데 4차례에 걸쳐 科擧에서 座主가 되었

---

21) 이러한 점에서 이규보의 애민사상은 治者 입장의 儒敎的 農本思想에 입각한 것이었음을 지적하는 견해가 있다(申用浩, 앞의 논문, 154쪽).

다.[22] 그 중 고종 21년(1234) 67세 때 禮部試 知貢擧로서 科題로 제출한 策問이 『後集』에 수록되어 있는데, 策問의 내용 속에 당시 農民과 農業 문제 등 사회현실문제를 해결하는 방안을 묻고 있어 그의 農業振興論을 살펴보는데 도움이 되고 있다.[23]

　다-1. 甲午年에 禮部에서 시험한 策問[首望으로 制可되었다]
　　　問 : 우리 국가는 오랑캐의 난으로 인하여 백성을 거느리고 도읍을 옮겨서 社稷을 보전하게 되었다. 이는 비록 성스러운 천자와 어진 재상의 묘책으로 말미암은 것이나, 또한 하늘이 도운 것이다. 과연 하늘이 도운 바라면 반드시 興復할 기회가 있을 것인데, 가만히 앉아서 그것을 기다리는 것이 옳겠는가? 부지런히 人事를 닦아서 天心에 응해야 옳겠는가? 이른바 人事라는 것은 德化를 베풀고, 人民을 편안하게 하고, 農事에 힘쓰고, 水災·旱災를 방비하는 類가 바로 그것이다. 그러나 지금의 형편으로 보면, 列郡의 殘民들이 떠돌아다니며 土着하지 못하고 있는데, 이들을 安集시키려면 어떠한 방법을 써야 할 것이며, 土地가 황폐하여 閑曠한 땅이 많은데 興農을 하려면 또한 어떠한 술책을 써야 할 것이며, 그 水災·旱災를 방비하는 것과 德化를 베푸는 것은 어떤 것이 으뜸이 되는가? 諸生들은 古今의 理體에 밝으리니, 숨김없이 다 진술하라.
　　　(『後集』 11, 「甲午年禮部試策問[首望制可]」)
　　2. 甲午年에 禮部에서 시험한 策問[次望으로 시행되지 못했다]
　　　問 : 傳에 이르기를, "文武를 並用하는 것이 長久하는 방법이다" 하였으니, 예로부터 국가가 그 어느 한 가지도 폐지할 수 없는 것은 文武가 바로 그것이다. 本朝가 이것에 힘쓰지 않은 것은 아니었으나, 근년 이래로 軍隊는 거의 虛해져 實하지 못하고, 儒風은 극히 쇠하여 떨치지 못하니, 어찌하여 그것을 닦는 방법이 지극하지 못하게 되었는가? 장차 하늘이 책하려고 그러는 것인가?

---

22) 『文集』 「年譜」에 따르면, 이규보는 고종 12년(1225, 58세) 司馬試 座主가 되었고, 고종 15년(1228, 61세)에는 春場, 즉 禮部試에서 同知貢擧가 되었으며, 고종 21년(1234, 67세)과 고종 23년(1236, 69세)에는 春場의 知貢擧가 되는 등 모두 4차례 科擧의 座主가 되었던 것으로 나오고 있다.

23) 이규보의 策問을 통해 그의 현실이해 및 현실개선방안을 분석한 연구로서는 다음의 논고가 있어 참고가 된다. 김인호, 1993, 「이규보의 현실이해와 정치경제개선론」 『學林』 15.

士林으로 말하면, 옛날에는 벼슬에 나가는 길이 매우 어려웠으므로 선비가 반드시 학문에 힘써서 科擧에 응시하는 자가 많았는데, 지금은 벼슬에 나가는 길이 매우 쉬우므로 반드시 科擧를 보아야만 할 필요가 없기 때문에 학문에 종사하는 자가 적다. 그 벼슬에 나감의 어렵고 쉬움이 古今이 같지 않은 것은 무엇 때문인가? 그 폐단을 개혁하여 옛날대로 회복하는 방법은 또 어떻게 해야 옳겠는가?

軍隊로 말하면, 모두 각자가 받는 바의 分田이 있으니, 지금 갑자기 어디에 간들 隊伍가 차지 않겠는가? 그런데 그 田地가 있는 곳으로 흩어 돌려보내 놓고 만일 有司가 살펴서 돌아오도록 시키면, 飢寒無援한 자만이 이르고, 또 役이 고되고 먹을 것이 궁핍한 것을 깨닫고는 後患을 돌보지 않고 되돌아 가버리는 자가 많다. 옛날에는 그렇지 않았는데 지금은 이 지경이 되니, 그 까닭이 무엇인가? 어찌하여 서울과 지방의 有司들은 追考하여 일일이 懲戒하지 못하고 있는가? 그 追考하여 懲戒하는 방법은 또한 어디에 있는가? 諸生들은 꺼림없이 다 말하라.

(『後集』 11, 「同前策問[次望不行]」)

우선 이규보의 策問이 崔氏武臣政權에 의해 首望으로 채택 혹은 次望으로 인정되고 있었던 점으로 보아, 이 책문의 내용은 이규보의 사회현실관과 문제해결을 위한 구상이었을 뿐만 아니라 崔氏武臣政權의 입장과도 상당부분에 있어서 궤를 같이하는 것이었다고 생각된다. 그런 점에서 책문 내용에 대한 분석은 이규보의 인식을 비롯해 더 나아가 최씨무신정권의 政策을 살펴보는데 하나의 방편이 될 수 있을 것으로 생각된다.

다-1 책문에 따르면, 몽고 침입으로 江華遷都를 단행한 당시 사회의 당면 과제로 人事를 부지런히 닦아야 할 것임을 전제로 하면서, 이를 위해서는 德化를 베풀고, 人民을 편안히 하고, 農事에 힘쓰고, 水災·旱災를 방비하는 것이 필요하다고 하고 있었다. 이어서 그 구체적 방안으로 떠돌아다니며 土着하지 못하고 있는 列郡의 殘民을 安集할 방안, 황폐하여 閑曠한 토지가 많은 상황에서 興農할 수 있는 계책, 水災·旱災를 방비하여 德化를 시행할 방안 등을 묻고 있었다.

이러한 책문의 내용을 통해 이규보가 인식하고 있던 당시 사회의 현실상황과 당면과제, 그리고 이에 대처하려는 자세 등을 엿볼 수 있다. 이규보가 인식한 당시 사회의 현실은 列郡의 殘民이 流移하여 土着하지 못하고, 土地가 황폐화되어 閑曠地가 다수 존재할 뿐만 아니라 水災와 旱災로부터도 피해를 받고 있는 상황이었다. 따라서 이러한 상황에 대처하는 방안은 流移民의 安集, 興農, 防災였던 것으로 생각되고 있었다.

이규보는 당시 農業의 상황이 농사가 제대로 이뤄지지 못하는 非正常的 營農 상태인 것으로 인식하고 있었다. 비정상적인 영농은 直接生産者, 生産手段, 營農條件 모두에서 발생되고 있었다. 직접생산자가 流移하고, 생산수단이 황폐화되며, 영농에 피해를 주는 自然災害가 겹쳐 발생하고 있었던 것으로 인식하고 있었던 것이다. 따라서 이를 시정하려는 노력은 결국 正常的인 영농으로의 復歸를 희구하는 것이기도 했다.

당시의 비정상적인 영농은 蒙古 침입으로 인한 對外的 요인으로부터 기인하기도 했겠지만, 몽고 침입 이전부터의 對內的 요인에도 기인하는 바가 많았다. 12세기 이래 진행된 農業生産力의 발달과 이로부터 파생된 生産關係의 변동 속에서 특히 農民의 피폐화현상이 일어나 다수의 農民抗爭이 발생하고 있었다.[24] 그런 가운데 나온 이규보의 策問 속에서 그가 과연 그 원인을 어디에 두고 있었는지에 대해서는 이 策問만을 가지고는 판단하기 어려운 점이 있다.

그러나 한편 분명한 것은 이규보가 비정상적 영농을 正常的 營農으로 復歸하여 '興復'을 이루고자 했다는 점이다. 이규보의 농업진흥론을 살펴보기 위해서는 이러한 점을 염두에 두면서 다-2 策問을 함께 살펴볼 필요가 있다. 다-2 책문에 따르면, 근년 이래 軍隊가 부실해지고 儒風이 쇠하여 졌음을

---

24) 이 시기 농민항쟁 발생의 원인으로는 생산력 발달에 기초한 생산관계의 변동, 국가권력을 매개로 한 토지탈점, 무인집정자들의 자의적인 지방시책이나 그것에 편승한 지방관의 조세공부 수취를 비롯해 民에 대한 과다한 수탈 등이 지적되고 있다. 무신집권기 농민항쟁의 원인에 대해서는 다음의 논고 참조. 朴宗基, 1990,「12, 13세기 農民抗爭의 原因에 대한 考察」『東方學志』69 ; 1991,「武人政權下의 農民抗爭」『韓國史 市民講座』8, 67~77쪽.

지적하면서, 諸生에게 그 원인과 해결책을 묻고 있었다. 대체로 이규보는 이 책문에서 당시 사회문제로서 官吏登用上의 문제와 軍事制度의 문란을 지적하고 있었다.

우선 官吏登用上의 문제로 이규보가 지적하고 있는 점은 근래 入仕하는 과정이 수월해 짐으로써 옛날과 달리 士가 애써 科擧를 보아야 할 필요가 없어지게 되었고, 이에 따라 학문에 종사하는 자 역시 적어졌다는 것이다. 이것은 당시 武臣政權下의 관리등용상에 나타난 문제이기도 했다. 무신정권 수립 이후 外官 임명에 武人並用이 이뤄지게 되었을 뿐만 아니라[25] 權勢家의 추천과 집권자의 배려가 관리 등용에 중요한 역할을 하고 있었던 점[26] 등은 고려시대 국가의 公的인 인사등용 방법이었던 科擧制의 중요성을 상대적으로 저하시키는 작용을 하고 있었다.

다음으로 고려시대 軍事制度는 所受分田을 매개로 군인이 확보되고 있었던 만큼 어디를 간들 隊伍가 충원될 수 있도록 되어 있었음에도 불구하고, 당시에 이르러서는 그렇지 못함을 지적하고 있었다. 有司가 군인을 급히 소환할 경우 다만 飢寒無援한 자만 이르고, 또 그들 역시 이내 役이 고되고 먹을 것이 궁핍한 것을 깨닫고는 後患을 두려워하지 않고 되돌아가 버리는 자가 많았다는 것이다. 고려시대에는 軍人田을 매개로 군인을 확보하고 있었고, 그 군인전은 해당 군인을 지탱하는 경제적 토대였다. 그러나 이때 이르러 軍人田은 군인에 대한 경제적 토대로서의 역할을 제대로 수행해 내지 못하고 있었다.[27] 이와 같은 상황이 전개된 이유는, 당시 광범위하게

---

25) "制 自三京四都護八牧 以至郡縣館驛之任 並用武人"(『高麗史』 卷19, 明宗 3年 10月 壬戌)

26) 이규보의 관직생활이 당시 권세가의 추천과 집권자의 배려 혹은 간여 속에서 이뤄지고 있었던 점은 그러한 한 예라고 할 수 있을 것이다. 그가 科擧 합격후 비로소 全州牧 司錄兼掌書記에 임명되고, 해임후 재등용되며, 正言으로 승진하는 데에는 권세가의 추천과 崔忠獻, 崔瑀와 같은 집권자의 배려가 작용하고 있었다(『文集』「年譜」 참조).

27) 고려전기 軍人田을 매개로 한 군사제도의 운영 및 그 붕괴과정에 대해서는 다음의 논고 참조. 姜晉哲, 1980,「軍人田」『高麗土地制度史硏究』, 高麗大出版部

진행된 권세가에 의한 土地兼倂 현상과 관련해 軍人田 역시 토지겸병의 대
상이 됨으로써[28] 군인전이 군인 확보를 위한 역할을 제대로 할 수 없었던
때문이기도 했다. 이와 같은 상황 속에서 소환에 응한 군인들로 구성된 군
대가 안정된 것일 수는 없었다. 처벌을 무릅쓰고 군대에서 도망하는 자가
발생했던 것이다.

아울러 이와 같은 현상과 관련해 그 문제점을 해결하는데 하나의 방안이
될 수 있을 서울과 지방의 有司들이 제대로 追考하여 懲戒하지 못하고 있었
던 점 역시 지적하고 있었다. 최씨무신정권기에 있어서 사회문제 중 하나는
이와 같은 地方制度의 문란이었다. 地方官의 개인적인 貪虐뿐만 아니라 中
央 權勢家와 結託한 지방관의 횡포는 일반 백성의 삶을 더욱 곤궁하게 만들
고 있었다. 아울러 무신정권의 출현을 즈음한 시기에 이뤄진 지배층의 재편
성 과정에서 기존 권력층으로서 이에서 소외된 자가 지방에서 새로이 기반
을 갖고자 하는 움직임을 보임으로써 在地勢力과 갈등을 빚기도 했다.[29]

결국 이규보는 다-2 책문을 통해 당시 사회의 당면과제가 官吏登用, 軍事
制度, 地方制度의 문제를 해결하는데 있었던 것으로 보고, 그 원인과 대책
을 묻고 있었던 것이다. 이러한 이규보의 당면과제에 대한 인식을 감안할
때, 이규보는 科擧制를 통한 원활한 관리등용과 軍人田의 정상적 운영을 통
한 軍事制度의 공고화, 그리고 지방관의 地方統制 기능 강화 등을 염두에
두고 이러한 대책을 묻고 있었다고 생각된다.

이렇게 볼 때, 이규보가 제시한 두 가지 책문은 정상적인 國家運營에 필
요한 여러 요소들, 즉 農業振興, 官吏登用, 軍事制度, 地方制度 등이 제대
로 이뤄지고 있지 못하는 현실에 대한 이규보 나름의 분석이었다고도 할 수
있겠다. 따라서 다-1 책문에 나타난 이규보의 農業振興論은 그 자신이 구상

; 鄭景鉉, 1992, 『高麗前期 二軍六衛制 硏究』, 서울大 博士學位論文, 142~159쪽.
; 權寧國, 1995, 『高麗後期 軍事制度 硏究』, 서울大 博士學位論文, 12~27쪽.
28) "田民家財乙良 奪取自持爲齊 內外兩班軍閑人等矣 父祖傳持田丁乙 侵奪爲旀
色掌員 別定爲 責役各別爲在 外民乙用良 耕作令是置 自利爲旀"(「尙書都官貼」)
29) 註 36) 참조.

하고 있던 國家運營論의 일부이기도 했을 것으로 생각된다. 그리고 그것은 이규보가 官僚로서 登用되어 활동하고 있는 崔氏武臣政權의 國家運營 구상에 다름이 아니었을 것이다.

따라서 결국 이규보가 구상하는 農業振興論은 正常的인 營農으로의 복귀를 통해 國家, 社稷의 정상적인 復歸와 復興을 꾀하려는 것이 아니었나 생각된다. 이것은 당시의 최대 국가사안이었던 對蒙抗爭을 치루고 또 이로부터 國家·社稷을 보호하는 일과도 관련된 것이었겠지만, 이 문제는 한편으로는 당시 政權의 안위와도 결코 무관한 것이 아니었을 것이다. 만약 그렇다면 그가 구상하고 있던 농업진흥론 역시 당시 政權과 執權層의 이해관계 속에서 이해할 수 있는 여지가 있을 것으로 생각된다.

4. 무신정권시기 경제정책의 추진방향

12세기 이래 농업생산력의 발달은 사회의 여러 면에서 새로운 변화를 초래하는 원인이 되고 있었다. 耕地利用方式, 土地開墾, 農器具, 水利施設, 施肥技術 등 농업기술상에 있어 12세기 이후에는 그 이전과 다른 양상이 나타나고 있었다.[30] 아울러 농민의 대규모 流亡, 광범위한 農民抗爭 등이 발생한 시기 역시 12, 13세기였다.[31] 그런 가운데 이 시기의 두드러진 경제

---

30) 12, 13세기 농업생산력 발달에 대해서는 다음의 논고 참조. 안병우, 1995, 「농업생산력 발달과 상공업」『한국역사입문』②, 풀빛 ; 위은숙, 1997, 「농업생산력의 발전」『고려시대사강의』, 늘함께 ; 권영국, 1999, 「고려시대 農業生產力 연구사 검토」『史學研究』58·59.

31) 무신정권시기 농민항쟁에 대한 기존의 연구성과는 다음의 논고 참조. 朴菖熙, 1987, 「農民·賤民의 亂」『제2판 한국사연구입문』, 지식산업사 ; 朴宗基, 1989, 「武人執權期 農民抗爭 研究論」『韓國學論叢』12 ; 李貞信, 1991, 『高麗 武臣政權期 農民·賤民抗爭 研究』, 高麗大學校 民族文化研究所, 1~6쪽 ; 무인집권기 연구반, 1994, 「무인집권기 연구동향과 과제」『역사와 현실』11, 235~240쪽 ; 김기덕, 1995, 「농민항쟁의 전개와 성격」『한국역사입문』②, 풀빛, 230~235쪽.

현상으로서 土地奪占과 農莊의 발달, 土地分給制 운영상의 문제점 등이 나타나고 있었다.[32] 이 시기는 사회변화의 양상이 여러 면에 걸쳐 나타나고 있던 시기였고, 그 속에 武臣政權(1170~1270)이 존재하고 있었던 것이다.

이에 본절에서는 이러한 12세기 이래의 여러 사회현상이 반영되어 있다고 생각되는 農民抗爭에 대한 이규보의 인식을 검토하면서, 이를 통해 武臣政權時期 經濟狀況을 살펴보고자 한다.

　　라-1. 뭇 개들 시끄럽게 짖는 소리 듣고부터,
　　　　　이상하게도 갑 속의 칼이 한낮에 쩡쩡 우누나.
　　　　　놈들을 闕 아래에 끌어 올 장사가 있을텐데,
　　　　　官家에서는 왜 긴 끈 하나를 아낄까.
　　　　　(『全集』2, 「聞江南賊起」)
　　　2. 도적 떼가 고슴도치 털처럼 모여, 生民이 비린 피를 뿌리누나.
　　　　　郡守는 한갓 戎衣만 입고서, 敵을 바라보곤 氣가 먼저 꺾이네.
　　　　　벌의 독도 아직 소탕하지 못했는데, 하물며 호랑이 굴을 더듬을 수 있으랴.
　　　　　슬프다, 이런 때에 훌륭한 사람 없으니, 누가 대신하여 와서 쇠를 씹을꼬.
　　　　　적의 팔은 원숭이보다 빨라, 활쏘기를 별이 반짝이듯 하고,
　　　　　적의 정강이는 사슴보다 빨라, 산 넘기를 번갯불 사라지듯 하는 구려.
　　　　　士卒들이 추격하여도 미치지 못하여, 머리를 모아 부질없이 입만 벌리고 탄식하네.
　　　　　어쩌다가 그 칼날에 부닥치면, 10에 7~8은 죽는 구려.
　　　　　부녀자가 죽은 남편을 哭하고, 머리에 삼베 두르고 마른 뼈를 弔喪하네.
　　　　　황량한 촌락에 일찍 문닫으니, 대낮에도 길가는 나그네 전혀 없구나.
　　　　　금년에는 더군다나 다시 가물어서, 비 기다리는 것이 목마른 것보다 심하구려.
　　　　　논밭은 모두 붉게 타서, 곡식 싹이 무성한 것을 볼 수 없네.
　　　　　부잣집도 벌써 식량을 걱정하는데, 가난한 사람이야 어떻게 살 수 있으랴.
　　　　　(『全集』6, 「八月五日聞群盜漸熾」)

---

32) 무신정권시기 경제현상에 대해서는 다음의 논고 참조. 姜晉哲, 1980, 「田柴科體制의 崩壞」『高麗土地制度史硏究』, 高麗大出版部 ; 1980, 「高麗의 農莊에 대한 一硏究－民田의 奪占에 의하여 형성된 權力型 農莊의 實體追求－」『史叢』24 ; 1989, 『韓國中世土地所有硏究』, 一潮閣 재수록 ; 박종진, 1995, 「고려 무인집권기의 토지지배와 경제시책」『역사와 현실』17.

3. 承安 5년(신종 3년, 1200)에 나는 完山을 다스리고 司業 尹公(尹威)은
나아가 廉察이 되었는데, 그 지방에서 존경하고 두려워 하였다. 당시
南原에 불순한 무리가 있어 黨與를 불러모아 산을 의지해 굳게 屯을 치
고 叛逆을 도모하려 하는데, 그 고을 관원들이 제압하지 못하고 달려와
廉察使에게 보고하였다. 이날 公은 單騎로 府에 들어가 禍福으로 설득
시키니, 도적들이 감격하여 울면서 명령을 듣지 않는 자가 없었다. 그래
서 괴수 2~3명만을 주참하고 나머지는 다 놓아주어 곧 안정을 이룩하
니, 온 경내가 경하하였다. …

> 帶方이라 古郡은 남쪽지방의 오른 팔이니,
> 한쪽 팔이 만약 꺾이면 몸을 어떻게 사용하리.
> 땅이 넓고 사람이 사나와, 逆詐의 무리가 봉기하였네.
> 완악한 도적떼가 있어 반역을 도모하려고,
> 평민들을 협박하여 개미떼처럼 집결하였네.
> 산을 등져 스스로 굳히고 칼을 갈아 날을 세워,
> 간간이 나와 약탈하여 그 식량을 충당하니,
> 뿌리 차츰 굳게 박혀 뽑아내기 쉽지 않네.
> 父老들은 황급하여 토끼와 사슴처럼 달아나고,
> 그 고을 관원들은 얼굴에 땀을 물처럼 흘리네.
> …
> 명령하여 앞으로 나오게 해서, 生死를 가지고 설득시키니,
> 도적이 울며 복종하고, 칼과 창을 던져 버렸네.
> 그 괴수만을 주참하고, 나머지는 다스리지 않으니,
> 많은 도적떼들이 마음을 고쳐 義를 사모하였네.

(『全集』19, 「尹司業威安撫南原頌幷序」)

라-1은 명종 20년(1190) 東京(慶州)에서 일어난 농민항쟁[33]에 대한 생각
을 읊은 시이고, 라-2는 이규보가 黃驪에 머물다 尙州를 다녀오던 시기인
명종 26년(1196)에 지은 시이며, 라-3은 이규보가 全州牧 司錄兼掌書記로

---

33) 명종 20년(1190) 東京(慶州)에서 일어난 농민항쟁에 대해서는 다음의 논고 참조.
李貞信, 1990, 「高麗 武臣政權期 雲門·草田民의 蜂起」 『史叢』 37·38, 9~13쪽
: 1991, 앞의 책 재수록, 162~165쪽 ; 1994, 「농민·천민의 봉기」 『한국사』 20,
국사편찬위원회, 124~126쪽 ; 姜晉哲, 1992, 「武人政權治下의 農民抗爭」 『韓
國社會의 歷史像』, 一志社, 257~258쪽.

재임 중이던 신종 3년(1200)에 지은 시이다. 이러한 농민항쟁에 대한 이규보의 인식을 살펴보면, 농민항쟁의 전개과정에 따라 그의 인식도 점차 변화되고 있었음을 살펴볼 수 있다.

먼저 라-1에 따르면, 명종 20년 동경에서 일어난 농민항쟁에 대해 "놈들을 闕 아래에 끌어 올 장사가 있을 텐데, 官家에서는 왜 긴 끈 하나를 아낄까"라고 할 정도로, 처음에 이규보는 이를 커다란 사회문제로 인식하지 못하고 있었다. 당시의 그에게 있어서 농민항쟁은 한갓 사회의 질서를 어지럽히는 盜賊으로 인식될 뿐이었고, 이내 곧 진정될 수 있는 사회동요 현상으로 생각되어 졌다. 다만 조속히 해결하지 못하고 있는 정부를 탓하고 있었을 뿐이었다.

그러나 이러한 이규보의 인식과는 달리 농민항쟁은 진정되기 보다는 점차 그 규모가 더욱 확대되어 나가고 있었다. 명종 20년에 발생한 경주의 농민항쟁 이후 명종 23년(1193)에 경주 부근의 雲門과 草田에서 다시 농민봉기가 일어나 서로 연합세력을 이루면서 慶尙道 전 지역으로 세력을 확산시켜 나갔고, 더 나아가 北으로 溟州民과도 호응하는 등 커다란 사회문제가 되고 있었다.[34]

이러한 농민층의 동요는 執權層 내에 危機感을 조성하는 계기로 작용하고 있었고,[35] 당시 집권층으로서는 농민항쟁에 적극적으로 대응할 방안을 마련해야 할 필요가 있었다. 여기에 정치 주도세력의 교체로 인한 지방사회의 동요현상[36]이 덧붙여져 집권층의 위기감을 더욱 부채질하고 있었다. 그

---

34) 명종 23년(1193)에 발생한 雲門·草田의 농민항쟁에 대해서는 다음의 논고 참조. 金晧東, 1982, 「高麗 武臣政權下에서의 慶州民의 動態와 新羅復興運動」『民族文化論叢』 2·3, 249~260쪽 ; 金光植, 1989, 「雲門寺와 金沙彌亂－高麗中期 寺院勢力의 一例－」『韓國學報』 54 ; 李貞信, 1990, 앞의 논문 ; 1991, 앞의 책, 166~191쪽 ; 1994, 앞의 논문, 127~138쪽 ; 姜晋哲, 1992, 앞의 논문, 258~260쪽 ; 朴敬子, 1994, 「武臣政權期 慶州民의 動向」『李基白先生古稀紀念 韓國史學論叢[上]－古代篇·高麗時代篇－』, 一潮閣, 741~750쪽.

35) 朴宗基, 1990, 앞의 논문, 136~139쪽.

36) 무신집권기 정치 주도세력의 교체로 인한 지방사회의 동요에 대해서는 다음의

러한 경향은 이규보에게서도 찾아볼 수 있다. 라-2에 따르면, 崔忠獻의 집권 이후 黃驪에 머물고 있던 이규보는 尙州를 다녀오면서 지방사회의 동요현상을 경험하고 이를 시로써 표현하고 있었다. 명종 26년(1196) 崔忠獻·崔忠粹 형제에 의해 李義旼이 제거된 이후 이의민의 지지기반으로 작용하고 있던 慶州에서는 이의민 지지세력의 제거를 둘러싸고 在地勢力들 간의 갈등과 대립이 심각하게 발생하고 있었다.[37] 그 여파는 경상도 내의 尙州 등 관내에도 영향을 미쳤을 것으로 짐작되며,[38] 이때 尙州에 머물고 있던 이규보 역시 그러한 지방사회의 동요에 대해 인지하게 된 것으로 여겨진다. 정치 주도세력의 교체로 인해 기득권을 계속 유지하려는 세력과 새로이 등장하는 세력 간의 갈등이 빚어진 상황 속에서, 그러한 갈등과 대립을 진정시켜 나가야할 "郡守는 한갓 戎衣만 입고서, 敵을 바라보곤 氣가 먼저 꺾"일 따름이었다. 그 세력 또한 마치 "적의 팔은 원숭이보다 빨라, 활쏘기를 별이 반짝이듯 하고, 적의 정강이는 사슴보다 빨라, 산 넘기를 번갯불 사라지듯" 하다고 표현될 정도로, 당시 집권층의 위기감을 조성하기에 족했다. 그 속에서 일반농민의 피해는 날로 늘어만 갈 수 밖에 없었다. "부녀자가 죽은 남편을 哭하고, 머리에 삼베 두르고 마른 뼈를 弔喪"하며, "황량한 촌락에

논고 참조. 朴宗基, 1990, 앞의 논문, 154~157쪽 ; 金晧東, 1994,「高麗 武臣政權時代 在地勢力과 農民抗爭」『한국중세사연구』1 ; 申安湜, 1997,「高麗 明宗代 地方社會의 動向」『建大史學』9 ; 1998,「高麗 武人執權期 在地勢力의 動向 -明宗代~高宗 18년(1231)까지를 중심으로-」『國史館論叢』82.

37) 최충헌 집권 후 경주내의 이의민세력을 축출하려는 과정에서 在地勢力 간의 대립이 심각했음은 다음의 사료를 통해 짐작할 수 있다. "慶州李義旼族人旣放還 與州吏構隙 角鬪相殺 義旼族人不克 時按察使田元均入州 不能制 於是房守別將通引皆見殺 元均懼 卽避去他邑"(『高麗史』卷21, 神宗 3年 8月) ; "慶州副留守房應喬免 以郎中魏敦謙代之 初忠獻之夷義旼族也 慶州別將崔茂 承州官之命 捕義旼族思敬等數人 抵罪 於是思敬族伯瑜直才等怨之 訴應喬曰 茂欲作亂 應喬信而囚之 伯瑜直才夜入獄 殺茂 應喬不問擅殺之罪 反欲捕殺茂族用雄大義等 州人憤怨 旣而用雄大義殺伯瑜直才 而用雄亦爲人所殺 至是大義等集州中無賴 縱暴甚 應喬又不能制 朝廷聞之 故有是命"(『高麗史』卷21, 神宗 3年 12月)

38) 金晧東, 1993, 앞의 논문, 160~161쪽.

일찍 문 닫으니, 대낮에도 길가는 나그네가 전혀 없었다." 더군다나 自然災
害로 인한 피해까지 겹쳐, 가뭄으로 "논밭은 모두 붉게 타서, 곡식 싹이 무
성한 것을 볼 수 없"을 정도로 농촌은 피폐화되어 갔다. 농민의 곤궁과 농
촌의 피폐는 언제라도 농민항쟁으로 연결될 개연성을 지니고 있었고, 이러
한 상황 속에서 國家의 안정을 기하기는 힘들었다.

이러한 농민과 농촌의 상황은 라-3에서도 표현되고 있었다. 이규보가 全
州牧 司錄兼掌書記로 재임중이던 신종 3년(1200)에 인근 南原에서 농민항
쟁이 발생하였고, 라-3에서는 이에 대처하려는 남원의 지방관료와 재지세력
의 노력이 역부족이었던 상황을 잘 드러내 주고 있다. "완악한 도적떼가 있
어 반역을 도모하려고 평민들을 협박하여 개미떼처럼 집결"하는 상황 속에
서 오히려 "父老들은 황급하여 토끼와 사슴처럼 달아나고, 그 고을 관원들
은 얼굴에 땀을 물처럼" 흘리고 있었다. 在地勢力(父老)과 고을 守令의 힘
만으로는 농민봉기를 진정시키기에 역부족이었고, 결국 남원의 농민항쟁은
廉察使의 派遣 이후에서야 겨우 진정될 수 있었다.

한편 라-1~3을 살펴볼 때, 여기서 이규보의 농민항쟁에 대한 인식과 그
해결방안에 대한 생각을 엿볼 수 있지 않은가 한다. 처음에 이규보에게 있
어서 농민항쟁은 사회 질서를 어지럽히는 "도적떼" 혹은 逆詐의 무리에 불
과한 것으로 여겨졌고, 오히려 이에 대해 강경진압에 나서지 않은 집권층에
강한 불만을 표시하고 있었다. 그러나 당시의 농민항쟁은 고을 守令과 在地
勢力의 힘만으로는 제어하기 힘들 정도로 확산되고 있었다. 이에 따라 이규
보 역시 당시의 농민항쟁이 사회혼란과 國難을 초래할 수 있는 커다란 사회
문제로 점차 인식되기 시작했고, 점차 위기감을 느끼게 되었던 것으로 생각
된다. 12세기 이후 변동된 권력관계 속에서 탄생한 政權에 참여 혹은 참여
指向的 입장에 있었던 이규보로서는[39] 새로운 권력관계와 정권을 공고히
해나가야 할 필요가 있었고, 이에 도전하는 움직임은 자신과 국가에 대한

---

39) 이규보의 출세지향적·관료진출적 성향에 대해서는, 朴菖熙, 1987·1989·1990,
   앞의 논문 참조.

위협으로 간주되었을 것이다. 농민항쟁에 대한 이규보의 입장은 이에 대한 政府의 입장과도 일치하는 측면이 많았고, 따라서 농민항쟁 발생 문제를 해결하는 데는 禍福으로 위무하거나 혹은 강경진압의 자세를 보이고 있었다. 이규보가 신종 5년(1202) 慶州에서 新羅復興運動이 발생하자,[40] 이를 진압하기 위한 군대에 자원하여 종군하고[41] 또 각종 祭文을 지어 기여하고 있었던 점[42]은 이러한 입장을 잘 드러내 주는 것이라고 여겨진다.

이처럼 이규보는 농민항쟁의 발생을 당시 政權과 國家에 위협을 가하는 행위라고 여기고 있었다. 여기에 이규보 자신이 당시 정권에 參與하고 또 적극적으로 登用되고 있었다는 점이 결부되어, 농민항쟁을 비롯한 당시 사회의 당면과제를 해결해 나가야 할 필요가 인식되고 있었다. 그런 점을 감안하여 생각할 때, 앞서 살펴본 이규보의 農業振興論을 통해 武臣政權時期 經濟政策의 一面을 파악해 볼 수 있지 않을까 한다.

앞서 살펴본 바와 같이, 이규보가 農業振興論을 제시하게 된 것은 농업이 제대로 이뤄지지 못하고 있는 당시의 비정상적인 영농상태를 극복하고 다시 正常的인 營農을 기하기 위함이었다. 그것은 한편으로 당시 社會와 國家의 정상적인 운영과도 관련된 일이었다. 策問에서 이규보가 당시 사회의 당면과제로 농업진흥뿐만 아니라 官吏登用, 軍事制度, 地方制度 등과 관련한 문제에 대해서도 지적하고 있는 것 역시 이러한 맥락에서 이해할 수 있을 것이다. 관리등용, 군사제도, 지방제도 등의 문제 역시 새로이 탄생한 정권의 입장에서 그 이후 정권의 안정을 위해 정상적인 운영으로의 復歸가 절실한 문제들이었기 때문이다.

---

40) 신종 5년(1202)에 발생한 신라부흥운동에 대해서는 다음의 논고 참조. 金晧東, 1982, 앞의 논문 : 1991, 앞의 책, 204~227쪽 ; 1994, 앞의 논문, 153~161쪽 ; 姜晋哲, 1992, 앞의 논문, 260~265쪽 ; 朴敬子, 1994, 앞의 논문, 751~757쪽.
41) 『文集』「年譜」참조.
42) 『全集』卷 38에는 이때 이규보가 慶州民을 진압하는 과정에서 지은 祭文 33首가 수록되어 있다. 제문의 내용에 대해서는 李貞信, 1991, 앞의 책, 221~222쪽의 <表1> 참조.

이처럼 農業振興은 새로이 정치 주도세력으로 등장한 무신정권기 집권층의 당면과제이기도 했고, 그런 점에서 그것은 무신정권의 안정을 기하기 위한 경제정책의 일환으로 구상되었던 것으로 생각된다.

5. 맺음말

무신정권기 지식인으로서 李奎報가 지닌 農村現實觀은 그 자신이 農村현실과 자주 접할 수 있는 기회가 있었던 데 기인하여 형성되어 갔다. 특히 이규보는 黃驪·尙州로의 순력 시기, 全州牧 司錄兼掌書記 재직 및 그로부터 免職된 시기, 桂陽으로의 좌천 시기, 猬島로의 유배 시기 등에 農民과 農村을 소재로 한 다수의 農民詩 작품을 저술하고 있었다. 농민시 속에서 이규보는 地方官의 收奪에 대한 批判과 이로부터 고통받는 農民百姓에 대한 愛情을 표현하고 있었다. 여기서 더 나아가 이규보는 이러한 고통받는 농민백성이야말로 國家를 지탱하는 근본이라는 생각을 나타내기도 했다. 그런 가운데 지방관의 수탈로 고통받고 있는 농민의 현실에 대해 강한 社會批判意識과 愛民意識을 드러내기도 했다.

한편 이러한 농촌현실관을 반영한 농민시는 대체로 이규보의 생애에 있어서 이른바 시련기에 저술된 것이었다. 반면에 그가 崔忠獻·崔瑀 등 무신정권 최고실력자의 후원 속에 등용되어 翰林院, 誥院 등에서 활발한 정치활동을 펼친 시기에 지어진 농민시는 그 작품수도 少數일 뿐만 아니라 內容上으로도 시련기의 그것과 다소 差異가 있었다. 이 시기에 지어진 농민시 속에서도 농사짓는 농민의 고통은 표현되고 있었지만, 시련기의 농민시에서 나타난 강한 사회비판의식은 찾아보기 힘들었다. 이러한 이규보의 한계성은 그 자신이 政府官僚로 복무하고 있는데 기인한 것으로서, 그런 점에서 그의 농민시에 나타난 農民에 대한 同情과 愛情, 그리고 愛民意識 역시 그러한 限界를 벗어날 수 없었을 것으로 생각된다. 이규보의 애민의식은 농민적 입장에서의 그것과는 다른 것으로, 오히려 治者的 혹은 支配層的 입장에서 나온 愛民意識에 가까운 것이었다고 생각된다.

한편 이규보가 禮部試 知貢擧가 되어 출제한 策問 속에서는 그가 구상하고 있는 農業振興論을 살펴볼 수 있는데, 여기서 이규보는 당시 농촌사회의 현실이 列郡殘民이 流移하여 土着하지 못하고, 土地가 황폐화되어 閑曠地가 다수 존재할 뿐만 아니라 水災와 旱災 등 자연재해로부터도 피해를 받고 있는 상황으로 파악하고 있었다. 따라서 이러한 상황에 대처하는 방안은 流移民의 安集, 興農, 防災하는 일이라고 생각되고 있었다. 이러한 이규보의 農業振興論은 곧 농업이 제대로 이뤄지지 못하고 있는 당시의 非正常的인 營農狀態를 극복하고 다시 正常的인 營農으로의 復歸를 기함으로써 國家와 社稷을 復興하려는 것이었다. 策問에서는 당시 사회의 당면과제로 이러한 興農方案뿐만 아니라 官吏登用, 軍事制度, 地方制度 등과 관련된 문제에 대해서도 지적하고 있었는데, 이러한 문제들 역시 正常的인 國家運營에 필요한 요소들이었다. 그런 점을 감안해 생각할 때, 이규보의 農業振興論은 그 자신이 구상하고 있는 國家運營論의 일부였다고도 할 수 있다.

이처럼 이규보의 농업진흥론은 正常的인 營農으로의 復歸를 통해 國家, 社稷의 正常的인 復位와 復興을 기하는 것이었던 만큼, 이는 당시 정권으로서 武臣政權의 經濟政策을 반영하는 것이었다. 무신정권시기의 두드러진 經濟現狀으로는 大土地兼倂, 農民의 대규모 流亡, 地方官의 收奪, 광범위한 農民抗爭 등이 발생하고 있었다. 특히 광범위한 農民抗爭의 발생은 당시 執權層 내의 危機感을 조성하는 계기로 작용하고 있었고, 그러한 모습은 이규보의 作品 속에서도 잘 나타나고 있었다. 이규보로서는 농민항쟁이 당시 政權과 國家에 위협을 가하는 행위로 여겨졌고, 여기에 이규보 자신이 당시 정권에 參與하고 또 적극적으로 登用되고 있었다는 점이 결부되어, 이에 대한 과제를 해결해 나가야할 필요가 인식되고 있었다. 따라서 이규보의 농업진흥론은 무신정권시기의 政權 安定策과 관련된 형태로 나타나게 되었

던 것으로 생각된다. 이처럼 이규보의 농업진흥론은 正常的인 營農으로의
復歸를 통해 國家, 社會의 正常的인 復位와 復興을 기하는 것이었고, 그것
은 무신정권의 안정을 기하기 위한 經濟政策의 일환으로 구상되었던 것으
로 생각된다.

제2부
고려시대의 권농정책

서론

한국 전근대사회에서 農業生產活動은 국가와 사회를 유지·운영해 나가는 중요한 토대였다. 高麗時代에 있어서도 농업생산물은 당시 사람들의 生計手段으로서 뿐만 아니라 國用·祿俸·軍需 등 國家財政의 주된 원천이자 社會運營의 기반이 되었다. 더 나아가 농업생산력의 발달 수준은 사회성격을 좌우하는 규정력을 지니고 있어, 이에 조응하는 토지제도·조세제도 등 경제제도를 실시할 수 있는 기반이기도 하였다. 고려의 각종 제도를 실시하고 이로써 국가와 사회를 유지·운영하는 관건이 농업생산활동에 있었다고 해도 과언이 아니었다. 이와 같은 중요성에 기인하여 중앙정부는 勸農政策을 마련하여 실시하였다.

勸農政策은 국가가 농민층을 보호하여 농업생산을 증진하도록 독려하는 農業振興政策이었다. 중앙정부는 이를 통해 국가 재정의 증대를 도모하고 사회와 국가를 유지·운영해 나가고 있었다. 다시 말해 勸農政策은 한편으로 농민층을 보호하고 농업생산의 증진을 도모하는 社會經濟政策으로서의 측면을 지니고 있었고, 또 다른 한편으로는 이를 토대로 국가를 유지·운영해 나가는 國家運營政策으로서의 측면도 함께 지니고 있었다. 그러므로 고려시대 권농정책의 내용과 성격에 대한 연구는 당시 농민층의 生產活動을 규명하고, 國家運營의 내용과 특징 등을 이해하는 데 중요한 연구대상 가운데 하나가 된다고 하겠다.

이에 본 연구에서는 고려시대 권농정책의 내용과 성격에 대해 고찰함으로써, 당시의 농업생산활동 및 국가와 사회의 운영 상황에 대해 이해해 볼 수 있는 계기를 마련해 보고자 한다.

중앙정부로부터 勸農政策이 수립되고 그것이 農民과 農業에 적용되어 실시되는 데는 中央政府의 政策的 目的과 아울러 農業生産의 實狀을 바탕으로 하는 것이었다. 농업생산의 실상에 조응하여 권농정책의 內容이 결정되는 한편 農業技術의 발달에 따른 社會變化는 권농정책의 추진 方向을 결정하는 중요한 요인이었다. 따라서 권농정책에 대한 고찰은, 농민층의 영농 상황, 국가운영의 시기별 추이 등을 비롯해 농업기술의 발달, 이에 따른 사회변화 등 농업생산활동과 관련한 여러 측면을 함께 고려하여 파악할 때 실효를 거둘 수 있을 것으로 생각된다.

본 연구에서는 고려시대 권농정책의 수립과 전개과정, 그리고 그 속에 드러나는 특징과 성격을 고찰하기 위해, 國家運營과 重農理念, 농업의 실상과 農業技術의 발달 수준, 社會變化에 따른 政局運營의 추이 등에 대한 고찰과도 병행하여 살펴보고자 한다. 특히 권농정책의 내용과 성격에 대해 보다 깊이 있게 천착해 보기 위해, 고려시대 農業技術 발달과 社會變化의 관계, 그리고 이러한 사회변화에 조응하여 추진된 勸農政策의 상호관련성에 대해 주목해 보고자 한다.

1. 연구성과

1) 권농정책에 대한 연구성과

그동안 고려시대 권농정책에 대해서는 社會政策, 土地制度, 農業技術 등을 규명하기 위한 연구의 일환으로 진행되어, 그 내용과 의미에 대해서도 상당 부분 이해가 가능하게 되었다.[1]

고려시대 권농정책에 대한 연구는 비교적 일찍부터 시작되어, 권농정책의 의미와 성격에 대한 파악이 이루어졌다. 권농정책은 농민층의 토지경작에 의해 생산된 농산물이 租稅와 地代로 납부되는 가운데 그러한 租稅와 地代의 再生産을 보장하여 收取하기 위한 의미를 지니고 있었다고 파악함으로써,[2] 권농정책이 국가·사회를 유지하기 위한 성격을 지니고 있었다는 점이 지적되었다.

권농정책이 국가·사회를 유지하기 위한 성격을 지니고 있었다는 지적은 그 후 연구자에게 대체로 공통된 견해를 보이고 있는 가운데, 그 내용에 대한 보다 구체적 사실들이 규명되어 나갔다. 농민층의 안정을 위해 勸農政策을 비롯해 對民醫療政策·救恤政策 등과 같은 사회정책이 실시되었고,[3] 농업생산물의 증대를 위해 土地開墾·水利事業 등 중앙정부의 각종 조처가 내려졌음이 고찰되었다.[4]

권농정책이 지닌 국가·사회를 유지하는 성격에 대한 파악은 그 경제정책 및 사회정책으로서의 측면을 고찰하고 당시 사회상의 一面을 파악하는 데

---

1) 고려시대 권농정책에 대한 기존의 연구 성과로는 다음의 논고들을 찾을 수 있다. 白南雲, 1937, 「勸農政策의 重要性」『朝鮮封建社會經濟史』上, 改造社 ; 李丙燾, 1961, 「勸農 및 其他의 社會政策」『韓國史』中世篇, 乙酉文化社 ; 李春寧, 1964, 「高麗時代의 農業」『李朝農業技術史』, 韓國研究院 ; 1989, 「고려시대의 농업과 농학」『한국農學史』, 民音社 ; 金琪燮, 1987, 「高麗前期 農民의 土地所有와 田柴科의 性格」『韓國史論』17 ; 金南奎, 1989, 「勸農使와 그 機能」『高麗兩界地方史研究』, 새문社 ; 洪承基, 1990, 「高麗時代의 農民과 國家」『韓國史 市民講座』6, 一潮閣 ; 閔丙河, 1991, 「高麗時代의 農業政策考」『韓國의 農耕文化』3, 京畿大 博物館 ; 李宗峯, 1992, 「高麗後期 勸農政策과 土地開墾」『釜大史學』15·16 ; 李正浩, 1994, 「高麗前期 勸農策에 관한 一考察」『史學研究』46 ; 韓政洙, 1995, 『高麗前期 勸農政策과 農業技術』, 建國大 碩士學位論文 ; 魏恩淑, 1998, 「소농민경영의 존재형태」『高麗後期 農業經濟研究』, 혜안 ; 李景植, 2004, 「高麗前期의 勸農과 田柴科」『東方學志』128 : 2007, 『高麗前期의 田柴科』, 서울대학교출판부 재수록.
2) 白南雲, 앞의 논문, 174~175쪽.
3) 李丙燾, 앞의 논문, 164~172쪽.
4) 李春寧, 1964, 앞의 논문, 20~23쪽 : 1989, 앞의 책, 54~57쪽.

유효한 일이었다. 그러나, 한편으로 그것이 보다 실효를 거두기 위해서는 시기별 상황에 대한 고려가 필요하고, 또 그러할 때 권농정책의 내용, 전개 과정, 특징 등을 명확히 할 수 있는 것이었다.[5] 이에 따라 지방에서 勸農·救恤·收取 등의 업무를 담당한 勸農使에 대해 고찰하는 가운데 권농사의 직임은 고려전기의 경우 勸農 위주로 나타나는 반면 고려후기에는 收取 위주로 나타나는 등 차이가 있었던 점이 지적되었다.[6] 그리고 고려 건국 이래 권농정책은 豪族의 통제를 비롯한 地方行政制度의 정비과정과 결부하여 점차 실시되어 나갔던 것으로 파악되었다.[7] 또 農業의 실상 및 農業技術의 발달과정과 관련하여 고찰이 이뤄져, 지방관을 통해 추진되고 있던 권농정책은 농지 개간 등을 통해 농업기술의 발달과도 밀접한 관련을 가지고 있었다는 점을 밝힐 수 있었다.[8] 아울러 권농정책은 小農民의 재생산구조에 대한 간여를 통해 국가의 對農民支配를 관철하는 것으로서, 시기별 소농민의 존재형태가 변화하는 과정 및 정치사회적 조건과 관련하여 고찰이 이뤄져야할 필요성이 지적되기도 하였다.[9] 최근에는 권농정책이 田柴科와 같은 土地制度의 운영과도 연계되는 중요성을 지니고 있었다는 연구결과도 나왔다.[10]

이처럼 시기별 상황과 그 변화 속에서 권농정책의 내용과 의미를 고찰하게 됨으로써 권농정책의 성격과 특징을 한층 심도 깊게 이해하는데 많은 성과를 거둘 수 있었다. 한편 기존의 연구성과는 대체로 조세제도·지방행정제

---

5) 재정확보와 농민안정화를 위한 권농정책은 고려시대뿐만 아니라 한국 전근대 사회에서는 비슷한 양상을 띠고 전개되고 있었다. 따라서 권농정책은 農業 위주의 사회인 한국 전근대사회의 通時代的 현상이라고 할 수 있겠지만, 한편 그 의미는 각 時期別 상황에 따라 차이가 있었다. 政治運營·社會經濟的 상황·思想의 動向 등 각 시기별 상황과 그 변화 속에서 권농정책의 의미를 파악할 때 보다 그 의미에 대해 깊이 천착할 수 있을 것으로 생각된다.

6) 金南奎, 앞의 논문, 165~166쪽.

7) 金琪燮, 앞의 논문, 136~139쪽 ; 李正浩, 앞의 논문, 32~45쪽.

8) 李宗峯, 앞의 논문 ; 韓政洙, 앞의 논문.

9) 魏恩淑, 앞의 논문, 103~119쪽.

10) 李景植, 앞의 논문.

도·농업기술·토지제도 등 특정제도나 기술의 시기별 변화상을 권농정책의 전개과정과 연계시켜 고찰한 것이었다. 그러나 권농정책의 성격을 규명하기 위해서는 이 이외에도 당시 사회의 상황과 관련하여 보다 다양한 측면에서 고찰이 필요한 실정이다. 地方行政制度의 정비, 農業技術 등의 고찰과 아울러 思想의 動向·營農 상황·政治運營 등에 대한 고찰이 병행하는 가운데 권농정책의 성격에 대한 파악이 이뤄질 때 그 실시배경, 실시내용, 추진방향 등을 보다 명확히 파악할 수 있을 것이다.

또한 이를 토대로 고려시대 권농정책의 내용과 전개과정에서 드러나는, 당시의 시대상황적 맥락에서 일관되게 관철되고 있는 기본 성격과 각 시기별로 내용상 변화가 나타나는 양상과 원인 등에 대해 고찰함으로써, 이를 체계화하여 이해해야할 과제도 남아 있다. 그리고 이를 위해서는 농업 생산활동에 직접 연관되고 또 여러 사회변화 현상의 토대가 되는 農業技術 혹은 農業生產力의 발달을 전체적인 논의 전개의 준거틀로 삼아 검토하는 것이, 당시의 권농정책을 체계적으로 이해하는데 좋은 방법이 되리라고 본다.

특히 중앙정부로부터 勸農政策이 수립되고 그것이 農民과 農業에 적용되어 실시되는 데는 중앙정부의 政策的 目的과 아울러 農業生產의 실상을 바탕으로 하는 것이었다. 농업생산의 실상에 조응하여 권농정책의 내용이 결정되는 한편 農業技術의 발달에 따른 변화는 권농정책의 추진방향을 결정하는 중요한 요인 가운데 하나였다. 그런 점에서 農業技術의 발달에 따른 社會變化, 그리고 그 속에서 실시된 勸農政策을 서로 연관지어 살펴봄으로써 당시 사회의 특징과 권농정책의 의미에 대해 보다 깊이 천착해 볼 수 있을 것으로 생각된다. 이에 고려시대 농업기술의 발달에 대한 기존의 연구성과를 살펴보면서 그 속에 나타난 문제점과 향후 연구방향을 생각해 보면 다음과 같다.

2) 농업기술에 대한 연구성과

고려시대 農業技術·農業生產力에 대한 연구는 당시 사회의 발전단계와 성격, 더 나아가 사회변화를 규명하기 위한 작업의 일환으로 이뤄져 왔다. 그런데 이를 규명하기 위해서는, 이에 앞서 농업의 구체적인 실상에 대한 이해가 필요하다고 할 수 있다. 이에 따라 그동안 고려시대 농사방법은 어떠했는지 農法을 파악하기 위한 연구가 진행되어 왔다. 그런 가운데 지금까지 고려시대 農法에 대해서는 대체로 耕地利用方式을 중심으로 農業技術을 고찰하는 연구성과물들이 나왔다.

주지하듯이 고려시대 경지이용방식에 대해서는 견해 차이가 있어 왔고, 이러한 견해 차이와 연관되어 구체적인 농업기술의 내용에 대해서도 다소의 의견 차이를 보이고 있다.[11) 한편 이러한 의견 차이에도 불구하고 고려

---

11) 고려시대 경지이용방식에 대한 논의는 주로 高麗前期의 보편적인 農法이 休閑法이었는지 아니면 常耕法이었는지를 둘러싸고 논의가 전개되었다. 고려전기 경지이용방식에 대한 논의 내용은 다음의 논고 참조. 李炳熙, 1988,「高麗時期 經濟制度 硏究의 動向과「국사」敎科書의 敍述」『歷史敎育』44, 214~218쪽 ; 李平來, 1989,「高麗前期의 耕地利用에 대한 再檢討」『史學志』22, 167~172쪽 ; 李昇漢, 1990,「高麗時代 農業史 硏究現況－休閑法 問題를 中心으로－」『全南史學』4 ; 안병우, 1995,「농업생산력의 발달과 상공업」『한국역사입문』②, 풀빛, 117~120쪽 ; 권영국, 1999,「고려시대 農業生產力 연구사 검토」『史學硏究』58·59, 592~597쪽.

한편 이를 바탕으로 高麗後期의 경지이용방식에 대한 논의 역시 견해의 차이가 나타나고 있다. 즉 고려전기의 보편적인 경지이용방식이 상경법이었다고 주장하는 견해의 경우, 고려후기에는 平田은 물론 상경단계이고 일부 휴한하던 山田이 상경화되어 가기 시작한 것으로 파악한다(대표적인 견해로는 金容燮, 1975,「高麗時期의 量田制」『東方學志』16 : 2000,『韓國中世農業史硏究』, 지식산업사 재수록, 70~78쪽 참조). 반면에 고려말 신흥관료에 의해 중국 江南農法의 도입을 계기로 상경화가 시작된 것으로 파악하는 견해에서는, 고려말에 와서야 비로소 平田(=水田)에서 상경화가 이뤄진 것으로 파악하고 있다(대표적인 견해로는 李泰鎭, 1979,「14·15세기 農業技術의 발달과 新興士族」『東洋學』9 : 1986,『韓國社會史硏究』, 지식산업사 재수록, 92~97쪽 참조).

후기에 이르러 그 이전과는 다른 농법상의 변화가 엿보인다는 점에 대해서
는 대체로 동의를 하고 있으며, 그 변화의 시작 시기는 12세기인 것으로 파
악하고 있다. 연구 결과, 12세기 이후에는 水利施設, 土地開墾, 施肥技術,
農器具, 新種子의 도입, 耕種法의 변화, 農學의 발달 등에 있어서 이전 시
기와 다른 변화의 양상이 나타나고 있었다고 보고 있다.[12]

우선 수리시설의 경우, 고려후기에는 고려전기 이래 山谷型 堤堰의 보수
와 수축이 이뤄짐과 동시에 小規模 제언이 수축되는 현상에 주목하여, 地域
村 단위에서 自然村 단위로 향촌사회의 결속단위가 변모할 정도로 일반민
의 자립재생산성이 제고되었다고 보았다.[13] 아울러 山間 治田 위주로 이뤄

이러한 의견 차이는 농업기술에 대한 이해와도 대체로 연관되어 나타나고
있다. 그 한 예로, 휴한법을 주장하는 경우 除草作業 및 施肥技術 등의 제약으
로 휴한하는 일이 불가피하였음을 주장하는 한편(李泰鎭, 1983, 「高麗末·朝鮮
初의 사회변화」『震檀學報』 55 : 1986, 앞의 책, 110쪽) 상경법을 주장하는 경
우에는 상경이 가능할 정도로 除草作業 및 施肥技術이 발달했음을 주장하고
있어(魏恩淑, 1990, 「高麗時代 農業技術과 生産力 研究」『國史館論叢』 17,
7~12쪽) 의견의 차이를 보이고 있다.

12) 12세기 이후 농업기술의 발달에 대한 연구로는 다음과 같은 논고들을 찾을 수
있다. 金容燮, 1975, 앞의 논문 : 2000, 앞의 책 재수록 ; 1990, 「高麗刻本 『元
朝正本農桑輯要』를 통해서 본 『農桑輯要』의 撰者와 資料」『東方學志』 65 :
2000, 앞의 책 재수록 ; 李泰鎭, 1979, 앞의 논문 ; 1983, 앞의 논문 : 1986,
앞의 책 재수록 ; 宮嶋博史, 1980, 「朝鮮農業史上における十五世紀」『朝鮮史
叢』 3 ; 1984, 「朝鮮史研究と所有論」『人文學報』 167, 東京都立大 ; 魏恩淑,
1988, 「12세기 농업기술의 발전」『釜大史學』 12 : 1998, 『高麗後期 農業經濟研
究』, 혜안 재수록 ; 1990, 앞의 논문 ; 1993, 「고려후기 소농민경영의 성격」『釜
山女大史學』 10·11 : 1998, 앞의 책 재수록 ; 1996, 「농업기술의 발전」『한국사』
19, 국사편찬위원회 ; 2000, 「『元朝正本農桑輯要』의 농업관과 간행주체의 성
격」『한국중세사연구』 8 ; 李平來, 1991, 「고려후기 수리시설의 확충과 수전 개
발」『역사와 현실』 5 ; 李宗峯, 1991, 「高麗刻本 『元朝正本農桑輯要』의 韓國農
學上에서의 위치」『釜山史學』 21 ; 1992, 「高麗後期 勸農政策과 土地開墾」『
釜大史學』 15·16 ; 1993, 「고려시기 수전농업의 발달과 이앙법」『韓國文化研
究』 6 ; 安秉佑, 1994, 「고려후기 농업생산력의 발달과 농장」『14세기 고려의
정치와 사회』, 민음사.

13) 魏恩淑, 1988, 앞의 논문, 83~95쪽 ; 1990, 앞의 논문, 15~20쪽 ; 李平來,

졌던 고려전기의 토지개간이 沿海岸과 低濕地로 확대되어 나간 새로운 양
상이 엿보인다는 점도 지적되었다.[14] 이러한 양상은 한발 등에 잘 적응하는
환경적응력이 강한 占城稻의 도입과 早稻로서 蟬鳴稻의 수입 등과도 밀접
한 관련을 지닌 것으로, 이는 토지개간의 확대와 북쪽지방으로의 稻作地域
확대에 기여한 것으로 설명되었다.[15] 농기구의 경우, 고려후기에는 短柄鋤
의 이용, 有鐴犁의 출현 등으로 인해 노동 효율성이 제고되고 노동집약적
농법이 가능해졌다는 견해가 있다.[16] 경작방법에 있어서도 乾耕直播方式
이래 水耕直播方式이 보다 확대되는 상황에서 경상도 북부와 강원도 남부
의 일부지역에서 移秧法이 이용되기 시작한 것으로 보았다.[17] 이처럼 고려
후기 농업상의 변화 움직임은 農學 자체에 대한 이해에도 진전을 가져와
『孫氏蠶經』의 이두 번역,『元朝正本農桑輯要』의 간행 등으로 나타나게 되
었다는 것이다.[18]

　이처럼 기존의 연구성과를 통해 고려시대 농업기술의 내용에 대해 상당
부분 이해가 가능해 졌다. 그러나 한편 경지이용방식, 농기구의 사용현황
등 농업기술의 구체적인 내용에 대해서는 연구자 간에 의견 차이가 있고,
이는 또한 당시의 기본적 농업경영형태, 토지소유관계에 대한 이해와도 연

　　　　1991, 앞의 논문, 159~175쪽.
14) 魏恩淑, 1988, 앞의 논문, 89~92쪽 ; 이평래, 1991, 앞의 논문, 168~175쪽 ;
　　李宗峯, 1992, 앞의 논문, 340~344쪽 ; 안병우, 1994, 앞의 논문, 301~305쪽.
15) 魏恩淑, 1988, 앞의 논문, 95~99쪽 ; 1990, 앞의 논문, 18~19쪽 ; 李平來,
　　1991, 앞의 논문, 175~180쪽.
16) 魏恩淑, 1990, 앞의 논문, 5~11쪽. 한편 이러한 견해는 적어도 『農事直說』단계
　　에는 이미 有鐴犁가 존재했다는 견해(李鎬澈, 1986,『朝鮮前期農業經濟史』, 한
　　길사, 319~330쪽) 및 우리나라 독자의 小型除草具인 호미가 사용되고 있었다는
　　견해(宮嶋博史, 앞의 논문, 68쪽)를 통해 뒷받침되기도 하지만, 상반된 견해도 제
　　기되고 있다. 조선전기까지도 無鐴犁가 일반적이었으며(閔成基, 1979, 「東아시아
　　古農法上의 樓犁考」『省谷論叢』10 : 1988,『朝鮮農業史研究』, 一潮閣 재수록,
　　41~42쪽) 長柄鋤가 사용되고 있었다는(李鎬澈, 앞의 책, 173~184쪽) 견해가 있
　　어 의견 차이가 있다.
17) 魏恩淑, 1990, 앞의 논문, 19~20쪽 ; 李宗峯, 1993, 앞의 논문, 153~186쪽.
18) 金容燮, 1990, 앞의 논문 ; 李宗峯, 1991, 앞의 논문 ; 魏恩淑, 2000, 앞의 논문.

결되어 큰 편차를 노정하고 있다. 이것은 무엇보다 관련 史料의 부족으로
인한 제약에 말미암은 것이지만, 이러한 문제점을 해결해 나가기 위해서는
農業技術의 발달이 지니는 의미를 당시 社會變化와 관련하여 규명하려는
노력이 보다 적극적으로 모색될 필요가 있을 것이다. 다시 말해 고려시대
農業史 연구를 제약하는 커다란 요인은 관련 史料의 부족이며, 이를 극복하
는 데는 農業技術의 발달이 지닌 意味에 대한 천착을 통해 당시 사회의 특
징과 변화를 합리적으로 설명할 수 있는 방향으로 연구가 진전될 필요가 있
다. 이것은 또한 본 연구에서 고찰하고자 하는 바, 農業技術의 발달과 社會
變化, 그리고 이러한 사회변화에 조응하여 추진된 勸農政策의 상호관련성
을 파악하는 데에도 유용한 이론적 토대가 될 수 있으리라고 본다.

3) 연구방향 설정의 이론적 토대
-고려중기 농업기술, 사회변화, 권농정책의 관계-

  앞서 검토했듯이 12·13세기에는 농업기술의 발전이 이뤄짐과 동시에, 이
시기에 두드러진 경제현상으로 土地奪占과 農莊의 발달, 土地分給制 운영
상의 문제점 등이 나타나고 있었다.[19] 아울러 이 시기에 나타난 農民抗爭은
당시 收取制度의 모순과도 관련하여 나타난 사회현상이었고,[20] 地方行政制
度의 문란, 地方社會의 동요 역시 경제기반 확보를 기하는 중앙관료와 지방

---

19) 고려 중·후기 경제현상에 대해서는 다음의 논고 참조. 姜晋哲, 1980, 「田柴科
    體制의 崩壞」『高麗土地制度史硏究』, 高麗大出版部 ; 1980, 「高麗의 農莊에
    대한 一硏究-民田의 奪占에 의하여 형성된 權力型 農莊의 實體追求-」『史
    叢』24 : 1989, 『韓國中世土地所有硏究』, 一潮閣 재수록 ; 박종진, 1995, 「고려
    무인집권기의 토지지배와 경제시책」『역사와 현실』17 ; 이정호, 2007, 「토지
    제도와 조세제도의 변화」『고려시대사의 길잡이』, 일지사.
20) 金潤坤, 1988, 「羅·麗 郡縣民 收取體系와 結負制度」『民族文化論叢』9,
    183~184쪽 ; 朴宗基, 1990, 「12, 13세기 農民抗爭의 原因에 대한 考察」『東方
    學志』69, 143~151쪽.

관의 결탁, 그리고 이를 둘러싼 재지세력간의 대결양상과 관련된다는 점에서,[21] 이러한 경제현상과 결코 무관한 현상이 아니었다. 이렇게 볼 때 12·13세기 무신정권의 동향과 토지겸병, 재지세력의 동향, 지방행정제도의 문란, 농민항쟁 등의 현상은 상호연관된 측면이 있었음을 알 수 있게 된다. 따라서 당시의 사회변화를 살펴볼 때는 어느 한 측면만을 강조하기 보다는 이러한 여러 측면들의 종합적인 관점에서 살펴볼 필요가 있다.

그리고 이에 대한 종합적인 검토는, 그 변화의 토대로서 농업기술 발달에 기반한 농업생산력의 발달에 대한 의미를 면밀히 파악하는 데로부터 가능하리라고 본다.

대체로 고려 중·후기 농업기술의 발달은, 권농정책과 연계되면서 토지황폐화의 방지 및 토지개간, 영농안정화의 방향으로 진행되고 있었다. 그러면 이러한 농업기술 발달이 당시의 사회변화와 관련하여 지니고 있는 의미는 무엇이었을까. 본 연구에서는 농업기술 발달의 의미를 「직접생산자와 생산수단의 결합·분리관계」에 주목하여 살펴볼 수 있지 않을까 한다.[22] 왜냐하면 그것은 직접생산자로서 人間과 생산수단으로서 自然의 상호관계이며, 또 그 결합(=노동, 생산활동) 혹은 분리관계(=권력 소유자에 의한 노동결과물의 획득)는 인간과 인간의 관계(=토지소유관계, 사회구조), 혹은 인간과 자연의 관계(=농업생산활동)를 규정짓는 것이기도 하기 때문이다. 즉 생산을 둘러싼 사회의 여러 모습을 「직접생산자와 생산수단의 결합·분리 관계」

---

21) 金晧東, 1994, 「高麗 武臣政權時代 在地勢力과 農民抗爭」 『한국중세사연구』 1 ; 申安湜, 1998, 「高麗 武人執權期 在地勢力의 動向-明宗代~高宗 18년(1231)까지를 중심으로-」 『國史館論叢』 82.

22) 「직접생산자와 생산수단의 결합·분리관계」 용어에 대해서는, 기존에 역사발전과정을 생산수단 소유형태의 변화라는 관점에서 파악하는 가운데 직접생산자(=노동자)와 생산수단의 관련방법(결합되어 있느냐 분리되어 있느냐)[결합·분리의 관계]으로부터 고찰한 견해가 있어 참고할 수 있을 것이다(칼 마르크스 지음/성낙선 옮김, 1988, 『자본주의적 생산에 선행하는 제형태』, 지평, 41~43쪽 및 48~49쪽). 이에 대한 해석 및 이론화를 시도한 경우로서는 中村哲, 1977, 『奴隷制·農奴制の理論』, 東京大學出版會 : 2000, 지식산업사, 28~35쪽 참조.

속에서 살펴볼 수 있는 가능성이 있지 않은가 하는 것이다(이하 「직접생산
자와 생산수단의 결합·분리 관계」·「직접생산자와 생산수단의 결합 관계」·
「직접생산자와 생산수단의 분리 관계」는 각각 「결합·분리 관계」·「결합 관
계」·「분리 관계」로 약칭함).[23]

　예를 들어, 고려시대의 경우 12세기 이래 농민과 농업의 피폐화는 당시에
진행된 농업생산력 발달을 비롯한 여러 사회변화의 와중에 나타났고, 또 그
속에 무신정권이라고 하는 새로운 정권이 존재하고 있었다. 그러한 당시 사
회의 변화를 「결합·분리 관계」의 관점에서 살펴보자면, 다음과 같이 설명할
수 있을 것이다.

　12세기 이래 농업생산력의 발달은 農民層 分解, 보다 엄밀히 말하자면
기존의 「결합 관계」에 있던 피지배신분층 내에 '새로운' 「분리 관계」를 생
성시키는 결과를 가져왔던 것으로 볼 수 있다.[24] 그 과정에서 기존에 權力

23) 이에 대해서는 개념 및 이론상의 타당성에 대한 검토를 보다 면밀히 진행해 나
　　갈 예정이지만, 하나의 가설로 설정함으로써 당시의 농업기술 발달, 경제상황,
　　사회변화, 권농정책 등의 상호관련성에 대한 설명을 시도해 보고자 한다. 왜냐
　　하면 당시 무신정권의 동향, 토지겸병, 재지세력의 동향, 지방행정제도의 문란,
　　농민항쟁 등 여러 사회현상을 상호연관하에 생각하는 데는 생산력 발달에 따른
　　생산관계의 변화라는 측면을 살펴보는 것이 그 한 방법이 될 것으로 생각되며,
　　또 그것은 「결합·분리 관계」를 통해 천착해 볼 수 있지 않을까 생각되기 때문
　　이다. 아울러 현재 필자의 견해로는, 이러한 「결합·분리 관계」(=사회구조)는
　　생산을 위한 '주체적 조건'·'객체적 조건'·'사회적 조건'의 상호작용 속에서 형
　　성되면서, 「결합 관계」(=피지배신분층) 혹은 「분리 관계」(=지배신분층)로 현
　　상화하여 사회를 구성하고 있었던 것이 아닌가 생각하고 있지만, 앞으로의 많
　　은 검토를 통해 수정·보완해 나갈 필요가 있을 것이다.
24) 고려시대 농업생산력 발달의 의미에 대해서는 대체로 農民層 分解 현상을 지
　　적한 견해를 찾아볼 수 있다. 朴宗基, 1990, 앞의 논문, 143~146쪽 ; 蔡雄錫,
　　1986, 「高麗前期 社會構造와 本貫制」 『高麗史의 諸問題』, 三英社, 338~346
　　쪽 ; 金琪燮, 1987, 「高麗前期 農民의 土地所有와 田柴科의 性格」 『韓國史論』
　　17, 102~111쪽. 그런데 생산력 발달이란 엄밀한 의미에서는 사회적 생산력의
　　발달을 의미하는 것으로서, '생산요소 구성비율의 고도화'를 의미하는 것이다.
　　따라서 이것은 곧 '단위 재화 생산에 투여되는 노동시간의 축소'를 의미한다.
　　다시 말해 12세기 이래 농업생산력의 발달은 결국 '잉여 노동시간'의 창출에

을 바탕으로 「분리 관계」를 유지하고, 또 이로써 자신의 지위를 형성하고 있던 지배신분층의 입장으로서는 그러한 새로운 변화에 대처해야 할 필요가 생기게 마련이었다.[25] 그 결과 지배신분층과 피지배신분층 사이에 변동의 계기가 초래되며, 아울러 이를 再調整하려는 움직임 또한 발생하게 되었던 것으로 생각된다. 이는 권력의 조정 혹은 확대된 권력의 획득을 통해 피지배신분층 내에 발생한 '새로운'「분리 관계」를 다시 「결합 관계」로 환원시키는 일이었으며, 이는 권력의 재조정 과정 속에서 점차 진행되어 나갔던 것이 아닌가 생각된다.[26]

다름 아니며, 이것은 본고에서 논하는 바 「결합·분리 관계」에서 피지배신분층 내에 기존의 「결합 관계」에 있던 상태에서 '새로운'「분리 관계」를 생성시키게 된 것으로 볼 수 있겠다.

25) 기존에 「결합 관계」를 유지하고 있던 일반농민들 사이에 '새로운'「분리 관계」가 생성된다는 것은, 기존에 「분리 관계」를 통해 특권을 누리던 집권층에도 영향을 미치는 일이었다. 왜냐하면 기존에 「분리 관계」를 통해 누리던 특권을 그 이후에도 지속하여 유지하기 위해서는, 또다시 「분리 관계」와 「결합 관계」의 상호관계를 정립할 필요가 있었을 것이기 때문이다. 다시 말해 특권층으로서의 유지를 위해서는 농민 내의 '새로운'「분리 관계」를 다시 「결합 관계」로 조정할 필요가 있었던 것으로 생각되기 때문이다.

26) 이와 같은 이론적 해석과 관련하여, 12세기 이래 특히 武臣政權時期의 社會變化를 고찰해 볼 수 있는 몇 가지 사례를 서술해 보면 다음과 같다. 우선 12세기 이래 문벌귀족사회의 동요현상 속에 나타난 정치세력 간의 갈등, 그리고 이어진 무신정권의 출현 등 政治 主導勢力의 變化를 통해 '권력의 확대' 혹은 '권력의 재조정' 움직임이 나타나고 있었음을 지적할 수 있다. 무신정권 출현 이후 지방사회에서 나타난 현상으로서, 정계에서 소외된 기존 관료의 낙향, 신진 관료의 지방사회에 대한 영향력 확대로 촉발된 재지세력 간의 競爭, 중앙관료와 결탁한 지방관의 收奪, 점차 확대되어나간 토지탈점과 大土地兼併 현상 등은 새로이 정치 주도세력으로 등장한 무신지배층 혹은 이에 연계된 세력의 정치적·경제적 기반 확대와 관련된다는 점에서, 이는 사회 전체적으로 볼 때 '권력 확대'의 한 사례에 해당한다.

이처럼 무신정권은 12세기 농업생산력 발달에 기인한 權力의 再調整 과정에서 출현한 것이었고, 또 무신정권의 초기에는 그러한 재조정 과정이 여전히 진행되고 있었다. 그러나 한편 그와 같은 과정은 정치 집권자 혹은 정권담당층의 처지에서는 정권의 유지와 안정을 위해서도 가능한 조속히 매듭지어져야

할 문제였을 것이다. 그 후 무신정권은 崔忠獻의 집권으로 상대적인 안정기에
접어들었지만, 崔氏武臣政權時期 농민층의 영농조건은 토지로부터 農民의 流
移, 土地의 荒廢化, 거듭된 農民抗爭의 발생 등을 통해서도 엿보이듯이 불안정
한 상태가 지속되고 있었다. 이러한 불안정한 영농상태 혹은 비정상적인 영농
상태는 12세기 농업생산력 발달에 기인한 피지배층 내 '새로운' 「분리 관계」의
형성으로부터 직접 혹은 간접적으로 영향을 받아 형성된 것이라고 이해할 수
있다. 그러나 이러한 영농의 장해요인들을 제거하고 정상적인 영농으로 복귀하
는 일은, 곧 崔氏武臣政權의 기반을 공고히 하는 일과도 밀접한 관련을 지니는
문제였다. 이를 위해서는 유리민을 토지에 안착시키는 한편 황폐화된 토지를
복구하고, 농민항쟁을 무마하여 민심을 수습하는 등 농민이 농토에서 정상적인
영농에 종사할 수 있도록 조처하는 일이 급선무였다. 그것은 다름아닌 피지배
신분층 내에 생성된 '새로운' 「분리 관계」를 새롭게 재조정된 권력을 통해 다
시 「결합 관계」로 환원시키는 일이었다고 생각되는 것이다.
　　또한 당시 사회변화와 관련하여 12세기 이래 農民層의 流亡과 같은 동요현
상과 農民抗爭의 발생, 지방사회에서의 주도권을 둘러싼 신·구 세력의 갈등,
무신정권시기 사회변화로 인한 정치권의 危機感 조성 및 政局運營의 방향, 權
勢家에 의한 農莊의 확대 등 역시 이러한 맥락에서 설명이 가능할 것이다.
　　먼저 農民抗爭의 발생 배경은 기존에 대체로 地方官의 과도한 취렴에 기인
한 것으로 보아 왔지만, 이러한 시각에서 벗어나 그러한 과도한 취렴이 강요되
는 구조적인 변화를 농업생산력 발달로 인한 변화 속에서 모색해 볼 필요가 있
다. 이전 시기 文人 위주의 지방관 파견과 달리 '武人倂用'을 통한 지방행정제
도의 변화, 중앙 권세가와 결탁한 '姦黠吏民'의 등장 등은 사회변화에 수반한
권력의 확대 혹은 재조정 과정을 엿볼 수 있게 해준다.
　　이를 감안할 때 무신정권의 정국운영은 농업생산력 발달에 기인한 권력의
재조정 과정이라는 측면에서도 분석될 필요가 있다. 지방사회의 동요현상 역시
권력기반 확보 혹은 확대를 기하는 중앙관료와 지방관의 결탁에 의한 수탈의
강화, 정치 주도세력의 교체로 인한 재지세력 간의 대립양상 등과도 관련되고
있었다. 권세가에 의한 대토지겸병 현상 역시 지배신분층의 동요, 국가권력의
비정상적인 운영만으로 설명하기 보다는 사회변화에 따라 나타나는 권력의 확
대현상이라는 시각 속에서 고찰할 필요가 있다고 본다.
　　결국 12세기 이래 변화된 관계(「분리·결합 관계」) 속에서 탄생한 무신정권
이었지만, 그 와중에 권력이 재조정되어 나가는 과정에서는 또다시 「결합·분리
관계」를 유지해야 할 필요가 있었던 것이다. 이것은 곧 피지배신분층 내의 '새
로운' 「분리 관계」를 새로이 형성 혹은 조정된 권력을 통해 「결합 관계」로 환
원시키는 일이었다고 생각되는 것이다.

본 연구에서는 이상과 같은 이론적 토대를 전제로 하여, 특히 고려 중·후기 농업기술 발달과 당시 사회변화의 관계, 그리고 그 속에서 추진되고 있던 권농정책의 내용과 성격을 고찰할 것이다. 이를 통해 농업생산력 발달의 의미에 대해 보다 천착해 보고, 또 당시 사회의 변화에 조응한 권농정책의 성격을 파악하는 데 보다 진전된 결과를 가져올 수 있기를 기대한다. 이를 위해 본 연구에서는 농업기술의 발달과 관련한 사료를 비롯해 특히 고려 중·후기 사회변화를 반영하고 있는 것으로 생각되는 사료로서, 明宗代 지방사회의 동요 현상을 드러내는 일련의 사료, 明宗 18년의 敎書, 農業振興方案과 관련한 李奎報의 策問, 洪子藩의 '便民十八事', 원간섭기 改革政治의 실시과정에서 표방된 民生安定과 農業振興을 위한 조치, 고려말 性理學에 입각한 국가 중흥론 등의 사료에 주목하면서 연구를 진행하고자 한다.

2. 연구방법과 연구내용

1) 연구방법

重農理念의 정립과 이에 따른 권농정책의 실시는, 농업 중심 사회에서는 보편적으로 나타나는 현상이었다. 농업생산활동이 국가·사회의 유지·운영을 위한 관건이 되는 한, 그 재생산조건을 마련하고 농업생산량을 증대시켜 나가야할 책무가 국가의 정책으로 수립·실시되기 마련이었다. 이러한 보편성과 함께 권농정책의 수립과정과 내용은, 각 시기별 영농조건·정국운영, 더 나아가 사회성격 등에 좌우되는 만큼 나름의 특징 또한 지니고 있었다.

따라서 고려시대 권농정책의 내용과 성격을 제대로 파악하기 위해서는, 당시 농민층의 영농 상황, 국가운영의 시기별 추이 등을 비롯해 農業生產活動을 둘러싼 제반 상황을 결부하여 파악할 필요가 있다.

우선 권농정책은 농민층의 영농 상황에 조응하여 실시된 국가의 정책이라는 점에서, 당시의 營農條件에 대한 고찰이 선행되어야 할 필요가 있다. 고려

시대 농업생산활동은 예기치 않은 自然災害로 말미암아 재생산구조가 파괴
되는 경우가 자주 발생하고 있었다. 권농정책 또한 이와 같은 자연재해의 피
해를 복구·방지하려는 노력과 연관되는 것이기도 했다. 따라서 고려시대 각
시기별 자연재해의 발생 상황에 대한 검토는 당시의 영농조건을 고찰하고,
이로써 권농정책의 실시배경을 파악하는데 기여할 수 있을 것으로 생각된다.

또 권농정책의 내용을 고찰할 경우 농업기술의 발달에 따른 영농조건의
변화 또한 중요한 검토 대상이 되어야 할 것이다. 농업기술의 발달에 따른
사회변화는 국가운영의 내용에도 직·간접으로 영향을 미쳐, 권농정책 또한
내용과 추진방향이 좌우되었기 때문이다.

아울러 권농정책의 실시는 지방행정제도·토지제도 등 각종 제도의 제정
뿐만 아니라 정치세력의 동향, 정국운영방향 등 國家運營의 시기별 추이와
도 밀접한 관련을 가지고 있었다. 따라서 고려시대 권농정책의 내용과 특성
은 각 시기별 경과에 따라 구분하여 살펴볼 때 그 실상과 의미에 대해 보다
깊이 천착해 볼 수 있을 것으로 생각된다.

이러한 점들을 감안하여 본 연구에서는 고려시대 권농정책의 수립과 전
개과정, 그리고 그 속에 드러나는 특징과 성격을 고찰하기 위해, 自然災害
와 營農條件, 농업의 실상과 農業技術의 발달, 社會變化에 따른 政局運營
의 추이 등에 대한 고찰과도 병행하여 살펴보고자 한다.

이를 위해 본 연구에서는 고려시대의 권농정책을 다음과 같이 前期, 中
期, 後期의 세 시기로 구분하여 그 내용과 특징을 살펴보도록 하겠다.

高麗前期 : 太祖 元年(918) ～ 獻宗 元年(1095)

高麗中期 : 肅宗 元年(1096) ～ 元宗 11年(1270)[27]

27) 高麗中期의 始點과 終點을 이와 같이 설정한 이유는, 대체로 권농정책의 내용
과 변화에 영향을 미친 사회변화를 기준으로 하였다. 중기의 시점을 肅宗代부
터로 본 이유는 農業技術의 발달, 土地制度의 문란, 地方社會의 동요 등 권농
정책에 영향을 미치는 사회변화가 이 시기부터 점차 나타나고 있다는 점에서
설정하였다. 그리고 중기의 종점을 元宗 11年으로 설정한 이유는 蒙古와의 전
쟁 이후 元간섭기에 들어와 몽고의 요구로 인한 財政의 악화가 권농정책의 전
개에 영향을 미치고, 이전부터의 사회변화와 함께 원간섭기에 새로이 대두된

高麗後期 : 元宗 12年(1271) ～ 恭讓王 4年(1392)

이와 같이 시기를 구분한 이유는 앞서 언급했듯이 권농정책의 내용과 추진방향을 결정하는 주된 요인 가운데 하나는 농업생산의 실상과 농업기술의 발달에 따른 사회변화라고 생각하기 때문이다. 고려시대의 경우 그러한 農業技術의 발달과 農民層의 動搖 현상, 田柴科體制의 崩壞, 國家財政 운영상의 문제점 등 권농정책의 실시에 영향을 미치는 여러 가지 현상이 나타나는 시기가 12·13세기라고 생각되고, 이러한 변화에 조응하여 勸農政策의 내용, 추진방향 등에 변화가 나타나고 있었다고 생각된다.

2) 연구내용

본 연구는 다음과 같이 총5장으로 구분하여 구성하였다.

제1장에서는 고려시대 권농정책의 실시배경을 고찰해 보도록 하겠다. 먼저 고려시대 自然災害의 발생, 생산수단의 소유상황, 건국초기 豪富層의 존재와 勸農의 관계 등을 고찰함으로써 당시의 營農 조건을 검토하도록 하겠다. 農業生産活動에 대한 국가의 社會經濟政策으로서 권농정책을 國家財政運營의 측면에서 살펴보고, 또 이러한 정책의 운영을 가능하게 했던 思想的 배경으로 災異思想과 重農理念의 내용을 살펴보도록 하겠다. 이를 토대로 권농정책의 실시가 지니는 의미가 무엇이었는지를, 특히 民田이 國家財政에서 차지하는 위치를 검토해 봄으로써 가늠해 보고자 한다.

제2장에서는 고려 건국 이후 국가의 政令으로서 권농정책이 수립되는 과정을, 당시 地方社會에서 일정 정도 독자성을 유지하고 있던 豪族勢力의 動向과도 관련하여 고찰하는 가운데, 이를 地方行政制度의 정비과정과 관련하여 살펴보도록 하겠다. 특히 이와 같은 모습을 잘 살펴볼 수 있는 고려전기 地方官의 勸農業務를 주목하여 고찰해 보도록 하겠다. 고려전기 권농

사회변화를 조정하여 사회·국가 운영의 질서를 마련하는 모색 속에 권농정책이 실시되고 있었다고 생각된다는 점에서 그와 같이 설정하였다.

정책의 內容을 검토하여, 각 시기의 상황에 따라 권농정책의 내용에 어떠한 차이가 있었던가를 검토해 보도록 하겠다.

제3장에서는 고려중기 農業技術 발달에 따른 농업생산활동의 변화, 당시 社會의 變化 양상 등과 관련하여 권농정책을 살펴보도록 하겠다. 12·13세기 농업기술상에 나타난 변화의 모습을 특히 水利施設과 土地開墾을 중심으로 정리하면서 그 특징을 살펴보도록 하겠다. 이어서 이러한 농업기술의 발달이 당시 사회의 변화와 어떠한 관련이 있었는지를 武臣政權時期의 社會變化를 중심으로 살펴보도록 하겠다.

제4장에서는 고려후기 사회변화와 이에 따른 農業上의 당면과제가 대두되는 상황에서 권농정책이 어떻게 전개되고 있었는지 그 내용과 전개 양상을 살펴보도록 하겠다. 蒙古와의 戰爭 이후 영농실태와 국가재정상황을 살펴봄으로써 당시 農業上의 當面課題가 무엇이었는지 고찰해 보도록 하겠다. 元간섭기 忠烈王代와 忠宣王代의 권농정책, 고려말 性理學에 입각한 권농정책에 대해 주목하여 살펴봄으로써, 고려후기 권농정책의 추진방향이 결정되어 나가는 과정에 대해 살펴보고자 한다.

마지막으로 제5장에서는 이와 같은 고려시대 권농정책의 수립과 전개과정 등에서 드러나는 特徵을 社會經濟的인 측면과 國家運營的인 측면으로 구분하여 정리함으로써 고려시대 권농정책의 性格에 대해 고찰해 보고자 한다. 고려시대 권농정책이 농민층의 농업생산활동에 어떠한 영향을 미치고 있었으며, 또 그것이 國家體制의 유지와 어떠한 관련이 있었는지를 살펴보도록 하겠다. 당시 政局運營의 상황과 관련하여 권농정책의 추진 方向에 대해 주목하면서, 고려시대 권농정책이 중앙정부의 국가 운영과 관련해 어떻게 추진되고 있었는지 고찰해 보도록 하겠다.

제1장 권농정책의 실시배경

1. 영농조건

고려시대 권농정책은 어떠한 배경하에서 실시되었던 것일까. 국가의 一政策으로서 勸農政策은 중앙정부의 필요성과 아울러 그 권농정책 실시를 필요로 하는 당시 農民層의 상태가 일정하게 맞물리면서 실시되었을 것임에 틀림없다. 따라서 고려시대 농민층의 영농조건을 살펴보는 작업이 이 시기 권농정책의 실시배경을 파악하는 데 도움이 될 수 있을 것이라고 생각된다.

三國時期에 많은 농민들은 자연재해의 영향으로 항상적인 빈궁에 시달리면서 傭作의 형태로 豪富層에 의존하거나 국가로부터의 賑恤에 의존할 수밖에 없는 것이 당시의 실정이었다.[1]

그러나 그런 가운데에서도 농민층은 생산력의 발전에 힘입어 점차 계층분화의 현상을 보이게 되었다. 즉 그 발전에 상응하여 농가의 자립성을 제고시켜 나가는 한편, 일면에서는 豪富層의 경영확대로 용작민의 빈궁화·종

---

1) 三國時期로부터 高麗建國初期에 이르기까지 農民의 상태에 대해서는 蔡雄錫, 1986, 「高麗前期 社會構造와 本貫制」『高麗史의 諸問題』, 三英社, 338~346쪽 및 金琪燮, 1987, 「高麗前期 農民의 土地所有와 田柴科의 性格」『韓國史論』 17, 102~111쪽 참조.

속화가 심화되어 나갔다.[2] 더욱이 그 후 統一新羅末期에 진행된 광범위한 大土地兼併 현상은 이러한 농민들을 더욱 궁지로 내몰게 되었다. 아울러 집권통치력의 와해 속에 지방으로부터 조세 납부가 원활하지 못한 가운데 중앙과 지방의 부세독촉은 농민의 부담을 가중시켰다. 이러한 농민층에로의 부담 증가는 다수의 유이민을 발생케 하는 한편, 농민들에 의한 광범한 貢賦拒納 현상을 유발시키게 되었고, 이에 국가가 강제력을 강화하자 草賊의 형태로 농민층의 저항이 일어나 국가의 존립을 위협하기에 이르렀다.

> 가-1. 나라의 여러 州郡에서 貢賦를 바치지 않아 府庫가 비고 國用이 궁핍하
> 게 되었다. 왕이 사신을 보내 독촉하자, 이로 말미암아 盜賊이 봉기하였
> 다.(『三國史記』卷11, 新羅本紀 11 眞聖王 3年)

이와 같은 중앙의 집권통치력 상실을 틈타 지방의 豪族들이 할거하게 되고, 그 최후의 승리자가 王建이요 그가 건국한 新王朝가 高麗였던 것이다. 신왕조를 수립한 고려 건국 초기에는 나름의 질서를 갖추어 나가기 위해서도 이와 같은 통일신라말기·후삼국기 농민층의 동요를 수습하지 않을 수 없었다.

더군다나 고려 전시기에 걸쳐 빈번하게 발생한 自然災害는[3] 농작물 수확의 감소를 초래하는 것은 물론 농업 재생산의 기반을 유지하는 것 조차 어렵게 만들 정도로 많은 피해를 주고 있었다. 農作과 관련한 자연재해로는 旱災·水災·蝗災·雹災·霜災 등을 들 수 있는데, 兵亂 역시 영농을 위협하는 주된 요인 중 하나였다. 이로부터 일반농민들은 많은 피해를 입어, 飢饉·疾病에 시달리다 못해 길에서 굶어 죽는 사례가 빈번하였다.

> 가-2. 敎하여 이르기를, "『論語』에 이르기를 '百姓이 풍족하지 못하면 君主는
> 누구와 더불어 풍족하리오'라고 하였다. 지난번에 병란으로 인하여 백

---

2) 金琪燮, 앞의 논문, 105~106쪽.
3) 고려시대 기상현상 및 자연재해에 대해서는, 본서의 <제1부> 제1장 참조.

성들이 농사를 짓지 못해 길에서 굶어 죽는 자가 줄을 이었으니, 이와 같은 백성들의 상황을 알고서 어찌 임금만이 홀로 편안할 수 있겠는가. 尚食局의 大官에게 명령하여 常膳을 줄이도록 하라”라고 하였다.(『高麗史』 卷4, 顯宗 3年 2月 乙酉)

3. 簽書樞密院事 金黃元이 죽었다. … 뒤에 京山府使로 나가 백성에게 은혜로운 정사를 베풀었다. … 王이 즉위함에 이르러 中書舍人으로서 遼에 사신을 가게 되었다. 가던 도중에 북쪽 지방에 크게 흉년이 들어 사람들이 서로 잡아 먹는 것(人相食)을 보고, 上書하여 창고의 곡식을 내어 구제하기를 청하였다. 돌아올 때 백성들이 그를 보고 이르기를, “이분이 우리를 살려준 相公이다”라고 하였다.(『高麗史節要』 卷8, 睿宗 12年 8月)

즉 병란과 자연재해를 당하여, 농민들은 기근과 질병으로 길에서 굶어 죽는 경우가 속출하였으며, 심지어 생존을 위해 ‘人相食’하는 지경에 이르기까지 하였다.

그리고 이처럼 심한 기근으로 인하여 사람이 죽었을 경우, 살아남아 있던 사람들에게는 이들에 대한 葬禮를 치를 여력조차 없었던 것으로 보인다.

가-4. 有司가 아뢰기를, “봄부터 비가 적게 오니, 청컨대 古典에 따라 억울한 죄수를 자세히 審理하고, 窮乏한 자를 賑恤하며, 노출된 해골을 묻어주며, …”라고 하였다.(『高麗史』 卷6, 靖宗 2年 5月)

5. 制하여 이르기를, “근래에 세상의 道가 점차 쇠하여져, 風俗이 박하고, 효도하지 않고 우애하지 않으며, 혹은 부모 잃은 고아와 어린아이를 버리고, 妻妾을 버리는 자도 있으며, 혹은 喪中에 방종하게 놀고, 父母의 해골을 임시로 절에 두었다가 여러 해가 되도록 장사를 지내지 않는 자도 있다. 마땅히 有司로 하여금 檢察하여 罪를 다스릴 것이며, 만약 집이 가난하여 장사를 지낼 수 없는 자가 있으면 官에서 장례 비용을 지급하도록 하라”라고 하였다.(『高麗史』 卷18, 仁宗 11年 6月)

각종 재난으로 인한 피해는 葬禮를 스스로 치를 수도 없을 만큼 극심한 것이었다. 따라서 국가에서 대신 屍身을 수습하여 묻어 주기도 하고, 장례에 필요한 경비를 官에서 지급해 주기도 하였던 것이니, 이러한 사실을 통해 각종 재난으로부터 피해를 입었던 당시 농민들의 처지를 충분히 짐작할 수 있다.

아울러 일반 농민들은 이처럼 자연현상으로 인한 피해 이외에도, 지방관의 수탈과 과중한 力役 동원 등으로 말미암아 농사에 지장을 받는 경우가 자주 있었다.

> 가-6. 詔하여 이르기를, "農桑을 권하고, 衣食을 풍족하게 하는 것은 聖王이 가장 먼저 힘써야할 바이다. 지금 守令들이 많이 聚斂하는 것으로 이익을 삼아, 勤儉하며 백성을 다스리는 자가 드무니, 창고가 고갈되고 백성들이 궁핍하게 되었다. 여기에 덧붙여 力役이 가해지니, 백성들이 手足을 제대로 가누지 못하게 되고, 일어나 서로 모여 盜賊이 된다. 이것은 富國安民하는 뜻과는 거리가 먼 것이다. 州郡으로 하여금 無用한 일을 정지하고, 급하지 않은 일을 罷하여, 백성들이 편안하도록 하여, 朕이 걱정하고 힘쓰는 마음에 부합하도록 하라"라고 하였다.(『高麗史』 卷79, 食貨志 2 農桑 仁宗 6年 3月)

즉 지방수령의 聚斂과 과중한 力役 동원으로 농사시기를 놓침으로써, 농민들이 영농에 제대로 종사하지 못하여 盜賊化한다는 위의 기사는 이를 잘 나타내 주고 있다.

이처럼 고려시대 농민들은 각종 재난으로부터 큰 피해를 입고 있던 상황이었지만, 이러한 피해를 떠나서도 일반 농민층의 영농조건은 토지소유규모·농우·농기구·종자 등 생산수단 구비의 면에서 대체로 영세한 수준에 있어 국가로부터의 보호가 필요하였다.

> 가-7. 백성들이 하늘로 여기는 것은 오직 田이라고 할 수 있는데, 數畝의 田을 가지고 있으니, 1년 내내 열심히 경작하더라도 父母와 妻子를 먹여 살리는 데 오히려 넉넉하지 못하다.(『高麗史』 卷115, 李穡傳)
> 8. 密直提學 白文寶가 箚子를 올리기를, "가난한 백성은 해마다 數畝를 경작하여 租稅를 내는 것이 1/2에 이르니, 그런 까닭에 한 해가 다가기 전에 먹을 것이 떨어져 다음해에 파종할 때에는 富戶의 곡식을 稱貸하여

종자와 식량을 마련하고 있습니다. …"라고 하였다.(『高麗史』卷79, 食貨志 2 借貸 恭愍王 11年)

9. 이 달에 殿中監 郭汝弼을 蒙古에 보내어 陳情表를 올리게 하였다. 대략 이르기를, "… 小邦의 京中에는 農牛를 사육하고 있는 자가 드물고, 外方의 農民 또한 비록 키우고 있더라도 부유한 자가 사육하는 것이 겨우 1~2頭를 넘지 못합니다. 가난한 사람들은 많은 경우 耒耕로 경작하거나 서로 소를 빌려서 쓰고 있습니다. … 農器의 경우는 小邦의 백성들이 원래 넉넉히 갖추고 있지 못합니다. … 種子의 경우는 백성들이 해마다 경작하여 貢賦로 바치고 그 나머지로 식량으로 삼으며, 약간의 곡식을 남겨서 다음해의 경작에 대비하고 있습니다. …"라고 하였다.(『高麗史』卷27, 元宗 12年 3月)

고려시대에 농민의 토지소유 규모는 농업기술의 발달에 따라 점차 늘어나는 추세에 있었지만, 이처럼 數畝에 불과한 영세한 규모의 토지를 소유한 가운데 이뤄지는 경우가 대부분이었다.[4]

또한 영농에 필요한 農牛, 農器具, 種子 역시 제대로 구비하지 못한 경우가 많았다. 물론 籍田의 경작처럼 다수의 農牛를 동원하여 경작이 이뤄지는 경우도 있고,[5] 고려후기에는 농민층의 일부 가운데 농업경영을 통해 富를 축적할 수 있기도 하였다.[6] 하지만, 고려시대 농민의 보편적인 생산수단 소유 상황은 영세한 편이었다. 대다수 농민층의 경우 부유한 자 마저도 겨우 1~2마리의 농우를 소유하고 있었고, 가난한 농민은 대부분 耒耕에 의존하

---

4) 金琪燮, 1987, 「高麗前期 農民의 土地所有와 田柴科의 性格」『韓國史論』17, 121~130쪽 ; 1994, 「高麗前期 戶等制와 農業經營規模」『釜大史學』18, 394~395쪽 ; 魏恩淑, 1994, 「고려후기 사적 대토지소유와 경영 형태」『한국중세사연구』창간호, 225쪽.

5) "王耒耜一具 王太子三公諸尙書諸卿各一具 共十具 太子助耕三具 三公助耕各二具 以下從耕群官每員各一人 並服絳衣介幘 又設庶人耕址於從耕官位之南小東十步外 庶人四十人並靑衣 耕牛八十 每兩牛 隨牛人一人 耒耜四十具 畚二十具 鍤一十具 以木爲刀"(『高麗史』卷62, 禮志 4 籍田)

6) 고려후기에 農業經營을 통해 富를 축적한 경우를 비롯해 富戶層의 존재에 대해서는 洪榮義, 1992, 「高麗後期 富戶層의 存在形態」『擇窩許善道先生停年記念 韓國史學論叢』참조.

거나 빌려서 사용하고 있는 실정이었다. 농사에 필요한 種子 역시 한해 농사 지어 貢賦로 바치고 나머지로 식량을 삼으면 겨우 다음해 경작에 필요한 약간의 종자만이 남을 뿐이었다. 이러한 사정 속에서 농민들은 경우에 따라 대토지소유자의 토지를 借耕하거나, 혹은 播種穀을 대여받기 위해 국가·양반·부농 등에 의탁하지 않을 수 없었다.

한편 고려 건국 초기 일반농민들의 영농조건과 관련하여 검토되어져야 할 것으로 豪富層과 관련된 문제가 있다. 통일신라말기·후삼국기부터 성장하여 고려조에 들어와 鄕史로서 상당 부분 독자적인 성격을 유지하고 있었던 세력이 고려전기의 豪富層이었다. 그런데 고려 건국 이후 일반농민들 중 일부는 이들 호부층 휘하에 들어감으로써 얼마간의 안정을 이룰 수 있었으리라고 상정되기 때문이다.[7] 호부층에 의한 勸農의 모습을 확연히 드러내주는 기사를 찾기는 힘들다. 그러나 다음과 같이 고려전기에 鄕吏 특히 豪富層 주도로 石塔·石燈 등이 조성되는 과정을 통해, 호부층에 의한 권농의 면모를 어느 정도 파악해 볼 수 있지 않을까 한다. 즉 長吏層이 참여한 가운데 만들어진 「淨兜寺五層石塔造成形止記」의 願文 내용 중에 '家國恒安 兵戈永息 百穀豊登'이라는 발원내용이 보인다.[8] 또한 宣宗 10년(1093)에 조성된 「羅州西門內石燈記」에서도 '聖壽天長 百穀豊登 錦邑安泰 富貴恒存'이라는 구절이 있다.[9] 이로 미루어 보아 長吏層 곧 豪富層은 지역사회의 安寧과 秩序를 책임지는 위치에 있던 존재였음을 추측할 수 있다.[10]

통일신라말기·후삼국기의 혼란 속에 과중한 부세 부담을 지고 있던 농민들의 처지에서는, 호부층 휘하에 편입되어 이들로부터 勸農의 대상이 됨으로써 그 이전의 상태보다 다소 안정을 이룰 수 있었을 것이다. 호부층 또한

---

7) 이와 관련하여, 고려전기의 경우 향촌사회에서는 豪富層 주도의 공동체에 의해 勸農·救恤·敎化 등의 역할이 수행되었을 것으로 보는 견해가 있어 참고할 수 있다(蔡雄錫, 앞의 논문, 347~369쪽).

8) 『韓國金石文追補』, 25쪽 「淨兜寺五層石塔造成形止記」

9) 『韓國金石全文』 中世 上, 531쪽 「羅州西門內石燈記」

10) 蔡雄錫, 1989, 「高麗時代 香徒의 社會的 性格과 變化」 『國史館論叢』 2, 104쪽.

이들 농민들을 위해 권농을 행함으로써 자신의 세력 유지를 도모할 수 있었으리라고 보인다. 하지만 이러한 호부층이 존재하고 그 내부에 일반농민이 편입되어 있다는 것은, 아직 집권체제가 구축되지 못한 일시적인 상황에서는 몰라도, 점차 국가체제를 정비해 나가는 고려의 처지로서는 결코 바람직한 것이 아니었다. 고려 건국 초기처럼 향촌사회에 호부층 주도의 공동체가 역할을 수행하여 나름의 질서를 유지하고 있는 한, 이들로부터 농민 보호와 권농도 충분히 예상되는 것이지만, 이러한 상황은 점차 중앙집권적 체제가 정비되면서 국가적 권농정책에 흡수·수렴되어 나가야할 성질의 것이었다.

이상에서 살펴본 바와 같이, 羅末麗初時期에 일반농민은 종래 진행된 불안정한 정국의 연장선 위에 존재하고 있었다. 그 과정에서 高麗라고 하는 신왕조가 탄생하여 나름의 질서를 모색하는 가운데 이러한 농민층의 동요를 극복하고자 하는 노력이 시작되지만, 고려시대 일반농민층의 營農條件은 여전히 불안정한 상태에 있었다. 이는 빈번하게 발생한 自然災害와 兵亂으로부터의 피해에 기인하는 바 컸으며, 그 밖에 각종의 力役動員 역시 농민의 영농활동에 큰 부담이 되고 있었다. 아울러 토지·농우·농기구·종자 등 생산수단의 보유 상황 또한 대체로 영세한 수준에 머물고 있는 경우가 많아, 이러한 사정 속에서 농민들은 경우에 따라 대토지소유자의 토지를 借耕하거나, 혹은 播種穀을 대여받기 위해 국가·양반·부농 등에 의탁하지 않을 수 없었다. 한편 고려전기에는 호부층이 향촌사회의 공동체를 주도하는 세력으로 새롭게 편성되어 있었기에, 이들 호부층으로부터의 勸農과 이로 인한 농민의 보호도 어느 정도 상정된다. 그러나 이러한 호부층의 존재와 권농 행사는 국가의 정책으로서 권농정책이 실시되는 데 沮害要因으로 작용할 여지가 있었다. 따라서 국가 政令으로서 권농정책이 실효를 거둘 수 있기 위해서는 이 문제를 해결해야만 했을 것으로 생각된다.

2. 국가재정과 사회운영

고려시대 일반농민은 자연현상에 크게 영향을 받는 불안정한 영농조건 속에 농업에 종사하고 있었다. 이러한 농민들에 대해 고려 중앙정부는 對農民政策의 하나로 권농정책을 실시하였다. 그러면 고려 중앙정부가 권농정책을 실시하게 된 이유 내지 목적은 어디에 있었던가.

물론 농업 위주의 사회인 고려에서 일반 백성의 대다수가 농민이고 이들의 생계가 농업생산활동에 직결되어 있었던 만큼, 권농정책은 그 사회의 구성원으로서 농민층의 안정을 기하고 농업생산활동의 지속성이 유지되도록 하는 기본적인 國策이었다. 뿐만 아니라 권농정책을 실시한 이유는 농민층과 이들에 의한 농업생산활동이 국가재정과 사회운영의 토대가 되고 있었기 때문이었다.

고려와 같은 한국 중세사회 土地支配關係의 중요한 특징은 사적 소유권이 인정되어 地主-佃戶 관계가 성립한 가운데, 그 위에 다시 국가로부터 수조권이 행사되고 이를 兩班官僚와 같은 지배신분층에 위임하여 운영함으로써 田主-佃客 관계가 중첩되어 있었다는 점이었다.[11] 이러한 사정 속에 고려시대 국가재정의 기반이라고 할 수 있는 토지는, 크게 나누어 國家稅入地와 稅入委任地의 두 부분으로 구분되어 있었다. 국가세입지는 토지의 所出이 國庫에 귀속하는 토지를 말하고, 세입위임지는 국가의 지출을 토지 자체의 분급으로 대신하고 그 토지의 소출에 대하여 受田者에게 귀속권이 위임되어 있는 토지를 의미한다.[12] 국가세입지의 대표적인 지목이 농민층이 소유한 民田이었다. 고려시대에는 관직에 있는 관료도 아니고 職役을 부담하는 丁戶도 아닌 良人身分層으로서 白丁農民이 광범히 존재하고 있었는데,[13] 이들은 국가로부터 토지를 지급받지는 않았으나 백정으로서 조상 대

---

11) 金容燮, 1983, 「前近代의 土地制度」『韓國學入門』, 학술원 ; 2000, 「土地制度
    의 史的 推移」『韓國中世農業史硏究』, 지식산업사, 27~28쪽.
12) 安秉佑, 1984, 「高麗의 屯田에 관한 一考察」『韓國史論』10, 7~8쪽.

대로 전래하는 그들 자신의 경작지, 즉 民田을 소유하고 있었다.[14]

민전의 용도에 대해서는 다음의 기사를 통해 잘 살펴볼 수 있다.

> 王이 敎를 내려 이르기를, "… 또 근래 奸臣이 뜻을 얻어 國柄을 우롱하고 紀綱을 훼손하며 公私의 田民을 모두 빼앗으니, 백성들은 먹기가 어렵게 되고 관청의 창고는 텅 비게 되었으나 私門에는 富가 넘쳐나니, 내가 매우 애통스럽게 여겼다. 이 때문에 사람을 뽑아 파견하여 民田의 數를 점검하게 하고 부세를 균등히 정하여 이전의 제도를 좇도록 하였으니, 이것은 國用을 대비하기 위한 것이고 俸祿을 넉넉히 지급하기 위한 것이며 民産을 豊足하게 하기 위한 것이다. …"라고 하였다.(『高麗史』 卷33, 忠烈王 34年 11月 辛未)

이를 통해 민전이 國用·祿俸의 재원 및 民産의 근본이 되는 토지였음을 알 수 있다. 농민층의 소유지로서 민전이 국가재정에서 중요한 위치를 점하고 있었다는 사실은, 민전이 고려의 전체 경작면적에서 차지하는 비중을 살펴보더라도 쉽게 확인해 볼 수 있다. 민전으로부터 거두어진 조세는 그 일부는 右倉(豊儲倉)에 수납되었다가 國用으로 지출되고 그 일부는 左倉(廣興倉)에 수납되었다가 祿俸으로 지출되었다. 이에 해당하는 민전 면적을 조사한 연구 결과에 의하면, 右倉(豊儲倉) 관하에 있는 민전과 左倉(廣興倉) 관하에 있는 그것의 면적은 대체로 비슷한 비중이었다고 생각되며, 양자를 합친 면적은 최하 20만결을 훨씬 초과하는 규모로서 좀 넉넉히 잡으면 민전의 총 면적은 약 30만결 정도에 달하였을 것으로 보고 있다.[15]

한편 고려의 전체 토지면적과 관련해서는, 초기보다 그동안의 개간사업으로 토지면적이 증가하였을 麗末의 시기조차도, 六道觀察使가 보고한 전

---

13) 旗田巍, 1959,「高麗時代の白丁－身分·職役·土地－」『朝鮮學報』14 : 1972, 『朝鮮中世社會史の研究』, 法政大學出版局 재수록, 370~375쪽 ; 金蘭玉, 2000, 『高麗時代 賤事·賤役良人 研究』, 신서원, 97~99쪽.

14) 姜晋哲, 1980,「公田支配의 諸類型」『高麗土地制度史研究』, 高麗大出版部, 175~176쪽.

15) 姜晋哲, 1976,「高麗時代의 農業經營形態－田柴科體制下의 公田의 경우－」 『韓國史研究』12 : 1980, 『高麗土地制度史研究』, 高麗大出版部 재수록, 223쪽.

국의 墾田數가 50만결에 미치지 못하고 있다는 언급이 있어,[16] 앞서 언급된 민전의 면적 20~30만결과 비교할 경우, 국가재정에서 민전이 차지하는 비중이 어떠했는지 충분히 짐작해 볼 수 있다. 이처럼 민전이 국가재정에서 지대한 비중을 차지하고 있었음을 생각할 때, 재정 수취원인 농민의 안정화를 기하는 경향이 강했던 권농정책의 실시 목적을 가늠해 볼 수 있겠다. 즉 농민의 안정과 국가재정의 확보는 밀접한 관계를 지닌 것으로, 고려시대 권농정책은 재정수입을 전제로 한 수취원의 보호·확보라는 측면에서 중요시되었다고 생각된다.

한편 이와 같은 측면은 일반 백성의 소유지로서 민전이 국가의 재정수입에 직결되기 때문이겠지만, 앞서 언급했듯이 고려시대 민전은 또한 국가의 승인하에 兩班官僚에게 수조권이 위임·운영됨으로써 그들과 같은 支配身分層의 물적 토대가 된다는 점에서도 중요하였다. 이를 감안한다면 권농정책의 원활한 수행과 효과는 국가재정뿐만 아니라 田柴科와 같은 土地制度의 운영과도 밀접한 관련이 있었다고 여겨진다.[17] 권농정책은 국가재정의 조달이라는 면에서나, 土地制度의 운영과 이를 통한 지배신분층의 유지라는 측면에서도 효과를 기대하는 바가 컸던 것이다.

또한 이러한 점과 상호연관된 것이기도 하지만, 권농정책의 필요성은 농민층의 생산활동을 통해 생산된 穀物이 사회운영상 중요하였다는 점으로부터도 살펴볼 수 있다. 농민층의 생산활동을 통해 생산된 米穀은 관리에 대한 祿俸支給에 사용되고,[18] 각종 褒賞穀으로 운영되며,[19] 軍需穀으로 이용

---

16) 『高麗史』 卷78, 食貨志 1 田制 祿科田 昌王 元年 12月
17) 이와 관련해 최근 권농정책과 전시과제도의 관계에 대해 주목한 견해가 있어 참고할 수 있다(李景植, 2004, 「高麗前期의 勸農과 田柴科」 『東方學志』 128 : 2007, 『高麗前期의 田柴科』, 서울대학교출판부 재수록).
18) 고려시대 祿俸制度의 운영에 대해서는 다음의 논고 참조. 李熙德, 1969, 「高麗祿俸制의 硏究」 『李弘稙回甲紀念 韓國史學論叢』, 신구문화사 ; 崔貞煥, 1991, 『高麗·朝鮮時代 祿俸制 硏究』, 慶北大學校出版部 ; 2002, 『高麗 政治制度와 祿俸制 硏究』, 신서원 ; 李鎭漢, 1999, 『高麗前期 官職과 祿俸의 관계 연구』, 一志社.

되는[20] 등 국가와 사회의 운영에 필수적인 요소로 기능하고 있었다. 아울러 고려시대에 미곡은 貨幣로 기능하고 있어,[21] 미곡 생산액의 증감과 米價의 변동 등은 사회에 많은 영향을 미칠 정도였다.[22] 고려시대의 주요 산업은 농업으로서, 사회의 주된 생산활동형태와 사회·국가의 유지·운영을 위한 토대가 농민의 농업생산활동에 있었던 것이다.

'農者天下之大本'이라는 국가의 표방이나 일반민의 생활이 농업 생산물에 전적으로 의존하고 있었다는 점은 차치하고서라도, 농업을 통한 생산물은 왕실에서 소요되는 國用 경비 및 관리에 대한 祿俸 지급의 주된 원천이었다. 고려시대 국가재정을 지탱하는 바탕이 농민들에 의한 생산에 있었고, 권농정책은 이와 같은 국가재정 조달의 출처로서 농민과 그들의 생업인 농업의 보호라는 양상을 띠고 전개되었다. 권농정책은 이처럼 재정수입을 전제로 한 수취원의 보호·확보라는 측면을 지님과 동시에 토지제도의 운영, 양반지배 신분층의 유지 등을 비롯해 사회운영상으로도 중요한 측면을 지니고 있었다.

3. 災異思想과 重農理念

고려시대 농민들에게 自然災害는 그들의 생명과 생업을 위협할 정도로 막대한 영향력을 발휘하고 있었다. 고려시대의 대표적인 자연재해로는 旱

---

19) "幸西都 敎曰 … 平壤府開平黃洞安鳳信白貞鹽海等州 牛峯兎山遂安土山十谷
    俠溪江陰德水臨津瓮津咸從軍岳等縣 及安城等十一驛 賜稻穀九千三百七十五
    石"(『高麗史』卷3, 成宗 9年 10月 甲子) ; "有私婢 一産三男 賜米二十碩"(『高
    麗史』卷53, 五行志 1 五行一曰水 辛禑 9年 5月 庚午)
20) "無事則服田 唯戌邊則給米"(『高麗圖經』卷23, 雜俗 2 種藝) ; "出牓 令諸王百
    官 以至庶民 出米豆有差 以充茶丘軍馬粮料"(『高麗史』卷79, 食貨志 2 貨幣
    市估 忠烈王 3年 2月)
21) "無泉貨之法 惟紵布銀餠 以准其直 至日用微物 不及疋兩者 則以米計錙銖而償
    之 然民久安其俗 自以爲便也"(『高麗圖經』卷3, 城邑 貿易) ; "方午爲市 不用
    錢 第以布米貿易"(『宋史』卷487, 列傳 246 外國 3 高麗)
22) 田村專之助, 1942,「高麗朝に於ける米價の變動について」『東方學報』13-3.

災, 水災, 雨雹·서리, 雪災, 風災, 虫災, 雷震·雨雷, 地震·崩壞, 안개·雨土·
黃霧 등을 들 수 있다. 이와 같은 재해들이 농업생산활동에 큰 피해를 주었
다는 사실은 당시 사료를 통해 쉽게 확인이 가능하다. 따라서 농민과 농업
생산활동을 보호해야할 국가의 처지에서도 자연재해의 발생에 대해 지대한
관심을 가지지 않을 수 없었다. 그러나 당시로서는 과학·기술의 여건상 이
에 대응하여 적극적인 예방책을 수행하기 어려운 실정이었다. 물론 堤堰을
구축·수리한다든가, 자연재해에 적응력이 강한 新種子를 수입하며, 農書를
민간에 보급하여 효율적인 영농을 유도하는 방식 등도 또한 상정된다. 하지
만 사료상으로 이를 검증해 낼 만한 것은 소수이거나 혹은 미상인 경우가
많다. 대부분은 國王의 責己修德과 消災儀式으로 대처하는 경우가 상당수
를 차지하고 있었다. 이와 같은 의례적인 행위들은 대체로 당시 儒教政治思
想에서 강조하는 天人感應論的 인식에 토대를 두고 있었다. 천재지변의 발
생은 국왕의 失政에 대한 天譴으로 간주되었고, 따라서 국왕의 責己修德과
국가적 消災儀式은 이와같은 관념을 현실정치에 반영하는 과정에서 나타난
것이었다.[23)

한편 그러나 이러한 행위가 농업생산활동의 중요성에 대한 인식에서 나
오게 된 것이며, 각종 자연재해로부터 벗어나고자 하는 노력이었음은 틀림
없다. 소극적이나마 이러한 왕의 행위 역시 권농정책의 일환이라고 보아야
할 이유가 여기에 있다.

고려시대의 자연재해 가운데 발생 빈도에서나 피해 정도에서 농업생산활
동에 가장 큰 영향을 준 것은 旱災와 水災였다. 이에 대한 국왕의 대응 행

---

23) 李熙德, 1984,『高麗儒教政治思想의 研究-高麗時代 天文·五行說과 孝思想을
中心으로-』, 一潮閣 ; 1999,『韓國古代 自然觀과 王道政治』, 혜안 ; 2000,『高
麗時代 天文思想과 五行說 研究』, 一潮閣 ; 秦榮一, 1986,「高麗前期의 災異思
想에 관한 一考」『高麗史의 諸問題』, 三英社 ; 1989,「『高麗史』五行·天文志를
통해 본 儒家秩序概念의 分析」『國史館論叢』6 ; 金海榮, 1986,「『高麗史』天
文志의 檢討」『慶尙史學』2 ; 金永炫, 1987,「高麗時代의 五行思想에 관한 一
考察」『忠南史學』2 ; 韓政洙, 2003,「高麗前期 天變災異와 儒教政治思想」『韓
國思想史學』21 ; 2006,「고려후기 天災地變과 王權」『歷史教育』99.

위로서 우선 祈雨祭와 祈晴祭 등의 제사가 거행되었다.

기우제는 성종 3년에 고려왕조로서는 처음으로 시작된 것으로,[24] 사료상 禱雨, 雩 등으로 표현되고 있다. 기우제는 국왕이 친히 제사를 주재하는 경우가 대부분이었지만, 간혹 有司에게 명하여 거행하기도 하였다.[25] 기우제는 주로 宗廟·社稷·神祠·山川·群望 등에 기원함으로써 이루어졌다.[26] 이이외에 出土龍, 聚巫, 醮祭, 道場, 講經 등을 통해 禱雨하기도 하였다.[27] 그리고 가뭄이 그치고 비가 올 경우에는 百官이 表賀하고,[28] 국왕 또한 喜雨詩를 짓기도 하였다.[29]

이와 같은 기우제의 거행은 후술하듯이 물론 당시의 災異觀과 自然觀에 기인한 것이라고 보아야 한다. 하지만 아울러 이러한 기우제를 거행함으로써 국왕과 왕조정부가 얻게 되는 부수적인 효과 또한 컸다. 우선 기우제는 왕조 존재에 무관심, 몰이해한 가족 중심의 농민에게 왕조의 존재성을 환기시키고, 아울러 정치적 개선의 계기도 됨으로써 대내적으로 사회결속을 강화하는 기능도 가졌다. 또한 지배층이 농민으로부터 그들에 의한 노동의 結實, 즉 잉여생산물을 항상적으로 확보할 수 있다는 정당화가 기우제를 통해서 표명되었던 것이다.[30] 祈晴祭의 거행 역시 기우제와 마찬가지의 의미로

---

24) 『高麗史』 卷3, 成宗 3年 3月 庚申

25) 『高麗史』 卷9, 文宗 36年 3月

26) 『高麗史』 卷9, 文宗 37年 6月 丁卯 ; 卷14, 睿宗 15年 7月 庚戌 ; 卷17, 毅宗 6年 4月 己卯

27) "造土龍於南省庭中 集巫覡 禱雨"(『高麗史』 卷4, 顯宗 12年 5月 庚辰) ; "親醮 于毬庭 禱雨"(『高麗史節要』 卷4, 德宗 元年 4月) ; "設般若經道場于會慶殿五日 以禳災變"(『高麗史』 卷9, 文宗 27年 3月 己酉). 이처럼 기우제의 거행은, 유교정치이념뿐만 아니라 陰陽五行說에 따른 민간풍속, 道教에 입각한 醮祭 행사, 佛教에 입각한 道場 개설 등에 의해서도 나타나고 있었는데, 이에 대해서는 다음의 논고. 金澈雄, 1995, 「高麗中期 道教의 盛行과 그 性格」 『史學志』 28 : 2003, 『韓國中世 國家祭祀의 體制와 雜祀』, 한국연구원 재수록 ; 朴胤珍, 2006, 『高麗時代 王師·國師 研究』, 경인문화사.

28) 『高麗史』 卷6, 靖宗 9年 5月 ; 卷9, 文宗 28年 4月

29) 『高麗史』 卷17, 毅宗 5年 6月

보아 무방하리라고 생각된다.

　이 이외에도 자연재해를 겪게 될 경우, 국왕은 減常膳·避正殿·慮囚·放
輕繫·赦·徙市·禁酒·禁扇笠 등의 조처를 취하였다. 대표적인 사료 몇가지
를 들어보면 다음과 같다.

　　나-1. 敎하여 이르기를, "근래에 듣건대 가을 곡식이 장차 익으려 하는데 蝗
　　　蟲의 피해가 있으니, 刑政이 혹시 바르지 못해 장차 재해가 발생하려고
　　　하기 때문인가. 內外의 죄수 가운데 徒刑과 流刑 이하는 保證을 세우고
　　　풀어주도록 하고 처리할 것은 빨리 판결하도록 하라"라고 하였다.(『高
　　　麗史』卷4, 顯宗 7年 7月 庚申)
　　2. 敎하여 이르기를, "農事가 한창인데 가뭄으로 재해가 드니, 백성들의 먹
　　　을 것이 떨어질까 두려워 내가 밤낮으로 걱정스럽다. 마땅히 正殿을 피
　　　하고, 常膳을 줄이고, 屠殺을 금하고, 풍악을 그치고, 억울한 죄수를 살
　　　피고, 群望에 비오기를 빌어, 寡德한 때문이 아닌지 스스로 責할 것이니,
　　　모든 官僚들 또한 스스로 이러한 뜻을 돕도록 하라"라고 하였다.(『高麗
　　　史』卷5, 顯宗 16年 4月 甲子)
　　3. 有司가 아뢰기를, "봄부터 비가 적게 오니, 청컨대 古典에 따라 억울한
　　　죄수를 돌보고, 궁핍한 자를 賑恤하고, 드러난 해골을 묻어 주도록 하십
　　　시오. 또 먼저 岳鎭海瀆의 諸山川 가운데 구름과 비를 일으킬 수 있는
　　　岳鎭海瀆에게 北郊에서 기원하고, 다음에 宗廟에 기원하는데, 이와 같
　　　은 기원을 7일 마다 1번씩 하도록 하십시오. 그럼에도 불구하고 비가 오
　　　지 않으면 기원하기를 岳鎭海瀆에게 했던 것처럼 처음부터 다시 하도록
　　　하십시오. 가뭄이 심하면 祈雨祭를 거행하고, 시장을 옮기고, 繖扇 사용
　　　을 금하고, 屠殺을 금하고, 官馬에게 곡식을 먹이지 않도록 하십시오"라
　　　고 하니, 왕이 그것에 따라 正殿을 피하고 常膳을 줄였다.(『高麗史』卷
　　　6, 靖宗 2年 5月)
　　4. 制하여 이르기를, "봄부터 여름까지 農事가 한창인데 霜雹으로 재해가
　　　드니, 죄수를 살피고, 억울한 일을 살피며, 內外의 罪囚에게 寬典을 베
　　　풀도록 할 것이다. 그리고 內外의 土木之役을 모두 그치도록 하라"라고
　　　하였다.(『高麗史』卷9, 文宗 37年 4月 癸酉)
　　5. 가뭄이 심하게 드니, 王이 신료들을 거느리고 南郊에 가서 두번 기우제

---

30) 秦榮一, 1986, 앞의 논문, 505쪽.

를 올렸다. 6가지 일로 自責하며 이르기를, "政事가 한결같지 못한 때문
인가. 백성들이 職을 잃게 되어서인가. 宮室이 화려해서인가. 婦女子를
가까이해서인가. 뇌물이 있어서인가. 讒言이 있어서인가"라고 하고, 童
男童女 각각 8명으로 하여금 춤추게 하여 비오기를 기원하였다. 正殿을
피하고, 常膳을 줄이고, 풍악을 그치게 하고, 露地에 앉아서 政事를 보
았다.(『高麗史』 卷10, 宣宗 5年 4月 丙申)

  각종 자연재해가 발생할 경우 국왕은 그 원인을 대체로 국왕 자신의 不
德에 기인한 것으로 여기고, 自省하여 修德함으로써 政事를 바르게 하도록
힘쓰고 있었다. 즉 이러한 피해가 발생할 경우 국왕은 祈雨祭·祈晴祭를 거
행하는 한편 減常膳·避正殿·慮囚·放輕繫·赦·徙市·禁酒·禁扇笠 등 대체로
自省하여 修德하기 위해 노력하고 있었다.

  이와 같은 국왕의 행위는 기본적으로 유교정치이념에서 강조하는 天人合
一思想에 입각한 天人感應論·天譴論 등 당시의 왕에 대한 관념, 自然觀과
災異觀 등에 기인한 것이었다.[31] 즉 당시로서는 자연현상과 왕의 政事가
밀접한 관련을 가지고 있는 것으로 관념하는 가운데, 왕은 天의 뜻을 받들
어 정치를 행하고, 天은 최고의 도덕을 갖추어 자연의 理法을 간직하면서
만물을 주재한다고 믿었다. 그리고 天은 스스로 의지를 가지고 있어 政治의
善惡에 대하여 天文現象을 비롯한 地上의 자연현상을 통해 스스로의 의지
를 표명한다고 믿고 있었다. 이와 같은 天人合一思想에 입각하여 왕은 끊임
없이 자연현상을 통하여 天의 의지를 파악하고 정치를 추진하려고 하였던
것이다. 당시에 왕은 時候調節者로서의 기능을 지니고 있으며, 災異發生에
대한 최종적 책임을 져야 한다고 관념하고 있었다.

  고려시대의 경우 농업생산활동을 중요시하는 관념, 즉 重農理念은 이와
같은 儒敎政治理念에서의 自然觀 및 災異觀과 관련을 맺는 가운데 정립되
어 나갔고, 중농이념에 입각한 農業觀 역시 이러한 사상 조류에 영향을 받
아 나타나고 있었다.[32] 이와 같은 중농이념이 勸農政策의 실시를 뒷받침하

---

31) 李熙德, 1984, 앞의 책, 61쪽 및 83~85쪽 ; 秦榮一, 1986, 앞의 논문, 505~508쪽.

는 이념적 바탕이 되었던 것은 물론이다.

중농이념은 고려 건국 초기부터 국정운영의 기본이 되는 이념 가운데 하나로 제시되고 있었다.

> 나-6. 內殿에 가서 大匡 朴述希를 불러 친히 訓要를 주었는데, 이르기를 …
> 7번째에 이르기를, 人君이 臣民의 마음을 얻기란 매우 어려운 것인데,
> 중요한 것은 諫言을 따르고 讒言을 멀리하는 것일 따름이다. 諫言을 따
> 르면 聖人이 될 것이며, 讒言은 꿀과 같은 것이나 믿지 않으면 저절로
> 사라질 것이다. 또 백성을 때에 맞게 부리고, 徭役과 賦稅를 가볍게 하
> 며, 농사의 어려움을 안다면, 저절로 民心을 얻고 富國安民하게 될 것
> 이다.(『高麗史』卷2, 太祖 26年 4月)

태조 왕건은 후대왕에게 '訓要十條'를 전수하는 가운데, 중농이념을 국정
운영의 주요 사안 가운데 하나로 준수할 것을 당부하였다. 즉 人君이 臣民
의 마음을 얻기 위해서는 신하의 諫言을 따라야 함과 아울러 백성을 부리는
데 때를 가려야 하고, 徭役과 賦稅를 경감하며, 農事의 어려움을 알아야 民
心을 얻고 國富民安하게 될 것이라고 하였다.

이처럼 태조에 의해 중농이념이 제시된 이래, 이에 입각한 국정 운영은
대체로 고려시대 전반에 걸쳐 유지되어 나간 기본 원칙 가운데 하나였다.
국왕의 처지에서도 重農理念의 실천이란 측면에서 勸農이 중요업무의 하나
로 인식되었고, 이에 따라 농사에 피해를 주는 자연재해가 발생할 경우 敎
書의 반포, 祈雨祭·祈晴祭의 거행 등을 통해 중농이념을 재확인하고 있었
다. 아울러 이것은 국왕이 자신을 대신해 지방을 통치하는 地方官에게 勸農
業務를 독려하는 근거가 되었다.

이와 같이 고려시대 중농이념은 유교정치이념에서 강조하는 天人合一思

---

32) 고려시대의 중농이념에 대해서는 다음의 논고 참조. 한정수, 2000, 「高麗前期
儒教的 重農理念과 月令」『歷史敎育』74 : 2007,『한국 중세 유교정치사상과
농업』, 혜안 재수록, 83~97쪽 ; 김난옥, 2007, 「고려시대의 경제사상」『韓國儒
學思想大系』Ⅶ(經濟思想編), 한국국학진흥원, 100~105쪽.

想에 입각한 自然觀 및 災異觀과 밀접한 관련을 가진 것이었다. 그런 점에서 고려시대의 중농이념은, 물론 그것이 유교정치이념에 국한되지 않고 여러 측면에서 강조될 수 있는 성질의 것이겠지만,[33] 그것이 국가의 정책에 반영되어 권농정책으로 구현되는 데는 특히 유교정치이념과의 관련 속에서 그 이념적 바탕이 정립될 수 있었던 것으로 생각된다.[34]

---

33) 중농이념은 농업이 당시 사회와 국가의 유지를 위한 토대였던 만큼, 사상적인 측면에만 국한되지 않고 정치운영, 사회경제적 상황 등 다양한 원인에 의해 표방될 수 있는 것이라고 할 수 있겠다. 아울러 특정 사상에 국한되어 나타난 것으로 보기도 어렵다. 예를 들어, 旱災가 발생해 祈雨祭를 거행할 때 聚巫하여 禱雨하기도 하고, 醮祭를 거행하며, 道場을 개설하여 佛經을 講經하게 하였던 사실 등은 중농이념이 유교에 국한되지 않고 다양한 기반 위에서 나타날 수 있는 것임을 알려 준다. 앞의 註 27) 참조.

34) 주지하듯이 고려초기 유교사상은 국가체제의 정비과정과 연관되면서 특히 崔承老의 상소 이후 성종대에 이르러 중앙집권적 귀족정치를 뒷받침하는 정치이념으로 기능하게 되었다. 고려초기 유교사상의 정치이념화 과정에 대해서는 다음의 논고 참조. 金哲埈, 1965, 「崔承老의 時務二十八條」『趙明基華甲記念 佛敎史學論叢』 ; 1975, 『韓國古代社會硏究』, 知識産業社 재수록 ; 李基白, 1974, 「集權的 貴族政治의 理念」『한국사』4, 국사편찬위원회 ; 河炫綱, 1975, 「高麗初期 崔承老의 政治思想 硏究」『梨大史苑』12. 한편 후술하듯이 고려시대의 권농정책은 성종대에 이르러 본격화되었다고 할 수 있는데, 이것은 이 시기에 이러한 유교정치이념이 정립된 사실과도 관련이 있었을 것이다.

제2장 고려전기 권농정책의 수립과정

1. 권농정책의 수립과 실시

1) 건국 초기의 권농정책

통일신라말기·후삼국기의 경제제도는 신라 집권통치력의 와해와 豪族과 같은 독자적인 지방세력의 대두 속에서 거의 제 기능을 상실하고 있었다. 중앙귀족은 물론 외거귀족, 지방호족 사이에 土地兼併이 성행하고 田莊이 확대되면서 농민층의 몰락을 동반하였다. 지방으로부터 조세 납부가 원활하지 못한 가운데 중앙과 지방의 부세독촉은 농민의 부담을 과중하게 만듦으로써 대규모 농민항쟁으로 연결되었다.

이와 같은 혼란시기를 거쳐 고려 왕조를 개창하고 이에 따른 질서를 구축해야할 처지에서는, 토지문제의 해결과 조세체계의 정비뿐만 아니라 民生의 안정을 도모하는 일이야말로 무엇보다 우선해야할 과제였다. 고려 태조 왕건이 즉위(918) 후 우선 田制를 바로잡고 '取民有度'하도록 지시를 내리는 한편 農桑에 부지런히 힘썼다는 것도 바로 이러한 상황에서 취한 조처였다.[1]

---

1) "三國末 經界不正 賦斂無藝 高麗太祖卽位 首正田制 取民有度 而惓惓於農桑 可謂知所本矣"(『高麗史』 卷78, 食貨志 1 田制 序文)

그러나 권농정책이 고려 건국과 함께 일시에 실효를 거둘 수 있었던 것
은 아니었다. 주지하다시피 나말여초 시기 이래 적어도 고려전기의 일정 기
간 동안, 豪族 세력이 지방사회에 상당한 독자성을 지니면서 존재하고 있었
던 탓에, 政令으로서의 권농정책이 실효를 거두기에 제약되는 점이 있었다.
따라서 고려전기에 권농정책이 실시됨에 있어서는 각 시기의 상황에 따라
그 내용을 다소 달리하면서 전개되었는데, 건국 초기의 그것은 一面 호족
세력에 대한 통제과정이기도 하였다.[2]

고려 중앙정부는 건국 초기부터 불안정한 농민의 처지를 개선하고자 노
력하고 있었다.[3] 우선 태조는 당시의 당면과제로 田土와 人民의 피폐한 상
태를 복구하는 일이 급선무라는 사실에 대하여 비교적 정확하게 인식하고
있었다. 이는 태조의 前朝에 대한 언급을 통해 엿볼 수 있다.

> 다-1. 詔하여 이르기를, "前 君主가 사방이 혼란스러울 때 寇賊을 제거하고
> 영역을 점차 개척하였으나, 국내를 통일하기도 전에 다만 혹독하고 포
> 악하게 백성들을 부리고, 간사함을 지극한 道로 삼으며, 위협하고 업신
> 여기는 것을 要術로 삼으니, 徭役이 번거롭고 賦稅가 과중하며, 인구가
> 줄고 토지가 황폐해 졌다. 그러면서도 오히려 宮室을 화려하게 짓고,
> 制度를 따르지 않으며, 勞役을 그치지 않으니, 원망과 비난이 마침내
> 일어나게 되었다. …"라고 하였다.(『高麗史』卷1, 太祖 元年 6月 丁巳)

---

2) 고려초기 호족의 동향 및 이에 대한 통제·조정을 통해 국가체제가 수립되어 나
   간 과정에 대해서는 다음의 논고를 참고할 수 있다. 金光洙, 1979, 「羅末麗初
   의 豪族과 官班」『韓國史研究』23 ; 金甲童, 1990, 『羅末麗初 豪族과 社會變
   動研究』, 고려대 민족문화연구소 ; 金日宇, 1998, 『고려 초기 국가의 地方支配
   體系연구』, 일지사 ; 河日植, 1999, 「고려초기 지방사회의 州官과 官班」『역사
   와 현실』34 ; 尹京鎮, 2000, 『高麗 郡縣制의 構造와 運營』, 서울대 박사학위
   논문, 85~94쪽.
3) 태조대의 농민정책에 대해서는 다음의 논고를 참고할 수 있다. 河炫綱, 1987,
   「高麗 太祖의 內外政策의 樹立背景과 그 性格」『東方學志』54·55·56,
   922~927쪽 ; 李文鉉, 1996, 「高麗 太祖의 農民政策」『高麗 太祖의 國家經營』,
   서울대학교출판부.

　　즉 태조는 前朝의 쇠퇴 원인으로 君主의 횡포, 미신 숭배 등으로 인해 徭役과 賦稅가 과중하게 되고, 民과 土地가 피폐해져 民心이 이반된 데 있었던 것으로 보았다. 따라서 급선무는 이와 같은 자의적인 收取를 지양하고, 피폐한 田土를 복구하며, 民의 부담을 경감함으로써 일반 백성들이 營農에 종사할 수 있도록 하는 일이었다. 그것이 곧 민심을 수습하여 신왕조의 지지 기반을 다지는 길이 될 뿐만 아니라, 여기서 더 나아가 收取源을 안정되게 확보하고 계속적인 수취를 가능케 하는 길이기도 하였기 때문이었다.

　　이러한 태조대의 노력은 租稅 감면, 奴婢 還屬, 農桑 권장, 黑倉과 같은 진휼기관의 마련 등으로 나타나고 있었다. 우선 고려 건국 초기의 문제점을 해결하려는 태조의 조처는 租稅 감면에 의한 농민의 안정이라는 측면에서 내려졌다.

> 다-2. 詔하여 이르기를, "泰封主가 백성을 함부로 부리고 聚斂을 일삼으며 옛 제도를 따르지 않아, 1頃의 토지에서 租稅로 6碩을 거두고, 驛戶에서 賦絲 3束을 거두니, 마침내 백성들로 하여금 농사를 그만두고 길쌈을 그치게 만들어 流亡이 계속 이어지고 있다. 지금부터는 租稅와 征賦를 마땅히 天下通法으로 하여 常例로 삼도록 할 것이다"라고 하였다.(『高麗史節要』卷1, 太祖 元年 7月)

　　태조는 앞서 泰封 때 과도한 취렴으로 1頃에 租稅 6碩, 驛戶에 賦絲 3束을 거둠으로써 영농의 정지와 백성의 피폐화를 가져왔다고 보고, 租稅와 征賦를 경감하여 天下通法에 따라 수취할 것을 지시하고 있었다. 이것은 조세 감면을 통해 농민의 부담을 경감함으로써 민심을 수습하기 위해 취한 조처였지만, 결국 이를 통해 다시 영농에로의 복귀를 의도하는 것이었다는 점에서 권농정책의 의미도 지닌 것이었다. 그러나 한편 이러한 조처가 과연 얼마나 실효를 거두었는지에 대해서는, 당시 고려의 상황을 고려할 때 다소 회의적이다. 왜냐하면 후삼국이 아직 정립하고 있던 시기에 내려진 이 조처는 당시 고려의 영역, 즉 開京을 중심으로 한 지금의 黃海道 지역과 京畿道

일부 지역, 鐵原을 포함한 江原道 일부 지역 등에 한정된 것이었을 가능성이 높기 때문이다.4) 아울러 당시에 각 지역에 존재한 豪族들이 경제적 지배권을 상당 부분 용인받고 있었다는 점을 감안한다면5) 그 한계는 더욱 커지리라고 생각된다.

사실상 국가의 재정은 대부분을 백성으로부터의 조세 수취에 의존하고 있었다. 따라서 재정원을 계속적으로 확대하여 국가 재정을 증대시키는 것은 어느 시기에나 요구되는 과제였다. 더군다나 새로이 왕조를 개창하고 또 아직 後百濟와의 전쟁을 수행하고 있던 당시의 상황에서는 이에 소요되는 막대한 재정을 확보하기 위해서도 재정수입의 증대가 요구되었을 것이다. 그러나 통일전쟁 중에는 비록 고려왕조가 성립되었으나 통치영역에 한계가 있었고, 또 그러한 과제를 체계적이고 적극적으로 추진할 만한 상황에 있지 못하였다. 농민들이 안정된 상태에 있다고 한다면 어느 정도 가능성이 있었겠지만, 각종 요인으로 불안정한 상태에 있었던 당시의 농민에게 과중한 부세를 부과한다면 백성유리와 민심의 이반이라는 前時期의 오류를 반복하게 될 위험도 많았다. 더구나 당시에는 豪富層, 즉 豪族들이 각지에서 경제적 지배권을 용인받고 있었다. 따라서 농민의 유리 위험성과 호족의 경제적 독자성으로 말미암아 적극적인 재정확보정책을 실시하기에 곤란했던 것이 통일전쟁기의 상황이었다.6) 이와 같이 생각할 때 건국초기의 조세감면 조처

---

4) 李文鉉, 1996, 앞의 논문, 261~262쪽.

5) 이와 관련하여 고려 건국 이후 후삼국시기의 土地制度가 豪族을 우대하는 방향으로 시행되고 있었다는 연구결과를 참고할 수 있겠다. 즉 이 시기에는 歸附 豪族이 기존 지배 지역에 대한 통치의 권한을 위임받고 있었고, 경제적 기반이었던 田莊이 형식적 재분급 절차를 통해 사실상 용인되었을 뿐만 아니라 때로는 祿邑·賜田·傍邑丁戶 등이 별도로 주어지기도 하였다(李鎭漢, 2004,「高麗時代 土地制度의 變化와 鄕史」『東方學志』125, 4~7쪽).

6) 건국초기 재정조달이 절실했음에도 불구하고 이의 조달에 어려움이 있었다는 것은 다음의 사료를 통해 잘 엿볼 수 있다. "王聞之 謂群臣曰 …… 今四方勞役不息 供費旣多 而貢賦未省 竊恐緣此 以致天讉 夙夜憂懼 不敢遑寧 今當軍國貢賦難以蠲免 尙慮群臣不行公道 而使民怨咨 或懷非分之心 致變至此 各宜悛心 毋及於禍"(『高麗史節要』卷1, 太祖 15年 5月 甲申)

는, 민심 수습이라는 목적과 더불어 향후 재정수입의 안정적인 확보를 위해 우선 그 전제조건으로서 농민의 안정을 도모한 것이라고 보인다.

건국초기 중앙정부는 농민의 안정을 위해 租稅 감면 이외에 前朝에 奴婢로 전락한 자를 農民으로 還屬시키는 조처를 취하기도 하였다.

> 다-3. 詔하여 이르기를, "泰封主가 讖緯를 믿어, 松嶽을 버리고 斧壤에 돌아와 거처하면서 宮室을 세우니, 백성들이 土木工事로 고통받고 봄·여름·가을 세철(三時)에 농사를 지을 수 없게 되었다. 더욱이 飢饉이 거듭 이르고 疾疫이 뒤이어 일어나니, 집을 버리고 길에서 굶어 죽는 자가 계속 이어졌으며, 1匹의 細布 값이 쌀 5升에 이르러, 백성들로 하여금 자신과 자식을 팔아 다른 사람의 奴婢로 되도록 하였으니, 朕이 매우 민망하게 여긴다. 所在(官)로 하여금 실정을 자세히 기록하여 아뢰도록 하라"라고 하였다. 이때에 1,000여명을 찾아내어, 內庫의 布帛으로 贖還시켜 주었다.(『高麗史節要』 卷1, 太祖 元年 8月)

즉 태조는 所在(官)로 하여금 前朝에 노비로 전락한 자를 모두 기록하여 보고케 하여 1,000여명을 內庫의 布帛으로 贖還시키고 있었다. 이러한 조처는 노비신분으로 전락함으로써 더욱 곤경에 처하게 된 농민층의 안정을 도모함과 아울러, 이 역시 국가재정 증대의 측면에서도 효과를 유도하는 조처였을 것이다.[7]

한편 농민들이 영농에 복귀하도록 하는 데는 자활 수단을 제공하는 등 농경을 지속할 수 있는 토대를 마련해 줄 필요가 있었다. 불안정한 상태의 농민, 특히 노비신분에서 농민으로 환속한 농민들은 금새라도 다시 몰락할 수 있는 상태에 있었기에 이들의 자활을 유도함이 필요했다.

> 다-4. 農桑은 衣食의 근본이니, 王의 政事에서 가장 먼저 해야 할 바이다. 太祖가 卽位한 초에 가장 먼저 詔를 내려, 境內에서 3年 동안 田租를 면제하고 農桑을 권장하였다.(『高麗史』 卷79, 食貨志 2 農桑)

---

7) 洪承基, 1981, 「高麗前期 奴婢政策에 대한 一考察」 『震檀學報』 51, 8쪽.

즉 太祖는 즉위 후 우선적으로 3년간의 田租를 면제하고 農桑을 권장했다고 하는데, 이것은 그동안 피폐된 농민과 농촌의 사정을 감안하여 자활수단을 마련할 수 있는 일정한 유예기간을 부여함으로써 영농으로의 복귀를 유도한 것이라고 이해할 수 있다. 이처럼 3년간의 전조를 면제케 해주는 조처는 유리민의 확보와 안착에도 유리하게 작용하였을 것이다.

이러한 점은 태조대에 농민층의 안정을 위해 진휼기관으로서 黑倉을 설치한 데에서도 엿볼 수 있다.

> 다-5. 常平倉·義倉은 漢나라와 唐나라 때부터 시작되었는데, 흉년이 들었을 때 백성들이 피해를 입지 않게 하고, 풍년이 들었을 때에도 농사에 손상을 주지 않게 하니, 진실로 救荒하는 좋은 방법이다. 국초에 그 뜻을 본받아 黑倉을 창설하였다.(『高麗史』 卷80, 食貨志 3 常平義倉)

이와 같은 태조대의 조처들은 고려 건국 초기의 사회혼란을 바로잡고 농업생산 기반의 안정을 확보함으로써, 국가와 사회의 질서 및 안정을 기하기 위한 것이라고 볼 수 있다. 그러나 당시로서는 우선 고려왕조 자체로서도 권농을 통해 재정수입 증대를 적극적으로 수행할 여유가 없었고, 豪族 = 豪富層 세력의 존재로 인하여 고려가 수취를 실행할 수 있는 지역이 현실적으로 크게 제한되어 있었다. 그러면서도 재정확대를 위한 노력은 꾸준히 진행되어 왔던 것으로, 이것은 재정의 주된 원천이라 할 수 있는 농민의 보호에 권농정책의 주안점이 두어졌다는 것으로도 짐작할 수 있다. 그러나 일단 통일이 완성되자 재정확대 정책은 보다 적극성을 띠게 되었다. 그것은 전국의 財政源을 체계적으로 정확히 파악하고 일률적인 기준하에서 수취를 실시하려는 노력이었으며, 호족과의 관계에서 보면 호족의 경제적 독립성을 점차 중앙정부의 재정체계 내부로 수렴하여 운영해 나가고, 왕조정부가 조세수취를 실현해 가는 과정이었다.

즉 고려는 국초부터 收有·租藏·轉運使·里審使·任道大監 등의 使者를 지방에 파견하여 조세 수취에 노력하고 있었다.[8] 그 후 특히 光宗代에는 재정운영체계가 마련되는 데 크게 진전이 이뤄져, 즉위년에 州縣의 歲貢額을 정하고, 6년 무렵에는 전국 규모로 量田事業을 실시하며, 24년에는 陳田開 墾의 장려와 이에 수반한 免稅年限과 收益配分에 관한 규정을 마련하였 다.[9] 이러한 조처들을 통해 고려왕조는 재정기반을 확보함과 동시에 토지와 호구에 대한 파악이 가능해졌다. 또 토지소유관계·농업생산관계의 안정을 국가에서 보장해 줌으로써, 토지분급제도를 비롯해 집권왕조국가의 체제 구 축을 본격화할 수 있는 토대를 마련할 수 있었던 것이다. 그리고 권농정책 또한 이와 같은 재정운영체계와 더 나아가 국가체제의 구축과정에 짝하여 더욱 그 필요성과 중요성이 높아져 갔던 것이라고 생각된다.

2) 성종대의 권농정책

이상에서 살펴본 바와 같이, 고려 건국 초기의 권농정책은 租稅率 조정, 奴婢 還屬, 農桑 권장, 黑倉과 같은 賑恤機關의 마련 등을 통해 농민 안정 화를 기함으로써 국가재정 기반의 안정된 확보를 유도하고 있었다. 그러나 당시에는 건국초기의 상황, 특히 아직 지방사회에 존재하는 독자적 세력으 로 말미암아 국가의 권농정책이 충분한 효과를 거두기에 어려운 실정이었 음도 또한 살펴보았다. 따라서 고려시대에 국가로부터 실시하는 政令으로서 권농정책이 실효를 거두게 되는 것은, 지방행정제도가 정비되어 중앙정부의

---

8) 고려초기에 지방에 파견된 今有·租藏·轉運使·里審使·任道大監 등의 기능에 대해서는 다음의 논고 참조. 邊太燮, 1971, 「高麗前期의 外官制」『高麗政治制 度史研究』, 一潮閣, 119~120쪽 ; 河炫綱, 1988, 「高麗初期의 地方統治」『韓國 中世史研究』, 一潮閣, 187~188쪽 ; 박종진, 2000, 「조세제도의 성립과 조세체 계」『고려시기 재정운영과 조세제도』, 서울대학교출판부, 36~37쪽.
9) 고려초기 재정운영체계의 확립과정에 대해서는 다음의 논고 참조. 安秉佑, 2002, 「財政構造의 성립」『고려전기의 재정구조』, 서울대학교출판부 ; 박종진, 2000, 「조세제도의 성립과 조체체계」『고려시기 재정운영과 조세제도』, 서울 대학교출판부.

집권통치력이 지방사회에 미칠 수 있는 여건이 조성된 다음에 가능한 일이
었다. 구체적으로 성종 2년 지방의 주요 지역인 12牧에 外官을 파견하기 시
작하면서 고려로서는 처음으로 지방에 상주하는 지방관이 파견되기에 이르
고,10) 이러한 지방행정제도의 진전에 힘입어 국가의 권농 의지를 담은 政令
이 지방사회에 파급되는 계기가 마련될 수 있었다.11)

주지하다시피 고려시대의 지방행정제도는 전국을 크게 5道·兩界로 나누
고 그 밑에 여러 州·府·郡·縣을 속하게 하였다. 그리고 5도·양계에는 按察
使와 兵馬使를 파견하고 주·부·군·현에는 守令을 두어 관할하게 하였다.
그러나 적어도 고려전기에는 아직 道가 州縣을 管領하는 상급행정구획으로
존재하지 못하고, 안찰사 또한 수령을 통할하는 상급행정관직으로서의 지위
를 차지하는 단계에는 이르지 못하고 있었다. 안찰사가 군현의 수령을 통할
하게 된 것은 고려중기 이후의 일이고, 고려전기에 있어서 지방행정의 단위
는 어디까지나 外官이 파견된 주현이었다.12) 따라서 고려전기에 지방사회
에서 권농의 임무를 주로 담당한 관원은 外官이었다.

고려 중앙정부의 권농정책이 실효를 거두기 위해서는 특히 지방을 관할
한 地方官의 임무가 중요시 되었다. 一般民과 직접 접촉하여 정부의 권농정
책을 실질적으로 수행하는 것은 바로 지방관, 즉 守令이었기 때문이었다.
그러나 고려가 지방에 외관을 파견하기 시작한 것은 앞서 언급했듯이 成宗

---

10)『高麗史節要』卷2, 成宗 2年 2月
11) 고려시대의 지방행정제도는 성종 2년(983) 12牧의 설치 이후 성종 14년의 개편,
    목종 8년(1005)과 현종 3년(1012)의 조정을 거쳐 현종 9년의 개편에 이르러 그
    대체적인 모습이 갖추어 졌다. 고려시대 지방행정제도의 정비과정에 대해서는
    다음의 논고 참조. 李基白, 1965,「高麗 地方制度의 整備와 州縣軍의 成立」『趙
    明基華甲記念 佛敎史學論叢』, 中央圖書出版社 : 1968,『高麗兵制史研究』, 一潮
    閣 재수록 ; 變太燮, 1968,「高麗前期의 外官制」『韓國史研究』2 : 1971,『高麗
    政治制度史研究』, 一潮閣 재수록 ; 河炫綱, 1975,「地方勢力과 中央統制」『한국
    사』5, 국사편찬위원회 ; 1977,「高麗初期의 地方統治」『高麗地方制度의 研究』,
    韓國研究院 ; 1993,「지방 통치조직의 정비와 그 구조」『한국사』13, 국사편찬
    위원회.
12) 이에 대해서는, 註 11)의 논문 참조.

2년의 12牧 설치에서 비롯하는 것이고, 이 이전에 지방을 지배한 것은 토착적인 鄕豪였다.

이러한 사정에서 고려 초기 정부가 취한 정책의 방향은 地方統治의 강화로 나타나게 되었고, 권농정책 역시 이와 병행하여 이루어 졌다. 그것은 수령에 의한 권농업무의 수행이라는 형태로 나타났는데, 이것은 곧 고려시기에 권농정책이 실시됨에 있어서 가장 전형적인 방법이기도 하였다.

한편 成宗은 즉위 초부터 적극적으로 권농을 실시하려는 의도를 가지고 있었던 것으로 보인다. 이는 우선 성종대에 고려왕조로서는 처음으로 籍田親耕과 祈雨祭 의식을 거행하고 있었다는 사실을 통해 짐작할 수 있다.[13] 籍田 親耕은 국왕이 소위 친경을 실행하여 그 수확으로 神農·后稷을 제사하는 의례로서, 이는 그 해의 풍년을 기원하기 위한 것이었다. 이러한 국왕의 친경은 성격상 重農理念을 표현한 하나의 상징적인 의례였다. 籍田 親耕이 지니는 이러한 성격을 감안해 볼 때, 成宗 2년에 적전 친경이 처음으로 시작되었다는 사실에는 다분히 成宗의 의도가 개입되어 있었던 것이 아닌가 하는 추측이 생긴다. 즉 국왕 스스로 먼저 솔선하여 권농의 모범을 보임으로써 일반민의 영농을 유도하고 있었다고 보여진다.

이러한 차에 성종 2년에 지방행정제도의 진전으로 권농정책이 효과적으로 실시될 수 있는 여건이 마련되면서, 각종의 권농 조처가 내려지고 있었다. 특히 성종대에는 地方官에 대해 勸農業務을 부과하기 시작하고 있었다는 점이 주목된다.

라-1. 敎하여 이르기를, "나라는 民을 근본으로 하고, 백성은 食을 하늘로 삼는다. 만약 萬百姓의 마음을 얻으려면 오로지 三農의 일을 빼앗지 않아야 한다. 너희 12牧과 諸州鎭의 관리들은 지금부터 가을까지 모두 마땅히 雜務를 停罷하고 오로지 勸農에 힘써야 할 것이다. 내가 장차 사신

---

13) "王祈穀于圜丘 配以太祖 躬耕籍田 祀神農 配以后稷 祈穀籍田 始此"(『高麗史節要』卷2, 成宗 2年 正月) ; "始行雩祀"(『高麗史節要』卷2, 成宗 3年 3月 庚申)

을 파견하여 田野의 荒闢과 牧守의 勤怠를 살펴 褒貶하도록 할 것이
다"라고 하였다.(『高麗史』 卷79, 食貨志 2 農桑 成宗 5年 5月)

즉 성종 5년 5월에는 농사가 한창일 때인 여름철부터 수확기인 가을까지
南道의 12牧과 北界의 諸州鎭에 파견된 지방관으로 하여금 일체의 雜務를
停罷하고 勸農에 전념할 것을 지시하면서, 아울러 장차 監察하는 사신을 파
견하여 褒貶할 것임을 밝히고 있었다. 그리고 이러한 조처가 내려진 후 얼
마안있어 성종 5년 9월에는 牧民官이 유의하여 수행하여야 할 사항을 다음
과 같이 지시하고 있었다.

> 라-2. 敎를 내려 牧民之官에게 거듭 경계하기를, 刑獄과 訟事를 지체시키지
> 말고(無滯獄訟), 창고를 채우는데 힘쓰고(懋實倉廩), 빈궁한 백성을 賑
> 恤하고(賑恤窮民), 農桑을 권장하고(勸課農桑), 徭役과 賦稅를 가볍게
> 하고(輕徭薄賦), 일의 처리를 공평하게 처리하도록(處事公平) 하였다.
> (『高麗史節要』 卷2, 成宗 5年 9月)

즉 목민관은 ① 無滯獄訟, ② 懋實倉廩, ③ 賑恤窮民, ④ 勸課農桑, ⑤
輕徭薄賦, ⑥ 處事公平의 6가지 항목에 대하여 특히 유의해야 함을 지시하
고 있었다. 여기서 목민관의 임무 중 하나로 勸課農桑을 부과하고 있음이
주목된다. 이로써 고려시대에 있어서 지방관에 의한 권농업무의 수행이라는
틀은 일단 마련되고, 이후에도 비슷한 양상으로 전개되어 고려시대 권농정
책 실시의 전형적인 모습을 이루게 된다.

곧이어 성종 6년 정월에는 다음과 같이 山野의 放火를 금지하는 교서를
내렸다.

> 라-3. 敎하여, 2月부터 10月까지는 萬物이 生成하는 때이니, 山野에 放火하
> 는 것을 금하고, 이를 어기는 자를 죄주도록 하여, 常式으로 삼았다.
> (『高麗史節要』 卷2, 成宗 6年 正月)

이에 따르면, 만물이 생성하는 시기인 2월부터 10월까지 山野에 불을 놓지 못하도록 하고 있었다. 그런데 이러한 내용은 『高麗史』 刑法志의 禁令 가운데 유사한 조항을 살펴볼 수 있고, 여기서는 失火로 인한 田野의 燒失을 경계하고 있는 내용으로 되어 있다.[14] 이로 보아 성종 6년의 교서는 모든 田野에 불을 놓지 못하도록 한다는 것이 아니라 失火로 인한 전야의 소실을 경계한 것으로,[15] 이 또한 重農理念에 입각한 勸農政策의 일환으로 취해진 조처로 볼 수 있겠다.

그리고 성종 6년 6월에는 兵器를 거두어 農器로 鑄造하도록 지시를 내리기도 하였다.

　　라-4. 州郡의 兵器를 거두어 農器로 鑄造하도록 하였다.(『高麗史節要』 卷2,
　　　　成宗 6年 6月)

兵器를 거두어 農器로 鑄造하도록 한 조처는 地方勢力을 견제하기 위한 의도도 내포하고 있었겠지만, 한편으로는 권농의 의미도 지닌 一石二鳥의 조처였을 것으로 여겨진다.[16]

이어서 성종 7년 2월에는 左補闕 李陽에 의해 권농을 위한 상소가 올려져, 국왕으로부터 받아 들여졌다.

　　라-5. 左補闕兼知起居注 李陽이 封事를 올려 말하기를, "첫째, 옛날 哲王은
　　　　天道를 받들고 삼가 백성들에게 농사짓는 시기를 가르쳐 줌으로써 君
　　　　王은 稼穡의 어려움을 알고, 백성은 農桑의 이르고 늦은 것을 알아서,
　　　　집집마다 넉넉하고 해마다 풍년이 들었습니다. 月令을 살펴보건대, 立

---

14) "諸失火者 二月一日巳後 十月三日巳前 燒野田者 笞五十 池燒人宅舍財物 杖八十 臟重者 坐臟論 減三等 故燒官府廟社及私家私宅財物 無問屋舍大小·財物多寡 徒三年 臟滿五匹 流二千里 十匹絞殺 傷人者 以故殺傷論"(『高麗史』 卷85, 刑法志 2 禁令)

15) 李泰鎭, 1990, 「朝鮮初期의 火耕 금지」 『李載龒博士還曆紀念 韓國史學論叢』, 한울, 385~386쪽.

16) 李丙燾, 1961, 「勸農 및 其他의 社會政策」 『韓國史』 中世篇, 乙酉文化社, 165쪽.

春에 앞서 土牛를 내어 농사의 이르고 늦음을 보인다 하였으니, 청컨대 故事에 의거해 때에 따라 행하십시오(以時行之). 둘째, 籍田을 친히 경작하는 것은 진실로 明王이 농사를 重히 여기는 뜻이요, 女功을 경건히 행함은 어진 王后가 임금을 돕는 德이니, 그렇게 함으로써 天地에 지극한 정성을 드리고 나라에 경사를 쌓는 것입니다. 『周禮』 內宰職을 살펴보건대, '上春에 王后에게 詔를 내려 六宮의 사람들을 거느리고 늦벼와 올벼의 씨앗을 눈티워서 왕에게 바치게 한다'라고 하였으니, 이 말에 의하면 임금이 하는 일은 王后가 반드시 돕는 것입니다. 지금 바야흐로 上春에 上帝에게 곡식이 잘 되기를 빌고, 吉日에 東郊에서 籍田을 갈아야 할 것입니다. 그런데 임금께서는 비록 籍田을 친히 갈았으나 王后는 이에 씨앗을 바치는 의식을 하지 않았으니, 원컨대 『周禮』에 의거하여 나라의 풍속을 빛나게 열어 주시옵소서. 셋째, 聖人은 굽어 살피고 우러러보아 이로써 時變에 통하고, 임금은 仁을 행하고 은혜를 펴서 만물의 뜻을 이루게 하는 것입니다. 月令을 살펴보건대, '正月 中氣 후에는 犧牲에 암짐승을 쓰지 말고, 나무를 베는 것을 금하고, 새끼와 알을 가진 짐승을 잡지 말며, 많은 사람들을 동원하지 말며, 드러난 뼈와 썩은 살을 덮어 묻어 주라'라고 하였으니, 원컨대 새해를 맞이하는 때를 당하여 두루 봄에 해야할 月令을 펴서, 사람들로 하여금 時禁을 알게 하고 天常을 알게 하소서"라고 하였다.(『高麗史』 卷3, 成宗 7年 2月 壬子)

李陽의 상소문에 따르면,[17] 『周禮』와 『禮記』 月令에 기초하여 天時에 따라 농사의 早晩을 깨우치고, 籍田 경작을 성실히 수행하여 권농의 지침으로 삼도록 하고, 時候에 맞는 政令을 배풀 것을 건의하고 있었다. 여기서 '以時行之'가 강조되는 등 대체로 天時에 순응하여 농사에 힘쓰도록 건의하고 있어 天人合一思想에 의거한 天人感應論·天譴論의 경향을 지닌 農業觀의 모습을 잘 살펴볼 수 있다. 대체로 성종대 이후 국왕을 대행하여 지방업

17) 李陽의 상소문에 대해서는 다음의 논고가 참고된다. 李熙德, 1977, 「高麗時代의 天文觀과 儒敎主義政治理念─高麗史 天文志의 分析─」 『韓國史硏究』 17 : 1984, 『高麗儒敎政治思想의 硏究─高麗時代 天文·五行說과 孝思想을 中心으로─』, 一潮閣 재수록, 57~59쪽 ; 魏恩淑, 2000, 「『元朝正本農桑輯要』의 농업관과 간행주체의 성격」 『한국중세사연구』 8, 120~123쪽 ; 한정수, 2002, 「高麗時代 『禮記』 月令思想의 도입」 『史學硏究』 66 : 2007, 『한국 중세 유교 정치사상과 농업』, 혜안 재수록, 126~128쪽.

무를 수행한 지방관들이 '勸課農桑'18) 업무를 수행함에 있어서는 이러한 사상을 기본으로 하고 있었던 것으로 생각된다.19)

이처럼 성종대에 이르러 籍田 親耕·雩祀를 고려왕조에 들어와 최초로 거행하고, 地方官에 대해 권농업무를 부과하기 시작하며, 兵器를 거둬 農器로 제작하는 등 권농정책이 빈번하게 내려지고 있었다. 이와 같은 사실은 성종대에 이르러 지방행정제도가 정비되어 나가기 시작하면서 勸農政策이 地方에서 실시될 수 있는 조건이 마련된 점을 배경으로 한 것이라고 여겨진다. 성종 스스로도 西都에 행차하여 내린 교서 가운데 다음과 같이 언급하고 있어 이러한 사정을 엿볼 수 있게 해준다.

> 라-6. 西都에 행차하여 이르기를, "… 조상의 규례를 따르고 時令의 마땅함을 좇아, 친히 關河를 살피고 백성을 두루 살펴보니, 農桑은 풍년이 들고, 백성들은 번성하고 평안해 졌다. 沿路의 縣吏·州司·田夫·野老는 길가에서 환호하고, 御駕 앞에서 춤을 추며, 다투어 執贄의 의례를 올리고, 모두 다시 살아나게 되었다는 뜻을 표하는도다. …"라고 하였다.(『高麗史』 卷3, 成宗 9年 10月 甲子)

성종 9년 西都에 행차한 가운데 성종은 풍년이 들고 관리와 백성이 평안해 졌음을 언급하고 있었다. 이것은 이 시기에 이르러 권농정책의 수행이 원활히 이뤄질 수 있는 토대가 마련됨으로써 그 효과 또한 나타나기 시작하게 된 상황을 보여주는 것이라고 생각된다.

---

18) "教曰 … 凡爾牧民之官 無滯獄訟 懋實倉廩 賑恤窮民 勸課農桑 輕徭薄賦 處事公平"(『高麗史』 卷3, 成宗 5年 9月 己丑)

19) 그런 점에서 이 시기의 農政觀은 적어도 고려전기의 경우 농사철의 준수를 내용으로 하는 月令思想에 기초한 것이라고 여겨지기도 한다. 고려전기 月令思想에 기초한 農政觀에 대해서는 다음의 논고 참조. 韓政洙, 2000,「高麗前期 儒敎的 重農理念과 月令」『歷史敎育』74 ; 2002, 앞의 논문. 한편 이처럼 고려시대 중농이념과 농업관은 유교정치이념을 바탕으로 하고 있었던 것이고, 따라서 고려후기 性理學의 도입에 따른 農業觀의 변화를 생각할 수 있겠다. 이점에 대해서는 본서의 <제2부> 제4장 2절의 3) 항목 참조.

성종대에 이르러 地方官에 의한 권농업무의 수행이라는 틀은 일단 마련
되었다고 여겨지는데,[20] 한편 여기서 주목해 보아야할 점은 성종대에 큰 진
전을 보인 국가체제 수립과정과의 연관성이다. 주지하는 바와 같이 성종대
에는 역대왕들이 구축하여 놓은 기반을 바탕으로 국가체제가 수립되는데
하나의 전기를 이룬 시기였다. 우선 中書門下省·尙書省·中樞院과 같은 중
앙정치기구, 군주에 대한 諫諍과 관료에 대한 감찰을 담당하는 臺諫制度,
관료의 질서체계인 文散階 등 고려의 집권체제를 운영하는 각종 기구와 제
도가 성종대에 마련되었다.[21] 지방의 주요 지역인 12牧에 상주하는 外官을

---

20) 고려시대에 권농정책이 실시되는 전형적인 방법은 이처럼 地方官을 통한 권농
   업무의 수행을 통해서 이뤄지는 것이라고 생각된다. 한편 권농정책의 실시와
   관련해서는 중앙정부에 농업의 전반을 담당하는 勸農機構가 설치되어 있었는
   지의 여부에 대해서도 살펴볼 필요가 있겠다. 그런데 고려시대의 경우 권농기
   구로서는 적어도 고려후기 忠宣王 복위년(1308)의 典農司 설치 때에 이르러서
   는 그 존재를 살펴볼 수 있다. 이점에 대해서는 본서의 <제2부> 제4장 2절의
   2) 항목 참조. 이에 앞서 고려전기의 경우 評農書史, 司農卿 등 관직명이 존재
   한 것을 감안할 때 이 시기에도 권농기구가 존재했을 가능성이 엿보이지만, 지
   금 필자의 생각으로는 이보다는 고려전기에 중앙에 권농기구가 존재하지 않았
   거나 혹은 일시적으로만 존재했을 가능성이 오히려 더 높지 않은가 한다. 고려
   전기에 賑恤·勸農과 관련한 중앙관서의 奏請이 대체로 御史臺, 門下省, 三司
   등으로부터 이뤄지고 있던 사실은, 이와 관련해 시사점을 얻을 수 있지 않을까
   생각된다.

21) 고려 성종대에 마련된 中央政治機構, 臺諫制度, 文散階 등에 대해서는 다음의
   논고 참조. 邊太燮, 1967,「高麗 宰相考-三省의 權力關係를 中心으로-」『歷
   史學報』35·36 : 1971,『高麗政治制度史硏究』, 一潮閣 재수록 ; 1967,「高麗의
   中書門下省에 대하여」『歷史敎育』10 : 1971, 앞의 책 재수록 ; 1970,「高麗時
   代 中央政治機構의 行政體系-尙書省機構를 中心으로-」『歷史學報』47 :
   1971, 앞의 책 재수록 ; 1976,「高麗의 中樞院」『震檀學報』41 ; 李泰鎭, 1972,
   「高麗 宰府의 成立-그 制度史的 考察-」『歷史學報』56 ; 李基白, 1975,「貴
   族的 政治機構의 成立」『한국사』5, 국사편찬위원회 ; 朴龍雲, 1971,「高麗朝
   의 臺諫制度」『歷史學報』52 : 1980,『高麗時代 臺諫制度 硏究』, 一志社 재수
   록 ; 1976,「臺諫制度의 成立」『韓國史論叢』1 : 1980, 앞의 책 재수록 ; 1976,
   「高麗의 中樞院 硏究」『韓國史硏究』12 : 2001,『高麗時代 中樞院 硏究』, 고려
   대 민족문화연구원 재수록 ; 1981,「高麗時代의 文散階」『震檀學報』62 :

파견하는 것을 계기로 지방행정제도에 있어서도 괄목할 만한 진전이 있었음은 누차 언급한 것과 같다. 또한 崔承老의 상소문을 토대로 유교정치이념에 입각한 중앙집권적 귀족정치의 실현을 국가체제의 기본 방향으로 설정한 것도 바로 성종대였다.

이와 같은 성종대의 상황을 염두에 둘 때, 이 시기에 권농정책이 본격화되기 시작했다는 사실은 이와 무관하지 않았을 것이다. 즉 고려시대에 들어와 본격화되기 시작한 성종대의 권농정책은, 이 시기에 이르러 정비된 국가체제에 상응하여 이를 지탱할 수 있는 경제적 토대로서 농업생산활동의 안정을 도모하는 측면도 지니고 있었다고 생각된다.

3) 문종대의 권농정책과 지방관의 권농업무

이상에서 고려건국 이후 성종대까지의 권농정책에 대하여 살펴 보았다. 고려시대의 권농정책이 실효를 거둘 수 있게 된 것은 지방행정제도가 점차 정비되어 나가기 시작한 성종대 이후의 일이었다. 고려시대 권농정책이 실시됨에 있어서 가장 전형적인 방법이 되었던 地方官에 의한 勸農業務 수행이라는 틀 역시 이 시기에 마련되었다. 이후 고려전기의 권농정책은 대체로 이러한 성종대의 모습과 비슷한 양상을 띠고 전개되는데, 그 중에서도 특히 文宗代에서 그 전형적인 모습을 살펴볼 수 있다.

문종대에는 水災·蝗災·旱災 등으로 피해를 입은 농가에 대해, 種子와 食糧을 지급하고,[22] 租稅를 감면해 주며,[23] 농민들이 과중한 力役 동원으로 농사시기인 '三時'를 놓치지 않도록 배려하고,[24] 지방관에 의해 '沙石不耕

1997, 『高麗時代 官階·官職 研究』, 고려대출판부 재수록.
[22] 『高麗史節要』 卷4, 文宗 8年 4月 ; 卷5, 文宗 15年 2月
[23] 『高麗史』 卷80, 食貨志 3 賑恤 災免之制條의 文宗 4년 2월, 5년 11월, 6년 4월, 8년 11월, 15년 정월, 30년 4월 기사 참조.
[24] 『高麗史節要』 卷4, 文宗 2年 3月

之田'와 같은 불모지가 농토로 개간되는[25] 등 고려전기 권농정책 실시의 전형적인 모습을 보여 주고 있다.

한편 특히 문종대에 주목되는 것은 지방관에 의한 권농업무 수행이라는 틀이 이 시기에 이르면 완전한 모습을 갖추게 되었음을 엿볼 수 있다는 점이다. 이는 우선 문종대에 지방관에 의한 권농업무 수행을 엿볼 수 있는 사료가 빈번히 나오고 있음(마-7, 8, 9 사료 참조)을 통해서도 알 수 있다. 그리고 문종 8년 6월에는 諸道의 州郡民이 기근에 시달리게 되자 諸州의 通判以上 관리로 하여금 巡行하여 存問하고 진휼케 하고 있었다.[26] 더군다나 문종 20년 4월에는 諸道 外官의 長으로 하여금 모두 勸農使의 職을 兼帶케 하고 있었다.[27] 이러한 사실은 앞서 살펴본 성종대에 마련된 지방관에 의한 권농업무 수행이라는 틀이 문종대에 이르러 완전한 자리를 잡게 되었음을 나타내는 것이라고 보아도 좋을 것이다.

그런데 한편 이러한 지방관에 의한 권농업무 수행에 대해서는 좀더 면밀히 검토해 보아야 할 필요가 있다. 성종대에 이르러 지방관에 의한 권농업무의 수행이라는 틀은 일단 마련되고 있으며, 성종 5년에는 牧民官이 유의해야 할 임무로서 ① 無滯獄訟, ② 懋實倉廩, ③ 賑恤窮民, ④ 勸課農桑, ⑤ 輕徭薄賦, ⑥ 處事公平의 6가지 항목이 제시되고 있었다는 것은 앞서 살펴본 바와 같다. 그 후 이러한 성종 5년의 6가지 牧民官의 임무는 다시 顯宗代에 이르면 중국의 刺史六條[28]에 근거하여 지방관의 임무로 정해지게 된다. 그런데 顯宗代에 규정된 지방관의 업무 가운데는 권농업무에 대한 사항이 누락되어 있어, 지방관의 권농업무 수행 여부와 관련해 의문의 여지가

---

25) 『高麗史』卷79, 食貨志 2 農桑 文宗 3年 12月
26) 『高麗史節要』卷4, 文宗 8年 6月
27) 『高麗史』卷79, 食貨志 2 農桑 文宗 20年 4月
28) 刺史六條에 대해서는 다음의 사료를 통해 그 내용을 살펴볼 수 있다. "又按漢書刺史六條政 一則察民庶疾苦失職者 二則察墨綬長吏以上居官政者 三則察盜賊民之害及大奸猾 四則察田犯律四時禁者 五則察民有孝悌廉潔行修正茂才異者 六則察吏不簿入錢穀故散者"(『高麗史』卷93, 列傳 金審言傳)

생기고 있는 것이다.

현종 9년에 정해진 '諸州府員奉行六條'에 의하면 다음과 같은 6가지 사항이 지방관의 임무로 거론되고 있다.

> 마-1. 諸州府의 官員이 奉行할 6條를 새로 定하니, 첫째는 民庶의 疾苦를 살필 것(察民庶疾苦), 둘째는 黑綬長吏의 能否를 살필 것(察黑綬長吏能否), 셋째는 盜賊과 姦猾한 자를 살필 것(察盜賊姦猾), 넷째는 백성의 犯禁을 살필 것(察民犯禁), 다섯째는 백성의 孝弟廉潔을 살필 것(察民孝弟廉潔), 여섯째는 吏員이 錢穀을 散失하는 것을 살필 것이었다(察吏錢穀散失).(『高麗史』 卷75, 選擧志 3 銓注 凡選用守令 顯宗 9年 2月)

현종 9년에 정해진 '諸州府員奉行六條'의 내용은 ① 察民庶疾苦, ② 察黑綬長吏能否, ③ 察盜賊姦猾, ④ 察民犯禁, ⑤ 察民孝弟廉潔, ⑥ 察吏錢穀散失의 6가지로서, 여기에서는 앞서 성종 5년의 것과는 달리 勸農에 대한 사항이 누락되어 있는 것이다. 권농이 지방관의 임무로 다시 규정되는 것은 고려말 禑王代의 일이다.

> 마-2. 敎를 내려, 守令을 考績하는 法은, 田野의 開墾(田野闢), 戶口의 增加(戶口增), 賦役의 均平(賦役均), 詞訟의 簡明(詞訟簡), 盜賊의 止息(盜賊息) 등 다섯가지의 일로 殿最를 삼아, 그 遞任者는 반드시 新官에게 交付하기를 기다려 任地를 떠나 朝參하게 하였다.(『高麗史』 卷75, 選擧志 3 銓注 凡選用守令 辛禑 元年 2月)

이는 우왕대 守令考績法에 대한 규정인데, 여기서는 수령의 임무 수행을 평가하는 기준으로 ① 田野闢, ② 戶口增, ③ 賦役均, ④ 詞訟簡, ⑤ 盜賊息의 5가지 항목을 들고 있다.

그리고 조선시대의 守令七事에서도 '農桑盛'이 존재했을 뿐만 아니라 그것도 첫 번째 사항으로 나오고 있다.[29] 따라서 이를 근거로 고려시대에는

---

29) "七事 農桑盛 戶口增 學校興 軍政修 賦役均 詞訟簡 姦猾息"(『經國大典』 吏典 考課條)

農耕에 관한 일체의 업무를 각 지방의 鄕吏가 전담하고 國家로부터의 勸農에 대한 관심은 기울여지지 못한 것으로 보는 견해도 나오고 있다.[30]

　이러한 점과 관련해 고려시대 지방관의 권농업무를 살펴보기 위해, 앞서 살펴본 지방관의 업무에 관한 규정을 도표로 만들어 보면 <표E-1>과 같다.

〈표E-1〉 고려시대 지방관의 임무

成宗 5年	顯宗 9年	禑王 元年	朝鮮 成宗 14年
① 無滯獄訟		④ 詞訟簡	⑥ 詞訟簡
② 懋實倉廩	① 察民庶疾苦		
③ 賑恤窮民	③ 察盜賊姦猾	⑤ 盜賊息	⑦ 姦猾息
④ 勸課農桑	④ 察民犯禁	① 田野闢	① 農桑盛
⑤ 輕徭薄賦	⑤ 察民孝悌廉潔	③ 賦役均	⑤ 賦役均
⑥ 處事公平			
	② 察黑綬長吏能否		
	⑥ 察吏錢穀散失	② 戶口增	② 戶口增
			③ 學校興
			④ 軍政修

　우선 고려 성종대의 규정을 살펴보면, 대체로 民庶에 대한 敎化가 주된 내용인 것을 알 수 있다. 그후 현종대의 규정에서는 지방관의 임무가 民庶에 대한 敎化的 측면과 아울러 吏員에 대한 監督으로 확대되는 경향을 보여주고 있다. 즉 현종대의 규정에서 ① 察民庶疾苦, ③ 察盜賊姦猾, ④ 察民犯禁, ⑤ 察民孝弟廉潔은 民庶에 대한 敎化와 관련된 문제이고, ② 察黑綬長吏能否, ⑥ 察吏錢穀散失은 吏員에 대한 監督과 관련된 사항이다. 다시 우왕 원년의 규정에 이르러서는 農桑·收取·獄訟과 같은 실질적인 지방사무로 그 임무가 변화되고,[31] 이와 같은 내용이 대체로 조선 성종대의 규

---

30) 李泰鎭, 1983, 「高麗末·朝鮮初의 사회변화」『震檀學報』55 : 1986, 『韓國社會
　　史硏究』, 지식산업사 재수록, 114쪽.
31) 이처럼 고려말에 지방관의 임무가 실질적인 지방사무로 변화된 점에 대해서는,
　　고려후기에 이르러 이전과 달리 향리의 지위와 기능이 하락한데 그 원인이 있
　　다는 견해가 있어 참고가 된다(李惠玉, 1985, 「高麗時代의 守令制度硏究」『梨

정으로 이어지고 있음을 살펴볼 수 있다.

그런데 성종대와 현종대 사이에 지방관의 임무에 차이가 보이는 점에 대해서는, 고려전기 鄕吏를 비롯한 지방세력의 존재와 권농정책의 관계를 고려하는 가운데 파악해야 할 것으로 생각된다. 고려전기에 村典이 踏驗損實 과정에 간여하고 있고,[32) 촌락민 가운데 富足한 자였던 民長이 지역의 小事를 맡아 처리하기도 한 사실[33) 등은 이들이 지방사회에서 영향력을 발휘하고 있었던 것을 알려준다. 따라서 이를 통해 이러한 촌락의 책임자에게 勸農的 役割 또한 부여되고 있었음이 짐작되기도 한다.[34) 그리고 지방사회에서 조세·공부·역역 등의 징수 임무를 실제로 수행한 것 역시 지방관 휘하의 鄕吏들이었을 것으로 여겨진다.[35) 아울러 고려전기 지방세력에 대한 연구결과 또한 이러한 사정을 뒷받침해 주고 있기도 하다. 즉 고려전기에는 지방사회에서 石塔의 조성에 香徒 조직을 중심으로 擧郡的인 役事 동원이 가능할 정도로 지방세력의 존재가 나타나고 있었고,[36) 고려초기 豪族層은 지방사회에서 나름대로 지위의 등차를 두어 '官班'을 형성하고 있었으며,[37) 각 지역의 土姓은 在京官人과 在地勢力으로 분화되는 가운데 재지세력으로서의 토성은 邑司를 중심으로 土姓吏族을 구성하여 향촌을 지배하는 세력

大史苑』21, 68쪽).

32) "是月判 凡州縣 水旱虫霜 禾穀不實田疇 村典告守令 守令親驗 申戶部 戶部送三司 三司移牒 撿覈虛實 後又令其界按察使 差別貝審檢 果災傷 租稅蠲減"(『高麗史』卷78, 食貨志 1 田制 踏驗損實 文宗 4年 11月)

33) "民長之稱 如鄕兵保伍之長也 卽民中 選富足者 爲之 其聚落 大事則赴官府 小事則屬之 故隨所在細民 頗尊事焉"(『高麗圖經』卷19, 民庶 民長)

34) 李佑成, 1961, 「麗代百姓考」『歷史學報』14 : 1991, 『韓國中世社會硏究』, 一潮閣 재수록, 49~52쪽.

35) 다음의 사료는 고려전기에 향리에 의해 力役 동원이 이뤄지고 있음을 살펴볼 수 있는 것이지만, 이와 같은 사정은 租稅·貢賦 등에 있어서도 마찬가지였을 것으로 생각한다. "又有中外僧徒 欲爲私住之所 競行營造 普勸州郡長吏 徵民役使 急於公役 民甚苦之 願嚴加禁斷 以除百姓勞役"(『高麗史』卷93, 崔承老傳)

36) 李泰鎭, 1972, 「醴泉 開心寺 石塔記의 分析-高麗前期 香徒의 一例-」『歷史學報』53·54 : 1986, 『韓國社會史硏究』, 지식산업사 재수록, 78~80쪽 및 85~86쪽.

37) 金光洙, 1979, 「羅末麗初의 豪族과 官班」『韓國史硏究』23, 123~128쪽.

이 되고 있었다.38) 그리고 나말여초 이래 적어도 고려전기까지의 경우 지방
사회에는 豪富層이 중심이 되어 향촌사회의 질서를 주도되는 가운데 향촌
공동체가 편성되어 있었고, 이러한 지방세력에 의해 勸農·救恤·敎化가 이
뤄지고 있었던 것으로 여겨지기도 한다.39)

　그런 점에서 지방에서 권농업무를 담당한 것이 지방관이라고는 하지만,
그러한 권농의 결과물로서 농산물을 조세로 수취하는 일은 상당 부분 지방
관 휘하의 鄕吏들에 의해 수행되고, 또 이러한 과정에 지방세력 또한 영향
을 미치고 있었던 것이라고 생각된다. 향촌사회의 질서는 지방세력에 의한
자율과 중앙정부의 통제가 함께 이뤄지고 있었던 것이고, 국가의 정책이 지
방사회에서 수행되기 위해서는 중앙정부의 일방적인 강요만으로 이뤄질 수
있는 것이 아니라 이들 지방세력의 협조를 필요로 하고 있었다.40) 따라서
지방세력의 존재 및 향촌사회의 자율적 질서가 존재하는 한, 권농정책의 실
행에 있어서는 地方官의 업무추진과 아울러 조세 수취 등을 담당하고 있는
鄕吏에 대한 통제가 필요했을 것이다.41) 당시 향촌사회의 질서가 지방세력

---

38) 李樹健, 1978,「高麗前期 土姓 硏究」『大丘史學』14 ; 1984,『韓國中世社會史
　　硏究』, 一潮閣 재수록, 253~264쪽 ; 1989,「高麗時代 '邑司'硏究」『國史館論
　　叢』3, 62~63쪽, 78쪽 및 93~94쪽.
39) 蔡雄錫, 2000,『高麗時代의 國家와 地方社會』, 서울대학교 출판부, 38~42쪽
　　및 164~173쪽.
40) 이러한 점에서 지방사회는 중앙정부와의 관계에 있어서 지배의 거점이자 자율의
　　공간이라는 양면성을 갖고 있었고, 그 속에서 고려를 비롯한 한국 전근대사회의
　　국가는 郡縣制를 통해 국가의 지방 지배를 관철하고 있었다고 보기도 한다(박종
　　기, 2002,「중세사회와 군현제」『지배와 자율의 공간, 고려의 지방사회』, 푸른역
　　사, 22~23쪽).
41) 고려시대에 지방 군현에 관원을 파견함에 있어서는, 군현의 행정 책임자인 外
　　官 이외에 그를 보좌한 관원으로 判官·司錄參軍事·掌書記 등의 屬官 또한 파
　　견하고 있었다. 이러한 屬官의 파견은 고려시대의 지방 행정단위가 主縣을 중
　　심으로 屬縣 및 部曲地域 등을 관할하는 廣域 행정단위였던 상황에서 외관을
　　보좌하기 위함이었다. 그리고 한편으로는 이를 통해 鄕吏에 대한 통제를 수행
　　하도록 하는 등 지방통제에 효과가 있었기 때문이라고 할 수 있다. 고려시대
　　지방 군현에 파견된 屬官에 대해서는 다음의 논고 참조. 朴宗基, 1992,「高麗時

에 의해 유지·주도되고 있는 측면이 있는 사정상 이러한 향리의 통제 역시 국가 정책의 실시에 있어서 보다 중요한 사항으로 대두되는 것이었다. 이렇게 볼 때 현종 9년의 조항 가운데 지방관의 임무로서 鄕吏에 대한 監督·糾察이 나타나고 있는 것은, 국가의 통치력이 지방사회에 보다 관철되어 나가는 과정임과 동시에, 권농정책이 보다 실효를 거둬나가는 과정에 있었음을 드러내는 것이라고도 볼 수 있겠다. 따라서 지방관의 임무가 성종대에서 현종대에 이르는 과정에서 勸課農桑이라는 구체적 항목이 누락되어 있다고 하여, 고려시대에는 농경에 관하여 鄕吏가 전담하고 국가적인 차원에서의 권농에 대한 관심이 적었다라고 보기는 힘들 것으로 생각된다.

더군다나 顯宗 당대나 이후에 있어서 地方官에 의해 권농업무가 수행되고 있는 것은 구체적인 사료를 통해서도 확인할 수 있다.

> 마-3. 敎하여 이르기를, "西北의 州鎭이 兵亂을 겪은 이래로 백성들에게 식량이 떨어졌는데, 지금 농사지을 때에 이르러 파종할 곡식도 없다. 本道의 관리로 하여금 식량과 종자를 나누어 주도록 하여 생업을 잃지 않도록 하라"라고 하였다.(『高麗史』 卷79, 食貨志 2 農桑 顯宗 3年 2月)
>   4. 敎하여 이르기를, "江南의 郡縣이 지난해에 흉년이 들어 백성들이 많이 굶주리고 있으니, 所在官은 식량과 종자를 지급하여 農耕을 권장하도록 하라"라고 하였다.(『高麗史』 卷79, 食貨志 2 農桑 顯宗 7年 正月)

즉 顯宗代에는 兵亂 혹은 흉년 등으로 농민의 피해가 발생하자 해당 지역의 관리로 하여금 糧種을 지급하도록 조처를 내리고 있었다. 이러한 경우

代 外官 屬官制 研究」,『震檀學報』74 : 2002,『지배와 자율의 공간, 고려의 지방사회』, 푸른역사 재수록 ; 1997,「고려시대의 지방관원들-속관을 중심으로-」『역사와 현실』24 : 2002, 앞의 책 재수록. 이러한 屬官의 존재 역시 외관을 보좌하여 지방세력을 통제하는 한편, 유망과 실업 방지를 위해 관할지역에 대한 순찰과 진휼 등을 수행함으로써 勸農政策의 수행이라는 측면에서도 효과를 기할 수 있는 하나의 방법이 되었을 것으로 생각된다. 속관에 의해 관할지역에 대한 巡行과 賑恤이 이뤄지고 있었음은 다음의 사료를 통해 살펴볼 수 있다. "諸道州郡 民多飢 兼流移失業 令諸州通判以上官吏 巡行存問 發義倉 賑之"(『高麗史』卷80, 食貨志 3 賑恤 文宗 8年 5月)

는 兵亂을 겪고 있는 顯宗代의 사정과 흉년이라는 특별한 경우에 행해진
조처라고도 볼 수 있겠다. 그러나 이와 같은 특별한 사정에 의한 勸農 조처
이외에도 권농은 항상적으로 지방관에게 부과되고 있는 업무였다.

그것은 다음에서 살펴볼 수 있는 바와 같이 地方官에 대한 처벌이 勸農
업무의 수행과 관련된 것이었다는 점을 통해서도 짐작할 수 있다.

> 마-5. 御史臺에서 아뢰기를, "諸道의 外官들이 때를 가리지 않고 백성을 부려
> 서 농사를 방해하고 있으니, 사신을 파견해 살펴서 黜陟하소서" 하니
> 쫓았다.(『高麗史』 卷79, 食貨志 2 農桑 靖宗 2年 正月)
> 6. 判하기를, "立春 이후에 諸道의 외관은 모두 獄訟을 정지하고 오로지
> 농사에 힘써서, 백성들이 동요하지 않도록 하라. 만약 어기는 자가 있으
> 면 按察使가 규찰하여 다스리도록 하라"라고 하였다.(『高麗史』 卷79,
> 食貨志 2 農桑 靖宗 3年 正月)

위의 사료에서 살펴볼 수 있듯이, 지방관의 빈번한 요역 동원으로 농사를
그르치기 때문에 사신을 파견하여 黜陟한다는 것이나, 농사철에 농사에 전
념할 것을 지시하고 이를 어기는 자에 대해 按察使로 하여금 규찰하여 다스
리도록 한다는 것은 모두 그만큼 지방관의 업무 가운데 권농업무가 중요하
게 여겨졌기 때문이라고 생각된다.

이처럼 지방관으로서 권농업무를 제대로 수행하지 않아 농사를 그르칠
경우에는 중앙정부로부터 제제를 받았던 것인데, 반대로 권농업무를 뛰어나
게 수행한 지방관은 그의 행적이 중앙정부에 보고되었다.

> 마-7. 西北路兵馬使 楊帶春이 아뢰기를, "관할하는 連州의 防禦長吏와 軍民
> 등 800여명이 告하여 이르기를, '防禦副使 蘇顯은 부임한 이래 農桑을
> 힘써 장려하고 백성들을 구휼하였습니다'라고 하였습니다. 그의 政績이
> 두드러지니 보고하는 것이 마땅합니다"라고 하니, 制하여 吏部로 하여
> 금 제도에 따라 등용하도록 하였다.(『高麗史』 卷79, 食貨志 2 農桑 文
> 宗 元年 2月)
> 8. 東北路監倉使가 아뢰기를, "交州防禦判官 李惟伯이 관할하는 連城·長

楊의 吏民 등이 말하기를, '李惟伯은 부임한 이래 농사를 권하고 백성을 구휼하였습니다'라고 하였으니, 비록 임기가 차서 교대할 때가 되었으나, 유임시켜 주십시오"라고 하였다.(『高麗史』卷79, 食貨志 2 農桑 文宗 3年 3月)

9. 東北路兵馬使가 아뢰기를, "永興鎭의 군인 成厚 등 320여인이 狀을 올려 告하기를, '鎭將·尙舍直長 丁作鹽은 農桑을 장려하고, 賦役을 공평히 하며, 城郭을 고치고, 戰具를 잘 준비하였습니다. 또 모래와 돌 때문에 경작하지 못하는 땅에 雜穀을 심도록 장려하여 해마다 200여 斛을 거두게 하였습니다'라고 하였으니, 그 功課가 으뜸입니다. 비록 임기가 끝났으나 유임시켜 주기를 원합니다"라고 하니, 왕이 기뻐 탄복하며 허락해 주었다.(『高麗史』卷79, 食貨志 2 農桑 文宗 3年 12月)

여기서 살펴볼 수 있듯이, 連州防禦副使 蘇顯, 交州防禦判官 李惟伯, 永興鎭의 鎭將·尙舍直長 丁作鹽 등은 모두 권농업무를 충실히 수행한 치적이 중앙에 보고되고 있었던 것이다. 이러한 사실은 권농에 대한 중앙정부의 관심이 컸고, 그만큼 권농에 있어서 지방관의 임무가 중요하게 여겨지고 있던 사정을 반영하는 것이라고 생각된다.

이상에서 살펴본 바와 같이, 고려시대의 권농정책은 成宗代에 이르러 지방행정제도가 점차 정비되어 나감에 따라 지방에서 실시될 수 있는 여건이 마련되어 나갔다. 그리고 고려시대 권농정책을 실시할 때 주된 방법은 지방에 파견된 地方官의 권농업무 수행을 통해 이루어지고 있었다. 그러나 한편 고려전기에 권농정책이 실시되어 나가는 데 있어서는 지방사회에 존재한 鄕吏를 비롯한 지방 세력을 감안하여 실시되어 나가기도 했던 것으로 여겨진다. 당시로서는 이들에 의해 향촌지배질서가 주도되고 있는 측면이 있었고, 지방에서 권농업무를 담당하고 있었던 것이 地方官이라고는 하지만 이를 실질적으로 추진하는 데에는 지방 鄕吏 역시 상당 부분 역할을 하고 있었기 때문이었다. 이에 따라 고려전기 권농정책이 지방관을 통해 수행되어 나가는 과정에서는 이러한 향리에 대한 통제 또한 요구되고 있었던 것이라고 하겠다. 즉 지방관의 업무 가운데 향리에 대한 단속이 부과되면서 중앙정부의 권농정책이 보다 실효를 거둘 수 있게 되었던 것이다. 이것은 국가의 통치력이 지방사회에 보다 관철되어 나가는 과정임과 동시에, 권농정책이 보다 실효를 거둬나가는 과정에 있었음을 드러내는 것이라도 할 수 있겠고, 이에 따라 권농은 지방관의 임무 가운데 중요시되어 褒貶의 근거로까지 간주되기에 이르렀던 것이라 하겠다.

2. 권농정책의 내용

1) 農業基盤의 확보

고려시대에는 自然災害나 兵亂 혹은 과중한 力役動員 등으로 말미암아 쉽사리 농업생산활동이 정지되는 경우가 많았다. 따라서 국가에서 우선적으로 수행하여야 할 조처는, 이러한 농가의 피해를 복구하여 이들이 다시 영농에 임할 수 있는 여건을 조성함으로써 안정된 농업기반을 확보하는 일이었다. 그 구체적인 사례로서는 이들 농가에 糧種이나 農具를 지급하고, 官에서 牛를 대여해 주는 것으로 나타났다.

> 바-1. 왕이 有司에게 이르기를, "지난해에 秋穀이 익지 않아 백성들이 식량을 구하는데 어려움을 겪고 있으니, 統和 21年(穆宗 6年, 1003) 이래로 貢賦를 내지 못한 자는 모두 除하여 주고, 식량이 떨어지고 穀種이 없는 자에게는 창고를 열어 賑給하도록 하라"라고 하였다.(『高麗史節要』卷2, 穆宗 9年 2月)
>
> 2. 敎하여 이르기를, "江南의 郡縣에서 작년에 흉년이 들어 백성들이 많이 饑饉에 시달리고 있으니, 소재한 곳의 官에서 糧種을 지급하여 農耕을 권장하게 하라"라고 하였다.(『高麗史』卷79, 食貨志 2 農桑 顯宗 7年 正月)
>
> 3. 洞州 관내의 遂安와 谷州 관내의 象山·峽溪와 岑州 관내의 新恩 등 諸縣의 백성들이 거란병으로 말미암아 어려움에 처하자, 官에서 糧種을 지급하였다.(『高麗史』卷79, 食貨志 2 農桑 顯宗 10年 4月)

식량과 종자는 농민의 생활을 비롯해 농업 생산의 토대인 까닭에, 兩者의 마련은 농업생산활동의 기본 전제라고 할 수 있다. 따라서 자연재해 혹은 兵亂 등으로 인해 그 조달이 불가능하게 되었을 경우, 官으로부터 지급되었다.

이러한 糧種의 지급은 일종의 賑恤政策이라고 볼 수 있는데,[42] 이상의 糧種 지급 사례들은 아마도 無償으로 支給하는 賑給에 해당하는 것으로 보인다. 이러한 진대는 倉廩, 義倉으로부터의 지급뿐만 아니라, 때로는 주변 지역의 곡식을 피해지역으로 보냄으로써 이루어지기도 하였다.[43] 賑給物로는 米·粟의 지급뿐만 아니라 鹽·醬 등도 또한 지급되고 있었는데,[44] 이 중 米·粟은 종자 혹은 식량용으로 사용되기 위함이었고 鹽·醬 또한 굶주린 사람들의 생존을 위해 지급된 것이었다.[45]

진휼정책의 일환으로 糧種을 지급하는 賑貸制와 아울러 減免制 또한 실시되었다.

> 바-4. 三司에서 말하기를, "지난해 密城 관내의 牟山部曲 등 세 곳에 홍수가 나서 곡식이 물에 떠내려가는 피해를 입었으니, 청컨대 1年의 租稅를 면제해 주십시오"라고 하니, 쫓았다.(『高麗史節要』 卷4, 靖宗 2年 6月)

---

[42] 대체로 賑恤政策은 租稅나 公·私債를 감면해 주는 減免制와 식량과 종자를 분급하는 賑貸制로 나뉘어 지는데, 진대제는 다시 식량과 종자를 無償支給했던 賑給과 有償支給했던 貸給으로 구분된다(朴鍾進, 1986, 「高麗前期 義倉制度의 構造와 性格」『高麗史의 諸問題』, 三英社, 421쪽 및 朴杰淳, 1984, 「高麗前期의 賑恤政策(Ⅰ)」『湖西史學』 12, 38쪽).

[43] "以文湧登三州鎭 濱縣長平鎭 往年被水災 發義倉 賑之 又移春交東等州倉米粟 給種食"(『高麗史節要』 卷4, 文宗 8年 4月)

[44] "以興化鎭比因兵荒 民多寒餓 給綿布鹽醬"(『高麗史節要』 卷3, 顯宗 9年 正月)

[45] 朝鮮前期의 경우이기는 하지만, 鹽과 醬은 식량이 부족한 농민들의 생존을 위해 이용되고 있었다. 즉 진대를 받게 되면 쌀과 콩을 가루내어 나물이나 풀을 넣어 쪄서 간장과 함께 먹을 수 있어 사정이 좀 좋았지만, 진대를 받지 못할 때에는 草根木皮로만 연명하다 살이 들떠서 붇고 누렇게 되어 병이 드는 일이 많았다. 따라서 이를 막기 위해 朝鮮 世宗 18年 8月에는 농민들에게 여러 풀을 꼭 질경이에 섞고 간장이나 소금을 넣어 달여 먹도록 지시한 일이 있었다(오종록, 1991, 「15세기 자연재해의 특성과 대책」『역사와 현실』 5, 49쪽).

5. 有司가 아뢰기를, "金州 관내의 州縣에 갑자기 물이 들이닥쳐 隄防이 무너지고 물이 넘쳐, 집을 훼손하고 곡식을 손상하게 되었으니, 금년의 租稅는 면제해 주어야 할 것입니다. 청컨대 사신을 파견하여 위로해 주소서"라고 하니 쫓았다.(『高麗史節要』卷4, 靖宗 2年 12月)

6. 西京의 백성들이 궁궐을 짓는데 고생한 까닭에, 창고를 열어 진휼하고 금년의 租稅를 면제하였다.(『高麗史節要』卷9, 仁宗 7年 3月)

　　租·布·役 등 일반민이 져야 할 부담에 대한 감면조처는, 왕의 즉위나 중국으로부터 책봉을 받았을 경우, 지방으로의 순행시 등 재난과 무관하게 내려지기도 하지만,[46] 한편으로는 이상과 같이 자연재해로 궁핍해진 농민들을 구휼하기 위해 내려지고 있었다. 그리고 또한 力役 동원이 과중하여 농민의 피폐가 예상될 경우에도 행해지고 있었다.

　　아울러 成宗代에는 다음과 같이 농사의 凶豊을 보고케 하고, 피해에 따른 감면규정을 정하기도 하였다.

바-7. 判하기를, 禾穀이 부실한 州縣은 近道의 경우 8月까지, 中道의 경우 9月 10日까지, 遠道의 경우 9月 15日까지 戶部에 아뢰도록 하여 恒式으로 삼았다.(『高麗史』卷78, 食貨志 1 田制 踏驗損實 成宗 7年 2月)

8. 判하기를, 水旱虫霜으로 재해를 입어 농사 손해가 4分 이상일 경우는 租를 면제하고, 6分일 경우는 租와 布를 면제하고, 7分일 경우는 租와 布와 役을 모두 면제하도록 하였다.(『高麗史』卷80, 食貨志 3 賑恤 災免之制 成宗 7年 12月)

　　즉 성종 7年 2月의 判에 따르면, 禾穀이 부실한 州縣을 開京과의 거리를 감안하여 近道·中道·遠道의 세 지역으로 구분하면서, 각각 늦어도 8月, 9月 10日, 9月 15日까지 그 피해상황을 戶部에 보고하도록 하였다. 그리고 같은 해 12月에는 水災·旱災·虫災·霜災 등으로 피해를 입은 지역에 대해 그 피해정도에 따라 차등을 두어 租·布·役을 감면하고 있었다. 이것은 이러

---

46) 이러한 減免制의 사례는 『高麗史』卷80, 食貨志 3 賑恤 恩免之制條에서 다수 살펴볼 수 있다.

한 피해에 대하여 중앙정부가 그 정도를 전국적으로 파악하고, 아울러 구휼의 합리적 운용을 도모하기 위한 것이었다고 보여진다.

일반농민이 농사에 종사함에 있어서는 農耕에 필요한 農具와 農牛 또한 마련되어 있어야 했다. 그리고 이러한 농구와 농우 등의 생산도구는 물론 농민 자신의 手制 혹은 농촌 수공업에 의해 농민 스스로 조달하는 것이 원칙이었겠지만, 특수한 경우에는 국가의 배려에 의해 공급되고 있었다.

> 바-9. 都兵馬使가 아뢰기를, "興化鎭이 寇亂을 겪은 이래로 民戶에 牛를 키우는 자가 없게 되었으니, 官牛를 빌려주어 農耕을 돕게 하소서" 하니 쫓았다.(『高麗史』 卷79, 食貨志 2 農桑 顯宗 9年 2月)
>   10. 于山國이 東北女眞의 침입을 받아 농사를 짓지 못하게 되니 李元龜를 파견해 農器를 내려주었다.(『高麗史』 卷79, 食貨志 2 農桑 顯宗 9年 11月)

즉 顯宗代에는 특히 契丹, 女眞 등 外賊의 침입이 잦았던 탓에 農家에 耕牛가 부족해 지고 농업이 피폐화되는 경우가 생기게 됨에 따라,[47] 官牛를 대여하여 농경을 돕게 하고 사신을 파견하여 農器를 지급하고 있었다.

이상에서 살펴 보았듯이, 고려전기에는 각종 재난으로부터 피해를 입은 농민에 대해 그 보호책으로 여러 조처가 내려지고 있었다. 일종의 賑恤政策으로 糧種을 지급하는 賑貸制와 租·布·役 등 농민의 부담을 경감하는 減免

---

47) 고려에 대한 契丹, 女眞의 침입 및 이들과의 관계에 대해서는 다음의 논고 참조. 金在滿, 1992, 「契丹 聖宗의 高麗侵略과 東北亞細亞 國際情勢의 變趨(上)」 『大東文化研究』 27 ; 이미지, 2003, 「高麗 宣宗代 榷場 문제와 對遼 관계」 『韓國史學報』 14 ; 이정신, 2004, 「江東6州와 尹瓘의 九城을 통해 본 고려의 대외정책」 『고려시대의 정치변동과 대외정책』, 경인문화사 ; 임경희, 2006, 「『高麗史』 世家 중 女眞 관계 기사 역주」 『한국중세사연구』 20, 335~336쪽 ; 윤영인, 2007, 「10-13세기 동북아시아 多元的 國際秩序에서의 册封과 盟約」 『東洋史學研究』 101 ; 김대연, 2007, 「高麗 顯宗의 卽位와 契丹의 侵略原因」 『한국중세사연구』 22 ; 허인욱, 2008, 「고려 성종대 거란의 1차 침입과 경계 설정」 『全北史學』 33 ; 이창섭, 2008, 「11세기 초 동여진 해적에 대한 고려의 대응」 『韓國史學報』 30, 87~88쪽 및 94~95쪽.

制가 실시되고, 아울러 생산도구로서 農器·農牛를 官에서 대여해 주는 등
의 조처를 취하였다. 그런데 이러한 일련의 조처들은 각종 재난에 임하여
營農의 보호를 기하는 것이었다는 점에 공통점이 있었다. 즉 각종 재난으로
인한 농가의 피해를 원상복구함으로써 營農의 정지를 방지하려는 경향이
강한 것이었다. 따라서 新種子의 보급과 같은 영농 고도화와는 거리가 있는
것으로 보이며,[48] 재난에 임하여 취해진 일종의 비상구급책에 가까운 것이
었다고 생각된다.

2) 農時의 준수와 土地開墾

앞서 살펴본 바와 같이, 고려전기에 행해진 糧種 지급, 減免制 실시 등
일련의 조처들은, 그 성격상 재난으로부터 입은 피해를 원상복구하여 營農
의 정지를 防止하려는 경향이 강하였다. 그럼으로써 안정된 농업기반을 확
보하여 재정수입의 원활한 공급을 도모하기 위한 것이었다. 고려정부는 이
를 바탕으로 나아가 영농의 時間的·空間的 확대를 도모하여 재정증대의 목
적을 더욱더 적극적으로 추진하게 된다.

우선 영농의 時間的 확대가 이루어진다. 즉 농사시기에 농민의 노동력이
농사에 집중될 수 있도록 農時의 준수를 촉구하는 등 각종 조처를 취하고
있었다.

---

48) 고려전기에 영농의 고도화가 이루어진 모습을 전혀 살펴볼 수 없는 것은 아니
다. 副業的 園農을 장려하고 있는 것이나("令諸道州縣 每年桑苗 丁戶二十根
白丁十五根 前頭種植 以供蠶事"[『高麗史』卷79, 食貨志 2 農桑 顯宗 19年 正
月]), 農書의 보급 가능성(중국 농서인 『氾勝之書』는 중국으로부터 救書의 요
청이 오기도 하였다. 이에 대해서는 金庠基, 1965, 「宋代에 있어서 高麗本의
流通에 대하여」『亞細亞硏究』18 : 1974, 『東方史論叢』, 서울대 출판부 재수
록, 162~171쪽 참조)도 또한 상정된다는 점에서 그러하다. 그러나 당시의 영농
조건이 극히 불안정한 상태였음을 감안할 때, 고려전기 권농정책은 영농 고도
화보다는 일종의 원상복구적 성격이 훨씬 더 강했으리라고 생각된다는 것이다.

농사는 기후조건에 크게 영향을 받아 농작물의 凶豊 여부 및 栽培時期가
결정된다. 그리고 한반도가 포함된 동아시아 지역은 濕潤地帶로서 여름철
에 비가 집중적으로 내린다. 그런데 같은 습윤지대라 할 지라도 북유럽에
비해 多濕하기 때문에, 북유럽에서는 상대적으로 除草作業이 적게 필요한
반면에 동남아시아나 동아시아에서는 작물의 생육 중에 자주 除草作業이
행해져야만 했다. 제초를 하지 않으면 잡초 때문에 수확이 전혀 없을 수도
있기 때문이었다.[49] 이에 따라 한반도 지역에서는 春耕·夏耘·秋收의 시기
가 농사에 있어서 중요시 되고 있었다.

> 사-1. 敎하여 이르기를, "나라는 백성을 근본으로 하고 백성은 식량을 하늘로
> 삼으니 만약 모든 백성의 마음을 얻으려면 오직 三農의 일을 빼앗지 않
> 아야 할 것이다. 너희 12牧과 諸州鎭使들은 지금부터 가을까지 모두 마
> 땅히 雜務를 없애고 오로지 勸農에 힘써야 할 것이다. 네가 장차 사신
> 을 파견해 토지의 개간 여부와 牧守의 勤怠로 포폄하도록 할 것이다"라
> 고 하였다.(『高麗史』卷79, 食貨志 2 農桑 成宗 5年 5月)
>   2. 敎하여 이르기를, "農桑은 衣食의 근본이니, 諸道의 州縣官들은 힘써
> 朝旨를 쫓아 三時를 빼앗지 않도록 하여 百姓을 편안하게 하도록 하
> 라"라고 하였다.(『高麗史』卷79, 食貨志 2 農桑 德宗 3年 3月)

즉 成宗 5년 5월에는 三農, 즉 春耕·夏耘·秋收 시기의 중요성을 강조하
면서 12牧과 諸州鎭에 파견된 外官에게 일체의 雜務를 정지하고 농사일에
힘쓰도록 지시하고 있었다. 德宗 3년 3월에도 또한 諸道의 州縣官에게 三
時를 빼앗지 않도록 지시하고 있었다.

아울러 일반농민들은 각종 力役에 동원되어 농사시기에 지장을 받는 일
도 많았다. 따라서 고려정부에서는 力役動員으로 농사시기를 놓치지 않도
록 배려하고 있었다.

---

49) 飯沼二郎, 1983, 「日本の農業と西洋の農業」 『世界農業文化史』, 八坂書房, 12~16
쪽 ; 魏恩淑, 1990, 「高麗時代 農業技術과 生産力 硏究」 『國史館論叢』 17, 8쪽.

사-3. 敎하여 이르기를, "洪範의 八政에서는 食을 으뜸으로 여겼으니, 이것은 진실로 富國强兵의 道이다. 근래에 사람들이 浮薄하고 화려한 풍습에 빠져 근본을 버리고 末端을 쫓아 농사지을 줄을 모른다. 諸道의 錦綺·雜織·甲坊의 匠手를 모두 抽減하여 농업에 종사케 하도록 하라"라고 하였다.(『高麗史』 卷79, 食貨志 2 農桑 顯宗 3年 3月)

4. 營作을 정지하고 농민을 되돌려 보냈다.(『高麗史節要』 卷3, 顯宗 16年 3月)

5. 判하기를, 지방 사람으로 開京에 와서 訴訟을 하는 자는 3月 1日부터는 모두 돌아가 농사를 짓게 하였다.(『高麗史』 卷79, 食貨志 2 農桑 顯宗 16年 3月)

6. 御史臺에서 아뢰기를, "… 지금 大雲寺와 大安寺 두 사찰의 공사가 한창이어서, 丁匠들이 농사를 짓지 못하고 있습니다. 농부 1명이 농사를 짓지 못하면 반드시 이로 말미암아 굶주리는 자가 생기게 마련이니, 三時의 일을 어찌 빼앗을 수 있겠습니까 … 엎드려 바라옵건대 두 사찰의 공사를 農隙期까지 미루어 주소서"라고 하니, 쫓았다.(『高麗史』 卷7, 文宗 2年 3月 庚子)

즉 諸道의 錦綺·雜織·甲方의 匠手를 抽減하여 농사에 나아가게 하고, 농사철인 3月에는 모든 營作을 정지하며, 外方 사람으로 서울에 와서 訴訟하는 자를 歸農시키고, 農隙期까지 營作을 미루는 것 등이 그 구체적인 사례였다. 이러한 조처들은 농사시기에 농민의 노동력이 營農에 집중될 수 있도록 배려함으로써 영농을 독려하고 있었던 것이라고 할 수 있겠다.

아울러 고려정부는 토지개간을 추진함으로써 재정증대를 위한 권농정책을 보다 적극적으로 추진하고 있었다.

토지개간은 크게 나누어 陳田開墾과 新田開墾으로 구분하여 살펴볼 수 있겠다.

먼저 陳田開墾에 대하여 살펴보도록 하자. 陳田은 이전에 경작되었으나 현재 묵혀두고 경작하지 않는 토지를 말한다. 진전의 발생은 농민의 처지에서 보면 그들의 터전이 상실됨을 의미하는 것이었으므로, 농민의 생활 조건을 위협하는 것이었다. 그리고 국가의 처지에서도 진전 발생으로 인한 농민의 곤경을 적극 해결해야 했다. 진전 발생은 곧 국가재정에 있어서 세입지

의 감소를 의미하고, 또 농민의 경작지가 田柴科制度를 통해 양반관료의 科
田으로 운영되고 있던 당시의 사정상 국가로서는 身分階級制의 유지, 官僚
制의 운영 등을 위해서 중요성을 지니고 있었다.[50] 이 때문에 진전개간은
고려전기 농업정책에 있어서 커다란 과제 가운데 하나였다. 그리하여 국가
에서는 다음과 같이 진전 개간자에게 혜택을 주면서 정책적으로 장려하고
있었다.

> 사-7. 判하기를, 陳田을 개간한 자는 私田일 경우 첫해에 수확한 것을 모두
> 지급하고, 둘째해에 비로소 田主와 分半하도록 하고, 公田일 경우는 3
> 年 동안 모두 지급하고 4년째 되는 해에 法에 따라 收租하게 하였다.(『高
> 麗史』 卷78, 食貨志 1 田制 租稅 光宗 24年 12月)
>
> 　 8. 判하기를, 3년 이상된 陳田은 개간·경작하여 수확한 것을 2년 동안 모
> 두 佃戶에게 지급하되 3년째 되는 해에 田主와 分半하고, 2년된 陳田은
> 4등분하여 1/4은 田主에게 3/4은 佃戶에게 나누어 주며, 1년된 陳田은
> 3등분하여 1/3은 田主에게 2/3는 佃戶에게 나누어 주도록 하였다.(『高
> 麗史』 卷78, 食貨志 1 田制 租稅 睿宗 6年 8月)

우선 光宗 24年의 규정을 살펴보면, 私田의 경우는 진전 개간 후 1년 동
안 개간자에게 수확량이 지급되고 2년째부터 전주와 분반하도록 한 데 반
해, 公田의 경우에는 3년 동안 수확량이 지급되고 4년째부터 公田租率의
적용을 받는 것으로 되어 있다. 이처럼 중앙정부는 진전 개간자에 대해 일
정 기간 稅制上의 혜택을 부여하면서 이를 정책적으로 장려하고 있었다. 그
후 成宗代의 경우 地方官에 대한 褒貶의 기준 가운데 하나로 田野의 荒闢
이 거론되고 있는데,[51] 이것 역시 이러한 진전개간을 위한 고려 중앙정부의
노력을 반영하고 있는 것이라고 할 수 있겠다.

---

50) 農業經營과 田柴科制度, 身分階級制, 官僚制의 운영 등을 연관하여 고찰한 연
　구로는 다음의 논고 참조. 尹漢宅, 1995, 『高麗 前期 私田 硏究』, 高麗大 民族
　文化硏究所 ; 李景植, 2007, 『高麗前期의 田柴科』, 서울대학교출판부.
51) "敎曰 … 予將遣使 檢驗以田野之荒闢·牧守之勤怠 爲之褒貶焉"(『高麗史』 卷
　79, 食貨志 2 農桑 成宗 5年 5月)

한편 睿宗 6년에는 진전의 햇수에 따라 소유주와 개간자 간에 생산물 배분이 지정되고 있어서, 광종대의 것보다 그 규정이 세밀화 되었음을 알 수 있다. 이러한 진전 규정의 세밀화는 광종대에 비해 예종대에 이르러 그만큼 진전개간이 활발히 전개되었던 사실을 반영하는 것이라고 생각된다.

토지개간은 진전개간뿐만 아니라 新田開墾 또한 이루어지고 있었다. 고려시대에는 건국 초기부터 新田 개발의 필요성이 증대되고 있었다. 그 요인으로는 우선 戰爭의 종식으로 인한 농업인구의 증가를 들 수 있다. 이는 군사의 農民化라는 데 원인이 있었겠지만, 태조 때부터 시작된 노비의 良人化政策 및 북방으로부터의 유이민 역시 농업인구 증가의 원인이 되었다.[52] 아울러 新田開墾은 곧 재정수입의 증대와 결부되는 것이었기에 고려정부는 이를 적극적으로 유도하고 있었다.[53]

新田 개간은 徙民, 屯田 설치 등을 통해 그 모습을 살펴볼 수 있다. 徙民은 고려 건국 초기부터 이루어지고 있었는데,[54] 徙民의 대상으로는 部曲民이나 鎭民도 있었지만 그 주된 대상은 丁戶였다.

사-9. 江南州縣의 丁戶를 象山·伊川·遂安·新恩·峽溪·牛峯 등의 縣으로 옮기게 하였다.(『高麗史』 卷4, 顯宗 10年 11月 庚申)
10. 이에 새로 六城을 설치했는데, 첫째 鎭東軍咸州都督府로 兵民이 1,948 丁戶였고, 둘째 安嶺軍英州防禦使로 兵民이 1,238 丁戶였고, 셋째 寧海軍雄州防禦使로 兵民이 1,436 丁戶였고, 넷째 吉州防禦使로 兵民이 680 丁戶였고, 다섯째 福州防禦使로 兵民이 632 丁戶였고, 여섯째 公嶮鎭防禦使로 兵民이 532 丁戶였다.(『高麗史』 卷96, 列傳 尹瓘傳)

52) 李平來, 1989, 「高麗前期의 農耕地開墾과 그 意味」 『龍巖車文燮博士華甲紀念史學論叢』, 新書苑, 299~300쪽.
53) 다음의 사료는 고려후기의 것이기는 하지만, 新墾地를 통한 국가수입 증대를 건의하고 있어, 토지개간과 재정수입 증대와의 관계를 살펴 보는데 도움이 된다. "恭愍元年 穡服中上書曰 … 新墾者從而量之 稅新墾之地 減濫賜之田 則國入增"(『高麗史』 卷115, 李穡傳)
54) 『高麗史節要』 卷1, 太祖 元年 9月 ; 『高麗史』 卷1, 太祖 5年

그런데 이와 같은 丁戶層은 白丁層에 비해 경제적으로 우세했던 것으로 여겨진다.

> 사-11. 判하기를, 諸道의 州縣으로 하여금 매년 桑苗을 심게 하되, 丁戶는 20 根을, 白丁은 15根을 밭머리에 심게 하여 蠶事를 돕도록 하였다.(『高麗史』卷79, 食貨志 2 農桑 顯宗 19年 正月)

즉 顯宗 19년 정월에는 諸道州縣으로 하여금 桑苗를 심어 蠶事에 이바지 하게 하되, 丁戶는 20根을 그리고 白丁은 15根을 심게 하였다. 이와 같은 차등은 정호층이 백정층에 비해 우세한 경제력을 지니고 있었기에 취해진 조처일 것이다. 따라서 徙民된 丁戶는 그 지역에서 이와 같은 우세한 경제력을 바탕으로 신전개간에 보다더 효과적으로 임할 수 있었으며, 국가의 처지에서 볼 때에도 또한 이들이야말로 농지개간이라는 목적을 달성하기에 적합한 존재였을 것이다.[55]

또한 신전개간은 屯田 설치를 통해서도 이루어졌다.

> 사-12. 東女眞의 大相 吳於達이 耕牛를 청하니, 東路屯田司의 소 10頭를 주었다.(『高麗史』卷6, 靖宗 8年 4月)
> 13. 門下府郎舍가 疏를 올려 時弊를 논하였는데, 그 글에 이르기를, "… 東西兩界는 用兵이 가장 급하니 마땅히 閑曠地에 屯田을 설치하고, 공정하고 청렴한 자를 보내어 官牛와 農器를 갖추어 농사를 권하고 감독하여 軍須에 대비해야 할 것입니다"라고 하였다.(『高麗史』卷82, 兵志 2 屯田 禑王 5年 正月)

즉 靖宗 8년 4월에 東女眞 사람인 大相 吳於達이 耕牛를 청하자 東路屯田司의 牛 10頭를 지급하고 있었다. 이로 보아 둔전을 관리하는 屯田司에는 農牛·種子·農器 등 경작에 필요한 제도구가 마련되어, 이로써 둔전의 경작을 도모하고 있었던 것으로 보인다.[56] 그리고 사-13 사료는 고려말의

---

55) 安秉佑, 1984,「高麗의 屯田에 대한 一考察」『韓國史論』10, 32~38쪽.

기록이기는 하지만, 이를 통해 屯田의 개간은 閑曠地를 개간하는 방법에 의해 이뤄지고 있었던 사정을 엿볼 수 있다. 즉 禑王 5년 정월의 기록에 의하면, 閑曠之地에 屯田을 설치하고 公廉者를 파견하여 官牛·農器를 갖추어 농경을 勸督하여 軍須에 대비케 하고 있었다.

이상에서 살펴본 바와 같이 高麗前期 勸農政策은 대체로 일반 農民層의 安定化를 도모함으로써 國家財政의 원활한 운영을 기하는 방향으로 실시되고 있었다. 우선 각종 재난으로 피해를 입은 農家의 自活을 도모하기 위해 糧種을 지급하는 賑貸制와 租·布·役 등 농민의 부담을 경감하는 減免制가 실시되고, 생산도구로서 農器와 農牛를 대여해 주는 조처가 취해졌다. 그리고 이를 토대로 영농의 안정과 확대를 통해 농업생산물의 증대를 도모하기 위해 노력하고 있었다. 지방관에게 농사철인 三時를 빼앗지 않도록 지시하고, 각종 토목공사를 農隙期로 미루는 등 농사철에 농민들이 영농에 집중할 수 있도록 조처를 취하고 있었다. 아울러 土地開墾을 장려함으로써 국가재정의 증대를 도모하고 있었는데, 陳田開墾을 장려하기 위해 陳田耕作者와 陳田主 사이의 수확물 배분을 규정하는 가운데 일정 기간 진전경작자에게 稅制上의 혜택을 부여하는 한편 新田 개간 또한 徙民 조처나 屯田 설치 등을 통해 이뤄지고 있었다.

---

56) 安秉佑, 1984, 앞의 논문, 48쪽.

제3장 고려중기 사회변화와 권농정책

1. 농업기술의 발달과 권농정책

고려시대의 농업생산력은 건국 이래 점진적으로 발달해 왔지만, 특히 12세기 이래 큰 진전을 보여 농업기술상의 여러 가지 면에서 발전된 모습이 나타나고 있었다.[1] 한편 이와 같은 12·13세기에는, 地方社會의 동요, 農民의 流亡, 權勢家에 의한 大土地兼倂, 광범위한 農民蜂起 등 사회변화의 현상 또한 발생하고 있었다. 고려중기 이러한 변화가 나타나고 있던 시기에 권농정책 역시 이로부터 영향을 받기 마련이었고, 또 그 역할이 더욱 중요시될 수 밖에 없었다. 권농정책은 기본적으로 농업생산의 실상을 바탕으로 수립·실시되는 것으로, 농업기술의 발달을 비롯한 사회변화는 권농정책의 추진방향을 결정하는 요인 가운데 하나였기 때문이었다.

그러면 고려중기 권농정책은 어떤 내용으로 전개되고 있었으며, 그 속에서 드러나는 특징은 무엇이었을까. 먼저 이 시기 농업기술의 발달과 권농정책의 추진이 밀접한 관계를 가지고 있었다는 점이 주목된다.

앞서 살펴보았듯이 고려전기에 농업생산활동은 自然에 의존하는 정도가 컸다. 빈번하게 발생한 한재와 수재 등 자연재해는, 때때로 농업의 존폐까

---

1) 12세기 이래 농업기술의 발달에 대해서는, 본서의 <제2부> 서론 1절 2) 항목 참조.

지도 좌우할 정도로 피해가 심하여, 농업재생산을 저해하는 주된 원인이 되었다. 따라서 이와 같은 피해를 막고 農業再生産의 安定을 기하기 위한 노력이 기울여 졌다. 즉 한재 및 수재에 대비하고 안전하게 농사를 짓기 위한 적극적인 예방대책이 강구되었다. 그 대표적인 것이 수리시설의 보수와 수축이었다.

우리나라 水田農業의 발달과정을 살펴보면, 처음에는 하천유역의 델타지역이나 소택지 등에서 별다른 수리시설 없이 농사가 이루어져 왔던 것으로 보인다.2) 그러다가 시간이 지남에 따라 이러한 한정된 지역을 벗어나 점차 물의 혜택을 덜 받는 지역으로 水田農業이 확대되어 나갔는데, 이때에 필요한 것이 人工灌漑를 위한 水利事業이었다. 이런 곳에서 처음에 개발된 지역은 최소한의 인력으로 물의 통제가 가능한 山谷의 계류 주변이었다. 이와 같이 수전이 인공관개 지역으로 확대됨에 따라 古代國家는 勸農政策의 일환으로 수리사업을 추진하고 있었다.3) 이후 신라의 대내외적인 발전기인 5~6세기와 8~9세기에는 國家가 주도하는 대규모적인 수리사업이 더욱 활발히 전개되었다.4) 이러한 수리시설의 대부분은 山谷間의 谿流를 이용한 堤堰의 형태였다.

고려시대에 들어와서도 수리시설의 보수·수축이 이뤄졌지만, 고려전기 수리시설의 사례로는 南大池,5) 碧骨堤6) 등에 대한 보수 기록을 찾아볼 수 있을 따름이고, 사료상 대부분의 수리시설 관련 기록은 고려 중기와 후기에

---

2) 李春寧, 1989, 『한국農學史』, 民音社, 65쪽.

3) "下令 農者政本 食惟民天 諸州郡修完堤防 廣闢田野"(『三國史記』卷1, 新羅本紀 1 逸聖尼師今 11年 2月) ; "命有司 修隄防"(『三國史記』卷24, 百濟本紀 2 仇首王 9年 2月)

4) 李基白, 1969, 「永川 菁堤碑 貞元修治記의 考察」『考古美術』102 : 1974, 『新羅政治社會史研究』, 一潮閣 재수록, 284~286쪽.

5) "臥龍池 俗名 南大池 … 高麗文宗 以池中膏腴可作田 賜興王寺 其年旱 因邑人 翰林學士李靈幹之奏 還築之 黑龍現而騰空 其日始大雨"(『新增東國輿地勝覽』 卷43, 黃海道 延安都護府 山川條)

6) "碧骨堤 … 至高麗顯宗時 修完舊制 及仁宗二十一年癸亥 又增修 復而終至廢棄"(『新增東國輿地勝覽』卷33, 全羅道 金堤郡 古跡條)

집중하여 나타나고 있다. 우선 고려중기 수리시설과 관련한 자료를 정리해
보면 <표E-2>와 같다.

〈표E-2〉 고려중기의 水利施設[7]

번호	시기	형태, 명칭	주체, 지방관	지역, 장소	내용	전거
1	숙종~예종 무렵	掘地	張文緯	樹州	州之東郊 厥土泉濕 江水或決 農失歲功 公乃掘地二千五百許 步 以等水行 民不受其害矣	『韓國金石文追補』張文緯墓誌銘
2	의종대 (1146-1170)	浚渠	林民庇	濱州	浚渠漑田	『高麗史』卷99, 林民庇傳
3	의종 6년 (1152)	渠	李文著	洪州	□□□渠 引水漑田五六千頃	『朝鮮金石總覽』上 李文著墓誌
4	의종 14년 (1160)	堤堰	吳元卿	靈光	防築提堰 田壤肥沃	『韓國金石文追補』吳元卿墓誌銘
5	의종 24년 (1170)	堤 (南川堤)	국가	延福亭	延福亭南川堤決 命復塞之 戊午詔曰 軍卒力竭 不能堤防 宜發丁坊里築之 開水門四五所創亭 堤上植以奇花異木	『高麗史』卷19, 毅宗 24年 6月 庚戌
6	명종 18년 (1188)	堤堰	국가	전국	下制 以時勸農務 修堤堰 貯水流潤 無令荒耗 以給民食	『高麗史』卷79, 食貨志 2 農桑 明宗 18年 3月
7	명종 17년 (1187) 이후	堤坊	崔甫淳	齊安, 安南大都護府	除齊安書記 … 其勸農也 焚薈蔚 漑塿鹵赤地千里 化爲良田 … 公例爲安南大都護副使 峻堤坊 決灘澮 除人水禍	『韓國金石全文』中世上 崔甫淳墓誌
8	명종 25년 (1195)	堤	崔正份	尙州牧	司錄崔正份 因舊址而築之	『高麗史』卷57, 地理志 2 尙州牧

---

7) <표E-2>는 다음의 논고를 참고하여 작성하였다. 魏恩淑, 1988, 「12세기 농업
기술의 발전」『釜大史學』12, 83~91쪽 ; 이평래, 1991, 「고려후기 수리시설의
확충과 수전 개발」『역사와 현실』5, 161~163쪽 및 168~169쪽 ; 李宗峯,
1993, 「고려시기 수전농업의 발달과 이앙법」『韓國文化硏究』, 16~23쪽 ; 안병
우, 1994, 「고려후기 농업생산력의 발달과 농장」『14세기 고려의 정치와 사회』,
민음사, 299~300쪽. 한편 수리시설의 건설시기 가운데, 연대가 불명한 9, 10의
시기 추정은 魏恩淑, 1988, 앞의 논문, 85~87쪽에 따랐다.

9	13세기 초	堤 (重房 堤)	班主	豊德郡	每春秋 班主率府兵修築 開南 北水門 漑田長八里廣三里	『新增東國輿地 勝覽』卷13, 豊 德郡 古跡條
10	고종 18년 (1231) 이후	堤堰	金方慶	葦島	平衍十餘里可耕 患海潮 不得墾 兵馬判官金方慶 令築堰播種 民 始苦之 及秋大稔 人賴以活	『高麗史』卷104, 金方慶傳
11	고종 22년 (1235)	堤	崔瑀	江華	崔瑀徵州縣一品軍 加築江華沿 江堤岸	『增補文獻備考』 卷146, 田賦考 堤堰 高宗 22年
12	고종 35년 (1248)	堤 (守山 堤)	金方慶	密陽都 護府	世傳 高麗金方慶 築此堤漑田 以備征日本軍儲	『高麗史節要』 卷16, 高宗 35 年 3月
13	고종 43년 (1256)	防築	국가	江華	又令文武三品以下 權務以上 出 丁夫有差 防築梯浦瓦浦爲左屯 田 狸浦草浦爲右屯田	『高麗史節要』 卷17, 高宗 43 年 2月

<표E-2>를 살펴볼 때 우선 고려중기의 경우 堤堰의 보수와 신설이 활발히 진행되는 한편 河渠, 防川堤, 防潮堤 등(1, 2, 3, 10, 11, 13) 새로운 형태의 수리시설이 건설되고 있었다. 제언은 이전부터 이용되고 있던 수리시설의 대표적 형태로서,[8] 山谷에서 흐르는 谿流를 막아 농업용수로 사용하는 것이었다. 이 시기에 제언의 보수와 수축이 다수 이루어졌으리라는 점은 명종 18년(1188) 전국에 내려진 제언 수축 지시(6)를 통해서도 짐작할 수 있다.

고려전기의 경우 사료상 제언의 수축 사례가 小數에 불과하고, 그나마 그러한 사료 속에서 제언의 규모를 추정하기도 어려운 실정이다. 그러나 한편 통일신라시기의 경우를 살펴보면, 이 시기에는 수리시설의 건설에 주변 지역으로부터 대규모의 지역민이 동원되고 있었다.[9] 이와 달리 적어도 고려중기 이후에 수축된 제언은 그 규모에 있어 통일신라시기의 경우와는 차이가

---

8) 고려시기 이전 수리시설의 건설 상황에 대해서는 李宗峯, 1993, 앞의 논문, 149~154쪽 참조.
9) "增築碧骨堤 徵全州等七州人 興役"(『三國史記』卷10, 新羅本紀 10 元聖王 6年 正月)

있었던 것으로 여겨진다. 고려 중기 이후에 수축된 제언은 郡縣 단위로 수축된 소규모 제언이었던 것으로 추정된다.[10]

그리고 이 시기 수리시설의 확충과정에서 주목되는 것은, 그러한 수리시설의 수축에 지방관의 역할이 중요하게 작용하고 있었다는 점이다(1~4, 7~10, 12). 즉 고려중기에 수리시설이 수축되는 과정에서는 국가의 독려뿐만 아니라 지방관 역시 적극적인 역할을 하고 있었다. 우선 6의 경우에서 살펴볼 수 있듯이 국가에서도 전국에 대해 제언의 수축을 지시하고, 또 5, 11, 13의 경우처럼 국가 혹은 최고집권자, 중앙정부 관료 등이 수리시설의 확충에 간여하고 있었다. 그리고 대체로 이 시기 수리시설의 수축은 지방관에 의해 활발히 진행되어 성과를 거두고 있었다.[11]

아울러 이 시기 수리시설의 확충은 내륙 低濕地 및 沿海岸 지역으로의 農耕地 확대라는 현상과 맞물려 전개되고 있었다는 점에 특징이 있었다. 고려전기 농경지의 확대가 山田 위주로 전개된 데 반해,[12] 고려중기 이후에는

---

10) 고려중기 이후 수리시설의 규모를 살펴볼 수 있는 사료가 남아 있지 않아 어려움이 있지만, 다음과 같은 점들을 감안할 때 이 시기의 수리시설이 郡縣 단위로 조성된 소규모의 것이었으리라고 추정되고 있다. ① 이전 시기의 수리시설 건설에 대규모 인력이 동원된 반면 고려중기 이후에는 그러한 인력 동원의 기록이 남아 있지 않다는 점, ② 대규모 수리시설의 건설은 그 설치지역의 수몰 등 일방적 희생을 전제로 하는데, 고려중기 이후에 屬郡縣 지역의 성장 등 지방군현제의 변화는 그러한 일방적 희생을 강요할 수 없도록 만들었으리라는 점, ③ 조선초기 『慶尙道續撰地理志』에 따르면 10結 전후의 소규모 제언이 상당수 존재했음을 알 수 있는데, 이러한 제언이 이때 갑자기 생겨나지 않았으리라는 점 등이 지적되고 있다(魏恩淑, 1988, 앞의 논문, 92~94쪽).

11) 이처럼 고려중기 수리시설의 축조가 地方官에 의해 활발히 이뤄진 것은, 당시 사회의 변화와 관련해 그 이유를 생각해 볼 수 있을 것이다. 후술하듯이 고려중기의 경우 농업기술의 발달과 함께 대토지겸병 현상, 향촌지배질서의 와해와 재편성, 지방사회의 동요현상 등 여러 가지 사회변화가 나타나기 시작하고 있었다. 이러한 상황 속에서 중앙정부로서는 이러한 사회변화에 따른 영농의 불안을 해소하려는 노력이 요구되는 한편 기존의 향촌지배질서를 주도하던 豪富層 대신 地方官에 의한 勸農이 보다 부각되어 나타나게 되었던 것으로 생각된다.

12) 송나라 사신 徐兢은 고려에서 治田을 山間에 많이 하여 멀리서 보면 마치 계단

수리시설 조성과 관련해 低濕 지역(1, 7)과 沿海 지역(7, 10, 11, 13)이 농경지로 개발되고 있었다.

저습지역의 개발은 배수를 위한 河渠 건설을 통해 이뤄졌다. 樹州(지금의 富平 지역)에 부임한 張文緯가 州 東郊의 泉濕한 지역에 掘地하여 물흐름을 고르게 한 사례(1)는, 저습지대에서 배수가 이뤄지는 모습을 잘 보여준다. 安南都護府(지금의 富平 지역)[13]에 부임한 崔甫淳이 제방을 쌓고 물길을 내어 (決濊澮) 水禍를 막았던 사례(7)는, 저습지를 개발했다는 명시적인 표현은 없지만, 이 역시 하거를 통한 저습지의 배수 사례일 가능성이 있다.[14]

연해지역의 개발은, 崔甫淳이 齊安(지금의 황해도 黃州)에서 '墝鹵赤地千里'[15]를 관개하여 良田으로 만들었다는 사례(7)를 들 수 있는데, 이는 서해안 지역의 간척사업을 의미한다.[16] 대몽항쟁시기 전쟁을 피해 島嶼 및 江華島에 인구가 집중되면서 연해지역이 개간되어 나갔는데,[17] 연해지역의 개

과 같다고 표현하고 있어, 고려전기에 山田이 다수 개간되고 있던 사정을 엿볼 수 있게 해준다. "國封地瀕東海 多大山深谷 崎嶇崷崒 而少平地 故治田多於山間 因其高下 耕墾甚力 遠望如梯磴"(『高麗圖經』 卷23, 雜俗 2 種藝). 고려전기 농경지의 확대가 대체로 山田 위주로 이뤄지고 있었음은, 田柴科制度를 통해 지급된 柴地가 개간을 전제로 지급된 것이라는 점(洪淳權, 1987, 「高麗時代의 柴地에 관한 고찰」 『震檀學報』 64)으로부터도 뒷받침되고 있다. 그리고 제언의 조성이 山谷間의 谿流를 이용하는 것이라는 점도 山田 위주로 농경지 확대가 이뤄진 배경 중 하나였으리라고 생각된다.

13) 安南都護府는 태조가 후백제를 멸하고 그 都邑에 두어졌다가 태조 23년에 全州로 고쳤고, 다시 현종 9년에서 13년까지 全州가 安南大都護府로 된 적이 있었지만, 한편 지금의 富平 지역에 해당하는 樹州가 의종 4년에 安南都護府로 되었다가 고종 2년에 桂陽都護府로 고쳐졌다(『高麗史』 卷57, 地理志 2 全羅道 全州牧 및 『高麗史』 卷56, 地理志 1 楊廣道 安南都護府樹州 참조). 따라서 崔甫淳이 부임한 安南都護府는 지금의 富平 지역이라고 할 수 있다.

14) 魏恩淑, 1988, 앞의 논문, 89쪽 ; 이평래, 1991, 앞의 논문, 168~169쪽.

15) 『韓國金石全文』 中世下와 『高麗墓誌銘集成』에는 '墝鹵赤地千里'라고 되어 있고, 『朝鮮金石總覽』에는 '塩鹵赤地千里'라고 되어 있어 차이가 있다.

16) 魏恩淑, 1988, 앞의 논문, 89쪽 ; 이평래, 1991, 앞의 논문, 169쪽의 註 49).

17) 대몽항쟁시기에 島嶼 및 江華島 등을 비롯해 연해지역이 농경지로 조성되어 나갔으리라는 점은 다음의 사료를 통해 짐작할 수 있다. "分遣使于忠慶全三道及

간을 위해 金方慶이 葦島 주위에 제언을 쌓고 海潮를 막아 농경지로 개간
한 사례(10)와 崔瑀가 州縣의 一品軍을 동원하여 江華의 연해지역에 堤岸
을 加築한 사례(11)를 살펴볼 수 있다.

이처럼 고려중기에는 저습지역과 연해지역이 개발됨으로써 그만큼 農耕
地가 확대되는 효과를 가져왔을 것으로 짐작되지만, 이것은 또한 농업기술
의 발달이란 측면에서도 주목되는 점이다. 자연적 수리조건이 유리한 지역
이나 제언의 혜택을 받는 지역에서 점차 벗어나 저습지와 연해안 등 그러한
혜택을 덜 받는 지역으로 농경지가 확대되었다는 것은 그만큼 그러한 지역
을 농경지로 개발할 수 있을 정도로 농업기술이 발달했음을 뜻하는 것이기
때문이다.[18]

아울러 이 시기 토지개간은 陳田 개간을 독려하는 것을 통해서도 이뤄지
고 있었다.

마-1. 判하기를, 3年以上의 陳田일 경우 경작하여 수확한 것은 2年 동안 모두
    佃戶에게 지급하고 3년째 되는 해에 田主와 分半하도록 하고, 2年陳田
    일 경우 四分하여 1/4은 田主에게 주고 3/4은 佃戶에게 주도록 하며, 1
    年陳田일 경우 三分하여 1/3은 田主에게 주고 2/3는 佃戶에게 주도록
    하였다.(『高麗史』卷78 食貨志 1 田制 租稅 睿宗 6年 8月)

東州西海道 巡審山城海島避難之處 量給土田"(『高麗史』卷78, 食貨志 1 田制
經理 高宗 41年 2月) ; "制曰 今想諸道 民不聊生 彼此流移 甚可悼也 其避亂所
與本邑相踓程 不過一日者 許往還耕田 其餘就島內 量給土田 不足則給沿海閑
田及宮寺院田"(『高麗史』卷78, 食貨志 1 田制 經理 高宗 43年 12月)
18) 이것은 이 시기에 水路 공사나 堤坊 공사 등에 필요한 土木技術이 발달해 나가
    고 있었던 점을 배경으로 하는 것이라고 여겨진다(이평래, 1991, 앞의 논문,
    162쪽). 비록 실패로 돌아갔지만 泰安과 瑞州의 경계에 있는 炭浦와 倉浦 사이
    에 運河를 개통시키려는 시도가 인종대에 처음 시도되고 이후 의종대와 공양
    왕대까지 계속되고 있었는데, 이것은 그만큼 토목기술이 발달해 나가는 추세에
    있었음을 짐작할 수 있게 해준다. 고려시대 運河 개착 공사와 관련해서는 다음
    의 사료 참조.『高麗史節要』卷10, 仁宗 12年 7月 ; 卷11, 毅宗 8年 10月 ; 卷
    35, 恭讓王 3年 7月 ;『高麗史』卷116, 王康傳 ;『新增東國輿地勝覽』卷19, 忠
    淸道 泰安郡 山川 堀浦

陳田開墾은 이를 통해 재정수입의 증대를 기할 수 있는 것이었던 만큼, 앞선 시기에도 진전개간에 따른 수확물의 배분을 陳田開墾者와 田主 사이에 규정함으로써 개간을 장려하고 있었다.[19] 그러나 한편 예종 6년에는 진전의 햇수에 따라 開墾者와 田主 사이에 생산물의 배분을 규정하고 있어, 앞선 시기의 것보다 그 규정이 세밀화 되어 있었다. 이것은 진전개간을 위한 중앙정부의 노력이 증대되고 있었다는 점을 반영한다고 볼 수 있겠지만, 한편으로 생각하면 이것은 당시에 그만큼 陳田이 다수 발생하고 있었기 때문에 취해진 조처였을 것이다.

　그런 점에서 이 시기 진전개간의 장려는 당시에 점차 증가하고 있었던 농민층의 流亡 현상[20]과도 관련하여 살펴볼 필요가 있다. 流亡으로 인해 농민이 토지로부터 이탈되는 것은 곧 이로 말미암아 陳田이 발생하게 된다는 것을 의미하기 때문이다.[21] 이 시기에 지방에 다수의 監務를 파견한 것 역시 이러한 유망민의 발생에 대처하기 위한 것이었다.[22]

　따라서 예종 6년에 진전개간을 장려하는 규정이 마련된 것은 당시 사회의 동요 현상을 수습하려는 측면 또한 지니고 있었던 것이 아닌가 여겨진다. 다음에 살펴보듯이 이 시기에 지방관에게 토지개간을 독려하고 있었던 것 역시 이러한 맥락에서 이해될 수 있을 것이다.

---

19) 『高麗史』 卷78, 食貨志 1 田制 租稅 光宗 24年 12月
20) 『高麗史』 卷11, 睿宗 即位年 12月 甲申 ; 『高麗史節要』 卷7, 睿宗 元年 3月 ; 『高麗史』 卷78, 食貨志 1 田制 貢賦 睿宗 3年 2月
21) 睿宗 6年의 진전개간 규정을 당시에 진행된 농민층의 流亡 현상과 관련해 고찰한 논고로는 다음의 논고가 있어 참고된다. 李平來, 1989, 「高麗前期의 耕地利用에 대한 再檢討」 『史學志』 22, 296~298쪽 ; 박경안, 1985, 「高麗後期의 陳田開墾과 賜田」 『學林』 7, 41~48쪽.
22) 『高麗史』 卷13, 睿宗 元年 4月 庚寅 ; 睿宗 3年 7月. 睿宗代 監務 파견에 대해서는 다음의 논고 참조. 元昌愛, 1984, 「高麗 中·後期 監務增置와 地方制度의 變遷」 『淸溪史學』 1, 8~14쪽 ; 金東洙, 1989, 「고려 중·후기의 監務 파견」 『全南史學』 3, 62~69쪽 ; 金秉仁, 1994, 「高麗 睿宗代 監務의 設置背景」 『全南史學』 8.

마-2. 西京에 행차하였는데, … 沿路의 토지가 만약 개간되어 있지 않으면 반
　　드시 守令을 소환하여 問責하였다.(『高麗史』卷14, 睿宗 11年 3月 乙卯)

즉 睿宗 11년 3월에 王이 西京에 행차하면서 沿路의 토지가 개간되어 있
지 않을 경우에 지방관을 불러 問責하고 있었다. 여기서 지방관으로 하여금
토지개간이 독려되고 있는 토지가 진전이었는지의 여부는 명확하지 않지만,
진전 개간을 장려하고 있던 예종대의 상황을 감안할 때, 이것은 진전 개간
을 독려하는 것이었을 가능성이 높다.

　이상에서 살펴본 바와 같이 12세기 이래 고려시대의 농업기술은 수리시
설의 확충, 토지개간의 확대 등 여러 가지 면에서 이전과는 다른 양상이 나
타나고 있었다. 이와 같은 농업기술의 발달은 일차적으로 농민층 스스로의
농업경영 개선을 위한 노력에 기인한 것이었겠지만, 동시에 권농정책의 일
환으로 지방관을 통해 권농업무가 추진된 결과이기도 하였다는 점에서 주
목된다.

2. 12·13세기 사회변화와 권농정책

　12세기 이래 농업기술의 발달은 대체로 수리시설의 확충에 의한 영농안
정화, 진전개간을 통한 토지황폐화의 방지 등의 방향으로 진행되고 있었고,
이에 따라 농업생산물의 증대 또한 어느 정도 이뤄졌을 것으로 예상된다.[23]

23) 이 시기 생산량의 증대는 고려시대 量田制의 변화와 관련한 연구 결과를 통해
　서도 확인할 수 있다. 고려시대의 양전제가 單一量尺制에서 隨等異尺制로 변
　화한 것은, 대체로 대몽항쟁기 이후 농업기술 발달에 따른 생산량의 증대를 量
　田制에 반영하는 과정에서 結의 面積 축소 및 稅額 조정이 이뤄지게 되면서 나
　타난 것으로 보았다(金容燮, 1975, 「高麗時期의 量田制」『東方學志』 16 :
　2000, 『韓國中世農業史研究』, 지식산업사 재수록). 아울러 上等田을 기준으로
　할 때 생산량은 고려전기에 비해 고려후기에 약 20% 증산되었다는 연구 결과
　가 있어 참고할 수 있을 것이다(李宗峯, 2001, 『韓國中世度量衡制研究』, 혜안,
　285~286쪽).

한편 고려전기 門閥貴族社會의 동요 현상, 農民·賤民의 항쟁이 다수 발생한 시기 역시 12·13세기였다. 이 시기는 사회변화의 양상이 여러 가지 면에 걸쳐 나타나고 있던 시기였고, 그 속에 武臣政權(1170~1270)이 존재하고 있었던 것이다. 그러므로 12세기 이래 농업기술의 발달이 지닌 의미를 파악함에 있어서는, 특히 12세기 이래 무신정권시기의 사회상황과 관련해 살펴볼 때 그 의미를 깊게 천착해 볼 수 있을 것으로 생각된다.

무신정권시기의 두드러진 經濟現狀으로는 土地奪占과 農莊의 발달, 土地分給制 운영상의 문제점 등이 나타나고 있었다.[24] 아울러 이 시기에 발생한 農民抗爭은 당시 수취체계의 모순과도 관련되어 나타난 사회현상이었고,[25] 지방사회의 동요현상 역시 권력기반 확보를 기하는 중앙관료와 지방관의 결탁에 의한 대토지겸병, 무신정권시기 정치 주도세력의 교체로 인한 在地勢力 間의 대립양상[26] 등이 관련되고 있었다. 이렇게 볼 때 12·13세기 무신정권시기 정치세력의 동향과 토지겸병, 향촌재지세력의 동향, 지방사회의 동요, 농민항쟁 등의 현상은 상호연관하여 고찰할 필요가 있다.

　　아-1. 明宗 8年에 淸州 사람들이 그 고을 사람으로서 開京에 籍을 두고 (淸州에) 물러나 사는 사람들과 사이가 좋지 못하여 거의 모두 살해하였다.

---

24) 무신정권시기 경제현상에 대해서는 다음의 논고 참조. 姜晋哲, 1980, 「田柴科體制의 崩壞」『高麗土地制度史研究』, 高麗大出版部 ; 박종진, 1995, 「고려무인집권기의 토지지배와 경제시책」『역사와 현실』 17.

25) 金潤坤, 1988, 「羅·麗 郡縣民 收取體系와 結負制度」『民族文化論叢』 9, 183~184쪽 ; 朴宗基, 1990, 「12, 13세기 農民抗爭의 原因에 대한 考察」『東方學志』 69, 143~151쪽.

26) 무신정권시기 정치 주도세력의 교체로 인한 재지세력의 대립 및 지방사회의 동요에 대해서는 다음의 논고 참조. 채웅석, 1990, 「12, 13세기 향촌사회의 변동과 '민'의 대응」『역사와 현실』 3 ; 2000, 「12·13세기 사회변동과 지방사회의 동요」『高麗時代의 國家와 地方社會』, 서울대학교 출판부 ; 金皓東, 1994, 「高麗 武臣政權時代 在地勢力과 農民抗爭」『한국중세사연구』 1 ; 申安湜, 1997, 「高麗 明宗代 地方社會의 動向」『建大史學』 9 ; 1998, 「高麗 武人執權期 在地勢力의 動向－明宗代~高宗 18년(1231)까지를 중심으로－」『國史館論叢』 82 ; 2002, 『高麗 武人政權과 地方社會』, 景仁文化社.

그 무리로서 開京에 있는 자들이 그것을 듣고 원수를 갚고자 하여 왕의 명령이라고 거짓으로 속이고 死士를 모집하여 淸州로 향하였다. 王이 將軍 韓慶賴 등을 보내어 뒤쫓아 가서 제지시키려고 하였으나 미치지 못하였다. 고을 사람들과 싸워 이기지 못하고 죽은 자가 100여 명이나 되었다.(『高麗史』卷100, 慶大升傳)

2. 制를 내리기를, "무릇 州縣에는 각각 京外兩班과 軍人의 家田과 永業田이 있는데, 姦黠吏民이 권세가와 의탁하고자 망령되이 閑地라 칭하고 권세가에 記付하면, 권세가는 또한 자신의 家田이라 칭하고 公牒을 요구하여 가지고 가서는 곧 使喚을 보내 글로써 부탁한다. 그러면 그 州의 관원은 간청을 피하지 못하고 사람을 시켜 징수하니, 한 토지에서 거두는 것이 2~3번에 이른다. 백성들은 고통을 감당하지 못하여도 호소할 곳이 없고, 원한이 충천하여 재난이 일어난다. 禍의 근원은 여기에 있으니, 이 使喚을 붙잡아 칼을 씌워 서울로 보내고, 記付한 吏民은 끝까지 죄를 다스리도록 하라"라고 하였다.(『高麗史』卷78, 食貨志 1 田制 田柴科 明宗 18年 3月)

3. 慶州副留守 房應喬를 파면하고 郎中 魏敦謙으로 대신하였다. 처음에 崔忠獻이 李義旼의 族屬들을 처단할 때 慶州別將 崔茂가 州官의 명령으로 李義旼의 族人인 李思敬 등 몇 사람을 체포 구금하였다. 이에 李思敬의 族人인 李伯瑜와 李直才 등이 이를 원망하여 房應喬에게 호소하기를, "崔茂가 亂을 일으키려고 합니다"라고 하니, 房應喬가 이 말을 믿고 잡아 가두었다. 李伯瑜와 李直才가 밤에 獄에 들어가 崔茂를 살해하였다. 房應喬가 擅殺罪를 불문에 붙이고 도리어 崔茂의 族人인 崔用雄과 崔大義 등을 살해하려고 하니, 고을 사람들이 원망하였다. 얼마 후에 崔用雄과 崔大義 등이 李伯瑜와 李直才를 살해하였는데, 崔用雄 또한 다른 사람에 의해 살해되었다. 이에 이르러 崔大義 등이 고을의 無賴輩들을 규합하여 횡포를 부렸으나, 房應喬가 또 제지할 수 없었다. 朝廷에서 그것을 듣고 이 명령이 있게 되었다.(『高麗史』卷21, 神宗 3年 12月)

아-1 사료를 통해서는, 무신정권시기 지방사회 내의 동요 현상을 잘 살펴볼 수 있다. 이 시기에는 무신정권의 출현과 함께 이뤄진 지배층의 재편성 과정에서 기존 권력층으로서 이에서 소외된 자가 지방에서 새로이 기반을 갖고자 하는 움직임을 보임으로써 在地勢力과 갈등을 빚는 등 地方社會에서 동요 현상이 나타나고 있었다. 아울러 그러한 현상의 내면에는 아-2 사료를 통해 살펴볼 수 있듯이 중앙정부와 결탁한 姦黠吏民의 횡포가 개재해 있었다. 그리고 아-3 사료는 崔忠獻 집권후 慶州 내의 李義旼 세력을 축출 하려는 과정에서 재지세력 간의 대립이 심각했음을 알려주고 있다.

무신정권시기에 나타난 커다란 사회문제 중 하나는 이와 같은 지방사회 의 동요 현상이었다. 지방관의 개인적인 탐학은 차치하고서라도 중앙 권세 가와 결탁한 지방관의 횡포는 일반 백성의 삶을 더욱 곤궁하게 만드는 요소 였고, 아울러 이 시기에 진행된 재지세력의 대립을 비롯한 지방사회의 동요 는 일반 백성의 피해를 가중시키고 있었다. 무신정권시기를 비롯한 12·13 세기 다수 발생한 농민, 천민의 봉기는 이러한 지방사회의 동요에도 기인한 것이었다.[27]

그러면 이와 같은 시기에 권농정책은 어떻게 전개되고 있었는지 우선 그 내용을 살펴보도록 하겠다. 이 시기 역시 이전과 마찬가지로 지방관의 권농 업무를 강조하고 있었고,[28] 또 대체로 이를 통해 권농정책이 추진되고 있었 다. 貧民에게 糧種을 지급하고,[29] 농사철에 노동력이 집중될 수 있도록 배 려하며,[30] 地品을 이루지 못하는 田畝에 桑·栗·漆·楮 등 유실수를 재배하 도록 장려하고 있었다.[31]

한편 이 시기의 권농정책에서 주목되는 것은 앞서 살펴본 고려중기 농업 기술의 발달 및 사회변화를 반영하는 권농정책의 양상도 엿볼 수 있다는 점 이다. 그러한 예의 하나로 수리시설의 수축과 관련한 국가의 권농정책을 들

---

27) 이 시기 농민항쟁 발발의 원인으로는 생산력 발달에 기초한 생산관계의 변동, 국가권력을 매개로 한 토지탈점, 무인집정자들의 자의적인 지방시책이나 그것 에 편승한 지방관의 조세공부 수탈 등이 지적되고 있다. 무신정권시기 농민항 쟁의 전개양상과 원인 등에 대해서는 다음의 논고 참조. 朴宗基, 1990, 앞의 논 문 ; 1991,「武人政權下의 農民抗爭」『韓國史 市民講座』8, 67~77쪽 ; 李貞 信, 1991,『高麗 武臣政權期 農民·賤民抗爭 研究』, 高麗大 民族文化研究所.
28)『高麗史』卷79, 食貨志 2 農桑 仁宗 6年 3月 ; 明宗 3年 閏正月 ; 高宗 30年 2月 ; 高宗 42年 5月
29)『高麗史』卷79, 食貨志 2 農桑 高宗 46年 3月
30)『高麗史』卷79, 食貨志 2 農桑 仁宗 6年 3月 ; 高宗 12年 4月
31)『高麗史』卷79, 食貨志 2 農桑 仁宗 23年 5月 ; 明宗 18年 3月

수 있다. 고려시대에 들어와서도 수리시설의 보수·수축이 이뤄져 왔음은 앞서 살펴본 바와 같지만, 한편 고려전기 수리시설의 대부분은 대체로 새로운 제언의 築造라기 보다는 기존 제언의 보수·유지에 그치는 경우가 많았다.[32] 이것은 그만큼 고려 전기에 제언을 통해 用水를 공급하는 데 어려움이 많았던 사정을 반영하는 것이고, 동시에 제언을 수축하기 위해서는 國家의 명령을 매개로 대규모 인력 동원이 필요한 상황이었음을 알려주는 것이라고 할수 있다. 제언에는 山谷型 제언과 平地型 제언의 종류가 있는데, 이들 제언들은 지속적인 준설을 필요로 하고 또 축조에 많은 노동력이 소요되는 어려움이 있었기 때문이다.[33] 이에 따라 고려전기에 행해진 수리시설의 보수는 지방관 주도하에 지역민을 대량 동원함으로써 이루어지고 있었다.[34]

한편 고려중기에는 중앙정부에서 지방관으로 하여금 堤堰을 수축하도록 특별히 지시를 내리기도 하였다.

> 아-4. 制를 내리기를, "때에 맞추어 農桑을 권하고, 堤堰을 수축하는 데 힘쓰며, 저수하여 물을 대어 경지를 황폐하게 하지 않도록 하여, 백성들의 양식을 풍부하게 하도록 하라. 또 뽕나무를 시기에 맞게 심고, 漆·楮·栗·栢·梨·棗 등 과일나무를 각각 때에 맞추어 심어 이익을 얻도록 하라"라고 하였다.(『高麗史』卷79, 食貨志 2 農桑 明宗 18年 3月)

즉 明宗 18年에는 지방관이 수행해야 할 권농 업무의 하나로 堤堰의 수축과 貯水의 중요성을 강조하고 있었다. 이러한 권농조처의 의미를 파악하기 위해서는 이러한 조처가 내려진 명종 18년이라는 시점을 주목해 보아야할 것으로 생각된다. 앞서 살펴보았듯이 지방관의 주도하에 수리시설의 축조가 지방에서 활발히 진행되기 시작한 것은 12세기 이래의 일이었다. 그런점에서 명종 18년에 지방관으로 하여금 수리시설을 축조하도록 장려한 깃

---

32) 『新增東國輿地勝覽』卷43, 黃海道 延安都護府 山川 臥龍池 ; 卷33, 全羅道 金
　　堤郡 古跡 碧骨堤
33) 魏恩淑, 1988, 앞의 논문, 87~88쪽.
34) 魏恩淑, 1988, 앞의 논문, 92~93쪽.

은 일단 이와 같은 12세기 이래의 추세를 반영하는 것이라고 하겠다.

그런데 한편으로 여기서 주목해 보아야 할 것은 명종 18년에는 이러한 조처 이외에도 당시 사회의 변화에 대한 대책을 담고 있는 여러 가지 조처들이 함께 내려지고 있었다는 점이다. 즉 명종 18년에는 이 이외에도 토지 겸병으로 인한 농민의 유망, 고리대에 의한 농지의 침탈, 지방관의 과다한 貢賦 징렴, 진휼 倉穀의 관리 부실로 인한 失農 등 대체로 농민층의 피해를 지적하면서 이에 대한 개선을 지시하는 조처들이 내려지고 있었다.35) 이러한 점을 감안할 때 명종 18년의 교서는 民의 流亡과 失業에 대한 대책으로서, 더 나아가서는 당시 거듭된 농민항쟁의 발생으로 지배층 내에 危機感이 조성된 상태에서 내려진, 정부의 농민항쟁에 대한 수습책이라는 성격을 지니고 있었던 것이 아닌가 생각된다.36) 그렇다면 명종 18년에 수리시설의 축조를 지시한 조처는 당시 사회의 변화에 대처해 나가는 정국운영의 측면과도 관련하여 내려진 것이라고 볼 수 있겠다.

이것은 곧 수리시설의 축조 지시와 같은 권농정책이, 당시로서는 사회변화가 진행되는 가운데 그 변화에 대처해 나가려는 의도하에 추진되고 있었다는 것으로, 사회변동시기 권농정책의 기능을 살펴보는데 시사하는 바가 크다고 생각된다. 이와 같은 점은 이 시기를 살았던 李奎報의 農業振興論을 통해서도 다시 한번더 확인해 볼 수 있다.

무신정권시기를 살았던 李奎報(의종 22년, 1168~고종 28년, 1241)는 그의 문집인 『東國李相國集』을 통해 많은 작품을 남기고 있었는데,37) 그 가운데 당시 農民과 農村을 소재로 한 詩를 다수 살펴볼 수 있다. 한편 이러한

---

35) 『高麗史』卷78, 食貨志 1 田柴科 明宗 18年 3月 ; 卷78, 食貨志 1 貢賦 明宗 18年 3月 ; 卷79, 食貨志 2 借貸 明宗 18年 3月 ; 卷80, 食貨志 3 常平義倉 明宗 18年 3月

36) 明宗 18年 敎書의 성격에 대해서는 다음의 논고 참조. 朴宗基, 1990, 「12, 13세기 農民抗爭의 原因에 대한 考察」『東方學志』 69, 142~146쪽.

37) 이규보의 생애에 대해서는 다음의 논고 참조. 朴菖熙, 1987·1989·1990, 「李奎報의 본질에 대한 연구」(Ⅰ)·(Ⅱ)·(Ⅲ)『外大史學』 1·2·3 ; 朴宗基, 1996, 「李奎報의 生涯와 著述 傾向」『韓國學論集』 19, 國民大學校 韓國學硏究所.

시 작품 속에는 농민의 유망, 농촌의 피폐상, 농민항쟁 등 당시의 農村狀況
을 비롯해 이러한 상황을 타개해 나갈 방안으로 興農方案 또한 밝히고 있어,
이를 통해 이 시기 권농정책의 一面을 살펴보는데 많은 도움을 준다.[38]

이에 따르면 이규보의 農村現實觀은 대체로 地方官의 수탈 속에 고통받
고 있는 農民과 그 속에서 피폐화 되어가는 農村의 모습으로 그려지고 있
었다. 이규보가 인식한 당시 사회의 현실은 列郡의 殘民이 流移하여 土着
하지 못하고, 土地가 황폐화되어 閑曠地가 다수 존재할 뿐만 아니라 水災와
旱災로부터도 피해를 받고 있는 상황이었다. 그는 당시 농업의 상황이 농사
가 제대로 이뤄지지 못하는 非正常的인 營農 상태인 것으로 인식하고 있었
다. 따라서 이러한 상황에 대처하는 방안은 流移民의 安集, 興農, 防災 등
이었던 것으로 생각되고 있었다.

한편 이규보는 이러한 興農方案과 병행하여 당시 해결해야할 당면과제로
官吏登用上의 문제와 軍事制度·地方制度의 문란[39] 등을 지적하면서, 이들
문제점의 시정을 통해 정상적인 國家運營으로 복귀해 나갈 것을 강조하고
있었다. 농업진흥, 관리등용, 군사제도, 지방제도 등은 모두 정상적인 국가
운영에 필요한 요소로서, 이러한 문제들은 각각 별개의 것이 아니라 상호연
관관계를 지닌 것이었기 때문에, 이규보는 이들 모두가 정상화될 때 비로소
문제점이 해결될 수 있을 것으로 생각했던 것이었다. 그런 점을 감안할 때,
이규보의 농업진흥론은 그 자신이 구상하고 있던 國家運營論의 일부이기도
하였다.[40] 이처럼 이규보의 농업진흥론을 통해 살펴볼 수 있듯이, 당시로서

---

38) 이규보의 농촌현실관과 농업진흥론에 대해서는, 본서에 수록된 <제1부> 제4
   장의 논문 참조.
39) 무신정권시기의 관리등용·군사제도·지방제도 등에서 나타난 문제점에 대해서
   는 다음의 논고 참조. 金昌賢, 1998, 『高麗後期 政房研究』, 高麗大 民族文化研
   究院 ; 鄭景鉉, 1992, 『高麗前期 二軍六衛制 研究』, 서울대 박사학위논문,
   142~159쪽 ; 權寧國, 1995, 『高麗後期 軍事制度 研究』, 서울대 박사학위논문,
   12~27쪽 ; 金晧東, 1987, 「高麗 武臣政權時代 地方統治의 一斷面-李奎報의
   全州牧 '司錄兼掌書記'의 活動을 中心으로-」 『嶠南史學』 3.
40) 이와 같은 이규보의 농촌현실관과 농업진흥론은, 특히 그가 고종 21년(1234) 禮

는 권농정책의 수행이 원활한 효과를 거두기 위해서는, 그 자체에 국한하는 것이 아니라 여타 제반의 국가운영제도가 함께 정비될 때 비로소 가능한 일이었던 것이다.

이상에서 살펴본 바와 같이 고려중기는 農業技術 발달의 모습을 살펴볼 수 있는 시기일 뿐만 아니라 地方社會의 동요, 農民의 流亡, 權勢家에 의한 大土地兼倂, 광범위한 農民蜂起 등 여러 가지 사회현상이 발생하고 있던 시기이기도 했다. 이러한 사회변화에 조응하여 勸農政策은 피폐한 農民과 農村의 상황을 복구하여 農業을 진흥하는 방향으로 추진되고 있었는데, 이는 곧 官吏制度, 軍事制度, 地方制度 등의 정상적인 복귀 등과 더불어 國家運營을 원활히 해나가는 일이었기 때문이었다.

3. 대몽항쟁시기의 권농정책

한편 이 시기 권농정책의 전개과정에 큰 영향을 주었던 것 가운데 하나는 蒙古와의 전쟁으로 인한 농업의 피해였다. 몽고의 침입이 개시된 高宗 18年(1231) 8月 이후 高宗 46年(1259) 3月 몽고군이 철수하기까지 29년간에 걸친 전쟁은 고려의 농민과 농토에 많은 피해를 주었다.[41] 모두 6차에 걸친 침입 가운데 가장 피해가 심했던 시기는 특히 그 마지막 시기인 제6차 침입 때(고종 41년[1254] 7월~고종 46년[1259] 3월)였다.[42] 이에 따른 농

部試 知貢擧로서 科題로 제출한 策問, 즉『東國李相國後集』卷 11 甲午年禮部試策問[首望制可]·同前策問[次望不行] 등을 통해 잘 살펴볼 수 있다. 이규보의 策問을 통해 그의 현실개선방안, 농업진흥방안 등을 분석한 논고로서는 다음의 논고 참조. 김인호, 1993,「이규보의 현실이해와 정치경제 개선론」『學林』15 ; 李正浩, 2001,「이규보의 농촌현실관과 농업진흥론」『史叢』53.

41) 대몽전쟁의 전개과정에 대해서는 다음의 논고 참조. 尹龍爀, 1991,『高麗對蒙抗爭史硏究』, 일지사.

42) 몽고의 제6차 침입시기 가운데서도 특히 첫해인 高宗 41年에 인명과 농토의 피해가 가장 컸다. 즉 高宗 41年 한 해 동안 몽고군에 의한 피해를 기록한 바에

경민의 감소와 농토의 황폐화[43]는 재정 수입의 감소로 이어져 국가재정운
영을 크게 위협하는 것이었다.[44]

따라서 대몽항쟁시기 중앙정부로서는 전쟁을 수행함과 동시에 전란으로
인한 농민의 피해를 복구하기 위한 조처를 동시에 취해야 할 필요가 있었고,
이에 따라 중앙정부로부터 진휼과 권농 조처가 여러 차례 내려지고 있었다.

그 가운데 몽고군의 침입으로 피해가 가장 컸던 제6차 침입시기에 이뤄
진 賑恤 관련 사항을 정리해 보면 다음의 <표E-3>과 같다.

〈표E-3〉 몽고의 제6차 침입시기에 이뤄진 賑恤 관련 사항

시기	내용	성격	전거
고종 42년 3월	전란으로 피해 입은 諸道郡縣에 三稅 이외의 雜稅 견면	전란 피해에 대한 조세 감면	『高麗史』 卷80, 食貨志 3 賑恤 災免之制
	簽書樞密院事 崔坪의 奏請으로, 금년 봄부터 기근이 심해 백성이 많이 사망 하니, 창고를 열어 진휼케 함.	기근으로 인 한 진휼	『高麗史節要』 卷17
고종 42년 4월	都兵馬使가 몽고군에 사로잡혔다 도망 하여 京城에 들어온 자에게 하루에 1升 의 米를 지급	피난민에 대 한 진휼	『高麗史節要』 卷17

따르면, 몽고병에 사로잡힌 남녀의 숫자가 206,800여명이고 살육된 자를 이루
다 헤아릴 수 없었으며, 몽고군이 지나간 군현은 모두 불타 없어져, 몽고군의 침
입이 있은 이래 피해가 이처럼 심한 때는 없었다고 표현되고 있었다(『高麗史』
卷24, 高宗 41年 12月).

43) 몽고와의 강화 이후 원종 4년에 전란으로 인한 피해로 "백성 가운데 살아남은
자가 100에 1~2명이고, 토지로부터의 조세 수입이 10에 8~9가 없어졌다"고
언급하고 있는데, 표현의 과장을 감안하더라도 이를 통해 전란으로 인한 인구
의 감소와 토지의 황폐화가 심각하였음을 엿볼 수 있다(『高麗史』 卷25, 元宗
4年 4月 甲寅).

44) 전란으로 인한 재정수입의 감소로 국가재정운영에 어려움을 겪고 있었던 사정은
다음의 사료를 통해 잘 살펴볼 수 있다. "倉廩告竭 王減畫膳"(『高麗史節要』 卷
17, 高宗 42年 9月) ; "大倉御史奏 倉廩已匱 無以頒祿 乃以崔竩別庫米一萬五千
石 補四品以下祿俸"(『高麗史』 卷80, 食貨志 3 祿俸 高宗 46年 正月) ; "大創頒
五品祿 倉匱 只給數十人"(『高麗史』 卷80, 食貨志 3 祿俸 高宗 46年 11月)

고종 42년 7월	新興倉을 열어 甲寅年(고종 41년, 1254)에 京城을 지킨 坊里百姓을 진휼	京城 방어에 따른 진휼	『高麗史』卷80, 食貨志 3 賑恤 水旱疫癘賑貸之制
고종 43년 6월	新興倉을 열어 城을 지키는 軍卒과 함께 入保한 州縣의 吏民을 진휼	城 방어 軍卒 및 入保民에 대한 진휼	『高麗史』卷80, 食貨志 3 賑恤 水旱疫癘賑貸之制
고종 44년 윤4월	丙辰年(고종 43년, 1256) 이전의 逋租 견면	조세 감면	『高麗史』卷80, 食貨志 3 賑恤 恩免之制
고종 45년 2월	海島로 옮겨간 州縣에 1년의 租를 면제	海島 入保民에 대한 조세 감면	『高麗史』卷80, 食貨志 3 賑恤 災免之制
고종 45년 4월	救急都監에서 흉년으로 인해 崔竩의 倉穀을 내어 太子府·官僚·兩班·寡婦·城中居民·軍士·僧徒·諸役人에게 지급	흉년으로 인한 구휼	『高麗史』卷80, 食貨志 3 賑恤 水旱疫癘賑貸之制
고종 46년 정월	城 안의 飢人이 相食하자 昇天府를 옮기고 식량과 토지를 지급 창고를 열어 宰樞·寡婦·前衛六品以上官 및 諸衛軍과 坊里人을 진휼	기근으로 인한 진휼	『高麗史』卷80, 食貨志 3 賑恤 水旱疫癘賑貸之制
고종 46년 2월	新興倉의 銀 10斤을 내어 穀種으로 바꿔 貧民에게 지급	貧民에 대한 穀種 지급	『高麗史節要』卷17
고종 46년 3월	金剛城防護別監 王仲宣이 함께 入保했던 州縣民 500餘口를 이끌고 昇天城에 도착하자, 米 30斛을 내어 진휼	山城입보민의 이동에 따른 진휼	『高麗史』卷80, 食貨志 3 賑恤 水旱疫癘賑貸之制

　　이 시기에 이뤄진 진휼 조처를 살펴보면, 租稅 감면과 糧穀 지급을 통해 흉년·기근으로 인한 피해를 진휼하는 한편 京城 방어 및 대몽항쟁 과정에서 취해진 山城·海島 入保策에 따른 入保民을 위해 진휼이 이뤄지고 있었다.

　　그러나 전쟁수행 과정에서 이뤄진 이러한 진휼 조처가 당시의 각종 피해를 회복하기에는 그다지 도움이 되지 못하고 있었다. 조세 감면을 예를 들어 살펴보면, 고종 42년 3월 전란으로 피해를 입은 諸道郡縣에 三稅 이외의 雜稅를 蠲免하고 있었는데, 이것은 한해 전인 고종 41년에 몽고 침입으로 입은 피해가 심각할 정도로 컸던 사정[45]에 말미암은 것이었다. 그러나 고종 43년 윤4월에 이전의 逋租를 또다시 蠲免하고 있는 것을 보면, 앞서의 조세 감면 조처가 제대로 효과를 거두지 못하고 있었기 때문일 것이다.

―――――――――――

45) 앞의 註 42) 참조.

이처럼 이 시기에 진휼이 제대로 효과를 거두지 못하고 있었던 이유는, 우선 장기간의 전쟁으로 인한 피해로 농업기반이 그만큼 불안정해진 요인도 있겠지만, 다른 한편으로는 후술하듯이 이 시기 지방에 파견된 지방관이 제대로 맡은 바 임무를 수행하지 못하고 있었던 데에도 그 원인이 있었다.

> 아-5. 諸道에 勸農使를 나누어 파견하였다.(『高麗史』 卷79, 食貨志 2 農桑 高宗 42年 5月)

위 사료에서 살펴볼 수 있듯이, 대몽항전 기간 중인 고종 42년 5월에 諸道에 勸農使를 나누어 파견하고 있었다. 물론 이러한 권농사의 파견은 몽고와의 전쟁으로 인한 농업의 피해를 복구하기 위한 목적도 있었겠지만, 실제로 이 시기에 파견된 권농사의 임무를 살펴보면 본래의 목적대로 권농을 수행하고 있었다고 보기 어려운 점들이 있다. 이와 관련해 다음의 사료는 이 시기에 파견된 권농사의 임무를 살펴보는데 참고가 될 수 있다.

> 아-6. 諸道에 巡問使를 파견하였는데, 閔曦를 慶尙州道에, 孫襲卿을 全羅州道에, 宋國瞻을 忠淸州道에 파견하였다. 또 各道에 山城兼勸農別監으로 37人을 파견하였는데, 이름은 勸農이었지만 실제로는 防禦를 위해 파견한 것이었다. 巡問使가 얼마안있어 번거로움을 들어 勸農別監을 파할 것을 청하니, 쫓았다.(『高麗史』 卷79, 食貨志 2 農桑 高宗 30年 2月)

즉 고종 30년에 各道에 山城兼勸農別監 37人을 파견하고 있었는데, 이름은 勸農이었지만 실제로는 防禦를 위해 파견한 것이었고, 결국 煩冗함을 이유로 勸農別監을 파하였다. 권농별감의 파견이 煩冗하게 여겨졌던 것은 기존에 파견된 巡問使와 업무가 중복되었기 때문이었고, 또 勸農別監이 권농이라는 본래 목적보다는 전쟁 중의 防禦 업무에 치중해 있었던 때문이었다.

아울러 당시로서는 지방에 파견된 지방관에 의해 오히려 백성의 피해가 발생하여 원성을 사는 일까지도 발생하고 있었다.

아-7. 都祭庫判官 高鼎梅를 黃驪·利川·川寧·楊根·竹州·陰竹 등의 蘇復別監
　　으로 삼았는데, 高鼎梅가 蘇復하는 일을 돌보지 않고 酒色에 탐닉하고
　　백성을 핍박하여 이익을 챙겼다.(『高麗史』卷42, 高宗 42年 2月 癸未)
　8. 이 달에 몽고병 때문에 六道 宣旨使用別監의 파견을 정지하였다. 이 때
　　奉使者가 백성을 핍박하고 횡렴하여 은총을 두터히 하려 하여, 백성들
　　이 몹시 고통스러워했고 오히려 蒙古兵이 오기를 기뻐했다.(『高麗史』
　　卷24, 高宗 43年 2月)

　아-7을 통해서는 전쟁 피해를 복구하기 위해 파견된 蘇復別監이 오히려
백성에게 피해를 주고 있었던 사례를 살펴볼 수 있다. 이와 같은 사정 속에
심지어 아-8에 따르면 당시에 백성들은 중앙정부로부터 파견된 관리들이 오
는 것보다 오히려 蒙古兵이 오는 것을 기뻐하고 있었을 정도였다. 이처럼
당시로서는 전쟁 과정에서 중앙정부에서 파견된 관리들의 업무 수행이 제
대로 이뤄지지 못하고 있었다. 그러한 상황 속에서 권농정책을 정상적으로
수행하여 전쟁으로 인한 인구의 감소와 토지의 황폐화를 복구하도록 기대
하는 일은 어려운 실정이었다.

　이상에서 살펴본 바와 같이 몽고와 장기간에 걸친 전쟁을 치루는 과정에
서 권농정책의 수행 또한 전쟁으로 인한 피해를 복구하기 위해 이뤄지고 있
었다. 그러나 이를 위해 파견한 지방관이 오히려 일반민의 피해를 야기하는
등 제대로 효과를 보기 힘든 실정이었다. 이러한 상황 속에서 일반민의 피
해와 이에 따른 국가재정의 곤궁이 초래됨은 어찌보면 당연한 귀결이었고,
이것은 후술하듯이 이후 고려후기에 권농정책을 수행함에 있어서도 상당기
간 영향을 미치는 요인 가운데 하나였다.

제4장 고려후기 권농정책의 전개과정

1. 농업의 당면과제

앞서 살펴보았듯이, 고려중기의 권농정책은 12세기 이래 농업생산력 발달에 따른 사회변화가 나타나는 가운데 이러한 변화를 조정하는 측면을 지니고 있었다고 생각된다. 그러면 고려중기 여러 가지 사회변화와 이에 조응한 권농정책은 몽고와의 終戰 이후 고려후기에 들어와 어떻게 진행되고 있었으며, 그 내용에 드러나는 특징은 무엇이었을까.

고려후기 권농정책의 내용을 살펴보기에 앞서, 먼저 당시의 영농 상황을 살펴봄으로써 농업의 당면과제와 이에 조응한 권농정책의 추진방향이 결정되는 배경에 대해 고찰해 보도록 하겠다.

몽고와의 전쟁 이후 원간섭기에 들어와 고려는 국가재정의 운영상 여러 가지 어려움을 겪고 있었다. 12세기 이래 점차 진행되고 있던 불법적 大土地兼倂 현상과 이로 말미암은 농민·농촌의 피폐화 현상은 정상적인 농업경영을 회복하기 위해 시급히 해결해야 할 문제였다. 아울러 몽고와의 전쟁으로 인한 농경지의 황폐화를 비롯해 元으로부터의 각종 부담 요구 역시 고려 중앙정부의 원활한 재정운영을 위협하는 커다란 요소였다. 당시로서는 이전부터의 사회변화와 함께 원간섭기에 새로이 대두된 사회문제를 조정하여 사회·국가 운영의 질서를 마련하는 일이 당면과제로 대두되고 있었던 것이다.

몽고와의 전쟁 이후 원간섭기에 들어와 고려의 국내외 사정은 국가재정의 부족을 가중시켜 나가고 있었다. 우선 국가의 재정상황이 악화된 원인 가운데 하나는 몽고와의 오랜 전쟁 과정에서 농경 인구가 감소하고 농경지가 황폐화된 데 있었다. 아울러 몽고와의 終戰 이후 원간섭기 상황 속에서 元은 高麗에 대해 감당하기 힘들 정도의 무리한 각종 부담을 요구해 왔다.

몽고는 전쟁 과정에서부터 고려에 복속과 함께 '六事'의 이행을 요구해 왔고, 이러한 요구는 강화 이후에도 이어졌다.[1] 이에 대해 고려 중앙정부는 국내 사정을 들어 이행이 불가함을 알리는 등[2] 몽고의 요구로 인한 고려의 피해를 최소화하기 위해 노력하기도 했지만,[3] 몽고의 거듭된 요구 속에서 국가재정의 압박을 피할 수 없었다. 出陸還都 이후 이어진 몽고의 日本遠征 과정에서 고려측이 부담한 경비,[4] 고려왕실의 親朝 및 체류 등에 따른 盤纏 비용 역시 커다란 부담이 되고 있었다.[5]

이러한 사정 속에서 국가재정은 관료에 대한 祿俸 지급이 제대로 이뤄지지 못함은 물론[6] 內莊宅의 쌀이 떨어져 하루 저녁의 御飯米마저 마련하지

---

1) 『高麗史』卷24, 高宗 40年 8月 ; 『高麗史節要』卷18, 元宗 3年 12月 ; 元宗 4年 3月 ; 元宗 9年 2月 ; 元宗 9年 3月. 몽고가 복속국에 요구한 '六事'는 君 長의 親朝, 子弟의 入質, 戶口의 編籍, 驛站의 설치, 助軍, 軍糧補助, 租稅의 輸 送, 達魯花赤의 설치 등을 내용으로 하고 있었다. 고려에 대한 몽고로부터의 '六事' 요구에 대해서는, 高柄翊, 1969, 「蒙古·高麗의 兄弟盟約의 性格」『白山 學報』 6, 69~74쪽 참조.

2) 『高麗史節要』卷18, 元宗 4年 4月

3) 閔賢九, 1980, 「李藏用 小考」『韓國學論叢』 3, 79~83쪽.

4) 몽고의 일본원정에 따른 고려측의 부담에 대해서는 朴鍾進, 1983, 「忠宣王代의 財政改革策과 그 性格」『韓國史論』 9, 62~66쪽 참조.

5) 원간섭기 고려국왕의 친조 및 체류 등에 따른 盤纏 비용에 대해서는, 金塘澤, 1996, 「元干涉期 高麗 國王의 入元經費(盤纏)에 대하여」『吉玄益紀念論叢』 : 1998, 『元干涉下의 高麗政治史』, 一潮閣 재수록 참조.

6) 『高麗史』卷80, 食貨志 3 祿俸 序文

못할 지경에 이르렀을 정도로 궁핍한 상황에 처하게 되었다.[7] 이에 개경으로 환도를 전후한 시기에 전쟁과정에서의 피해를 복구하려는 정부의 경제시책은 田民辨正事業, 貢賦額의 개정, 祿科田의 설치 등으로 나타나고 있기도 하였다.[8] 그러나 거듭된 전민변정사업의 추진을 통해서도 엿볼 수 있듯이[9] 정부의 이러한 경제시책은 제대로 성과를 거두지 못했고, 국가재정 확보를 위한 방안은 대체로 임시부과세의 형식을 띤 科斂으로 충당됨으로써[10] 농민층의 부담만을 가져오는 등 피해를 초래하고 있었다. 원간섭기 중앙정부에서도 이러한 재정부족을 해결하기 위해 財政官署의 개편 등 재정개혁을 시도하였지만, 王室財政의 확대를 위한 경향이 엿보이는 등[11] 한계를 드러내고 있었다.

아울러 고려후기 국가재정을 궁핍하게 했던 주된 원인 가운데 하나는 국가에 조세를 납부하지 않는 不法的 大土地兼併 현상의 증가에 있었다. 이 시기에 토지 탈점은 국왕,[12] 왕실의 종친인 諸王, 宰樞를 비롯한 관료, 宮院, 寺社,[13] 鷹坊·怯怜口,[14] 宦官,[15] 事審官[16] 등 당시에 '權勢之家'·'豪勢

---

7)『高麗史』卷27, 元宗 14年 2月 庚子
8) 몽고와의 강화 및 개경 환도를 전후한 시기의 경제시책에 대해서는 다음의 논고 참조. 閔賢九, 1972,「高麗의 祿科田」『歷史學報』53·54, 61~62쪽 ; 박종진, 2000,『고려시기 재정운영과 조세제도』, 서울대학교출판부, 164~169쪽.
9) 고려후기 田民辨正을 위한 기구가 설치된 것 만해도 사료상 확인되는 것이 16차례나 되고 있고(姜順吉, 1985,「忠肅王代의 察理辨違都監에 대하여」『湖南文化研究』15, 18쪽 <표 1> 참조), 이러한 점은 전민변정이 당시에 절실한 사회문제였음을 알려줌과 동시에 그 사업이 제대로 성과를 거두지 못하고 또 수행과정에서 많은 어려움이 있었음을 엿볼 수 있게 해준다.
10) 朴鍾進, 1983, 앞의 논문, 66~67쪽.
11) 충렬왕대에 御庫인 內房庫가 설치되고 이로부터 各道에 파견된 勸農使가 과중한 수취로 피해를 야기시키고 있었고, 충혜왕대에는 寶興庫가 설치되고 田民을 탈취하여 소속시킴으로써 피해를 발생시키고 있었다(『高麗史』卷79, 食貨志 2 科斂 忠烈王 15年 3月 ; 忠惠王 4年 3月).
12) 앞의 註 11) 참조.
13)『高麗史』卷78, 食貨志 1 田制 經理 忠烈王 11年 3月
14)『高麗史節要』卷20, 忠烈王 8年 9月

之家'·'權豪'·'權貴' 등으로 불리는 여러 계층에 의해 광범위하게 발생하고
있었다. 토지 탈점은 宗廟·學校·倉庫 등 국가 혹은 국가기관 소속의 토지,
寺社·祿轉·軍需田 및 일반농민의 소유지인 民田 등[17] 거의 전영역에 걸쳐
이뤄지고 있었다. 탈점의 방식 또한 다양하여 토지개간을 위한 목적으로 지
급된 賜牌田이 불법적 탈점의 용도로 전용되는 한편[18] '權勢之家'와 '奸猾
之類'의 결탁에 의한 문서조작,[19] 강압에 의한 토지 탈점[20] 등이 발생하고
있었다. 이와 같은 불법적 대토지겸병으로 국가에 대한 조세수입이 감소되
는 것은 물론 이에 따른 지방에 대한 租稅徵收의 독촉은 그 부담이 鄕吏·
百姓에게 가중되어 流亡을 초래하고 있었다.[21]

이처럼 고려후기에 이르러 국가재정은 몽고와의 전쟁으로 인한 피해, 원
으로부터의 각종 부담, 불법적 대토지겸병의 전개 등으로 어려움을 겪고 있
었다. 이러한 상황은 국가재정의 증대를 위한 시도 속에 농업생산활동에 대
한 과도한 부담으로 작용하여 농민층의 피해를 유발하고 있었다. 아울러 당
시에 진행된 상업의 발달과 유통경제의 확대 또한 농민의 피해로 연결되기
도 하였다.[22] 元과의 무역을 통한 상업교류의 확대,[23] 왕실·권세가·사원에

---

15) 『高麗史』 卷30, 忠烈王 15年 9月 丁丑
16) 『高麗史』 卷75, 選擧志 3 事審官 忠肅王 5年 5月
17) "宗廟學校倉庫寺社祿轉軍需田及國人世業田民 豪强之家 奪占幾盡"(『高麗史』
    卷132, 辛旽傳)
18) 『高麗史』 卷78, 食貨志 1 田制 經理 忠烈王 24年 正月 ; 卷78, 食貨志 1 功蔭田
    柴 忠肅王 5年 5月 ; 卷78, 食貨志 1 祿科田 忠穆王 元年 8月
19) "忠宣王復位 下敎曰 … 一 權勢之家 奸猾之類 造作文契 奪人奴婢田丁"(『高麗
    史』 卷84, 刑法志 1 職制 忠烈王 34年)
20) "時堅味仁任興邦 縱其惡奴 有良田者 率以水精木 杖而奪之 其主雖有公家文券
    莫敢與辨 時人謂之水精木公文"(『高麗史』 卷126, 林堅味傳)
21) "時慶尙道轉輸別監 刻日督飛輓甚急 民皆竄匿 高丘縣吏 恐後期抵罪 自縊"(『高
    麗史』 卷29, 忠烈王 7年 正月 壬寅) ; "下敎 … 一 巡訪使所定田稅 每歲州郡據
    額收租 權勢之家 拒而不納 鄕吏百姓 稱貸充數 無有紀極 失業流亡"(『高麗史』
    卷78, 食貨志 1 田制 租稅 忠肅王 5年 5月) ; "追徵各道往年貢賦 餘美縣吏 不
    堪其苦 遂自刎"(『高麗史』 卷78, 食貨志 1 田制 貢賦 忠惠王 後4年 7月)
22) 고려후기 상업의 발달은 이를 통해 일반농민이 富戶層으로 성장하는 계기를 마

의한 상업이익의 장악,[24) 高利貸的인 방법에 의한 財富蓄積[25) 등은 농민층의 피해를 가속화시켰다.

그러면 이러한 농민층의 영농상황에 비추어 국가에서 권농정책을 실시함에 있어 당면과제는 무엇이었을까. 우선 시급히 해결해야 할 사항은 土地制度의 문란과 王室·權勢家·寺院 등의 불법행위, 지방관의 부정 등으로 말미암아 농민의 피해가 발생하는 것을 방지하고, 영농의 안정을 유지하는 일이었다. 한편 이와 같은 영농 안정화의 노력과 아울러 당시로서는 지속적으로 농업생산을 증대시켜 나가는 노력 또한 절실히 필요한 상황이었다.

그것은 농가의 영농 안정화를 기할 뿐만 아니라 사회변화에 조응한 소농민경영의 영농조건을 마련하기 위해 농업기술의 개선, 농지개발 등을 통해 생산의 증대를 기하는 일이었다. 이것은 또한 농민층의 입장에서는 개별농가의 자립성을 제고해 나가는 일이었고, 국가의 입장에서는 이러한 개별농가의 재생산이 지속적으로 가능하도록 하는 한편 이러한 생산이 국가의 조세제도로 연결되도록 하는 일이었다고 생각된다.

런하기도 했지만, 대체로 왕실, 권세가, 사원 등에 의해 주도되는 가운데 抑賣買, 高利貸 등을 통해 일반농민의 피해를 야기시키는 경우가 많았다. 고려후기 상업과 유통경제의 발달에 따른 일반농민의 피해에 대해서는 다음의 논고 참조. 金東哲, 1985, 「고려말의 流通構造와 상인」『釜大史學』9 ; 李相瑄, 1991, 「高麗 寺院의 商行爲 考」『誠信史學』9 ; 蔡雄錫, 1997, 「高麗後期 流通經濟의 조건과 양상」『韓國 古代·中世의 支配體制와 農民』, 지식산업사 ; 朴平植, 1998, 「高麗末期의 商業問題와 捄弊論議」『歷史敎育』68 ; 김도연, 2004, 「元간섭기 화폐유통과 寶鈔」『韓國史學報』18.

23) "遣門下評理安翊 如京師 賀聖節 … 翊流涕太息曰 吾嘗以爲 遣宰相朝聘者 爲國家耳 今日乃知 爲權門營産也"(『高麗史節要』卷32, 辛禑 12年 6月)

24) "王發義成德泉寶興布四萬八千匹 開鋪於市"(『高麗史』卷36, 忠惠王 後3年 2月戊午) ; "大司憲趙浚陳時務曰 … 權勢之家 競爲互市 貂皮松子人參蜂蜜黃蠟米豆之類 無不徵斂 民甚苦之"(『高麗史節要』卷33, 辛禑 14年 8月)

25) "豪勢之家 遣人州縣 以銀瓶等物 强市民間細布綾羅葦席等物 實爲民弊"(『高麗史』卷84, 刑法志 1 職制 忠烈王 22年 5月) ; "我太祖獻安邊之策曰 … 遊手之僧 無賴之人 托爲佛事 冒受權勢書狀 干謁州郡 借民斗米尺布 斂以甌石尋丈 號曰反同 徵如逋債"(『高麗史節要』卷32, 辛禑 9年 8月)

따라서 국가의 입장에서는 불법적 대토지겸병으로 인한 조세 수입의 감소를 방지하는 것과 아울러 사회변화에 조응한 소농민경영의 영농조건을 마련하고 이를 통해 생산증대를 도모하는 일이 필요했다고 여겨진다. 당시로서는 이와 관련해 농업생산을 증진하기 위한 권농정책의 방향이 결정될 필요가 있었을 것으로 생각된다.

2. 권농정책의 추진방향

1) 충렬왕대의 권농정책

몽고와의 終戰 이후 중앙정부에서 시급히 취해야 조처는 전란으로 인한 피해를 복구하여 농업생산활동을 회복하는 한편 농업생산력을 증대시키는 일이었다. 이를 위해서는 우선 유민을 안집하고 황폐화한 농지를 경작지로 환원시키는 등 農地開發이 급선무였다. 이에 따라 전란으로 인해 황폐화된 농경지를 복구하려는 노력은, 충렬왕대에 이러한 토지를 諸王, 宰樞, 扈從臣僚, 宮院, 寺社 등에 賜牌田의 형식으로 나누어 줌으로써 개간을 유도하는 조처로 나타났다.

> 자-1. 下旨하기를, "諸王, 宰樞 및 扈從臣僚, 諸宮院·寺社가 閑田을 점하기를 원하고, 국가에서 또한 농사에 힘쓰고 곡식을 중히 여기는 뜻에서(務農重穀之意) 牌를 내려 주었다(賜牌). 그러나 賜牌를 빙자하여 비록 주인이 있고 籍에 올라있는 토지 조차도 모두 빼앗으니, 그 폐해를 이루 다 말할 수 없다. 사람을 뽑아 파견하여 사실을 철저히 가려내고 무릇 牌를 받아 田籍에 올라 있는 토지라도 起田과 陳田을 가리지 말고 원래 주인이 있던 것은 돌려 주도록 하라. 또한 閑田이라도 백성이 이미 개간한 것은 빼앗지 못하도록 하라"라고 하였다.(『高麗史』卷78, 食貨志 1 田制 經理 忠烈王 11年 3月)

賜田은 본래 일정한 名目 없이 국왕이 臣下·功臣 등에게 임의로 사여하는 토지로서, 이러한 사전의 분급은 고려전기 이래부터 이미 시행되고 있었다.[26] 그런데 이 시기에 이르러 전쟁과정에서의 농경지 황폐화로 인한 피해를 복구하는 과정에서 농지개간을 위한 목적에서 賜牌田이 분급되고 있었던 것이다. 위 사료에서 나타나듯이 諸王, 宰樞 및 扈從臣僚, 諸宮院·寺社가 閑田을 점하기를 원하고, 국가에서도 '務農重穀', 즉 농사에 힘쓰고 곡식을 중히 여기는 뜻에서 사패전을 분급하고 있었다.

한편 이러한 사패전의 분급을 통한 閑田의 개간은 전란으로 인한 농경지의 황폐화에 대한 대책으로서는 어느 정도 효과를 거두었을 것으로 생각되지만,[27] 사패전은 田租가 면제된 토지라는 점에서[28] 이로 인한 농지개간의 확대는 국가재정의 측면에서 한계를 지닌 것이었다. 뿐만 아니라 주지하듯이 사패전은 주인이 없는 閑田에 분급되어야 함에도 불구하고 주인이 있고 籍에 올라 있는 토지에 분급되는 등 불법이 자행되었고, 이러한 사패전의 분급은 불법적 대토지겸병의 수단으로 이용됨으로써 토지제도 문란의 주된 원인 가운데 하나가 되는 결과를 가져왔다.[29]

---

26) 姜晋哲, 1980,「其他의 私田」『高麗土地制度史硏究』, 高麗大出版部, 163~164쪽.

27) 다음의 기록은 豪猾之徒에 의한 冒受賜牌로 조세가 不納되고 있는 폐해를 지적한 내용이기는 하지만, 이를 통해 賜牌田으로 인한 田野의 開墾과 國家財政과의 관계를 엿볼 수 있을 것으로 생각된다. 여기서 田野가 개간되더라도 국가의 賦稅가 날로 줄어든다고 하고 있어, 적어도 冒受賜牌한 전지가 개간이 되었던 점은 어느 정도 인정하는 가운데 그러한 결과가 국가 재정에 연결되지 않는 문제점을 지적하고 있는 것으로 생각된다. "忠宣王卽位 下敎 … 邇來 豪猾之徒 托稱遠陳 標以山川 冒受賜牌 爲己之有 不納公租 田野雖闢 國貢歲減"(『高麗史』卷78, 食貨志 1 田制 經理 忠烈王 24年 正月)

28) 李景植, 1983,「高麗末期의 私田問題」『東方學志』40 : 1986,『朝鮮前期土地制度硏究』, 一潮閣 재수록, 21쪽.

29) 사패전의 남발로 인한 토지탈점 현상에 대해서는 다음의 논고 참조. 姜晋哲, 1980,「高麗의 農莊에 대한 一硏究-民田의 奪占에 의하여 형성된 權力型農莊의 實體追求-」『史叢』24 : 1989,『韓國中世土地所有硏究』, 一潮閣 재수록, 188~192쪽 ; 浜中昇, 1982,「高麗後期の賜給田について-農場硏究の一

이처럼 충렬왕대 사패전의 분급은 전란 피해의 복구를 위해 마련된 것이었지만, 국가재정의 증대를 기하기에는 한계가 있었을 뿐만 아니라 시행과정에서 나타나는 문제점들은 오히려 농민의 생산활동에 커다란 피해를 야기하기도 했던 것으로 생각된다.

아울러 당시로서는 지방에 파견된 지방관에 의해 백성의 보호와 농업의 권장이 추진되기 보다는 오히려 이들에 의한 貢賦의 징렴으로 백성의 피해가 발생하고 있기도 하였다. 이와 관련해서는 충렬왕 3년에 설치된 農務都監의 성격과 충렬왕대의 勸農使에 대해 주목해 볼 필요가 있다.

農務都監에 대해서는 충렬왕 3년 2월에 설치된 사실만이 알려질 뿐[30] 관련 자료를 찾을 수 없다. 이에 대해서는 권농을 담당한 기구의 설치로 볼 여지도 있지만,[31] 농무도감의 성격은 이 기구가 설치되는 시기에 元으로부터 農具, 農牛, 種子, 軍粮 등이 요구되고 있었던 점을 감안하여 살펴보아야 할 것이다.

> 자-2. 張舜龍을 元에 보내어 中書省에 글을 올려 말하기를, "… 또 牒을 받아보니 歸附軍에서 사용할 牛具를 小邦에서 사들이고 값을 치루지 않으려는 듯 한데, 살펴보건대 至元 13年(충렬왕 2년, 1276)에 歸附軍으로서 돌아온 자에게 妻室을 구해 주기 위해 비단을 達魯花赤에게 나누어 주어 간직하고 있습니다. 청컨대 그 가운데에서 撥取하여 至元 9年(원종 13년, 1272)에 種田軍의 牛具를 구입할 때 每頭 당 비단 4필로 구입

前提-」『朝鮮史研究會論文集』19 : 1986,『朝鮮古代の經濟と社會』, 法政大學出版局 재수록, 191~202쪽 ; 李景植, 1983,「高麗末期의 私田問題」『東方學志』40 : 1986,『朝鮮前期土地制度研究』, 一潮閣 재수록, 16~29쪽 ; 朴京安, 1985,「高麗後期의 陳田開墾과 賜田」『學林』7, 53~66쪽 ; 李淑京, 1993,「高麗後期 賜牌田의 분급과 그 변화」『國史館論叢』49 : 2007,『고려 말 조선 초 사패전 연구』, 일조각 재수록 ; 1999,「고려말 冒受賜牌田과 兼幷」『實學思想研究』10·11, 191~205쪽.
30) "忠烈王三年二月 置農務都監"(『高麗史』卷79, 食貨志 2 農桑)
31) 閔丙河, 1991,「高麗時代의 農業政策考」『韓國의 農耕文化』1, 경기대 박물관, 36쪽.

한 舊例에 따라 사들이도록 하십시오"라고 하였다.(『高麗史』卷28, 忠
烈王 3年 2月 丁卯)

충렬왕 3년 2월 고려에서는 농무도감이 설치됨과 아울러, 같은 시기에 張
舜龍을 통해 元의 中書省에 글을 보내어 歸附軍에서 사용할 牛具를 至元
9年(원종 13)의 舊例에 따라 每頭 당 비단 4필로 구입하도록 요청하고 있었
다. 이것은 元의 歸附軍에서 사용할 牛具를 고려에서 구입하고서도 값을 치
루려 하지 않자, 이에 대한 방안을 제시한 것이었다. 즉 고려에서는 원으로
하여금 값을 치루고 牛具를 구입하도록 유도하기 위해, 지원 13년(충렬왕 2
년, 1276)에 원으로부터 보내온 비단을 통해[32) 구입하도록 요청하고 있었던
것이다.

이를 통해 고려로서는 元의 무리한 요구를 시정하려는 의도를 가지고 있
었던 것이지만, 이러한 노력에도 불구하고 결국 귀부군에 필요한 牛具를 마
련·제공해야 하는 부담을 피할 수 없었다.[33) 이와 같이 점을 고려할 때 같
은 시기에 農務都監이 설치된 사실은 원의 요구에 대한 물자공급이라는 부
담과도 관련된 것이었을 가능성이 높아 보인다. 관련 자료의 부족으로 農務
都監에 대한 자세한 것을 고찰하기는 힘들지만, 아마도 농무도감은 원으로
부터 歸附軍에 대한 농구, 농우, 종자, 군량 등의 마련을 포함해 물자 공급
이 요구됨에 따라 이러한 물자를 조달하기 위해 일시적으로 설치한 기구였
던 것으로 여겨진다.[34)

---

32) 그러한 사정은 다음의 사료를 통해 확인할 수 있다. "元遣楊仲信 賚幣帛來 爲
歸附軍五百人 聘妻 王遣使諸道 搜寡婦處女"(『高麗史節要』卷19, 忠烈王 2年
3月)
33) 특히 원간섭기 屯田의 설치에 따라 이에 필요한 農牛·農具·種子 등이 고려 측
에 자주 요구되고 있었는데, 이에 대해서는 洪成旭, 2004, 「고려 후기 農牛 所
有 階層의 變動」『東國史學』40, 157~160쪽 참조.
34) 한편 이에 앞서 원종 12년(1271)에 農務別監을 파견한 사실이 있었는데, 농무
별감의 파견은 元의 요구에 의해 黃州·鳳州에 설치된 屯田經略司에 소요되는
農牛, 農器를 거두기 위한 것이었다. "分遣諸道農務別監 催納農牛農器于黃鳳

이처럼 충렬왕 3년에 설치된 農務都監은 勸農의 목적에 앞서 元의 요구에 따른 물자를 조달하기 위한 성격을 다분히 가지고 있었다고 생각된다. 따라서 이러한 조처가 권농정책으로서 가지는 의미는 한계가 있었을 것이다.

또한 충렬왕대에 파견된 勸農使를 비롯해 지방관의 경우, 이들에 의해 영농안정화와 농업생산의 증진이 이뤄지기 보다는 과중한 취렴에 의해 오히려 농민의 피해를 초래하고 있기도 하였다.

> 자-3. 監察司에서 말하기를, "… 또 諸道의 按廉使와 別監은 그 임무가 다스리는 것을 살피고(察理治) 백성의 고통을 살피는 것인데(問民苦), 지금 모두 上供을 빙자하여 백성에게서 명주·모시·피물·脯·과일·종이 등의 물품을 거두어 權貴에게 뇌물로 바치고 있으니, 청컨대 모두 죄를 다스리십시오"라고 하였다.(『高麗史』卷29, 忠烈王 6年 3月 壬子)
> 4. 世子가 各道의 勸農使들이 聚斂을 일삼아 백성들에게 피해를 주고 있음을 王에게 아뢰니, 罷하고 按廉使로 하여금 그 직임을 겸하도록 하였다.(『高麗史節要』卷21, 忠烈王 14年 8月)

자-3 사료에 따르면, 諸道에 파견된 按廉使와 別監이 上供을 빙자하여 백성의 물품을 거두어 權貴에게 뇌물로 바치고 있었던 사실을 살펴볼 수 있다. 察理治, 問民苦의 職任을 띤 按廉使, 別監의 파견은 지방관의 불법을 방지하는 방법 중 하나였겠지만, 오히려 백성에게 물품을 거두어 權貴에 뇌물을 바치는 폐단을 일으키고 있었던 것이다.

그리고 자-4 사료에 따르면 충렬왕 14년에는 勸農使에 의한 취렴으로 백성들의 피해가 발생됨에 따라, 勸農使를 파하고 그 임무를 按廉使로 하여금 겸하도록 지시를 내렸다. 이러한 조처가 내려지게 된 이유는 다음과 같은 사정이 있었기 때문이었다.

州 以備元屯田之需"(『高麗史』卷79, 食貨志 2 農桑 元宗 12年 4月). 이러한 農務別監과 충렬왕 3년에 설치된 農務都監의 관계에 대해서는 검토를 요하는 것이지만, 농무도감의 성격을 파악하는데 도움이 될 것으로 생각된다.

자-5. 慶尙道 勸農使로 하여금 細麻布를 바치는 것을 금하도록 하였다. 이에
앞서 蔡謨를 勸農使로 삼으니 細麻布를 많이 거두어 王에게 바치고, 또
左右의 權貴에게 뇌물을 주었다. 李德孫이 그를 대신하게 되면서 그 숫
자가 점차 늘어났다. 이때 이르러 薛永仁이 또 그 尺數를 두배로 하고
布를 세밀하게 짜도록 하니, 백성들이 매우 고통스러워 했다. 王이 그것
을 듣고 이러한 명령을 내렸다.(『高麗史節要』卷21, 忠烈王 14年 3月)

자-5 사료를 살펴보면, 충렬왕 14년 8월 권농사를 파하기에 앞서 3월에
慶尙道 勸農使로 하여금 細麻布를 바치지 못하도록 조처가 내려졌다. 경상
도 권농사가 특히 세마포의 취렴과 관련해 백성을 침해하는 일이 많았고,
이러한 백성들의 피해는 권농사로 파견된 관리가 교체되는 가운데 더욱 늘
어나고 있었기 때문이었다. 勸農使에 의한 과도한 취렴은 경상도 이외의 지
역에서도 일어나고 있었을 것으로 추정되는데, 그것은 앞서 살펴본 자-4 사
료에서 그 후 충렬왕 14년 8월에 世子의 건의에 따라 各道의 勸農使를 파
하고 그 직임을 按廉使가 대신하도록 조처가 내려지고 있는 것을 통해 짐작
할 수 있다.

한편 충렬왕 14년 8월에 이처럼 권농사를 罷하는 조처가 내려진 이후에
도 권농사의 파견은 계속 이루어지고 있었다.[35] 이로 보아 충렬왕 14년의
조처는 권농사 파견 자체를 폐지한 것이라기 보다는 권농사의 과도한 수취,
權貴와의 결탁 등 수행과정에서의 폐단을 시정하려는 의도에서 내려진 것
이라고 생각할 수 있겠다.

그러나 이처럼 권농사의 과도한 수취를 시정하려는 노력에도 불구하고,
권농사의 파견으로 인한 농민의 피해는 여전히 계속되고 있었다.

자-6. 이때 왕이 별도로 御庫를 설치하여 이름을 內房庫라 하고, 내시 1人으
로 하여금 관장하게 하였다. 朝臣을 各道에 나누어 보내 勸農使라 칭하
고 公私良田을 택하여 백성을 모아 농사를 짓게 하고 貢賦를 면제하였
다. 또 郡縣에 牒을 보내 戶마다 銀·紵·皮·幣·油密에서 竹·木·花·果

---

35) 『高麗史』卷79, 食貨志 2 農桑 忠烈王 18年 正月

에 이르기까지 모두 다 徵納하여 內庫로 보내게 하였다. 勸農使로 겨우 6品을 얻어 나간 자가 數年이 못되어 大官에 超拜되거나 혹은 樞府에 올랐다. 이로 말미암아 勸農使가 된 자들이 다투어 가혹하게 聚斂하는 것을 일삼으니, 郡縣이 날로 더욱 凋弊해졌다. 內庫의 물건은 왕이 즉시 내시들과 좌우의 嬖幸에게 나누어 주니, 역시 저축되는 것이 없었다.(『高麗史』卷79, 食貨志 2 科斂 忠烈王 15年 3月)

즉 충렬왕 15년에 御庫인 內房庫가 설치되고 이와 관련해 各道에 파견된 勸農使가 과중한 취렴으로 피해를 야기시키고 있었다. 이때 파견된 권농사는 各道로부터 물품을 취렴하여 內房庫로 조달하는 임무를 지니고 있었다. 그리고 권농사로 파견되는 일은 관직 승진의 계기가 되었던 것으로, 이에 따라 지방에 파견된 권농사가 다투어 가혹하게 취렴함으로써 郡縣이 더욱 큰 피해를 입게 되었던 것이다. 이와 같은 상황에서 권농사를 통해 권농정책의 효과를 거두기는 사실상 힘들었다.

이상에서 살펴본 바와 같이, 충렬왕대의 경우 전란으로 인한 농경지의 황폐화에 대한 대책으로 賜牌田이 분급되었지만, 이러한 사패전의 분급은 不法的 大土地兼倂의 수단으로 이용되는 등 본래의 목적을 거두기 힘들었다. 충렬왕 3년에 설치한 農務都監 역시 元의 요구에 따른 물자를 조달하기 위한 성격이 강했고, 按廉使, 別監 및 勸農使의 파견이 과도한 취렴을 통해 왕실 재정의 증대, 權貴와의 결탁수단으로 이용되는 등 이러한 조처가 권농정책으로서 가지는 의미는 한계가 있었다. 당시로서는 토지제도의 문란, 지방관의 불법행위 등 사회문제를 해결하지 못한 상황에서 농민층의 안정을 위한 권농정책을 수행하기란 사실상 불가능한 일이었다. 이러한 상황 속에서 권농정책을 제대로 수행하고, 또 그 결과 농업생산의 유지와 증진을 도모하기 위해서는, 영농을 둘러싼 제반 사회문제의 해결 또한 이뤄져야 할 필요가 있었다.

2) 洪子藩의 '便民十八事'와 충선왕대의 권농정책

앞서 언급한 바와 같이 몽고와의 終戰 이후 농업의 당면과제는 농민층의 피해를 초래하는 원인을 방지함으로써 소농민경영의 안정화를 기하는 일이었다. 원간섭기 이후 사회변화에 조응한 소농민의 영농조건을 마련함으로써 이를 통해 생산증대를 꾀하고, 그것이 국가의 조세제도에 연결될 수 있도록 하는 일이었다. 그리고 이와 같은 당면과제를 해결하려는 노력은 충렬왕대의 경우에서 살펴보았듯이 당시로서는 영농을 둘러싼 제반 사회문제의 해결과 함께 추진될 때 실효를 거둘 수 있는 것이었다.

이에 따라 이후 고려후기의 권농정책은 사회전반에 걸친 개혁과도 관련하여 추진되는 방향으로 나타나게 되었던 것이 아닌가 한다. 이와 관련해서는 충렬왕 22년(1294) 洪子藩에 의해 上書된 '便民十八事'와 忠宣王 卽位敎書에 나타난 개혁조처를 살펴보는 것이 당시 농업생산활동의 사정과 이를 개선하기 위한 권농정책의 추진방향을 이해하는 데 도움이 될 것으로 생각된다.36)

우선 洪子藩에 의해 상서된 '便民十八事'의 내용을 정리해 보면 다음의 <표E-4>와 같다.37)

---

36) 洪子藩이 상서한 '便民十八事'와 忠宣王이 卽位敎書를 통해 발표한 개혁조처는 『高麗史』에 분산되어 그 내용이 전해지고 있다. 이에 대해서는 다음의 논고에서 정리된 바 있어 참고가 된다. 李起男, 1971, 「忠宣王의 改革과 詞林院의 設置」 『歷史學報』 52, 56~73쪽 ; 盧鏞弼, 1984, 「洪子藩의 '便民十八事'에 대한 硏究」 『歷史學報』 102 ; 金光哲, 1984, 「洪子藩硏究 — 忠烈王代 政治와 社會의 一側面 —」 『慶南史學』 1, 30~38쪽.

37) 표를 작성함에 있어서는 다음의 논고를 참조하여 작성하였다. 盧鏞弼, 1984, 앞의 논문, 62쪽 ; 金光哲, 1984, 앞의 논문, 36쪽.

〈표E-4〉洪子藩의 '便民十八事'

분류	상서 내용	폐단의 원인	개혁방안	전거
官吏의 작폐	各官守令 新舊迎送之費 實爲民害 今後只令公衙屬人迎送	各官守令의 迎送費 징수	公衙屬人에게만 迎送하게 함.	『高麗史』卷84, 刑法志1 職制
	諸州縣官 出使貝吏 皆於出身衙門及第進士 送納貨物 稱爲封送 一縷一粒 民膏民脂 誠宜禁之	諸州縣官과 出使貝吏의 封送을 위한 貨物의 징수	금지	同上
	出使人員 將丁吏上守 所至州縣 皆有贈遺 謂之例物 亦令禁止	出使人員의 例物 징수	금지	同上
	近有鍮銅匠 多居外方 凡州縣官吏及使命人員 爭斂鍮銅 以爲器皿 故民戶之器 日以耗損 宜令工匠 立限還京	州縣官吏와 使命人員의 鍮銅 징수	工匠을 還京하게 함.	同上
	近來外方多故 納貢失時 諸司官吏及謀利之人 先納己物 受其文憑 下鄕 剩取其直 民實不堪 誠宜禁之	諸司官吏와 謀利之人의 貢賦 代納	금지	同上
貢賦 징수에 따른 폐단	貢賦已有定額 又於諸道 家抽細麻布 實係橫斂 宜禁絶之	定額 이외의 貢賦(細麻布) 징수	금지	『高麗史』卷78, 食貨志1 田制 貢賦
	今諸道 收斂細紵布 民實不堪 宜令官婢免役者紡績 以紓民力	諸道에서 細紵布 징수	官婢免役者로 紡績하게 함	同上
	諸道貢賦 已有定數 今又以虎豹熊皮爲貢 不唯科斂煩重 恐致猛獸害人 誠宜禁之	諸道에서 定數 이외의 貢賦(虎豹熊皮) 징수	금지	同上
	田無役主 亡丁多矣 民無恒心 逃戶衆矣 凡有貢賦 仍令遺民當之 此所以日益彫弊也 宜令賜給田 隨其多少 納其貢賦	亡丁·逃戶의 貢賦를 遺民에게 징수	賜給田에서 貢賦 징수	同上
	鹽之有稅 已有定額 今於州縣 强行科斂 誠宜禁之	州縣에서 定額 이외의 鹽稅 징수	금지	『高麗史』卷79, 食貨志2 鹽法
國用 수렴에 의한 폐단	國用金銀爲重 而無出處 宜令東西各房行役·各官新除行役 所斂物件內 三分取二 以補國用	國用을 위한 金銀 징수	東西各方行役과 各官新除行役이 거둔 물건 중 2/3로 국용 보충	『高麗史』卷79, 食貨志2 貨幣

	國用漸乏 除積勞者·有功者·從王入朝者外 新除官者 隨品納稅 以資國用	國用의 궁핍	新除官者에 隨品納稅케 함.	『高麗史』卷79, 食貨志 2 科斂
商거래에 의한 폐단	牛以耕田 馬以乘載 民生之所急也 近有商賈之人 多將牛馬出疆 及令州縣出馬 以資國贐 不可不禁	商賈之人에 의한 牛馬의 國外 유출. 國贐 위한 州縣으로부터의 出馬	금지	『高麗史』卷84, 刑法志 1 職制
	大府·迎送·國贐等庫 凡有所須之物 即於京市求之 雖云和買 實爲强奪 誠宜禁之	大府·迎送·國贐等庫에 의한 수요 물품의 강제 구입	금지	同上
	豪勢之家 遣人州縣 以銀瓶等物 强市民間細布·綾羅·韋席等物 實爲民弊 誠宜禁之	豪勢之家의 銀瓶 강매를 통한 물품 구입	금지	同上
鄕吏 피역에 따른 폐단	近以其人爲之役夫 外方多故 其人或闕 計其年月 以徵其傭 所以州縣日漸殘弊 雖則量減 尙有不均 令宜於十室之邑減一名 五室全免	其人 차출에 의한 州縣의 殘弊	其人 숫자 감축	同上
	諸州縣及鄕所部曲人吏 無一戶者多矣 外吏依勢避役者 悉令歸鄕 丁吏 亦令減數歸還	鄕吏의 감소 및 避役	外吏 避役者의 歸鄕 및 丁吏 숫자 감축	同上
凶荒으로 인한 피해	國以民爲本 民以食爲天 國家素無儲蓄 倘有凶荒 難以救活 宜於中外 創置義倉 戶斂米穀 以時收積 以備緩急	凶荒에 대한 대비책의 미비	義倉의 설치	『高麗史』卷80, 食貨志 3 常平義倉

　이에 따르면, 홍자번은 당시 농민과 농촌에 피해를 야기하는 원인으로, 迎送費·鍮銅 등을 징납하는 官僚의 폐해, 定額 이외의 貢賦 징수, 國用 궁핍과 이로 인한 金銀의 징수, 商거래에 의한 牛馬의 국외 유출, 鄕吏의 避役에 의한 농촌의 피폐화, 凶荒에 대비하는 구황기관의 미비 등을 지적하고 있었다. 그리고 이러한 폐해를 야기하는 주체로 지방 守令, 使命人員, 諸司官吏, 謀利之人을 비롯해 중앙정부, 商賈之人, 중앙의 庫, 豪勢之家, 外吏 등을 지적하고 있었다.

　그런 가운데 이를 개선하기 위한 방안을 제시하고 있었는데, 지방관을 비롯한 官僚의 不法行爲를 단속하고, 國用·賦稅 등 농민의 부담을 경감하며, 商거래에 의한 폐단을 금하며, 鄕吏·其人 숫자의 감축과 함께 避役 향리의 刷還 등을 제시하고 있었다.

그 가운데에는 특히 권농정책과 관련해 주목할 만한 개혁방안도 나타나는데, 당시 토지제도의 문란을 야기하는 주된 원인 가운데 하나였던 賜給田에서 貢賦를 징수하고,[38] 고려중기 이래 사실상 폐지 혹은 제대로 기능을 하지 못하고 있던 義倉[39]을 다시 설치할 것을 건의하고 있기도 하였다. 대체로 홍자번의 상서는 당시 사회의 폐단을 시정하려는 개혁의 일환으로 民生安定을 건의한 것으로 볼 수 있겠다.

한편 이와 같은 내용과 경향은, 곧이어 忠宣王이 즉위후에 내린 敎書 속에서도 대체로 동일하게 살펴볼 수 있다. 충선왕의 즉위 교서 속에서는 앞서 살펴본 洪子藩의 '便民十八事'에서 지적되고 있는 폐단들이 대체로 유사하게 지적되는 가운데 특히 이러한 폐단이 '勢家·自利爲先者·豪猾之徒·有勢力·權勢·勢要之家' 등에 의해 초래되고 있음을 지적하고, 이들에 의한 폐해를 개혁할 것을 강조하고 있었다.[40] 당시에 농민층의 피해를 초래하는

---

38) 그 후 충선왕대에는 賜牌田에 대한 억제정책의 일환으로 이에 대한 租를 회수하려는 시도가 있었는데, 이것은 이 시기 토지제도의 문란을 야기한 주된 원인이었던 이러한 사패전에 대한 일정한 제한 조처라고 평가되기도 한다(李淑京, 1993, 「高麗後期 賜牌田의 분급과 그 변화」 『國史館論叢』 49, 70~72쪽).

39) 義倉은 太祖代의 黑倉을 계승하여 成宗 5년에 開京에 설치되고 이후 개경뿐만 아니라 지방에도 설치되기 시작해 顯宗 14년에는 '義倉租收取規程'을 통해 의창의 재원을 마련하기 위한 방안이 마련되기도 하였다. 그런데 義倉穀의 확보 방법은 주로 수조권자를 대상으로 토지의 성격에 따라 차등수조하는 것이 원칙이었으므로 고려 중기 토지제도의 문란이 발생함으로써 점차 제 기능을 발휘하지 못하게 된 것으로 여겨지고 있다. 이에 대해서는 朴鍾進, 1986, 「高麗前期 義倉制度의 構造와 性格」 『高麗史의 諸問題』, 三英社 참조.

40) 그런 점에서, 洪子藩의 上書는 豪勢家의 폐단에 대한 부분적인 언급을 통해 온건한 개혁안을 제시한 것인데 반해, 忠宣王의 卽位 敎書는 이들의 폐단에 대한 보다 전면적인 개혁을 제시하고 있는 차이가 있다고 지적되기도 한다(盧鏞弼, 1984, 앞의 논문, 57~59쪽).

주된 원인 가운데 하나가 이러한 權勢之家에 의한 폐해였음을 감안한다면, 이에 대한 개혁 시도는 또한 권농정책으로서의 의미도 지니고 있었던 것으로 볼 수 있을 것이다.

아울러 충선왕은 복위 후 재정관서의 개편을 중심으로 재정개혁을 단행하기도 하였는데,[41] 그 가운데 典農司를 신설하고 있어, 이러한 典農司와 勸農政策의 관계가 주목된다.

> 자-7. 典農寺는 제사에 사용할 곡식을 공급하는 일(供粢盛)을 담당하였다. 穆宗 때 司農卿이 있었으나, 뒤에 폐지되었다. 忠宣王이 典農司를 설치하고, 이곳에 소속된 貝吏로서 사신으로 파견되는 자를 모두 務農鹽鐵使라고 칭하였다. 얼마안있어 儲積倉으로 개편되었다. 恭愍王 5년에 다시 司農寺를 두었는데, 判事는 正3品, 卿은 從3品, 少卿은 從4品, 丞은 從5品, 注簿는 從6品, 直長은 從7品으로 하였다. (공민왕) 11년에 典農寺로 고치고, 卿을 正으로, 少卿을 副正으로 고치고, 直長을 폐지하였다. (공민왕) 18년에 다시 司農寺로 칭하고, 正과 副正을 각각 卿과 少卿으로 고치고, 다시 直長을 두었다. (공민왕) 19년에 籍田官 1人을 두고, 이곳에 소속시켰다. (공민왕) 21년에 다시 典農寺라고 칭하고, 正과 副正이라고 하였다.(『高麗史』卷76, 百官志 1 典農寺)

이에 따르면, 忠宣王代에 典農司가 설치되기 이전에, 이와 관련된 관직으로 穆宗 때 司農卿이 있었으나 폐지되었다는 언급에 이어,[42] 충선왕대 이후 전농사는 典農司(충선왕) → 司農寺(공민왕 5) → 典農寺(공민왕 11) →

---

41) 충선왕 복위후 재정개혁에 대해서는, 朴鍾進, 1983,「忠宣王代의 財政改革策과 그 性格」『韓國史論』9 : 2000,『고려시기 재정운영과 조세제도』, 서울대학교 출판부 재수록, 177~190쪽 참조.

42) 이러한 기록에 따르면, 典農司와 司農卿은 관서와 관직의 차이는 있지만, 서로 관련된 것이었음을 의미하는 것으로도 생각할 수 있다. 충선왕 복위년 이전의 사농경은 다음과 같이 적어도 광종 23년부터 살펴볼 수 있지만, 이것은 宋으로부터 수여된 관직명이었다. 『高麗史』百官志에서 언급하고 있는 穆宗代는 아마도 다음의 穆宗 12年 사례와 관련된 것이었을 가능성이 있다. "宋帝授 … 崔業檢校司農卿兼御史大夫判官廣評侍郎…"(『高麗史節要』卷2, 光宗 23年 2月) ; "遣司農卿王日敬 如契丹 告哀稱嗣"(『高麗史節要』卷2, 穆宗 12年 正月)

司農寺(공민왕 18) → 典農寺(공민왕 21)로 명칭이 변경된 사실과 함께 이에 소속된 관원의 명칭과 변화 내용을 기록하고 있다.

한편 충선왕 복위년(1308)에 설치된 전농사는 '供粢盛'을 담당한 것으로 나타나 있는데, 전농사의 업무와 관련해서는 다음의 자료를 참고할 수 있다.

자-8. 諸道의 務農使 李厚·陸希贄·崔伯倫 등을 소환하여 이르기를, "내가 典農司를 설치한 이유는 漢나라의 常平倉을 본받아, 백성과 더불어 糶糴을 실시하여 백성들의 急함을 구하려는 것이지, 사사로운 이익을 얻으려는 것이 아니다. 또 나라에 3년을 대비할 저축이 없으면, 나라가 나라답게 될 수 없는 것이니, 만약 급한 일이 생겨 갑자기 백성에게서 索出한다면, 백성으로부터 원망을 사지 않고 일을 이룰 수 있겠는가. 무릇 백성들이 豪强之家에 숨어들어가 날로 부유하고 안일해지고, 남아있는 殘弱한 백성들은 賦斂으로 곤란을 겪고 있으니, 이것은 오로지 명을 받들어 사신으로 나간 자가 私를 따르고 公을 버린 때문에 초래된 것이다. 내가 이것을 매우 민망스럽게 여기니, 너희들은 나의 뜻을 본받아 그 폐단을 개혁하도록 하라. 만약 쫓지 않는 자가 있으면, 그 범한 바에 따라 處決한 후에 僉議府에 보고하도록 하라"라고 하였다.(『高麗史』卷33, 忠烈王 34年 10月 己亥)

9. 또 典農司에 旨를 내리기를, "一 本司에서 비축하고 있는 米穀은 다만 備荒을 위함인데, 간혹 무지한 사람들이 있어 외람되이 받으려 하여 허비되는 것이 적지 않으니, 그 전후 시기에 賜米하도록 내린 명령은 모두 封하여 지급하지 말도록 하라. 一 지급할 田租가 이미 典農司에 들어온 경우는 비록 還給하라는 명령이 있더라도 허락하지 말도록 하라. 一 豪勢之家가 처음에 賜給받아 점유하면서 祖業田이라 칭하는 토지와, 그 足丁이 本數에 넘는 토지는 各道의 務農使로 하여금 모두 打量하여 本司에 納租하도록 하라"라고 하였다.(『高麗史』卷33, 忠烈王 34年 11月)

10. 王이 이르기를, "나라를 부유하게 하는 데는 농사보다 먼저해야 할 바가 없다"라고 하여 典農司를 설치하고, "흉년에 백성을 구제하는 정치(荒政)를 대비하지 않으면 안된다"라고 하여 有備倉을 설립하니, 公(裴廷芝)이 모두 그 초창기의 일을 맡아 임금의 뜻에 매우 부합하였다.(『高麗墓誌銘集成』「裴廷芝 墓誌銘」)

자-8에 따르면, 충선왕은 典農司로부터 파견된 各道의 務農使를 소환하여 諭示하는 가운데 전농사의 설치는 漢의 常平倉을 본받아 糶糴을 실시하여 백성을 구하기 위해서 였다고 언급하고 있다. 이러한 충선왕의 언급을 살펴본다면, 전농사는 漢의 常平倉처럼 救恤을 위한 기구로 설치된 것임을 알 수 있다. 그리고 자-9에서 살펴볼 수 있듯이, 전농사에 米穀을 비축하고 있는 것은 備荒을 위한 것이라고 언급하고 있어, 전농사가 救恤機關의 성격을 지니고 있었던 것을 다시 한번 더 확인할 수 있다.

그런데 앞서 살펴본 자-7 사료에 따르면, 전농사는 이에 소속된 관리가 務農鹽鐵使를 칭하면서 지방에 파견됨으로써 업무를 추진하고 있었던 것으로 되어 있다. 이것은 곧 중앙에 업무 전반을 관장하는 기구로 典農司가 존재하고 이에 소속된 務農鹽鐵使가 지방에 파견되어 업무를 추진하고 있었다는 것이 되겠다. 한편 이러한 체계는 元 大司農司에 의한 농업행정체계와 유사한 면이 있어, 고려의 전농사·무농염철사의 유래에 대해 고찰할 때 시사점을 얻을 수 있을 것이다. 元에서는 중앙에 농업 전반을 담당하는 大司農司가 설치되고, 이에 소속된 勸農使를 지방에 파견함으로써 업무를 추진하고 있었다.[43) 이런 점을 감안해 생각한다면, 충선왕에 의해 신설된 전농

---

43) 元代의 권농정책은 그 특징 가운데 하나가 이전 시기와 달리 권농정책을 수행하는 勸農機構로 大司農司가 설치된 점이었다. 唐代와 宋代의 경우 권농정책은 대체로 지방에 파견된 지방관이 勸農使를 겸대하거나 별도로 권농사를 파견하여 추진되고 있었던 데 반해, 元代에는 世祖 때 大司農司가 설치되어, 이를 중심으로 지방에 대한 농업행정체계가 마련되었다. 권농기구를 설치하려는 노력은 元 世祖 中統 元年(1260)부터 시작되어, 이후 몇차례 이러한 기구를 설치하기 위한 제도의 개폐 과정을 거치는 가운데, 世祖 至元 7年(1270)에 설치된 것이 大司農司였다. 大司農司에는 大司農卿 및 그 휘하에 巡行勸農使와 巡行勸農副使를 각각 4명씩 배치하고, 巡行勸農使와 巡行勸農副使를 지방에 파견하여 農事·水利 관련 업무를 살피는 등 전국의 농업생산을 독려하고 있었다. 元의 大司農司에 대해서는 다음 논고 참조. 長瀬守, 1969, 「宋元における農業水利集團の管理とその性格」『宋元水利史研究』, 國書刊行會, 49~50쪽 ; 金容燮, 1990, 「高麗刻本『元朝正本農桑輯要』를 통해서 본 『農桑輯要』의 撰者와 資料」『東方學志』 65, 60~63쪽 : 2000, 『韓國中世農業史研究』, 지식산업사 재수록, 469~471쪽.

사는 元의 大司農司에 영향을 받아 설치되었을 가능성이 높아 보인다.[44] 이러한 추정은 자-10에서 살펴볼 수 있듯이, 전농사의 설치를 勸農과 관련해 언급하고 있는 기록을 통해서도 뒷받침할 수 있을 것이다.

그렇다면 충선왕대에 설치된 전농사는 권농정책을 수행하기 위한 勸農機構의 마련이란 점에서도 의의가 있었던 것으로 볼 수 있겠다. 뿐만 아니라 충선왕이 典農司를 설치한 목적 가운데는 權勢家의 경제기반을 약화시키려는 의도도 있었다.[45] 이것은 곧 충선왕대의 권농정책이 이러한 권세가로 인한 폐해를 시정하려는 노력과도 관련되고 있었다는 사실을 알려주는 것이라고 하겠다.

그러나 충선왕대에 설치된 전농사는 이후 權勢家 및 附元勢力의 반발을 받음으로써 그 역할이 유명무실하게 되고 말았다. 이로부터 당시에 권농정책이 제대로 효과를 거두기 위해서는 사회문제에 대한 해결을 필요로 했던 사정을 다시 한번더 확인할 수 있다. 이에 따라 이후 고려후기 권농정책은 당시 진행되고 있던 改革政治와도 연관되면서, 권세가뿐만 아니라 元의 영향하에 대두된 附元勢力의 발호로 인해 발생한 사회문제를 해결하는 방향으로 점차 추진되어 나가기 시작하였다.

앞서 살펴보았듯이 민생안정과 농업진흥을 위한 충선왕대의 노력은 사회 전반에 걸친 개혁정치의 일환으로 나타난 것이고, 이러한 모습은 이후에 전개된 일련의 개혁정치 과정에서도 살펴볼 수 있다.

주지하듯이 충선왕대부터 시작된 개혁정치는 고려말 공민왕대에 이르기

---

44) 충선왕대의 典農司가 元 大司農司의 영향하에 설치된 권농기구였으리라는 점은 이미 朴鍾進, 2000, 앞의 책, 185쪽의 註 113)에서 언급된 바가 있다.

45) 전농사는 설치 이후 備荒을 위한 米穀의 조달 방법 가운데 하나로 豪勢之家의 賜給田을 조사하여 납조하도록 하고 있었다(『高麗史』 卷33 忠烈王 34年 11月). 이러한 점을 살펴볼 때, 충선왕이 典農司를 설치한 목적 가운데는 賜給田의 田租를 거둠으로써 국가재정을 확보하는 한편 권세가의 경제기반을 약화시키려는 의도도 있었던 것으로, 이후 이에 반발하는 부원세력으로 말미암아 전농사에 거둬진 田租가 다시 권세가에게 환급되는 등 전농사의 역할이 유명무실하게 되고 말았다(朴鍾進, 1983, 앞의 논문, 86~87쪽 참조).

까지 추진되어 나갔다. 忠肅王 5年과 12年의 개혁정치, 忠穆王代의 整治都監을 통한 개혁정치, 恭愍王 5·12·20년의 개혁정치 등은 그 대표적인 사례들이었다. 그런데 이러한 개혁정치의 내용 속에는 대체로 民生安定과 農業振興을 추구하고, 이를 토대로 국가재정의 확보를 도모하는 권농정책의 내용 또한 포함하고 있었다.46) 즉 민생안정을 도모하고 농업생산의 증진을 추구하는 권농정책의 문제 또한 원간섭기라는 상황 속에서 元의 간섭을 배제해 나가는 문제를 포함해 사회 전반에 걸친 개혁과도 관련된 것이었다.

그만큼 권농정책과 함께 개혁정치를 추진하는 문제는, 당시로서는 사회와 국가의 운영, 그리고 질서의 회복에 절실히 요구되는 사항이었기 때문이었다. 이것은 국내외적 사정으로 말미암은 국가와 사회의 위기상황을 타개해 나가는 과정에서 나타난 중앙정부의 대응방안이기도 하였다. 고려후기 국내외적 사정은 국가와 사회의 운영질서를 회복하기 위한 모색이 요구되고 있었고, 이를 위해 改革政治가 시도되는 가운데 그 일환으로 勸農政策이 추진되고 있었던 것이다. 이처럼 고려후기에 중앙정부에서 권농정책을

---

46) 충숙왕대 이후 공민왕대까지의 개혁정치는 그 내용이 정치, 경제, 사회, 문화 등 사회전반에 걸친 문제를 대상으로 한 것이지만, 그 가운데 民生安定이란 문제가 개혁정치를 실시하는 중요한 근거 가운데 하나로 제시되고 있었다. 대체로 개혁조처 가운데는 조세·공물의 징수 과정에서 이뤄지는 지방관의 불법행위, 권세가에 의한 田民 탈점·조세 포탈·고리대 행위, 鹽戶의 유리, 鄕吏의 피역 등으로 民의 피해가 발생하고 있음을 지적하고 있었고, 이에 따른 民의 피해를 막고 민생안정을 위한 해결방안이 모색되고 있었다. 개혁정치 과정에서 나타나는 민생안정을 위한 개혁조처에 대해서는 다음의 논고 참조. 閔賢九, 1968,「辛旽의 執權과 그 政治的 性格(下)」『歷史學報』40, 111~116쪽 ; 1980,「整治都監의 性格」『東方學志』23, 109~127쪽 ; 1989,「高麗 恭愍王의 反元的 改革政治에 대한 一考察」『震檀學報』68, 54~57쪽 ; 姜順吉, 1985,「忠肅王代의 察理辨違都監에 대하여」『湖南文化研究』15 ; 黃乙順, 1989,『高麗 恭愍王代의 改革과 그 性格에 관한 연구』, 東亞大 博士學位論文, 36~43쪽 ; 金光哲, 1990,「高麗 忠肅王 12年의 改革案과 그 性格」『考古歷史學志』5·6 ; 洪榮義, 1990,「恭愍王 初期 改革政治와 政治勢力의 推移(上)」『史學研究』42 ; 李亨雨, 1999,『高麗 禑王代의 政治的 推移와 政治勢力 研究』, 高麗大 博士學位論文, 32~33쪽.

실시하는 데는 당시의 국내외적 변화에 대처하여 국가와 사회의 질서를 다시 회복하려는 노력이 그 속에 포함되어 있었다.

그러나 이 시기에 국가 주도로 그러한 과제를 제대로 수행하기에는 어려움이 적지 않았다. 개혁정치 자체가 지닌 한계에도 기인하겠지만, 무엇보다 불법적 대토지겸병 현상이 여전히 잔존 혹은 확대되고 있고, 또 그러한 현상이 국가운영을 담당하는 국왕, 관료 등의 이해관계에 따라 이뤄지고 있는 상황에서[47] 국가 주도로 그 문제를 해결하기는 힘들었다. 국가의 권농정책은 사회변화가 진행되는 과정에서 이에 조응한 국가체제의 재정비와도 관련해 추진되고 있었던 것이지만, 한편으로 그와 같은 국가체제의 재정비가 제대로 이뤄지지 못할 때 권농정책의 추진 또한 실효를 거두기 어려웠던 것이다.

3) 고려말 性理學에 입각한 권농정책

물론 원간섭기 이후 고려말기에도 국가로부터 권농정책이 실시되고 있었다.[48] 그러나 앞서 언급되었듯이 국가체제의 재정비가 필요한 시점에서 그

---

47) 이와 관련해서는, 고려후기 정치운영이 국왕 측근세력이 권력을 장악하고 운영하는 側近政治의 형태로 반복하여 이뤄지는 가운데 당시 사회의 폐단을 시정하는 데 한계가 있었던 점을 지적한 견해가 있어 참고할 수 있을 것이다. 즉, 폐단을 야기하는 前王의 측근정치를 부정하면서 국왕이 교체된 이후 또다시 측근정치가 재현되어 폐단을 야기함으로써 폐단을 시정하는데 한계가 있었다 (李益柱, 1988, 「高麗 忠烈王代의 政治狀況과 政治勢力의 性格」 『韓國史論』 18, 186~187쪽). 아울러 최근에는 충목왕대 整治都監의 설치를 통한 개혁의 실패 원인을 고찰하면서, 元 왕실의 내분으로 인한 영향을 비롯해 개혁에 참여했던 개인들의 내적 분화를 주목한 연구도 있어 참고할 수 있다(이정란, 2005, 「整治都監 활동에서 드러난 家 속의 개인과 그의 행동방식」 『韓國史學報』 21, 322~326쪽).

48) 대표적인 사례 몇 가지를 들면 다음과 같다. "教曰 無衣無褐 何以卒歲 宜令中外人家 種桑藝麻 各以口數爲率"(『高麗史』 卷79, 食貨志 2 農桑 恭愍王 5年 6

것이 제대로 이뤄지지 못했을 때 권농정책 또한 실효를 기대하기는 힘들었다. 이와 같은 상황 속에서, 한편으로는 개별 性理學者들에 의해 국가 중흥을 위한 농업진흥이 제기되고 있기도 하였다.

이러한 점은 먼저 李穡의 「農桑輯要後序」에 나타난 내용을 통해 잘 살펴볼 수 있다.

> 차-1. 高麗는 풍속이 拙하고 어질어서 治生하는 것이 빈약하다. 농사짓는 집은 한결같이 하늘만 쳐다보고 있으므로 水災와 旱災가 자주 일어난다. … 대개 民產을 制度化하여 王道를 일으키고자 하는 것이 나의 뜻이다. 그런데도 결국 능히 시행하지 못한 것은 무슨 까닭인가. 奉善大夫 知陝州事 姜蓍가 나에게 글을 보내어 말하기를, "『農桑輯要』는 杏村 李侍中이 그 外甥 判事 禹確에게 전수한 것인데 내가 다시 禹判事에게서 얻었다. … 청컨대 卷末에다 序文을 써주기 바라노라"라고 한다. … 그런데 姜君의 뜻이 나의 경우와 같은 것임을 여기서 알게 되었다. 그러나 民產을 제도화하여 王道를 일으키는 일은 또한 이에서만 그치는 것이 아니다. 姜君은 일찍이 그것을 講考해본 적이 있는가. 만약 반드시 王道를 일으키고자 한다면 마땅히 異端을 물리치는 일로부터 시작해야 할 것이다. 그렇지 않으면 우리나라 習俗은 변화될 길이 없을 것이요, 이 책에 실려있는 내용도 한갓 虛文으로 그치고 말 것이다. 姜君은 오히려 거기에 힘써야 할 것이다.(『牧隱文藁』卷9, 農桑輯要後序)

이 시기에 『元朝正本農桑輯要』와 같은 農書가 간행된 것 자체가 농업생

月) ; "敎曰 農桑衣食之本 諸道巡問按廉 考其守令種桑墾田多少 具名申聞 以憑黜陟"(『高麗史』卷79, 食貨志 2 農桑 恭愍王 20年 12月) ; "禑下書曰 予以幼冲 承先王之業 處臣民之上 罔知所爲 以致乾道失常 地灾屢現 顧惟眇昧 其何以堪 豈政刑之失宜 民不得所而致然歟 於戲凡爾內外大小臣僚 各盡乃心 毋事虛文 務求實效 以底豐平之理"(『高麗史』卷133, 辛禑傳 1 禑王 元年 2月) ; "諫官上言 民惟邦本 本固邦寧 近因倭寇水旱之災 百姓饑饉 宜加存恤 勸課農桑 而今者後蘇左蘇土木之役 方興不已 民困力政 將轉于壑 非惟失農 又不能拾橡栗以自資 請卽停罷 至秋始役 禑不聽"(『高麗史』卷134, 辛禑傳 2 禑王 5年 正月) ; "賑慶尙全羅江陵道饑"(『高麗史』卷80, 食貨志 3 賑恤 水旱疫癘賑貸之制 禑王 8年 2月) ; "楊廣道都觀察使成石璘啓 道內之民 因水旱 不得耕耨 種食俱乏 今後請於州郡置義倉 從之"(『高麗史』卷80, 食貨志 3 常平義倉 昌王 元年 8月)

산의 증진을 도모하는 노력의 일환이었겠지만,[49] 李穡은 이에 대해 서문을 쓰면서 "民産을 制度化하여 王道를 일으키는 일"이 중요함을 지적하고, "王道를 일으키고자 한다면 마땅히 異端을 물리치는 일로부터 시작해야 할 것"이라고 강조하고 있었다. 이것은 곧 당시에 농업진흥을 위한 노력이 국가중흥의 문제와 관련된 것임을 엿볼 수 있게 해주며, 또 그 속에서 그가 지향하는 바가 性理學 이념에 입각한 국가의 중흥이었다는 것을 알려준다.[50]

성리학 이념을 통해 국가중흥과 농업생산의 증진을 도모하고 있는 모습은 白文寶의 箚子 내용을 통해서도 살펴볼 수 있다. 백문보는 공민왕 11년 (1362)에 올린 箚子에서 모두 8조항에 걸쳐 시정 개혁 방안을 제시하고 있었는데,[51] 그 가운데 농업진흥과 관련해 다음과 같은 방안을 제시하고 있었다.

> 차-2. 密直提學 白文寶가 箚子를 올리기를, "江·淮의 民들이 농사를 지으면서 水災와 旱災를 근심하지 않는 것은 水車의 힘 때문입니다. 우리나라 사람들은 治水할 때 도랑(溝澮)으로만 물을 끌어들일 뿐이고, 水車로 쉽게 물을 댈 수 있다는 것을 알지 못하고 있습니다. 그래서 논 아래에 개천(渠)이 있고 尋丈의 깊이도 되지 못하는데 아래로 내려다 볼 뿐 감

---

49) 『農桑輯要』는 元 世祖 至元 10년(1273)에 간행된 이래 여러 가지 판본이 간행되고 있었는데, 그중 辰州路總管府에서 大字로 간행된 重刊本(원 순제 지원 2년, 1336에 간행)이 李嵒에 의해 고려에 전래되고, 이를 底本으로 하여 공민왕 21년(1372)에 小字本으로 축소하고 音義를 붙여 『元朝正本農桑輯要』라는 이름으로 판각 간행되었다. 이같은 사업을 추진한 것은 知陜州事 姜蓍였으며, 慶尙道按廉使 金湊, 晋州牧使 偰長壽, 藝文館大提學 李穡, 學僧·王師 木菴 등의 도움을 받아 간행이 완수되었다. 『元朝正本農桑輯要』의 간행과정에 대해서는 다음의 논고 참조. 金容燮, 1990, 앞의 논문, 54~60쪽 : 2000, 앞의 책 재수록, 462~468쪽 ; 李宗峯, 1991, 「高麗刻本 『元朝正本農桑輯要』의 韓國農學上에서의 위치」 『釜山史學』 21, 3~8쪽.

50) 李穡의 「農桑輯要後序」에 나타난 국가 중흥론에 대해서는 金泰永, 2000, 「려말선초 성리학 왕정론의 전개」 『朝鮮時代史學報』 14, 25~27쪽 참조.

51) 백문보의 箚子에 대해서는 다음의 논고 참조. 李映珍, 1997, 「고려 후기 恭愍王代 白文寶의 현실인식─白文寶의 時政 8 箚子를 中心으로─」 『于松趙東杰先生停年紀念論叢 韓國史學史研究』, 나남출판, 210~219쪽 ; 金仁昊, 1999, 「經世論의 내용과 성격」 『高麗後期 士大夫의 經世論 研究』, 혜안, 259~268쪽.

히 퍼올리지 못하고 있습니다. 그런 까닭에 묵혀 버려진 땅(汚萊之田)이
10에 8~9나 되고 있습니다. 마땅히 界首官에게 명하여 水車를 만들게
하고, 만드는 방법을 본받고 배우게 하면 民間에 전할 수 있을 것입니
다. 이것이야말로 旱災에 대비하고 황무지를 개간하는 第一策인 것입
니다. 또 백성들이 下種과 揷秧을 겸하여 힘쓰게 한다면, 역시 旱災에
대비하고 穀種을 잃지 않을 것입니다"라고 하였다.(『高麗史』 卷79, 食
貨志 2 農桑 恭愍王 11年)

백문보는 중국 강남지역의 경우 가뭄을 걱정하지 않아도 되는 이유가 水
車를 이용하고 있기 때문이라고 하면서, 고려에서도 이러한 水車를 도입하
여 보급할 것을 건의하고 있었다. 그리고 가뭄에 대비하고 곡식 종자의 낭
비를 줄이는 방법으로 下種法과 함께 揷秧法을 겸하도록 건의하였다.

이와 같은 백문보의 건의는 중국 江南農法을 고려에 전수하여 농업기술
의 발달에 기여하고자 하는 노력이었다는 점에서 의의가 있었다.[52] 또한 한
편으로 여기서 주목해 보아야 할 것은 이러한 선진농법의 도입과 보급을 담
당할 주체로 지방관[界首官]을 설정하고 있었다는 점이다. 백문보는 水車나
揷秧法과 같은 선진농법의 도입과 보급을 地方官의 적극적인 개입을 통해
이루고자 했던 것이다.

고려전기에도 권농정책의 수행에서 지방관의 역할이 강조되고 있었지만,
대체로 그것은 농사철의 준수를 비롯한 영농조건의 개선에 보다 중점을 둔
것이었다. 그러나 한편 이 시기에 이르러서는 농업생산의 증진을 도모하면
서 구체적인 농업기술의 진전까지도 地方官의 주도하에 유도하는 방향으로
나타나고 있었던 것이다.

이것은 백문보와 같은 性理學者의 입장이 반영되어 있었기 때문이기도
하였다. 즉 본래 유교정치이념에 입각한 정치운영은 民을 나라의 근본으
로 하는 民本論이 강조되고 있었고, 그 속에서 백성의 안녕을 위한 정치와
농업생산의 증진이 도모되고 있었다. 그러나 성리학의 경우 특히 民의 교

---

52) 李泰鎭, 1981, 「16세기 川防(洑)灌漑의 발달」『韓㳒劤博士停年紀念史學論叢』:
    1986, 『韓國社會史硏究』, 지식산업사 재수록, 193~195쪽.

화·교육을 담당하는 주체로서 性理學을 학습한 君子·聖人의 역할을 강조
하고, 따라서 이러한 人才의 등용에 의해 民의 休戚이 좌우되는 만큼, 民
의 休戚을 비롯한 현실에 대한 책임의식이 官吏와 儒者에게 강조되고 있
었다.[53]

백문보의 건의 사례에서 살펴볼 수 있듯이, 고려후기에 지방관을 통해 농
업기술의 전수를 유도하는 등 권농업무를 한층 강조하고 있었던 것은, 농업
생산의 증진을 위한 노력이 性理學 이념에 입각한 국가 중흥론의 일환으로
나타나고 있었기 때문이라고 볼 수 있을 것이다.

이러한 사정 속에서 고려후기의 경우 國家에 의해 주도되는 농업생산의
증진 보다는 상대적으로 地方官, '有職居外者' 등에 의한 生産의 증진이 사
회에서 보다 부각되어 나타나기도 하였다.[54] 고려후기에 이르러 농민의 피
해를 구휼하는 義倉制度가 제대로 운영되지 못하고 있었던 데 반해, 이 시
기에 이르러 地方官에 의해 지방에서 義倉이 독자적으로 설치되고 있었
다.[55] 그리고 지방관에 의해 지방관아에 마련된 기구로서, 賦稅 납부를 원
활히 하고 賓客 접대비용에 따른 民의 피해를 막기 위해 濟用財가 설치되
고 있었다.[56] 이것은 지방관이 현실문제의 해결에 보다 주도적으로 대응하
는 과정에서 나타나게 된 것이라고 볼 수 있겠다. 그리고 공민왕 21년(1372)
에는 지방관에 의해 『元朝正本農桑輯要』와 같은 農書가 간행되고 있었
다.[57] 이와 같은 농서가 중앙정부가 아닌 지방관의 주도로 간행되고 있었다

---

53) 都賢喆, 1997, 「高麗末期의 敎化論과 生業安定論」 『韓國思想史學』 9, 81~84쪽.
54) 고려후기에는 지방에 거주하는 前職 官員과 檢校職, 同正職을 지닌 '有職居外
者' 등이 사회변동 과정에서 점차 신분을 상승시켜 나가는 가운데 沿海地 개발
을 통해 富를 축적하고 지역사회의 유력자로서 역할을 담당하고 있었다(안병우,
1994, 「고려후기 농업생산력의 발달과 농장」 『14세기 고려의 정치와 사회』, 민
음사, 324~328쪽).
55) "尋出爲雞林府尹 初府大饑 及茂方至 適歲稔 茂方因民之便 販魚鹽 置義倉 以
備賑貸"(『高麗史』 卷112, 李茂方傳)
56) 朴鍾進, 1988, 「高麗末의 濟用財와 그 性格」 『蔚山史學』 2, 11~18쪽.
57) 앞의 註 49) 참조.

는 점 역시 지방관에 의해 농업생산의 증진이 적극적으로 모색되고 있었던 사정을 반영한다고 여겨진다.58)

이상에서 살펴본 바와 같이 高麗後期 勸農政策은 사회변화로 인해 발생한 당면과제의 해결과도 관련해 農民層의 안정을 위해 중앙정부에서 추진한 政策이라는 성격을 지니고 있었다. 고려후기 국내외적인 사정은 國家財政의 부족을 가중시켜 나갔고, 이를 해결하려는 노력이 제대로 실효를 거두지 못하는 가운데 일반 농민층의 租稅 부담이 증가되어 나갔다. 아울러 당시 사회에 만연되어 나간 不法的인 大土地兼併 현상은 농민의 생계를 위협하고 농업생산활동을 저해하는 사회문제로 대두되어, 이에 따른 농민층의 피해는 政局運營에도 영향을 미치고 있었다.

그런 점에서 洪子藩의 '便民十八事', 忠宣王代 이후 나타나는 일련의 改革政治 등은, 이러한 사회변화로 인해 농민층의 피해가 발생하는 속에서 農民層의 안정과 營農의 정상화를 도모함과 동시에 사회변화에 따른 새로운 國政運營의 모색이라는 측면도 그 속에 내포하고 있었다는 점이 주목된다. 고려말 농업생산의 증진을 위한 모색이 性理學에 입각해 국가중흥의 차원에서 이뤄지고 있었던 점 역시 권농정책이 사회변화를 조정하는 성격을 지니고 있었다는 점을 잘 보여준다.

---

58) 이와 관련해, 고려시대 성리학의 수용에 따른 自然觀과 農業觀의 변화를 고찰한 논고가 있어 주목된다(魏恩淑, 2000, 「『元朝正本農桑輯要』의 농업관과 간행주체의 성격」『한국중세사연구』 8). 이에 따르면, 자연에 대한 순응 및 '勿奪農時'를 강조하던 고려전기의 농업관과 달리, 고려에 성리학이 수용되면서 人間社會의 문제를 보다 중요하게 생각하는 방향으로 自然觀이 변화되고 있었다고 하였다. 이러한 경향 속에 점차 권농을 담당하는 지방관에게 농업기술에 대한 지식이 필요하게 되고, 그 결과 지방관 주도로 『元朝正本農桑輯要』와 같은 農書가 간행될 수 있는 배경이 되었다고 보았다.

제5장 고려시대 권농정책의 성격

1. 사회경제적 측면

이상에서 논한 바를 토대로 고려시대 권농정책의 성격에 대해 파악해 보면, 다음과 같이 정리할 수 있을 것이다.

勸農政策은 國家가 일반 農民層을 보호하여 농업생산을 증진하도록 독려하고, 이를 통해 國家財政의 증대를 도모하는 정책이었다. 농업생산활동의 원활한 진행이야말로 신분제·군현제·토지분급제 등 각종의 국가제도를 운영하는 기초가 되었던 만큼, 이러한 권농정책은 사실상 國家體制를 유지하기 위한 기본적인 國策이었다.

따라서 권농정책의 性格은 國家體制의 유지와 일반 농민층에 의한 농업생산활동의 관계 속에서 그것이 어떻게 추진되어 나갔는가를 고찰하는 것으로부터 파악이 가능할 것이다.

그러면 고려시대 권농정책이 일반 농민층의 농업생산활동에 어떠한 영향을 미치고 있었으며, 또 그것이 국가체제의 유지와 어떠한 관련이 있었던 것일까.

고려시대 농민층의 대다수는 家族勞動力을 동원하여 자기 자신의 토지를 경작하는 自家經營 農民들이었다.[1] 고려시대에 농업생산활동이 이뤄지는 주된 형태는 個別農家에 의해 가족단위로 생산이 이뤄지는 小農民 經營形態였고,[2] 고려시대 권농정책은 이러한 소농민 경영의 안정화를 도모하고 이를 통해 농업생산을 증진하도록 독려하는 것이 주된 내용을 이루고 있었다. 권농정책이 소농민 경영의 안정화를 주된 내용으로 하고 있었다는 사실은, 국가의 표방에서나 수행과정에서 모두 살펴볼 수 있다. 이것은 특히 권농정책의 실시와 관련해 내려진 國王의 下敎 속에서 잘 살펴볼 수 있다.

> 카-1. 敎하여 이르기를, "國은 民을 근본으로 하고 民은 食을 하늘로 삼으니 만약 모든 百姓의 마음을 얻으려면 오직 봄·여름·가을의 농사일(三農之務)을 빼앗지 않아야 할 것이다. …"라고 하였다.(『高麗史』卷79, 食貨志 2 農桑 成宗 5年 5月)
> 2. 敎하여 이르기를, "農桑은 衣食의 근본이니, 諸道의 州縣官들은 힘써 朝旨를 좇아 농사철(三時)을 빼앗지 않도록 하여 百姓을 편안하게 하도록 하라"라고 하였다.(『高麗史』卷79, 食貨志 2 農桑 德宗 3年 3月)
> 3. 詔하여 이르기를, "農桑을 권하고 衣食을 풍족하게 하는 것이 聖王이 가장 먼저 해야할 일이다. …"라고 하였다.(『高麗史』卷79, 食貨志 2 農桑 仁宗 6年 3月)

고려의 역대 국왕들은 下敎를 통해, 대체로 국가는 백성을 근본으로 하고, 農桑은 '衣食之本'인 까닭에 일반 백성의 안녕과 직결된다는 것을 강조하면서, 農桑을 권장하여 백성을 편안하게 하도록 지시를 내리고 있었다.[3] 권농정책의 구체적인 내용 또한 대체로 일반 농민층을 보호하고 영농 안

---

1) 姜晋哲, 1976,「高麗時代의 農業經營形態-田柴科體制下의 公田의 경우-」『韓國史研究』12 : 1980,『高麗土地制度史研究』, 高麗大出版部 재수록, 213쪽.
2) 기존에 고려시대의 농업생산활동을 소농민경영의 상황과 관련하여 고찰한 연구로는 다음의 논고가 있어 참고가 된다. 魏恩淑, 1993,「고려후기 소농민경영의 성격」『釜山女大史學』10·11 : 1998,『高麗後期 農業經濟研究』, 혜안 재수록.
3) 이처럼 農桑의 중요성과 農民의 안녕을 강조하는 국왕의 下敎는, 대체로 고려 말에 이르기까지 유사한 내용으로 내려지고 있었다. 『高麗史』卷79, 食貨志 2 農桑條의 顯宗 3年 3月, 忠烈王 24年(忠宣王 即位 下敎), 忠烈王 34年 8月(忠宣王 復位 下敎), 忠肅王 12年 10月, 恭愍王 20年 12月 기사 참조.

정화를 도모하는 내용이었다. 자연재해·병란 등으로 농가에 피해가 발생할 경우 糧種과 農器를 지급하고, 官牛를 대여해 주며, 일정 기간 租稅를 면제해 주는 등 이들 농가로 하여금 피해를 복구하여 自活할 수 있도록 유도하고 있었다.[4] 지방에서 권농업무를 담당하는 지방관으로 하여금 농사철에 농민의 노동력이 영농에 집중될 수 있도록 각종 조처를 내리고 있는 것 역시 같은 의미였다. 즉, 농사철에 訴訟을 위해 개경에 올라와 있는 농민들에게 歸農 조처를 취하고, 각종 공사를 農隙期까지 연기하며, 지방에서 권농업무를 담당하는 지방관에게 특별히 농사철인 '三時'의 준수를 강조하여 지시하고 있는 것[5] 등은 대체로 일반 농민층의 영농 안정을 위한 것이었다.

이처럼 고려시대에 국가가 권농정책을 추진할 때 기본 방향은 대체로 소농민의 경영 안정화를 위한 것이었다. 이로써 소농민의 처지가 얼마나 향상되었는지 명확히 알 수는 없지만, 권농정책이 상당 부분 실제로도 소농민의 경영 안정화에 기여하고 있었던 점은 인정할 수 있으리라고 본다. 그러나, 한편으로 고려시대에 권농정책을 통해 소농민의 경영 안정화를 추진하는 데 있어서는, 당시의 사정상 다음과 같은 제약을 받고 있었다.

고려시대의 농업생산활동은 농업기술이 발전되어 나감에 따라 이전보다 상대적으로 소농민경영의 自立性이 제고되어 나가는 추세에 있었다. 또 특히 12세기 이래 農業技術의 발달은 그와 같은 과정 중의 대표적인 하나였다.[6] 그러나 소농민경영의 자립성이 상대적으로 높아졌다 하더라도 당시로서는 개별농가가 獨立된 自營農으로 성립될 정도로까지는 성장하지 못한 단계였고, 일반농민층의 생산활동은 國家로부터의 영농보호뿐만 아니라 個

---

4) 『高麗史』 卷79, 食貨志 2 農桑 顯宗 7年 正月 ; 顯宗 9年 2月; 顯宗 9年 11月 ; 『高麗史節要』 卷4, 靖宗 2年 6月

5) 『高麗史』 卷79, 食貨志 2 農桑 成宗 5年 5月 ; 顯宗 16年 3月 ; 『高麗史』 卷7, 文宗 2年 3月 庚子

6) 기존의 고려시대 농업기술 발달과정에 대한 연구성과는 다음의 논고 및 본서의 <제2부> 서론 1절 2) 항목 참조. 안병우, 1996, 「농업생산력의 발달과 상공업」 『한국역사입문』 ②, 풀빛 ; 권영국, 1999, 「고려시대 農業生產力 연구사 검토」 『史學研究』 58·59.

別農家가 소속된 共同體와의 유대관계 속에서 이뤄지고 있었던 것으로 보아야 할 것이다.[7]

　예를 들어, 고려전기에 村典이 踏驗損實 과정에 간여하고 있고,[8] 촌락민 가운데 富足한 자였던 民長이 지역의 小事를 맡아 처리하고 있으며,[9] 지방에서 力役을 동원할 때 지방관 휘하의 鄕吏가 그 업무를 수행하고 있었던 사실[10] 등은 이들이 지방사회에서 실질적인 영향력을 발휘하고 있던 존재라는 것을 알려준다. 이와 같은 사정 속에 고려전기 농업생산활동은 地方社會에 존재하는 鄕村支配秩序와도 연계되어 이뤄지고 있었다. 이것은 한편

---

7) 전근대사회에서 개별농가의 농업생산활동은 대체로 토지의 생산성이 상대적으로 낮고, 따라서 생산과정에 있어서 개별농가의 자립성이 낮아 아직 독립된 자영농으로 성장하기에 이르지 못한 상황이었던 것으로 파악되고 있다. 이와 같은 사정은 고려시대에도 역시 마찬가지였다고 생각되는데, 국가로부터의 영농 보호뿐만 아니라 개별농가가 소속된 공동체의 편성 및 이러한 공동체와의 유대 관계를 필요로 하고 있었던 것으로 생각된다. 고려시대 개별농가의 농업생산활동과 관련한 공동체의 편성에 대해서는 다음과 같은 연구 결과가 있어 참고된다. 金泰永, 1978, 「科田法下의 自營農에 대하여」『韓國史硏究』20 ; 蔡雄錫, 2000, 『高麗時代의 國家와 地方社會』, 서울대학교 출판부.

　　金泰永은 고려전기 田柴科體制 하에 있어서 개별 농민은 자기 소속의 族團的 村落共同體와 일정한 유대 관계 속에서 생산활동을 전개하고 있었고, 고려 중기 이래 공동체적 族團의 姓氏가 대거 이동하는 현상이 나타나는 등 이러한 공동체의 해체와 변질이 진행되면서, 고려후기에는 새로운 공동체의 편성이 필요하게 되었다고 하였다(金泰永, 1978, 앞의 논문, 67~69쪽). 그리고 蔡雄錫은 고려전기의 경우 豪富層을 중심으로 한 공동체가 향촌사회의 질서와 운영을 주도하고 있었고, 12·13세기의 사회변화 속에서 이러한 공동체가 더 이상 향촌사회를 주도할 수 없게 되면서, 국가에서는 官 주도의 향촌사회 통제를 모색하고 있었다고 하였다(蔡雄錫, 2000, 앞의 책, 233~249쪽).

8) "是月判 凡州縣 水旱虫霜 禾穀不實田疇 村典告守令 守令親驗 申戶部 戶部 送三司 三司移牒 撿覈虛實"(『高麗史』卷78, 食貨志 1 田制 踏驗損實 文宗 4年 11月)

9) "民長之稱 如鄕兵保伍之長也 卽民中 選富足者 爲之 其聚落 大事則赴官府 小事則屬之 故隨所在細民 頗尊事焉"(『高麗圖經』卷19, 民庶 民長)

10) "又有中外僧徒 欲爲私住之所 競行營造 普勸州郡長吏 徵民役使 急於公役 民甚 苦之 願嚴加禁斷 以除百姓勞役"(『高麗史』卷93, 崔承老傳)

으로 생각하면 국가가 권농정책을 통해 표방한 소농민의 경영 안정화에 制限的인 측면이 있었다는 점을 드러내 주는 것이라고 볼 수 있겠다.

그리고 12세기 이래 고려 사회에서 나타난 사회현상에서도 살펴볼 수 있듯이, 사회변화가 진행되고 이에 따른 국가체제의 재정비가 제대로 완수되지 못한 상황 속에서는 소농민의 농업생산활동에 대한 국가의 역할이 보호보다는 조세 수취에 집중되는 현상이 발생하고 있기도 하였다.[11] 이것은 12세기 이래 농업기술 발달로 인한 농업생산력의 발달이 소농민 경영의 자립성을 어느 정도 제고시키는 계기가 될 수 있었겠지만, 동시에 농업생산력의 발달은 또한 소농민의 농업환경에 변화를 가져오기도 했기 때문이라고 생각된다.[12] 그동안 지역사회에서 영향력을 지니고 소농민층에 대해 보호·권농의 역할을 하던 지방 향리층이 오히려 이 시기에 私益을 도모하여 농민의 피해를 야기시키는 현상이 나타나는[13] 등 소농민의 경영 안정화를 제대로 기할 수 없었던 것은 이로 말미암은 것이 아닐까 한다. 이 시기에는 12세기 이래 향촌지배질서의 와해로 인한 농업환경의 변화, 예컨대 大土地兼併 현상 등으로 말미암아 농민층의 피해가 발생하고 있었고, 이에 따라 당시로서는 이러한 사회문제에 대처해 나갈 수 있는 國家體制의 재정비가 요구되고 있었던 것이다.

---

11) 이와 관련해, 지방에서 권농업무를 담당하는 勸農使의 역할이 고려후기에 이르러 이전 시기와 차이를 보이고 있다는 견해가 있어 참고할 수 있을 것이다. 勸農使는 勸農·救恤·收取 등을 주된 임무로 하고 있었지만, 대체로 고려전기에는 勸農, 고려후기에는 收取가 그 주된 임무로 나타나고 있었다(金南奎, 1989, 「勸農使와 그 기능」『高麗兩界地方史硏究』, 새문社, 165~166쪽).

12) 이것은 고려전기 이래 소농민의 생산활동과 일정한 유대관계를 맺고 있던 향촌사회의 공동체가 고려중기에 들어와 점차 해체 혹은 변화되고 있었던 사정과 관련된 것이었으리라고 생각된다. 이에 대해서는 앞의 註 7) 참조.

13) "下制 凡州縣各有京外兩班軍人家田永業田 乃有姦詰吏民 欲托權要 妄稱閑地 記付其家 有權勢者 又稱我家田 要取公牒 卽遣使喚 通書屬托 其州貝僚 不避干請 差人徵取 一田之徵 乃至二三 民不堪苦 赴訴無處 寃忿衝天 災沴間作 禍源在此 捕此使喚 枷械申京 記付吏民 窮極推罪"(『高麗史』卷78, 食貨志 1 田制 田柴科 明宗 18年 3月)

뿐만 아니라, 고려 국가는 일반 농민층의 保護를 표방하고 勸農政策을 실시하고 있었지만, 고려 국가의 이러한 입장이 곧 大土地所有者에 의한 농업경영을 부정하는 것은 아니었다. 고려전기부터도 농업경영은 大土地所有者에 의해서 이뤄지고 있었다.[14]

이러한 점은 고려 국가가 내세운 土地開墾의 원칙과도 관련된 것이었다.

> 카-4. 백성이 (토지를) 경작하는 것은, 스스로 開墾하고 스스로 占有하는 것 (自墾自占)을 허락하고 官에서 간여하지 않으니, 힘이 많은 자가 넓게 개간하고 세력이 강한 자가 많이 점유하게 되었다.(『朝鮮經國典』賦典 經理)

위 사료는 고려말 私田의 폐해를 지적하는 가운데 언급된 것이기는 하지만, 이를 통해 고려시대에 토지개간은 원칙상 '自墾自占'에 입각해 이뤄지고 있었던 것을 알 수 있다. 고려 국가가 내세운 토지개간의 원칙은 개인에 의한 토지의 私有가 인정되는 가운데 농지개간에 의사가 있고 실천할 능력만 있으면 농지개간이 허용되도록 하고 있었다. 開墾者의 신분에 따른 제한이나 開墾地 면적의 상한이 法制的으로 정해져 있던 것은 아니었고, 국가의 입장에서는 이러한 농지개간이 租稅 不納과 같은 不法으로 연결되지 않는 한 제재를 가하지 않고 있었다.[15] 이에 따라 농지개간은 일반농민

---

14) 고려전기 대토지소유자에 의한 농업경영에 대해서는 다음의 논고를 참고할 수 있다. 姜晋哲, 1982,「高麗時代의 地代에 대하여-특히 農莊과 地代問題를 중심으로-」『震檀學報』53·54 : 1989,『韓國中世土地所有研究』, 一潮閣 재수록, 127~133쪽 ; 1989,「高麗前期의 '地代'에 대하여-田柴科體制에서의 '地代'의 意味와 그 比重-」『韓國中世土地所有研究』, 一潮閣, 107~119쪽 ; 浜中昇, 1982,「高麗前期の小作制とその條件」『歷史學研究』507 : 1986,『朝鮮古代の經濟と社會』, 法政大學出版局 재수록, 155~160쪽 ; 金容燮, 1983,「前近代의 土地制度」『韓國學入門』, 학술원, 398~401쪽 ; 2000,「土地制度의 史的 推移」『韓國中世農業史研究』, 지식산업사, 24~29쪽 ; 安秉佑, 1997,「高麗時期 民田의 經營」『韓國 古代·中世의 支配體制와 農民』, 지식산업사, 197쪽.
15) 李景植, 1983,「高麗末期의 私田問題」『東方學志』40 : 1986,『朝鮮前期土地

에 의한 소규모의 개간에서부터 인력 동원이나 생산도구 등 농업여건에서 상대적으로 유리한 豪富層·兩班官僚·寺院 등에 의해 대규모의 개간이 이뤄졌으리라고 추정되고, 실제로도 屯田의 사례에서 살펴볼 수 있듯이 국가에서 파견한 지방관에 의해 대규모의 농지개간이 추진되고 있기도 했던 것이다.[16]

그리고 주지하듯이 이러한 대토지소유자에 의한 농업경영은 고려중기 이후 農莊이라 불리는 대규모 토지의 집적을 통해 나타나, 이러한 農莊을 통한 租稅 포탈과 田民의 탈점은 국가의 전반적인 경제제도 운영을 저해하는 커다란 사회문제가 되고 있었다.[17]

이처럼 국가가 권농정책을 실시함으로써 소농민 경영의 안정화를 추구하는 데 있어서는 향촌지배질서에 의존하는 측면이 있고, 또 사회변화에 따른 농업환경의 변화 속에서는 오히려 농민층의 피해를 야기시킬 가능성도 있었다. 그런 까닭에 고려 중·후기 사회변화 과정에서 권농정책이 수행되어 실효를 거두는 데 어려움이 있었던 것이 아닐까 한다.

예를 들어, 고려후기에 중앙정부의 입장에서는 농업생산의 유지 혹은 증진을 위한 조처와 함께 이에 조응한 국가체제의 재정비가 동시에 요구되고 있었다. 당시로서는 이러한 문제를 해결하려는 노력이 改革政治를 통해 나타나고 있었다.[18] 그러나 당시 국내외의 사정은 국가 주도로 그러한 과제를 제대로 수행하기에 어려움이 적지 않았다. 무엇보다 불법적 대토지겸병 현

制度硏究』, 一潮閣 재수록, 16~18쪽.

16) 安秉佑, 1984, 「高麗의 屯田에 관한 一考察」『韓國史論』 10, 19~32쪽.

17) 고려중기 이후 경제현상에 대해서는 다음의 논고 참조. 姜晋哲, 1980, 「田柴科 體制의 崩壞」『高麗土地制度史硏究』, 高麗大出版部 ; 박종진, 1995, 「고려무 인집권기의 토지지배와 경제시책」『역사와 현실』 17.

18) 예를 들어, 원간섭기 농업경영에 있어 당면과제 가운데 하나는 몽고와의 전쟁 으로 인해 피해를 입은 농토를 복구하고 대토지겸병으로 인한 농촌과 농민의 피해를 시정해 나가는 일이었지만, 이 점은 당시 정국운영자의 이해관계와도 직결된 것으로 국가체제의 재정비를 전제로 가능한 일이었다. 이에 대해서는 본서의 <제2부> 제4장 2절 참조.

상이 여전히 잔존 혹은 확대되고 있고, 또 그러한 현상이 국가운영을 담당하는 국왕, 관료 등의 이해관계에 따라 이뤄지고 있는 상황에서[19] 국가 주도로 그 문제를 해결하기는 힘들었다.

이를 통해 살펴볼 수 있듯이, 국가의 권농정책은 사회변화가 진행되는 과정에서 이에 조응한 國家體制의 재정비와도 관련해 추진되고 있었던 것이지만, 한편으로 그와 같은 국가체제의 재정비가 제대로 이뤄지지 못할 때 권농정책은 실효를 거두기 어려웠다. 한편 이러한 사정 속에서 고려후기의 경우 國家에 의해 주도되는 농업생산의 증진 보다는 地方官, '有職居外者' 등에 의한 生産의 증진이 오히려 사회에서 보다 부각되어 나타나고 있었다.

이상에서 살펴본 바와 같이, 고려시대 권농정책은 소농민의 경영 안정화를 도모하는 것이었고, 실제로도 이러한 점에 어느 정도 기여할 수 있었다고 보아야 할 것이다. 그러나 한편 권농정책을 통한 소농민의 경영 안정화는 제한적인 것이었다. 권농정책을 실시함으로써 소농민의 경영 안정화를 추구하는 데 있어서는 향촌지배질서에 의존하는 측면이 있었고, 또 사회변화에 따른 농업환경의 변화 속에서는 제대로 이뤄질 수 없는 한계가 있었다. 특히 사회변화가 진행되는 시기에 추진된 권농정책은 변화에 조응하여 나타나고 있었지만, 국가체제의 재정비가 제대로 이뤄지지 못할 때 비록 권농정책이 추진된다 하더라도 실효를 거두기 힘들었다. 여기서 권농정책은 국가체제의 유지와 관련된 것이었음을 다시 한번더 확인하게 되는데, 결국 권농정책이 소농민 경영의 안정화를 위해 추진되고 있다 하더라도 그것은 국가체제의 유지·운영이라는 전제 내에서 추진되고, 또 그러할 때 실효를 거둘 수 있는 것이었다.

---

19) 李益柱, 1988, 「高麗 忠烈王代의 政治狀況과 政治勢力의 性格」『韓國史論』 18, 186~187쪽 ; 이정란, 2005, 「整治都監 활동에서 드러난 家 속의 개인과 그의 행동방식」『韓國史學報』 21, 322~326쪽.

2. 국가운영적 측면

이상에서 언급한 바와 같이, 권농정책의 추진은 소농민 경영의 안정화를 통해 국가체제를 유지·운영하기 위한 측면을 지니고 있었다. 그러면 다음으로는 고려시대의 권농정책이 중앙정부의 國家運營과 관련해 구체적으로 어떻게 추진되고 있었는지를 살펴보도록 하자.

먼저 고려 건국 이후 고려전기까지의 권농정책을 살펴보면, 이 시기 권농정책은 농민층의 안정이라는 목적 이외에도 지방 豪族에 대한 통제 및 국가체제의 수립과정과 밀접한 연관하에 추진되고 있었다.

주지하듯이 고려 건국 이후 적어도 고려초기에는 지방사회에 豪族과 같은 지방세력이 상당 부분 세력을 유지하고 있었고, 당시 국가의 입장에서는 이러한 지방세력의 존재를 國家의 運營과 관련해 조정하는 일이 당면과제 가운데 하나였다. 고려전기 권농정책은 이러한 당시 사정과도 관련하여, 한편으로 지방세력이 영향을 미치고 있는 鄕村支配秩序를 토대로 하면서도, 또 다른 한편으로는 이러한 지방세력을 점차 통제하고 이를 국가체제 내에서 흡수·운영해 나가려는 경향과도 관련하여 추진되고 있었던 것이다.

고려시대 지방행정제도는 成宗 2年 12牧에 지방관이 파견되는 것을 시작으로[20] 점차 정비되어 나가기 시작하였다. 그런데 成宗代에는 고려왕조에 들어와 籍田 親耕·雩祀를 최초로 거행하고,[21] 兵器를 거둬 農器로 제작하는[22] 등 고려왕조에 들어와 勸農政策이 본격화되는 양상을 띠기 시작하였고, 또 특별히 지방관에 대해 勸農 업무가 부과되고 있었다.[23] 이것은 고려 건국 이래 추진되어 왔던 國家體制의 수립과정이 成宗代에 이르러 어느 정도 성과를 보이게 되었다는 것을 의미하겠지만, 한편으로 이 과정에서 勸農

---

20) 『高麗史節要』 卷2, 成宗 2年 2月
21) 『高麗史節要』 卷2, 成宗 2年 正月; 成宗 3年 3月 庚申
22) 『高麗史節要』 卷2, 成宗 6年 6月
23) 『高麗史』 卷79, 食貨志 2 農桑 成宗 5年 5月; 『高麗史節要』 卷2, 成宗 5年 9月

政策 역시 일정한 역할을 하고 있었던 점을 잘 보여준다.

그 후 地方官에 의한 勸農業務의 추진은 고려시대에 권농정책이 실시되는 데 있어 주된 방법이 되었다. 그 과정에서 顯宗代에는 지방관의 임무 가운데 鄕吏에 대한 統制가 강조되고 있기도 하였다. 즉, 현종 9년에 지방관의 임무로 '諸州府貝奉行六條'가 정해지는데, 그 가운데 吏員에 대한 監督이 포함되어 있었다.[24] 이것은 그만큼 당시의 권농정책이 지방관의 권농업무를 통해 수행될 때 鄕吏로 대표되는 지방세력에 대한 통제가 중요했기 때문이라고 생각된다.[25] 지방에서 권농 업무를 주관한 것이 地方官이라고는 하지만, 실제로 지방에서 수취업무에 종사한 것은 鄕吏였으리라는 점을 생각한다면, 그 과정에서 지방관의 권농 업무 수행에 鄕吏가 상당 부분 관여하고 있었으리라고 추정된다. 따라서 지방관을 통해 권농정책을 실시하는 데 있어서 地方官의 업무로 鄕吏에 대한 統制가 추가된다는 것은 향촌지배질서의 현실을 인정하면서도 권농정책을 추진하는 하나의 방법으로 鄕吏에 대한 지방관의 통제가 강조된 것으로 볼 수 있을 것이다.

이처럼 고려전기 권농정책은 地方行政制度의 정비과정과 관련을 맺으며 지방에 파견된 地方官을 통해 추진되어 나갔고, 鄕吏에 대한 통제가 지방관의 임무로 부여되는 가운데 권농정책이 보다 실효를 거둘 수 있었던 것이라고 하겠다. 이것은 고려전기 지방사회에서 地方勢力이 鄕村支配秩序에 영향을 미치고 있던 상황 속에서 나타난 高麗前期 勸農政策의 特徵이라고 보아야 할 것이다.

이어서 고려중기 권농정책의 추진방향에 대해 살펴보도록 하겠는데, 대체로 이 시기의 권농정책은 社會變化를 반영하여 國家體制를 再整備하는 방향으로 추진되고 있는 특징이 엿보인다. 이러한 모습은 먼저 무신정권시기 권농정책의 추진방향에서 잘 살펴볼 수 있다.

---

24)『高麗史』卷75, 選擧志 3 銓注 凡選用守令 顯宗 9年 2月
25) 顯宗 9年 '諸州府貝奉行六條'의 내용에 대한 분석은, 본서의 <제2부> 제2장 1절 3) 항목 참조.

주지하듯이 12세기 이래 고려사회에서는 이전과는 다른 여러 가지 변화의 모습들이 나타나고 있었다. 權勢家에 의한 大土地兼倂, 農民의 流亡, 지방사회의 動搖, 광범위한 農民蜂起 등 사회변화의 모습이 여러 면에 걸쳐 나타나고 있었고, 그 속에 武臣政權이 존재하고 있었던 것이다.

이처럼 사회변화가 진행되고 있던 시기에 권농정책의 추진방향은 그러한 사회변화를 반영하여 國家體制를 再整備하는 것으로 나타나고 있었다. 明宗 18年의 敎書, 李奎報의 策問, 洪子藩의 '便民十八事', 忠宣王의 卽位敎書 등의 내용 속에는 사회변화로 인한 농민층의 피해가 발생하는 속에서 민생안정과 영농의 정상화를 도모함과 동시에 사회변화에 따른 새로운 국정운영의 모색이라는 측면도 포함되어 있었다. 大土地兼倂 현상, 地方社會의 동요현상, 광범위한 農民抗爭의 발생 등 이 시기에 나타난 사회변화는 政治圈에서도 이에 상응하는 변화를 요구하고 있었고, 이러한 상황 속에서 국가로부터 추진된 권농정책 또한 국가체제를 再整備하는 방향으로 추진되어 나갔던 것이다.

그리고 고려후기의 경우 농업생산의 증진을 위한 모색이 性理學을 수용한 儒者에 의해 國家 重興의 차원에서 이뤄지고 있었는데, 이러한 사실 역시 권농정책이 사회변화를 조정하는 성격을 지니고 있었다는 점을 잘 살펴볼 수 있게 해준다. 고려말 역시 이러한 문제를 해결하기 위해 私田捄弊策과 商業捄弊策이 政治勢力 간에 논의되고 있었고,[26] 이 시기 勸農政策의 실시 역시 이러한 문제를 해결하고자 하는 노력과도 관련된 것이라고 볼 수 있다. 이것은 당시 사회변화의 재조정에 政治勢力의 이해관계가 개재해 있고, 그 속에서 사회·국가의 유지·운영에 적합하도록 勸農政策이 수행되어 나가는 측면이 있었음을 엿볼 수 있게 해준다.

---

26) 李景植, 1984,「高麗末의 私田捄弊策과 科田法」『東方學志』42 ; 1986,『朝鮮前期土地制度研究』, 一潮閣 재수록 ; 金琪燮, 1990,「高麗末 私田捄弊論者의 田柴科 인식과 그 한계」『歷史學報』127 ; 朴平植, 1998,「高麗末期의 商業問題와 捄弊論議」『歷史敎育』68.

　이상에서 고려시대 권농정책의 성격에 대해 고찰해 보았는데, 이를 통해 얻은 필자의 결론으로는, 권농정책은 국가의 財政 增大를 위한 經濟政策 및 農民 保護를 위한 社會政策으로서 실시되는 가운데 국가·사회를 유지·운영하는 성격을 지니는 한편 社會變化에 따른 새로운 政局運營의 모색 과정에서 그러한 變化를 조정하는 성격 또한 지니고 있었던 것으로 정리해 볼 수 있겠다.

결론

　농업생산활동은 농작물의 재배·수확이 순환하여 이뤄지는 특성상 그 再
生産을 위한 조건이 마련되는 것을 전제로 하고 있었다. 그러나 고려시대의
농업생산활동은 대체로 영세한 규모의 토지를 소유하고, 농업도구 또한 부
족한 상태에서 이뤄지는 경우가 적지 않았다. 또 이 이외에도 예기치 않은
自然災害를 비롯해 과도한 租稅 부담, 力役 동원 등 여러 가지 요인으로 말
미암아 재생산구조가 파괴되는 경우가 자주 발생하고 있었다. 그러므로 국
가는 권농정책을 통해 농민의 생계유지를 도모할 뿐만 아니라 그들로부터
안정적으로 수취를 하기 위해서도 재생산을 보장해 줄 필요가 있었다.

　고려시대 농업은 우선 일반민의 대다수가 농업에 종사하여 생계를 유지
하고, 또 농업으로부터의 생산물이 사회·국가의 운영을 위한 토대가 된다는
점에서 중요성이 있었다. 고려시대 일반 백성의 소유지로서 民田은 國用·
祿俸 등 국가재정수입의 주된 원천이었다. 뿐만 아니라 농민의 농업생산활
동은 田柴科와 같은 土地制度의 운영과 이를 통한 支配身分層의 유지 등을
비롯해 사회운영상으로도 중요한 측면을 지니고 있었다. 농민층의 생산활동
을 통해 생산된 米穀은 관리에 대한 祿俸 支給에 사용되고, 각종 褒賞穀으
로 운영되며, 軍需穀으로 이용되는 등 국가운영에 필수적인 요소로 기능하
고 있었다. 아울러 고려시대에 미곡은 貨幣로 기능하는 등 사회운영상의 중
요성 또한 지니고 있었다. 고려시대의 주된 산업은 농업으로서, 사회의 주

된 생산활동형태 및 사회·국가의 유지·운영을 위한 토대가 농민의 농업생
산활동에 있었다.

따라서 농업에 대한 인식 즉 農業觀은 이러한 점에 입각해 농업을 중요
시 하는 重農理念으로 나타났고, 이렇게 정립된 중농이념은 勸農政策의 실
시를 뒷받침하는 이념적 바탕이 될 수 있었다.

고려시대의 重農理念은 儒敎政治理念에서의 自然觀 및 災異觀과 관련을
맺는 가운데 정립되어 나갔고, 중농이념에 입각한 農業觀 역시 이러한 사상
조류에 영향을 받아 나타나고 있었다. 태조에 의해 중농이념이 제시된 이후
중농이념에 입각한 국정 운영은 고려시대 전반에 걸쳐 유지되어 나간 기본
원칙 가운데 하나였다. 국왕의 입장에서도 重農理念의 실천이란 측면에서
勸農이 중요업무의 하나로 인식되었고, 국왕은 자신을 대신해 지방을 통치
하는 地方官에게 勸農業務를 독려하는 한편 농사에 피해를 주는 자연재해
가 발생할 경우 敎書의 반포, 祈雨祭·祈晴祭의 거행 등을 통해 중농이념을
재확인하고 있었다.

자연재해로 인해 농사의 피해가 발생할 경우, 이러한 피해에 대한 국왕의
의례적 행위로는 祈雨祭·祈晴祭·禳災變를 위한 노력을 비롯해 減常膳·避
正殿·慮囚·放輕繫·赦·徙市·禁酒·禁扇笠 등 대체로 自省하여 修德하기 위
해 노력하고 있었음을 살펴볼 수 있다. 이와 같은 국왕의 행위는 유교정치
이념에서 강조하는 天人合一思想에 입각한 天人感應論·天譴論 등 당시의
왕에 대한 관념, 自然觀 및 災異觀에 기인하는 것이었다.

고려시대에 권농정책이 실시됨에 있어서는 각 시기의 상황에 따라 그 내
용을 다소 달리하면서 전개되었는데, 건국 초기의 그것은 一面 호족 세력에
대한 통제과정이기도 하였다. 고려시대 권농정책은 太祖代에 租稅率 조정,
奴婢 還屬, 農桑 권장, 黑倉과 같은 진휼기관의 수립 등으로부터 시작되고
있었다. 그러나 당시로서는 고려왕조 자체로서도 勸農을 통한 재정 증대를
적극적으로 수행할 수 없었고, 豪族 세력의 존재로 인하여 고려가 收取를
실행할 수 있는 지역이 제한되어 있는 등 국가의 권농정책이 충분한 효과를

거두기에 어려운 실정이었다. 따라서 권농정책이 실효를 거둘 수 있게 된 것은 地方行政制度에 진전이 이루어진 成宗代 이후의 일이었다. 고려 중앙 정부의 지방통제는 成宗 2年 12牧에 外官을 파견하기 시작한 것을 계기로 진전되어 나갔고, 권농정책 역시 이러한 지방행정제도의 정비과정과 병행하여 수행되어 나갔다. 그것은 地方官에 의한 勸農業務의 수행이라는 형태로 나타났는데, 이것은 고려시대에 권농정책이 실시됨에 있어서 가장 전형적인 방법이기도 했다.

成宗代에는 籍田親耕·雩祀를 고려왕조에 들어와 최초로 거행하고, 地方官에 대한 권농업무가 강조되며, 兵器를 거둬 農器로 제작하고 있었다. 성종대에 이르러 地方官에 의한 권농업무의 수행이라는 틀은 일단 마련되었다고 할 수 있으며, 文宗代에는 보다 정비된 모습을 살펴볼 수 있다. 문종대에는 피해농가에 대한 糧種의 지급, 租稅 감면, 농사시기인 '三時'의 배려, 諸道 外官의 長에 대한 勸農使 兼帶 등 권농을 위한 국가의 여러 조처가 내려지고 있었다.

한편 중앙정부로부터 권농정책이 수립되고 그것이 농민과 농업에 적용되어 실시되는 데는 중앙정부의 政策的 目的과 아울러 農業生産의 실상을 바탕으로 하는 것이었다. 농업생산의 실상에 조응하여 권농정책의 내용이 결정되는 한편 농업기술의 발달에 따른 사회변화는 권농정책의 추진방향을 결정하는 중요한 요인 가운데 하나였다. 특히 고려중기의 農業技術은 여러 가지 면에서 이전 시기와는 다른 발전된 모습을 보이고 있어, 권농정책의 추진방향에도 변화를 가져왔다. 이 시기에는 堤堰의 보수와 신설이 활발히 진행되는 한편 河渠, 防川堤, 防潮堤 등 새로운 형태의 水利施設이 건설되고 있었다. 이러한 수리시설의 수축 과정에서는 지방관이 활발한 역할을 하고 있었던 점이 나타나고 있었다. 아울러 수리시설의 확충은 내륙 低濕地와 沿海地 지역으로의 農耕地 확대라는 현상과 맞물려 전개되고 있었다.

이처럼 고려중기는 農業技術의 발달 모습을 살펴볼 수 있는 시기일 뿐만 아니라 地方社會의 동요, 農民의 流亡, 權勢家에 의한 大土地兼併, 광범위한 農民蜂起 등 여러 가지 사회현상이 발생하고 있던 시기이기도 했다. 이 시기는 사회변화의 양상이 여러 면에 걸쳐 나타나고 있던 시기였고, 그 속에 武臣政權이 존재하고 있었던 것이다. 그 가운데 특히 광범위하게 발생한 農民抗爭은 이 시기에 진행된 農業生産力의 발달, 地方制度의 문란, 地方社會의 동요 등 여러 사회변화의 결과였고, 이는 執權層 내의 危機感을 조성하는 계기로 작용하고 있기도 했다. 이러한 사회변화에 조응하여 勸農政策은 一面 피폐한 農民과 農村의 상황을 복구하여 農業을 진흥하도록 하는 한편 官吏制度, 軍事制度, 地方制度 등의 정상적인 복귀를 통해 國家運營을 원활히 이루어 나가기 위한 방향으로 나타나고 있었다.

고려후기에 국내외적 사정은 국가재정의 부족을 가중시켜 나갔고, 이를 해결하려는 노력이 제대로 실효를 거두지 못하는 가운데 일반농민층의 조세부담이 증가되어 나갔다. 蒙古와의 전쟁으로 인한 農耕地의 황폐화와 원 간섭기 元으로부터의 각종 부담, 국가에 조세를 납부하지 않는 不法的 大土地兼倂의 증가 등이 국가재정의 부족을 초래하는 원인이었다. 아울러 元과의 무역을 통한 상업의 확대, 왕실·권세가·사원에 의한 상업이익의 장악, 高利貸的인 방법에 의한 財富蓄積 등 역시 농민층의 피해를 초래하고 있었다.

한편 고려후기에 있어서 洪子藩의 '便民十八事', 忠宣王代 이후 추진된 일련의 改革政治 등은 사회변화로 인해 농민층의 피해가 발생하는 속에서 민생안정과 영농의 정상화를 도모함과 동시에 정상적인 國政運營으로의 복귀를 기하는 것이기도 하였다. 고려말기에는 농업생산의 증진을 위한 모색이 性理學에 입각해 국가 중흥의 차원에서 이뤄지고 있었고, 농민층의 피해, 영농의 정지 등과 관련된 사회문제를 해결하고자 私田捄弊策과 商業捄弊策이 政治勢力 간에 논의되고 있었다. 이러한 점들 역시 이 시기 권농정책이 사회변화를 조정하는 성격을 지니고 있었다는 점을 잘 보여주고 있었다.

이상에서 고려시대 권농정책의 내용과 성격에 대해 살펴보았다. 이를 통

해 얻은 필자의 결론으로는, 권농정책은 국가의 財政 增大를 위한 經濟政
策 및 農民 保護를 위한 社會政策으로서 실시되는 가운데 국가·사회를 유
지·운영하는 성격을 지니는 한편 社會變化에 따른 새로운 政局運營의 모색
과정에서 그러한 變化를 조정하는 성격 또한 지니고 있었던 것이 아닌가 생
각된다는 것이다.

  사회변화에 조응하는 정치권의 면모는 지배층 내부 權力의 再配置로 상
쇄되어 나가면서 또 다른 社會構造를 형성해 나갔던 것으로 생각된다. 결국
고려전기를 비롯해 고려 중·후기에 나타난 여러 가지 社會現象과 이에 대
처해 나간 勸農政策 및 政治圈의 동향은, 사회·국가의 유지·운영을 위해
기능하는 한편 社會變化에 조응한 정치권력 및 정치세력의 再配置를 통해
새로운 社會構造를 만들어 내는 과정에서 나타난 현상들과 밀접한 관련을
지니고 있었던 것이다.

참고문헌

1. 자료 및 문집

『三國史記』,『高麗史』,『高麗史節要』,『世宗實錄』,『高麗名賢集』,『經國大典』,『新增東國興地勝覽』,『東國李相國集』,『高麗圖經』,『雞林類事』,『益齋亂藁』,『拙藁千百』,『三峯集』,『朝鮮金石總覽』,『韓國金石文追補』,『韓國金石全文』,『高麗墓誌銘集成』,『增補文獻備考』

2. 저서 및 박사학위논문

姜晋哲, 1980,『高麗土地制度史硏究』, 고려대출판부.
──, 1989,『韓國中世土地所有硏究』, 一潮閣.
──, 1992,『韓國社會의 歷史像』, 一志社.
權寧國, 1995,『高麗後期 軍事制度 硏究』, 서울대 박사학위논문.
金甲童, 1990,『羅末麗初 豪族과 社會變動硏究』, 고려대 민족문화연구소.
金琪燮, 1993,『高麗前期 田丁制 硏究』, 부산대 박사학위논문.
金蘭玉, 2000,『高麗時代 賤事·賤役良人 硏究』, 신서원.
金南奎, 1989,『高麗兩界地方史硏究』, 새문社.
金容燮, 1971,『朝鮮後期農業史硏究』, 一潮閣.
──, 2000,『韓國中世農業史硏究』, 지식산업사.
金仁昊, 1999,『高麗後期 士大夫의 經世論 硏究』, 혜안.
金日宇, 1998,『고려 초기 국가의 地方支配體系硏究』, 一志社.
金載名, 1994,『高麗 稅役制度史 硏究』, 한국정신문화연구원 박사학위논문.
金昌賢, 1998,『高麗後期 政房硏究』, 高麗大 民族文化硏究院.
金澈雄, 2003,『韓國中世 國家祭祀의 體制와 雜祀』, 한국연구원.
金哲埈, 1975,『韓國古代社會硏究』, 知識産業社.
金泰永, 1983,『朝鮮前期 土地制度史硏究』, 知識産業社.
金晧東, 2003,『고려 무신정권시대 文人知識層의 현실대응』, 경인문화사.

羅鐘宇, 1996, 『韓國中世對日本交涉史研究』, 원광대출판부.

閔成基, 1988, 『朝鮮農業史研究』, 一潮閣.

朴龍雲, 1980, 『高麗時代 臺諫制度 研究』, 一志社.

———, 1997, 『高麗時代 官階·官職 研究』, 고려대출판부.

———, 2001, 『高麗時代 中樞院 研究』, 고려대 민족문화연구원.

朴胤珍, 2006, 『高麗時代 王師·國師 研究』, 경인문화사.

박종기, 2002, 『지배와 자율의 공간, 고려의 지방사회』, 푸른역사.

박종진, 2000, 『고려시기 재정운영과 조세제도』, 서울대학교출판부.

白南雲, 1937, 『朝鮮封建社會經濟史』 上, 改造社.

邊太燮, 1971, 『高麗政治制度史研究』, 一潮閣.

申安湜, 2002, 『高麗 武人政權과 地方社會』, 景仁文化社.

安秉佑, 2002, 『고려전기의 재정구조』, 서울대학교출판부.

여원관계사연구팀 편, 2007, 『譯註 元高麗紀事』, 선인.

魏恩淑, 1998, 『高麗後期 農業經濟研究』, 혜안.

尹龍爀, 1991, 『高麗對蒙抗爭史研究』, 일지사.

尹漢宅, 1995, 『高麗 前期 私田 研究』, 高麗大 民族文化研究所.

李景植, 1986, 『朝鮮前期土地制度研究』, 一潮閣.

———, 2007, 『高麗前期의 田柴科』, 서울대학교출판부.

李基白, 1968, 『高麗兵制史研究』, 一潮閣.

李相瑄, 1998, 『高麗時代 寺院의 社會經濟研究』, 성신여자대학교 출판부.

李成茂, 1980, 『朝鮮初期 兩班研究』, 一潮閣.

李樹健, 1984, 『韓國中世社會史研究』, 一潮閣.

李淑京, 2007, 『고려 말 조선 초 사패전 연구』, 일조각.

李貞信, 1991, 『高麗 武臣政權期 農民·賤民抗爭 研究』, 高麗大 民族文化研究所.

———, 2004, 『고려시대의 정치변동과 대외정책』, 경인문화사.

이정희, 2000, 『고려시대 세제의 연구』, 國學資料院.

李宗峯, 2001, 『韓國中世度量衡制研究』, 혜안.

李鎭漢, 1999, 『高麗前期 官職과 祿俸의 관계 연구』, 一志社.

李春寧, 1964, 『李朝農業技術史』, 韓國研究院.

———, 1989, 『한국농학사』, 民音社.

李泰鎭, 1986, 『韓國社會史研究』, 지식산업사.

李亨雨, 1999, 『高麗 禑王代의 政治的 推移와 政治勢力 研究』, 고려대 박사학위논문.

李惠玉, 1985, 『高麗時代 稅制研究』, 이화여대 박사학위논문.

李鎬澈, 1986, 『朝鮮前期 農業經濟史』, 한길사.

李熙德, 1984, 『高麗儒敎政治思想의 硏究－高麗時代 天文·五行說과 孝思想을 中心으로－』, 一潮閣.

───, 1999, 『韓國古代 自然觀과 王道政治』, 혜안.

───, 2000, 『高麗時代 天文思想과 五行說 硏究』, 一潮閣.

鄭景鉉, 1992, 『高麗前期 二軍六衛制 硏究』, 서울대 박사학위논문.

蔡雄錫, 2000, 『高麗時代의 國家와 地方社會』, 서울대학교 출판부.

崔貞煥, 1991, 『高麗·朝鮮時代 祿俸制 硏究』, 慶北大學校出版部.

───, 2002, 『高麗 政治制度와 祿俸制 硏究』, 신서원.

河炫綱, 1977, 『高麗地方制度의 硏究』, 韓國硏究院.

한정수, 2007, 『한국 중세 유교정치사상과 농업』, 혜안.

洪承基, 2001, 『高麗社會經濟史硏究』, 一潮閣.

旗田巍, 1972, 『朝鮮中世社會史の硏究』, 法政大學出版局.

濱中昇, 1986, 『朝鮮古代の經濟と社會』, 法政大學出版局.

3. 논 문

姜順吉, 1985, 「忠肅王代의 察理辨違都監에 대하여」 『湖南文化硏究』 15.

姜晋哲, 1965, 「高麗前期의 公田·私田과 그의 差率收租에 대하여－高麗 稅役制度의 一側面－」 『歷史學報』 29 : 1980, 『高麗土地制度史硏究』, 高麗大出版部.

───, 1976, 「高麗時代의 農業經營形態－田柴科體制下의 公田의 경우－」 『韓國史硏究』 12 : 1980, 앞의 책.

───, 1980, 「其他의 私田」 『高麗土地制度史硏究』, 高麗大出版部.

───, 1980, 「農民의 負擔」 『高麗土地制度史硏究』, 高麗大出版部.

───, 1980, 「田柴科體制의 崩壞」 『高麗土地制度史硏究』, 高麗大出版部.

───, 1980, 「高麗의 農莊에 대한 一硏究 －民田의 奪占에 의하여 형성된 權力型農莊의 實體追求－」 『史叢』 24 : 1989, 『韓國中世土地所有硏究』, 一潮閣.

───, 1984, 「中世史－韓國史硏究 半世紀－」 『震檀學報』 57 : 1992, 『韓國社會의 歷史像』, 一志社.

───, 1987, 「田柴科制度」 『제2판 한국사연구입문』, 지식산업사.

───, 1988, 「私田改革과 그 成果 －農民의 處地에서 본 改革과 그 成果의 問題點－」

『震檀學報』66 : 1989, 앞의 책.

권영국, 1999, 「고려시대 農業生產力 연구사 검토」『史學研究』58·59.

金光洙, 1979, 「羅末麗初의 豪族과 官班」『韓國史研究』23.

金光哲, 1984, 「洪子藩研究-忠烈王代 政治와 社會의 一側面-」『慶南史學』1.

金琪燮, 1987, 「高麗前期 農民의 土地所有와 田柴科의 性格」『韓國史論』17.

──, 1992, 「新羅 統一期 田莊의 經營과 農業技術」『新羅產業經濟의 新研究』, 書景文化社.

──, 1994, 「高麗前期 戶等制와 農業經營規模」『釜大史學』18.

──, 1990, 「高麗末 私田捄弊論者들의 田柴科 인식과 그 한계」『歷史學報』127.

김난옥, 2007, 「고려시대의 경제사상」『韓國儒學思想大系』Ⅶ(經濟思想編), 한국국학진흥원.

金南奎, 1989, 「勸農使와 그 機能」『高麗兩界地方史研究』, 새문社.

金塘澤, 1982, 「高麗時代 私田의 槪念에 대한 再檢討」『震檀學報』53·54.

──, 1996, 「元干涉期 高麗 國王의 入元經費(盤纏)에 대하여」『吉玄益紀念論叢』 : 1998, 『元干涉下의 高麗政治史』, 一潮閣.

──, 1999, 「高麗末의 私田改革」『韓國史研究』104.

김대연, 2007, 「高麗 顯宗의 卽位와 契丹의 侵略原因」『한국중세사연구』22.

김도연, 2004, 「元간섭기 화폐유통과 寶鈔」『韓國史學報』18.

金東洙, 1989, 「고려 중·후기의 監務 파견」『全南史學』3.

김보광, 2007, 「高麗·몽골(元) 관계 연구에서『元高麗紀事』의 활용과 가치」『韓國史學報』29

李映珍, 1997, 「고려 후기 恭愍王代 白文寶의 현실인식-白文寶의 時政 8 箚子를 中心으로-」『于松趙東杰先生停年紀念論叢 韓國史學史研究』, 나남출판.

金容燮, 1975, 「高麗時期의 量田制」『東方學志』16 : 2000, 『韓國中世農業史研究』, 지식산업사.

──, 1981, 「高麗前期의 田品制」『韓沽劤博士停年紀念 史學論叢』, 知識産業社 : 2000, 앞의 책.

──, 1983, 「前近代의 土地制度」『韓國學入門』, 학술원.

──, 1990, 「高麗刻本『元朝正本農桑輯要』를 통해서 본『農桑輯要』의 撰者와 資料」『東方學志』65 : 2000, 앞의 책.

──, 2000, 「土地制度의 史的 推移」『韓國中世農業史研究』, 지식산업사.

金潤坤, 1988, 「羅·麗 郡縣民 收取體系와 結負制度」『民族文化論叢』9.

김인호, 1993, 「이규보의 현실이해와 정치경제 개선론」『學林』15.

金在滿, 1992,「契丹 聖宗의 高麗侵略과 東北亞細亞 國際情勢의 變趨(上)」『大東文化研究』27.

金載名, 1985,「高麗時代 什一租에 관한 一考察」『清溪史學』2.

────, 1991,「高麗時代의 常徭와 雜貢－부세의 기본 분류와 관련하여－」『清溪史學』8.

────, 1998,「高麗時代 調의 收取와 그 性格」『京畿史學』2.

金玗坤, 1969,「羅末 麗初의 賑恤策에 대하여」『論文集』3, 晋州教育大學.

────, 1977,「新羅의 賑恤策」『論文集』15, 晋州教育大學.

金澈雄, 1995,「高麗中期 道教의 盛行과 그 性格」『史學志』28 : 2003,『韓國中世 國家祭祀의 體制와 雜祀』, 한국연구원.

金哲埈, 1965,「崔承老의 時務二十八條」『趙明基華甲記念 佛教史學論叢』: 1975,『韓國古代社會研究』, 知識産業社.

金泰永, 1978,「科田法下의 自營農에 대하여」『韓國史研究』20.

────, 2000,「려말선초 성리학 왕정론의 전개」『朝鮮時代史學報』14.

金晧東, 1987,「高麗 武臣政權時代 地方統治의 一斷面－李奎報의 全州牧 ‘司錄兼掌書記'의 活動을 중심으로－」『嶠南史學』3.

────, 1994,「高麗 武臣政權時代 在地勢力과 農民抗爭」『한국중세사연구』1.

盧明鎬, 1992,「羅末麗初 豪族勢力의 경제적 기반과 田柴科體制의 성립」『震檀學報』74.

盧鏞弼, 1984,「洪子藩의 ‘便民十八事'에 대한 研究」『歷史學報』102.

都賢喆, 1997,「高麗末期의 教化論과 生業安定論」『韓國思想史學』9.

閔丙河, 1991,「高麗時代의 農業政策考」『韓國의 農耕文化』3, 京畿大 博物館.

閔賢九, 1968,「辛旽의 執權과 그 政治的 性格(上)・(下)」『歷史學報』38・40.

────, 1972,「高麗의 祿科田」『歷史學報』53・54.

────, 1980,「李藏用 小考」『韓國學論叢』3.

────, 1987,「白文寶研究－政治家로서의 活躍을 中心으로－」『東洋學』17.

────, 1989,「高麗 恭愍王의 反元的 改革政治에 대한 一考察」『震檀學報』68.

朴京安, 1985,「高麗後期의 陳田開墾과 賜田」『學林』7.

────, 1994,「麗末 儒者들의 田制改革論에 대하여」『東方學志』85 : 1996,『高麗後期 土地制度研究』, 혜안.

────, 1995,「高麗後期 農莊研究의 動向」『典農史學』1 : 1996, 앞의 책.

────, 1996,「田民辨正事業과 그 한계」『高麗後期 土地制度研究』, 혜안.

────, 1997,「高麗後期 土地問題와 ‘祖宗田制'」『韓國 古代・中世의 支配體制와 農民』, 지식산업사.

朴杰淳, 1984,「高麗前期의 賑恤政策(Ⅰ)」『湖西史學』12.

朴龍雲, 1971,「高麗朝의 臺諫制度」『歷史學報』52 : 1980,『高麗時代 臺諫制度 硏究』,
　　一志社.

──, 1976,「臺諫制度의 成立」『韓國史論叢』1 : 1980, 앞의 책.

──, 1976,「高麗의 中樞院 硏究」『韓國史硏究』12 : 2001,『高麗時代 中樞院 硏
　　究』, 고려대 민족문화연구원.

──, 1981,「高麗時代의 文散階」『震檀學報』62 : 1997,『高麗時代 官階·官職 硏
　　究』, 고려대출판부.

朴宗基, 1990,「12, 13세기 農民抗爭의 原因에 대한 考察」『東方學志』69.

──, 1991,「武人政權下의 農民抗爭」『韓國史 市民講座』8.

──, 1992,「高麗時代 外官 屬官制 硏究」『震檀學報』74 : 2002,『지배와 자율의
　　공간, 고려의 지방사회』, 푸른역사.

──, 1996,「李奎報의 生涯와 著述 傾向」『韓國學論集』19, 國民大學校 韓國學硏
　　究所.

──, 1997,「고려시대의 지방관원들-속관을 중심으로-」『역사와 현실』24 :
　　2002, 앞의 책.

──, 2002,「중세사회와 군현제」『지배와 자율의 공간, 고려의 지방사회』, 푸른역사.

朴鍾進, 1983,「忠宣王代의 財政改革策과 그 性格」『韓國史論』9.

──, 1984,「高麗初 公田·私田의 性格에 대한 재검토-顯宗代〈義倉租收取規定〉
　　의 해석을 중심으로-」『韓國學報』37.

──, 1986,「高麗前期 義倉制度의 構造와 性格」『高麗史의 諸問題』, 三英社.

──, 1987,「高麗前期 賦稅의 收取構造」『蔚山史學』1.

──, 1988,「高麗末의 濟用財와 그 性格」『蔚山史學』2.

──, 1991,「高麗時期 稅目의 用例檢討」『國史館論叢』21.

──, 1992,「高麗時期 徭役의 徵發構造」『蔚山史學』5.

──, 1995,「국가재정과 부세제도」『한국역사입문』②, 풀빛.

──, 1995,「고려무인집권기의 토지지배와 경제시책」『역사와 현실』17.

朴菖熙, 1970,「'東國 李相國集' 作品年譜考」『梨花史學硏究』5

──, 1987·1989·1990,「李奎報의 본질에 대한 연구 (Ⅰ)·(Ⅱ)·(Ⅲ)」『外大史學』
　　1·2·3.

朴平植, 1998,「高麗末期의 商業問題와 抹弊論議」『歷史敎育』68.

白南雲, 1937,「勸農政策의 重要性」『朝鮮封建社會經濟史』上, 改造社.

──, 1937,「封建的收取樣式의 諸形態」『朝鮮封建社會經濟史』上, 改造社.

邊太燮, 1967,「高麗 宰相考-三省의 權力關係를 中心으로-」『歷史學報』35·36 :

1971, 『高麗政治制度史研究』, 一潮閣.

──, 1967, 「高麗의 中書門下省에 대하여」 『歷史敎育』 10 : 1971, 앞의 책.

──, 1968, 「高麗前期의 外官制」 『韓國史研究』 2 : 1971, 앞의 책.

──, 1970, 「高麗時代 中央政治機構의 行政體系-尙書省機構를 中心으로-」 『歷史學報』 47 : 1971, 앞의 책.

──, 1976, 「高麗의 中樞院」 『震檀學報』 41.

申安湜, 1997, 「高麗 明宗代 地方社會의 動向」 『建大史學』 9.

──, 1998, 「高麗 武人執權期 在地勢力의 動向-明宗代~高宗 18년(1231)까지를 중심으로-」 『國史館論叢』 82.

──, 2002, 「무인정권의 대민정책」 『高麗 武人政權과 地方社會』, 景仁文化社.

安秉佑, 1984, 「高麗의 屯田에 대한 一考察」 『韓國史論』 10.

──, 1986, 「高麗初期 財政運營體系의 成立」 『高麗史의 諸問題』, 三英社.

──, 1989, 「高麗末·朝鮮初의 公廨田」 『國史館論叢』 5.

──, 1990, 「高麗前期 地方官衙 公廨田의 設置와 運營」 『李載龒博士還曆紀念 韓國史學論叢』.

──, 1994, 「고려후기 농업생산력의 발달과 농장」 『14세기 고려의 정치와 사회』, 민음사.

──, 1995, 「농업생산력 발달과 상공업」 『한국역사입문』 ②, 풀빛.

──, 1997, 「高麗時期 民田의 經營」 『韓國 古代·中世의 支配體制와 農民』, 지식산업사.

梁元錫, 1956, 「麗末의 流民問題-특히 對蒙關係를 中心으로-」 『李丙燾博士華甲紀念論叢』.

오일순, 1994, 「원간섭기 민의 동향」 『14세기 고려의 정치와 사회』, 민음사.

오종록, 1991, 「15세기 자연재해의 특성과 대책」 『역사와 현실』 5.

魏恩淑, 1988, 「12세기 농업기술의 발전」 『釜大史學』 12 : 1998, 『高麗後期 農業經濟研究』, 혜안.

──, 1990, 「高麗時代 農業技術과 生産力 硏究」 『國史館論叢』 17.

──, 1993, 「고려후기 소농민경영의 성격」 『釜山女大史學』 10·11 : 1998, 앞의 책.

──, 1994, 「고려후기 사적 대토지소유와 경영 형태」 『한국중세사연구』 창간호 : 1998, 앞의 책.

──, 1996, 「농업기술의 발전」 『한국사』 19, 국사편찬위원회.

──, 1997, 「농업생산력의 발전」 『고려시대사강의』, 늘함께.

──, 2000, 「『元朝正本農桑輯要』의 농업관과 간행주체의 성격」 『한국중세사연구』 8.

윤영인, 2007, 「10-13세기 동북아시아 多元的 國際秩序에서의 冊封과 盟約」 『東洋史學研究』 101.

李景植, 1984, 「高麗末 私田의 家產化와 私田救弊論」 『歷史敎育』 35.

──, 1983, 「高麗末期의 私田問題」 『東方學志』 40 : 1986, 『朝鮮前期土地制度研究』, 一潮閣.

──, 1986, 「高麗末의 私田救弊策과 科田法」 『東方學志』 42 : 1986, 앞의 책.

──, 1992, 「朝鮮前期 農莊研究論」 『國史館論叢』 32.

──, 2004, 「高麗前期의 勸農과 田柴科」 『東方學志』 128 : 2007, 『高麗前期의 田柴科』, 서울대학교출판부.

李基白, 1965, 「高麗 地方制度의 整備와 州縣軍의 成立」 『趙明基華甲記念 佛敎史學論叢』, 中央圖書出版社 : 1968, 『高麗兵制史研究』, 一潮閣.

──, 1969, 「永川 菁堤碑 貞元修治記의 考察」 『考古美術』 102 : 1974, 『新羅政治社會史研究』, 一潮閣.

──, 1974, 「集權的 貴族政治의 理念」 『한국사』 4, 국사편찬위원회.

──, 1975, 「貴族的 政治機構의 成立」 『한국사』 5, 국사편찬위원회.

李文鉉, 1996, 「高麗 太祖의 農民政策」 『高麗 太祖의 國家經營』, 서울대학교출판부.

이미지, 2003, 「高麗 宣宗代 権場 문제와 對遼 관계」 『韓國史學報』 14.

李丙燾, 1961, 「勸農 및 其他의 社會政策」 『韓國史』 中世篇, 乙酉文化社.

李炳熙, 1988, 「高麗時期 經濟制度 研究의 動向과 「국사」敎科書의 敍述」 『歷史敎育』 44.

李相瑄, 1991, 「高麗 寺院의 商行爲 考」 『誠信史學』 9.

李樹健, 1978, 「高麗前期 土姓 研究」 『大丘史學』 14 : 1984, 『韓國中世社會史研究』, 一潮閣.

──, 1989, 「高麗時代 '邑司'研究」 『國史館論叢』 3.

李淑京, 1993, 「高麗後期 賜牌田의 분급과 그 변화」 『國史館論叢』 49.

李佑成, 1961, 「麗代百姓考」 『歷史學報』 14 : 1991, 『韓國中世社會研究』, 一潮閣.

李仁在, 1996, 「高麗 中·後期 農莊의 田民確保와 經營」 『國史館論叢』 71.

이정란, 2005, 「整治都監 활동에서 드러난 家 속의 개인과 그의 행동방식」 『韓國史學報』 21.

이정신, 2004, 「江東6州와 尹瓘의 九城을 통해 본 고려의 대외정책」 『고려시대의 정치변동과 대외정책』, 경인문화사.

李正浩, 1994, 「高麗前期 勸農策에 관한 一考察」 『史學研究』 46.

──, 1997, 「高麗時代 穀物의 種類와 生產」 『韓國史研究』 96.

──, 2000, 「高麗前期 水田과 旱田 地目의 차이와 生產力」 『韓國史學報』 8.

──, 2001, 「이규보의 농촌현실관과 농업진흥론」 『史叢』 53.

──, 2002, 「高麗後期의 農法─農法 발달과 武臣政權期 社會變化의 관계를 중심으로─」 『國史館論叢』 98.

──, 2003, 「원간섭기 권농정책의 추진방향─충렬왕대와 충선왕대를 중심으로─」 『民族文化論叢』 28.

──, 2005, 「高麗時代 勸農政策의 性格」 『韓國學報』 119.

──, 2007, 「高麗前期 自然災害의 발생과 勸農政策」 『역사와 경계』 62.

──, 2007, 「토지제도와 조세제도의 변화」 『고려시대사의 길잡이』, 일지사.

李貞熙, 1985, 「高麗後期 徭役 收取의 實態와 變化」 『釜大史學』 9.

──, 1992, 「高麗後期 收取體制의 變化에 대한 일고찰─常徭·雜貢을 중심으로─」 『釜山史學』 22.

──, 1984, 「高麗時代 徭役의 운영과 그 實態」 『釜大史學』 8.

李宗峯, 1991, 「高麗刻本 『元朝正本農桑輯要』의 韓國農學上에서의 위치」 『釜山史學』 21.

──, 1992, 「高麗後期 勸農政策과 土地開墾」 『釜大史學』 15·16.

──, 1993, 「고려시기 수전농업의 발달과 이앙법」 『韓國文化硏究』 6.

李鎭漢, 2004, 「高麗時代 土地制度의 變化와 鄕吏」 『東方學志』 125.

이창섭, 2008, 「11세기 초 동여진 해적에 대한 고려의 대응」 『韓國史學報』 30.

李春寧, 1964, 「高麗時代의 農業」 『李朝農業技術史』, 韓國硏究院 : 1989, 「고려시대의 농업과 농학」 『한국농학사』, 民音社.

李泰鎭, 1972, 「醴泉 開心寺 石塔記의 分析─高麗前期 香徒의 一例─」 『歷史學報』 53·54 : 1986, 『韓國社會史硏究』, 지식산업사.

──, 1972, 「高麗 宰府의 成立─그 制度史的 考察─」 『歷史學報』 56.

──, 1978, 「畦田考─統一新羅·高麗時代 水稻作法의 類推─」 『韓國學報』 10 : 1986, 앞의 책.

──, 1979, 「14·15세기 農業技術의 발달과 新興士族」 『東洋學』 9 : 1986, 앞의 책.

──, 1981, 「16세기 川防(洑)灌漑의 발달」 『韓沽劤博士停年紀念史學論叢』 : 1986, 앞의 책.

──, 1983, 「高麗末·朝鮮初의 사회변화」 『震檀學報』 55 : 1986, 앞의 책.

──, 1990, 「朝鮮初期의 火耕 금지」 『李載龒博士還曆紀念 韓國史學論叢』, 한울.

李平來, 1989, 「高麗前期의 耕地利用에 대한 再檢討」 『史學志』 22.

──, 1989, 「高麗前期의 農耕地開墾과 그 意味」 『龍巖車文燮博士華甲紀念史學論叢』, 新書苑.

──, 1991, 「고려후기 수리시설의 확충과 수전 개발」 『역사와 현실』 5.

李惠玉, 1980,「高麗時代 貢賦制의 一研究」『韓國史研究』31.

———, 1982,「高麗時代 三稅制에 대한 一考察」『梨大史苑』18·19.

———, 1984,「高麗時代 庸(役)制 研究」『梨花史學研究』15.

———, 1985,「高麗時代의 守令制度研究」『梨大史苑』21.

———, 1994,「고려후기 수취체제의 변화」『14세기 고려의 정치와 사회』, 민음사.

———, 1998,「高麗時代의 鄕役」『梨花史學研究』17·18.

李昊榮, 1971,「韓國 古代社會의 災害와 救貧策－三國 및 統一新羅時代를 中心으로－」
『史學志』5.

李勛相, 1985,「高麗中期 鄕吏制度의 변화에 대한 一考察」『東亞研究』6.

李熙德, 1969,「高麗 祿俸制의 研究」『李弘稙回甲紀念 韓國史學論叢』, 신구문화사.

———, 1977,「高麗時代의 天文觀과 儒敎主義政治理念－高麗史 天文志의 分析－」
『韓國史研究』17 : 1984,『高麗儒敎政治思想의 研究－高麗時代 天文·五行說
과 孝思想을 中心으로－』, 一潮閣.

임경희, 2006,「『高麗史』世家 중 女眞 관계 기사 역주」『한국중세사연구』20.

秦榮一, 1986,「高麗前期의 災異思想에 관한 一考」『高麗史의 諸問題』, 三英社.

蔡雄錫, 1986,「高麗前期 社會構造와 本貫制」『高麗史의 諸問題』, 三英社.

———, 1990,「12. 13세기 향촌사회의 변동과 '민'의 대응」『역사와 현실』3.

———, 1997,「高麗後期 流通經濟의 조건과 양상」『韓國 古代·中世의 支配體制와 農
民』, 지식산업사.

———, 2000,「12·13세기 사회변동과 지방사회의 동요」『高麗時代의 國家와 地方社
會』, 서울대학교 출판부.

崔轸煥, 1995,「崔忠獻의 封事六條」『高麗武人政權研究』, 서강대학교 출판부.

河炫綱, 1975,「高麗初期 崔承老의 政治思想 研究」『梨大史苑』12.

———, 1975,「地方勢力과 中央統制」『한국사』5, 국사편찬위원회.

———, 1977,「高麗初期의 地方統治」『高麗地方制度의 研究』, 韓國研究院.

———, 1987,「高麗 太祖의 內外政策의 樹立背景과 그 性格」『東方學志』54·55·56.

———, 1993,「지방 통치조직의 정비와 그 구조」『한국사』13, 국사편찬위원회.

韓政洙, 1995,『高麗前期 勸農政策과 農業技術』, 建國大 碩士學位論文.

———, 2000,「高麗前期 儒敎的 重農理念과 月令」『歷史敎育』74 : 2007,「한국 중
세 유교정치사상과 농업」, 혜안.

———, 2002,「高麗時代 『禮記』 月令思想의 도입」『史學研究』66 : 2007, 앞의 책.

허인욱, 2008,「고려 성종대 거란의 1차 침입과 경계 설정」『全北史學』33.

洪成旭, 2004,「고려 후기 農牛 所有 階層의 變動」『東國史學』40.

洪淳權, 1987, 「高麗時代의 柴地에 관한 고찰」『震檀學報』64.

洪承基, 1981, 「高麗前期 奴婢政策에 대한 一考察」『震檀學報』51.

─────, 1984, 「高麗前期 家田과 朝家田의 稅額·租額과 그 佃戶의 經濟的 地位－公田關係 史料의 檢討를 중심으로－」『歷史學報』106 : 2001, 『高麗社會經濟史研究』, 一潮閣.

─────, 1987, 「高麗末 兼倂에 대하여」『史學研究』39 : 2001, 앞의 책.

─────, 1990, 「高麗時代의 農民과 國家」『韓國史 市民講座』6, 一潮閣 : 2001, 앞의 책.

洪榮義, 1992, 「高麗後期 富戶層의 存在形態」『擇窩許善道先生停年記念 韓國史學論叢』.

宮嶋博史, 1977, 「李朝後期農書研究」『人文研究』43.

─────, 1980, 「朝鮮農業史上における十五世紀」『朝鮮史叢』3.

─────, 1984, 「朝鮮史研究と所有論」『人文學報』167, 東京都立大.

今掘誠二, 1939, 「高麗賦役考覈」『社會經濟史學』9-3·4·5.

旗田巍, 1959, 「高麗時代の白丁－身分·職役·土地－」『朝鮮學報』14 : 1972, 『朝鮮中世社會史の研究』, 法政大學出版局.

飯沼二郎, 1983, 「日本の農業と西洋の農業」『世界農業文化史』, 八坂書房.

浜中昇, 1976, 「高麗末期の田制改革について」『朝鮮史研究會論文集』13.

─────, 1981, 「高麗田柴科の一考察」『東洋學報』63-1·2 : 1986, 『朝鮮古代の經濟と社會』, 法政大學出版局.

─────, 1982, 「高麗後期の賜給田について－農場研究の一前提」『朝鮮史研究會論文集』19 : 1986, 앞의 책.

─────, 1982, 「高麗前期の小作制とその條件」『歷史學研究』507 : 1986, 앞의 책.

長瀬守, 1969, 「宋元における農業水利集團の管理とその性格」『宋元水利史研究』, 國書刊行會

田村專之助, 1942, 「高麗朝に於ける米價の變動について」『東方學報』13-3.

─────, 1942, 「高麗時代に於ける米價の生産と供給について」『東方學報』14.

周藤吉之, 1940, 「高麗朝より朝鮮初期に至る田制の改革」『東亞學』3.

찾아보기

李 正 浩

고려대 사학과를 졸업한 후 같은 대학원에서 석사학위와 박사학위를 받았다.
고려대·한경대·안양과학대 등에서 강의하였으며 고려대 민족문화연구원 연구교수를 거쳐, 현재 고려대 BK21 한국사학교육연구단 계약교수로 있다.

「高麗後期 安東權氏 가문의 經濟的 기반」(『韓國史學報』 21, 2005)
「高麗前期 自然災害의 발생과 勸農政策」(『역사와 경계』 62, 2007)
「高麗後期 別墅의 조성과 기능」(『韓國史學報』 27, 2007)
「여말선초 京第·別墅·鄕第의 조성과 생활공간의 변화」(『한국중세사연구』 25, 2008)
"Climate Change in East Asia and Agricultural Production Activities in Koryŏ and Japan during the 12th ~ 13th centuries"(*International Journal of Korean Histor Vol. 12*, 2008)

고려사학회 연구총서 ㉒
고려시대의 농업생산과 권농정책   정가 : 19,000원

2009년 2월 17일   초판인쇄
2009년 2월 27일   초판발행

저   자 : 이 정 호
회   장 : 한 상 하
발 행 인 : 한 정 희
발 행 처 : 경인문화사
편   집 : 이지선 신학태 김하림 한정주 문영주
영   업 : 이화표
관   리 : 하재일 양현주
        서울특별시 마포구 마포동 324-3
        전화 : 718-4831~2. 팩스 : 703-9711
        www.kyunginp.co.kr / 한국학서적.kr
        E - mail : kyunginp@chol.com
        등록번호 : 제10-18호(1973. 11. 8)

ISBN : 978-89-499-0638-6   93910